AF125987

Karl Preusker

Lebensbild eines Volksbildungsfreundes

Karl Preusker

Lebensbild eines Volksbildungsfreundes

ISBN/EAN: 9783743301658

Hergestellt in Europa, USA, Kanada, Australien, Japan

Cover: Foto ©ninafisch / pixelio.de

Manufactured and distributed by brebook publishing software
(www.brebook.com)

Karl Preusker

Lebensbild eines Volksbildungsfreundes

Lebensbild eines Volksbildungsfreundes.

Selbstbiographie

von

Karl Preusker

Rentamtmann in Großenhain.

1786 — 1871.

Zum Besten der Preuskerstiftung.

Zu beziehen durch die

J. C. Hinrichs'sche Buchhandlung

in Leipzig.

Vorwort.

Der Unterzeichnete, welcher mit dem Rentamtmann
Preusker seit längerer Zeit in literarischem Verkehr
stand, hat auf Wunsch der Familie des theuern Heim=
gegangenen die Herausgabe der vorliegenden Selbstbio=
graphie übernommen. Es ist dieselbe der letzte Gruß des
treuverdienten Mannes an seine Freunde, besonders aber
an die sächsischen Gewerbevereine und Bildungsanstalten,
um deren Emporblühen er sich unbestreitbar Verdienste er=
worben hat. Die Achtung und Liebe, welche Preusker
in allen Kreisen genoß, läßt erwarten, daß sein letztes
Werk freundliche Aufnahme findet, zumal da der Ertrag
der von den sächsischen Gewerbevereinen 1867 gegründeten
Preuskerstiftung zufließen wird.

Möge dieser Ertrag ein derartiger sein, daß dadurch die Zwecke jener wohlthätigen Stiftung — jungen strebsamen, aber unbemittelten Gewerbtreibenden Stipendien zum Besuche einer technischen Anstalt oder höheren Gewerbschule zu gewähren — wesentlich gefördert werden.

Leipzig, im November 1871.

H. Ernst Stötzner.

Erster Abschnitt.

Die Jugendzeit
im elterlichen Hause und der Schulbesuch.
1786—1805.

Die früheren Jugendjahre.

Einst begann der Nachtwächter vor einem kleinen Hause einer Vorstadt von Löbau ein Sterbelied zu singen, und als der Hauswirth nach der Ursache fragte, erwiderte jener in der dasigen provinziellen Mundart: „Nu, ich hierte ihr kleener Karle is gesturben; de Loite sahtens;" worauf er mit dem Bedeuten, daß es zwar bald zu fürchten, aber noch nicht erfolgt sei, wiederum fortgesandt ward. Es hatte dies mir gelten sollen, als ich in meinem dritten Lebensjahre von einer langwierigen und lebensgefährlichen Krankheit befallen war, von welcher ich aber bald nach jenem Vorfalle genas, weshalb mir dem Volksglauben gemäß, wegen dieses Aussingens ein längeres Leben prophezeit ward. In wie weit sich dieses bewahrheitete, darf dem gütigen Leser erst weiterhin verrathen werden.

Sowie bei Pflanzen-Beschreibungen die Beschaffenheit des Grundes und Bodens, auf dem sie gedeihen, zu schildern ist, so muß auch bei Biographien der elterlichen und anderer Verhältnisse, unter welchen das Kind empor wuchs und wo sich seine Anlagen und Neigungen zu bilden begannen, von frühester Zeit an gedacht werden, soll sich die Schilderung zu einer, Ursachen und Folgen erläuternden, pragmatischen gestalten; und je genauer man dieselben erschaut, desto klarer und ansprechender wird sich das ganze Lebensbild ergeben. Dies zur Rechtfertigung des Nachstehenden.

1

Ich wurde am 22. September 1786 zu Löbau in der säch=
sischen Oberlausitz geboren, wo mein Vater, Johann Karl Ben=
jamin Preußker, eines armen Leinwebers Sohn, schon in frühester
Jugend durch Beeren= und Leseholzsammeln, später durch Hau=
siren mit Leinwandrestern sich das Brod erwerben mußte. In
seinem 15. Jahre wanderte er bereits mit solchen Waaren
von wenigen Thalern an Werth und unterwegs damit hau=
sirend, nach Leipzig zur Messe, und, da sie bald vortheilhaft ab=
gesetzt wurden, erkaufte er von dort ebenfalls anwesenden Lein=
wandhändlern aus Löbau wiederum neue Vorräthe und zuletzt
von der reichlich erlangten Lösung seidene Tücher, die er wiederum
unterwegs und in der Heimath gut verwerthete, und so ging es
immer günstiger mit seinem Geschäfte. Er mußte sich aber auch
möglichst anstrengen, da er seine armen Eltern und jüngeren
Geschwister mit zu ernähren hatte. Nach und nach gelang es
ihm, sich durch rastlose Mühe und Eifer, wie durch seltenes
Handelstalent zum geachteten und weitgekannten Schnittwaaren=
händler empor zu schwingen, wobei meine Mutter, Juliane So=
phie, geborene Eichler, ebenfalls ein armes Leinweberskind, ihm
treulich zur Seite stand. Beide, unermüdet thätig und dabei
streng christlich und sittlich, waren dem, in diesem Sinne erzogenen
Sohne treffliche Vorbilder; der Vater war so redlich, daß er bei
dem üblichen Vorschlagen unerfahrenen oder nichts abhandelnden
Käufern gewöhnlich einiges Geld zurückgab, so wie er auch keinen
Armen unbegabt von sich ließ. Als er in späterer Zeit Feld
gepachtet hatte, so ward nach dem Garbenbinden nicht gerecht,
sondern eine reiche Aehrenlese den Armen überlassen, da er aus
eigener Erfahrung wußte, welche hohe Freude den letzteren da=
durch bereitet wurde. Diese Charakterzüge werden auf seinen
Wohlthätigkeitssinn schließen lassen; ebenso wie der, daß er im
Jahre 1805, als die Getreidenoth in seinem Wohnorte so hoch
gestiegen war, daß der Scheffel Korn über 20 Thaler kostete, fast
mit Lebensgefahr, eine ansehnliche Quantität Getreide aus der
Ferne herholte, welches er dann ohne Vortheil in kleinen Quanti=
täten verkaufte.

⌈ In Haus und Familie herrschte damals noch das alte
patriarchalische Wesen, welches dem treuen und fleißigen Bürger=
stande mit seiner Sitteneinfachheit und frommem Sinne ein
ruhiges frohes Leben gewährte, bis nach 1806 mit dem Ein=

bringen der Franzosen in Deutschland zugleich ein anderer, wohl nicht eben beglückenderer Zeitgeist mit neuen Sitten und Ansichten einzog.

Nach damaliger Bürgersitte hielten auch meine Eltern auf fleißigen Kirchenbesuch, welchen, bei Abhaltung, das Lesen in einem Predigtbuche ersetzen mußte; auch wurden des Sonntags nach dem Mittagsmahle einige Lieder aus dem Gesangbuche gesungen; das Brod ward vor dem Anschneiden dreimal gekreuzt, und so gab es noch ähnliche alte wohlgemeinte Gebräuche. An Frömmelei war jedoch dabei nicht zu denken, und die Religiosität beruhte auf stetem wohlthätigen, rechtlichen und sittlichen Handeln. Die Dienstleute wurden sehr nachsichtsvoll behandelt, was auch von ihnen durch eine Anhänglichkeit und Treue in dem meist langjährigen Dienste gedankt ward, wie man sie jetzt wohl selten finden möchte. Beide Eltern, stattliche Personen von angenehmem Aeußeren, waren wegen ihres redlichen und bescheidenen Lebenswandels allgemein geachtet. Der Vater hatte ungeachtet des Mangels an sorgsamer Erziehung und an Schulunterricht bei seinem mit Gemüthlichkeit gepaarten Verstande sich durch häufiges Reisen und aufmerksames Menschenbeobachten viel Selbstbildung und Uebersicht des Weltlebens erworben, und vermochte deshalb auch eine angenehme Unterhaltung zu gewähren. Er besaß Muth und Geistesgegenwart /und befreite sich mehrmals aus den Händen von Werbern, die sich nach damaligem Brauche großer, junger Leute mit List oder Gewalt zu bemächtigen suchten. Es könnten zahlreiche interessante Züge aus seinem Leben, die auch in der, in seinem höheren Alter von ihm dictirten Lebensskizze näher erwähnt sind, mitgetheilt werden, wenn nicht die abgemessene Bogenzahl dieser Schrift davon abzusehen nöthigte.

An damals überhaupt wenig bestehenden geselligen Vereinen ward von meinen Eltern fast nie Theil genommen, der Vater war beinahe das ganze Jahr auf Messen und Märkten, oder auf anderen Reisen zum Waarenverkauf abwesend, und lebte und webte nur im Handelswesen; er hielt dies für das rathsamste und beglückendste Geschäft und unterstützte daher gern Anfänger darin, wenn auch bei dem reichlichen Creditgeben meist zu seinem großen Nachtheile, sowie er überhaupt durch zu viel Vertrauen zu den Menschen und zu lange Nachsicht mit den Gläubigern öfters hohe Einbuße erlitt. Obschon die Mutter das unruhige und vielseitige, immer erweiterte, mit eigenem Fuhrwesen verbundene, selbst die Nächte störende Handelsgeschäft nicht nach ihrem Sinne fand, so nahm sie sich desselben dennoch mit unermüdetem Eifer an. Beide Ehegatten hingen überhaupt mit treuer Liebe lebenslang fest aneinander. Die Mutter, welche sich in ihrem Hause und im Kreise ihrer eng zusammenhaltenden Schwestern am frohesten befand, wendete mir, dem einzigen Kinde, die größte Sorgfalt zu und mein Wohl war ihr sehnlichster Wunsch und Bestreben. Ich ward daher von klein auf sehr häuslich erzogen und der Mutter Neigung zu mehr geordneter, ruhigerer und stiller Thätigkeit ging auf mich über, andererseits aber auch des Vaters rastlose Betriebsamkeit von Früh bis Abends, obschon einer anderen, wissenschaftlichen Beschäftigung zugewandt. Der Vater starb 1841, 78 Jahre alt. Die Verwandten meiner Eltern verdienen hier wenigstens einer übersichtlichen Nennung, zumal da ich mit mehreren in näherer Beziehung stand und zum Theil noch stehe.

Von den drei Schwestern meiner Mutter war eine an den Leineweber-Obermeister Kern verheirathet, bei welchem ich schon in den frühesten Knabenjahren gern alte Historienbücher durchsah und dadurch zeitig zum Lesen angeregt wurde; eine zweite war an den Chirurg Hornburg, und die dritte an den Handelsmann Krauße verheirathet, von welchen beiden noch Nachkommen vorhanden sind, und wovon die der letzteren, die Familien Geyer und Pelz, sich um meinen Vater in seinem Alter sehr verdient machten, und mit mir in lebenslänglichen nahen Verhältnissen verblieben. Dies war auch der Fall mit dem Kaufmann Karl Eichler in Mainz, welcher, der Sohn des einzigen Bruders meiner Mutter, des Cantors in Wilbungen, von meinen Eltern einige Jahre mit erzogen ward, und mit mir die Schule besuchte, überhaupt an meinem Lebenswege steten, regen Antheil nahm. Meine Großmutter mütterlicherseits, Regina Eichler (1809 82 Jahre alt verstorben), hielt oft bei meinen Eltern Haus, und hing mit viel Liebe an mir, meine Neigung zum Studiren möglichst begünstigend; bei meinen Schularbeiten, wenn sie, wie nicht selten, bis in die Nacht dauerten, leistete sie mir stets Gesellschaft, und prophezeite mir eine geeignete Anstellung, wenn sie auch erst gegründet werden sollte; und sonderbar waren es meist neu errichtete Stellen, in die ich zuerst eintrat. Von einem von meines Vaters Brüdern lebten Nachkommen (Juristen, Lehrer ꝛc.) in preußischen Orten. Des Vaters Großmutter, welche der Urenkel bei dem öfteren Ueberbringen von Gaben stets muntern Geistes und noch rüstig arbeitend, spinnend oder spulend, antraf und die im 92. Jahre (1799) starb, war ein zu des Königs August des Starken Zeiten mit ihrem Vater aus Polen geflüchtetes Fräulein Dorothea von Bonin, weshalb die Ururenkelinnen sich scherzweise eines Sechszehntheils adeligen Blutes und der

Verwandtschaft mit den zuweilen in Zeitungen erwähnten preußischen Generalen von Bonin rühmten. Die in Löbau und dessen Umgegend lebenden Familien der Preußler sind entfernte Verwandte, von welchen ich besonders mit dem Gymnasiallehrer Herrmann Preußler in Zittau in Briefwechsel stehe, der mir auch Zeichnungen von Alterthümern lieferte. Die Namensvettern im Erzgebirge und Thüringischen stammen von einem anderen, seit früherer Zeit davon getrennten Familienzweige ab. Von einem Urahnen, Gottlob Preußler, befindet sich in den „Blicken in die Vorzeit" II. 215. der Tracht wegen, eine Abbildung vom Jahre 1689 als Jungmeister der Leinweberinnung zu Löbau. Mein Name, oft auch Preißler, Preißper ꝛc. geschrieben, läßt sich (nach Professor Potts und Oberbibliothekar Förstemanns gefälligen Erläuterungen) aus dem Althochdeutschen von Prisiger (da das i oft in ei überging, und es sonst überhaupt mit dem Namenschreiben nicht genau genommen ward), der einen „Preiß Begehrende oder Erstrebende" ableiten.

Zu den angenehmsten Erinnerungen aus den Kinderjahren gehört die fröhliche, damals noch nicht zu einem blosen Geschenkfeste herabgesunkene Weihnachtszeit, welche stets einen tiefen religiösen Eindruck zurückließ; damals gab es noch keine viel verbreiteten Kinderschriften zu Christgeschenken, denn der bekannte „Kinderfreund von Weiße" war kaum in die vornehmen und reichen Familien eingedrungen; noch nicht die Hunderte von Kinderspielsachen der Neuzeit, sondern blos vom Drechsler im Orte gefertigte, sehr einfache Puppen und Häuserchen von Holz; doch man begnügte sich damit, und der Empfang der Geschenke war überhaupt mehr mit dem Andenken an die Geburt des Weltheilandes verbunden als jetzt. Durch den frommen Kinderglauben, als kämen sie von ihm, ward den Geschenken gleichsam eine höhere Weihe verliehen.

Noch sei erlaubt, einiges Nähere anmerkungsweise davon zu erwähnen. In vielen Familien gab es außer dem Christbaume mit seinen, mit vergoldeten Aepfeln, Nüssen und niedlichem Backwerk abwechselnden zahlreichen Lichtern, die durch die Fenster weithinaus in das Dunkel strahlend, gleichsam ein Symbol der Christuslehre sind, die die Nacht des Heidenthums verdrängte, noch andere auf die Geburt Christi bezügliche Darstellungen, z. B. einen bethlehemischen Stall mit dem Christuskinde und den drei Weisen; ferner einen Garten mit Schäfchen und ihren Hirten, nebst einem darüber schwebenden Engel, mit den auf einen Zettel gedruckten, aller Welt zu gönnenden Friedensworten der himmlischen Heerschaaren (in welchen der christliche Glaube so gern die uns vorangegangenen theuren Seelen erblickt): „Ehre sei Gott in der Höhe, Friede auf Erden und den Menschen ein Wohlgefallen!" Die Kinder sahen die begierig aufgefaßten Wundererzählungen dadurch erläutert und lernten spielend manchen, in späterem Leben noch ermuthigenden Spruch. Damals gab es auch zur Weihnachtszeit noch aus dem Mittelalter herrührende, für wenige Pfennige, daher auch von den Armen besuchte öffentliche Schaustellungen der Geburt Jesu (sowie zu Ostern der Leidens= geschichte) in größeren oder kleineren Figuren, wobei das uralte sogenannte Krippenlied gesungen ward, welches im Oberlausitzschen Dialekt (das latei= nische a als Mittellaut zwischen a und o gesprochen) so begann: „O Fröbe über Fröbe, ihr Noppern (Nachbarn) kommt und hiert, was jetzt ei unsrer Heede für Wunderding passirt; da kamm jetzt daher a Engela zu huher Mitternacht, ha sung wuhl a Gesängla, daß's Herz im Loibe lacht; a saite: Freet Euch Alle, de Heiland is gebor'n, zu Bethlehem im Stalle, den hat er sich der= kor'n" 2c., mit dem Schlußverse: Der Mund ist viel zu g'ringe, Dich Alles so zu sah'n, b'rum kummt und faßt die Dinge, Dich lieber selber an! Dasselbe Lied ward auch in dem schlesischen und dem oberlausitzischen Dialekte von mir in den „Blicken in die Vorzeit" Band II. mitgetheilt. Eben der Gegensatz des armseligen Aufenthalts des Kindes Jesu und seine Verehrung durch Könige macht einen tiefen Eindruck auf das jugendliche Gemüth, und welche Religion möchte überhaupt bei dem unerforschlichen Verhältnisse des Weltregierers zu Natur und Mensch bei kindlichen Seelen, wie bei den südlichen mehr sinn= lichen Nationen eine wunderbolle mystische Grundlage der Symbole ent= behren können! Bei erwähntem Feste fehlten auch Knecht Rupprecht und die heiligen drei Könige mit ihrem Morgensterne und ihrem Gesange nicht. Solche bildliche Darstellungen und Erzählungen erfüllten das jugendliche Herz schon frühzeitig mit religiöser Ehrfurcht und mit Ahnung der Gottesidee. Alles dies warf zugleich einen Heiligenschein auf das Fest, und der Eindruck in den kleinen Herzen verblieb dauernder, als die jetzt nur noch in der Schule er= folgte kurze Erwähnung dieser Vorgänge; lebenslang strahlte diese Weih= nachtsfeier als ein Lichtpunkt aus der frühesten Jugend noch bis in das späteste Alter hinein.

Damals gab es im Munde des Volks auch zahlreiche, den Kindern er= zählte Wundersagen, z. B. vom Löbauer Berge mit seinem unerschöpflichen Geldkeller, der sich nur am Weihnachtsabende, während der Christmette öffnete und gewöhnlich die unter den dargebotenen Schätzen zu lange wäh= lenden Personen ein Jahr lang verschloß; ferner von der nur in der Mitter= nachtsstunde des Johannestages blühenden und dem Finder Glück bringenden Wunderblume; von Querzen (Zwergen), Buschweibchen, Gnomen, welche wegen des Glockengeläutes die Gegend verließen, was man auf die, beim Eindringen der christlichen Religion sich flüchtenden heidnischen Bewohner zu deuten pflegte; ferner eben so alterthümliche, meist längst vergessene alte Sitten und Gebräuche, z. B. das Todaustreiben (der Ueberrest des alten slavisch= germanischen Frühlingsfestes), das Osterwasserschöpfen und Ostersingen, die Johannesfeuer (als Ueberrest des alten heidnischen Sonnenwendefestes) und dergleichen mehr, in welcher Hinsicht auf die schon erwähnten: „Blicke in die Vorzeit" verwiesen wird.

Zu den frühesten Erinnerungen gehört auch der bald darauf eingegangene Gregorius=Umgang der musikalischen Primaner des Lyceums („Schulburschen" damals genannt), welche zu Einsamm= lung von Gaben als „Berghäuer" (Bergleute) gekleidet, meist

mit Saiten = Instrumenten vor allen Häusern der Stadt Ständ=
chen brachten und wobei ich mich erinnere, etwa vier Jahre alt,
einem derselben, meiner Mutter Bruder, dem späteren Cantor
Eichler, ein damals sehr angenehmes Geschenk, ein Röllchen
Zopfband von des Vaters Waarenvorräthen herausgetragen zu
haben. Ferner, der in jenen friedlichen Zeiten besonders von der
Jugend als ein wichtiges Ereigniß betrachtete Durchmarsch preu=
ßischer Regimenter durch Löbau 1792 zu dem zur Hülfe der
entthronten französischen Königsfamilie unternommenen Feldzuge
gegen die Revolutions = Armee, woran auch ein sächsisches Con=
tingent Theil nahm und welcher, wie die meisten anderen, zu
Gunsten der Franzosen endete. — Damals ergab sich ein sonder=
barer Zufall. Ein bei meinen Eltern einquartirter preußischer
Soldat hatte seinen Geldbeutel mit allerdings wenig Inhalt bei
seiner Schlafstätte liegen lassen, und da die Preußen nach den
Rheingegenden marschirten, mein Vater aber bald darauf die
Messe in Frankfurt am Main besuchte, so nahm er den Beutel
mit, und siehe da, eine der ersten ihm in dieser Meßstadt begeg=
nenden Personen war jener Soldat; welche Freude für Beide!

Da mein Vater bei den Meßreisen nach Frankfurt am Main
die damals Alles in Erstaunen setzende, bis an den Rhein vor=
gedrungene französische National=Armee (welche man, weil sie
anstatt der damals gebräuchlichen kurzen und engen Hosen, lange
und bequeme Pantalons trugen, Sansculotten nannte) zu sehen
Gelegenheit hatte und er überhaupt ein aufmerksamer Beobachter
der Menschen und Sitten war, so wußte er viel zu erzählen,
wodurch auch ich nach und nach auf den Weltlauf über die
Vaterstadt hinaus immer aufmerksamer und zu steigender Wiß=
begierde angeregt wurde, die durch eifriges Bücherlesen Befrie=
digung suchte.

Damals herrschte noch die in neuster Zeit so oft verspottete
Zopfperiode; auch ich trug daher bis ungefähr 1798, wo die
kurz verschnittenen, sogenannten Schwedenköpfe aufkamen, einen
kleinen Zopf, und mein dunkelblondes lockiges Haar ward Sonn=
tags frisirt und gepudert. Es war eben Mode, und man sollte
daher auf jene Zeit nicht so stolz herabsehen, da ein Gellert,
Lessing, Göthe, Schiller sich jener Mode fügten und dennoch in
ihren Leistungen wohl von noch keinem Neueren übertroffen
wurden. So wie jene Mode veraltete, so wird die jetzige von

späteren Generationen ebenfalls belächelt werden. Doch — lautet eins der Mottos in den „Blicken in die Vorzeit": III. §. 38. „Wechselten Mode und Tracht auch schnell seit Adams Bekleidung, blieben in Liebe und Haß doch seine Kinder sich gleich." Soviel steht fest, daß ungeachtet vielfacher Mängel und Ungehörigkeiten die damalige Zeit auch so manche Vorzüge darbot; wenigstens in Hinsicht der jetzt nicht mehr so verbreiteten, beglückenden, heiteren und harmlosen Gemüthlichkeit. „Freut euch des Lebens" und „Wir sitzen so fröhlich beisammen und haben einander so lieb", sang man damals in heiteren geselligen Kreisen und that auch darnach. Wer möchte den hohen Aufschwung der Wissenschaft und Industrie und die staunenswerthen Erfindungen und Entdeckungen der Neuzeit verkennen? Doch es giebt auch so manche Gegengewichte, von denen hier nicht weiter die Rede sein kann. Genug, ich freue mich, in jener früheren Zeit mit gelebt zu haben, weil dies wohl zugleich ein richtigeres Urtheil zulassen möchte, als nur die Licht- und Schattenseite einer Periode kennen gelernt zu haben.

Schulbesuch.

Das Schulwesen stand Ende des vorigen Jahrhunderts auf einer sehr niedrigen Stufe; ich besuchte vom 6.—10. Jahre eine sogenannte Sammelschule von Kindern verschiedenem Geschlechts und Alters, wo es bis zum Lesen, nothdürftigen Schreiben und zu dem kleinen lutherischen Katechismus nebst dem Einmaleins gebracht ward. Da gab es auch noch manche seltsame Strafen, z. B. auf Erbsen knieen, sitzen auf einem Fäßchen mit scharfem Rande und ohne Deckel. Starke Knaben hatten ein schweres mit Blei ausgefülltes Ochsenhorn mit einer Hand hoch empor zu halten, wogegen die Mädchen mit einem, oben mit einem Gemsenhörnchen verzierten Stabe schildern mußten; außerdem Züchtigung mittelst der Hand und verschiedenartiger Stöckchen und Ochsenziemern. Da der Vater die ihm mangelnde Schulbildung nur zu sehr vermißte, so war er bemüht, mir alles Erforderliche erlernen zu lassen und es gelang ihm, daß ich im 11. und 12. Jahre die Stunden bei einer Kaufmannsfamilie mit besuchen konnte, in denen ein sehr verständiger Informator den Schülern

manche wiſſenſchaftliche Kenntniſſe beizubringen ſuchte. Bei meinem
damaligen Alter und völlig mangelnden Vorkenntniſſen blieb bei
mir wenig davon im Gedächtniß, und nur zweierlei, das ange=
wöhnte Führen eines Tagebuchs und das, bei des Lehrers Spa=
ziergängen mit den Schülern erfolgte Sammeln von Steinen,
Moosarten und dergleichen hatte Einfluß und ward von mir ſpäter
fleißig fortgeſetzt. Das Tagebuchführen, hiſtoriſche Notizen be=
treffend, wird man ebenfalls als eine Art Sammlerluſt betrachten
können, die mir lebenslänglich eigen war und ſich ſelbſt bis in
meine Kindheit zurückführen laſſen möchte, wo bei dem Anwerfen
und andern Kinderſpielen gebrauchte alte Knöpfe in Maſſen
geſammelt wurden, und zwar nicht aus Habſucht, ſondern um
recht viele verſchiedene Arten davon zu beſitzen.

Nach Abgang jenes Candidaten, Häßner, als Gymnaſiallehrer
nach Görlitz, ward von mir vom 12.—14. Jahre (Oſtern 1798
bis dahin 1801) die zweite Claſſe (Secunda) der Stadtſchule
beſucht, wovon die beiden obern Claſſen eigentlich das damals
noch beſtehende Lyceum bildeten. Der Unterricht war meiſt ebenſo
unzweckmäßig als die Disciplin ungenügend, und deshalb, obſchon
ich zu den fleißigeren und folgſameren Schülern gehörte, an
Fortſchritte wenig zu denken, wie denn überhaupt die Schüler
im Verhältniß zu denen anderer benachbarten Gelehrtenſchulen
wenig leiſteten. Wer ſtudiren wollte, für den galt Prima als
die eigentliche, aber etwas dürftige Weisheitsquelle. Der pedan=
tiſche Conrector M. Bekel, ſtets pathetiſch in die Claſſe eintre=
tend, hatte erſt Profeſſor werden wollen, wozu er als eifriger
Philolog auch beſſer geeignet war, da er, anſtatt mit den Schülern,
die kaum das Deutſche genügend orthographiſch zu ſchreiben ver=
mochten, das Gedik'ſche Leſebuch und den Nepos durchzugehen, lieber
neuentdeckte Leſearten der alten Claſſiker mitgetheilt hätte. Das
Examen, welches er mit einer, von faſt Niemandem verſtandenen
Rede in ächt claſſiſchem Latein hielt, war eine völlige Täuſchung,
denn das zu Ueberſetzende ward vorher faſt gänzlich auswendig
gelernt und die ſchriftlichen Arbeiten vorher vielemal corrigirt
und wiederum abgeſchrieben, ſodaß ſich Alles als vortrefflich
ergab, wonach die Schüler zur Belohnung mit Schreibpapier,
Brezeln und ſogar mit Wein aus dem Keller des noch ſehr
patriarchaliſch regierenden Stadtraths erfreut wurden, wie denn
auch letzteres beides bei dem Examen den anweſenden Raths=

herren und anderen Honorationen kredenzt warb. Der Rector
des Lyceums war der bekannte sehr aufgeklärte pädagogische
Schriftsteller K. A. Thieme, Verfasser des Gutmann oder säch=
sischen Kinderfreundes und nach Fischer's „Wunder meines Lebens"
(1844), Erfinder der sehr beliebt gewordenen Lautirmethode. Wir
Secundaner kamen jedoch mit diesem geschätzten Lehrer nur in
einigen combinirten Stunden in Berührung. Der Conrector hatte
die früher gewöhnliche Manier die Schüler „Er" oder auch „Wir"
zu tituliren, und es klang sehr komisch, wenn er zu einem Schüler
sagte: „Wir sind heute sehr faul gewesen", oder „Wir wollen
uns in Acht nehmen, daß wir nicht ins Carcer kommen". Weniger
daher bei diesem Classenbesuche, als vielmehr schon bei jenem
Privatunterricht war durch die gehörten, wenn auch weniger ver=
standenen mannigfachen historischen, physikalischen 2c. Gegenstände
in mir eine rege Wißbegierde und in deren Folge eine immer
steigende Lesesucht entstanden, die ohne Auswahl Alles ergriff,
was mir irgend in die Hände kam, und wobei meine Eltern
ebenso wenig, als sie auf eine Ergänzung des so mangelhaften
Schulunterrichts mit hinwirken konnten, günstig einzugreifen
vermochten. Abgesehen von ihrem, alle Zeit in Anspruch
nehmenden Geschäfte mangelte ihnen selbst eine höhere wissen=
schaftliche Bildung. Der Vater hatte in dem wöchentlich genos=
senen, nur zweistündigen Schulunterricht zwar etwas lesen, jedoch
nicht schreiben gelernt und mußte sich daher bei seinem Geschäfte
auswärts in der ersten Zeit auf sein gutes Gedächtniß verlassen,
wogegen im Hause und auf Märkten sich die Mutter des ihr
eben auch nicht sehr geläufigen Schreibwesens annehmen mußte.
Als aber des Vaters Geschäfte sich mehr und mehr erweiterten, —
denn er hatte sich damals durch sein Hausiren mit dem schweren
Ranzen auf dem Rücken und das Marktbesuchen schon soviel
verdient, um ein Haus am Markte mit Verkaufsgewölbe zu er=
werben, — sah er sich genöthigt, noch Unterricht im Schreiben
zu nehmen, bis es ihm gelang, nothdürftig die verborgten Waa=
ren anzumerken und das Erforderliche den Seinen brieflich (und
freilich sehr unleserlich) mitzutheilen; es geschah zu derselben
Zeit, als bei mir der Schulunterricht begann. Ich war, wie
erwähnt, in Hinsicht des Bücherlesens mir selbst überlassen, und
obwohl mich Reisebeschreibungen, historische und naturhistorische
Schriften am meisten ansprachen, so galt es dennoch auch den

damals noch vielgelesenen und für die Jugend eben nicht sehr
geeigneten alten Robinsonaden (die Insel Felsenburg, die asiatische
Banisa und dergleichen), wie den neueren Romanen und Schau-
spielen, z. B. Vulpius' Rinaldini, Zschokke's Abällino, Schiller's
Räuber, Schlenkert's Heinrich IV. und ähnlichen Schriften. Es
ward zugleich ein Verzeichniß der gelesenen Bücher von meinem
12. Jahre an angelegt und bei jedem ein, freilich sehr kindliches,
meist lobendes Urtheil, zuweilen auch darin gefundenes besonders
Interessantes angemerkt. Da die Leihbibliothek des Ortes bald
ausgelesen war, so wurden die der benachbarten Sechsstädte zu
Hülfe genommen. Wird man dieses auswahllose Viellesen auch
mißbilligen, so hatte es bei mir dennoch keinen nachtheiligen
Einfluß, wie denn auch selbst berühmte Gelehrte in ihrer Jugend
dasselbe trieben und nichts von einem ungünstigen Erfolge erwähnt haben. Durch das Lesen aus allen Fächern ward bei mir
die Wißbegierde allseitig erregt und das Streben nach encyklo-
pädisch-polyhistorischem Wissen erweckt, welches mir in späterer
Zeit mannigfachen Vortheil brachte. Ebenfalls zu jener Zeit, als
ich in der geräuschvollen elterlichen Wohnung bei dem ohnehin
vom Vater nicht gern gesehenen Bücherlesen oft gestört ward
und deshalb in den Abendstunden bei meinem schon genannten,
selbst gern lesenden Onkel Kern mit meinen Büchern öfters eine
Zuflucht suchte, fand sich bei diesem eine in der Familie lange
Zeit fortgesetzte handschriftliche Chronik von Löbau vor, welche,
von mir mit viel Eifer studirt, meine Liebe zur Vaterlands- und
Ortsgeschichte erweckte und dadurch eine lebenslängliche Neigung
zum historischen Wissen begründete, die sich späterhin mehr
der Alterthümerkunde zuwendete. Und so ergaben sich schon bei
dem 13—14jährigen Knaben fast alle die Anfänge der Neigungen
und Lieblingsbeschäftigungen, welche mich durch das ganze Leben
bis in das höhere Alter begleiteten und mir reiche Freuden und
unzuberechnende Vortheile gewährten, nämlich außer jenem Viellesen mit Anmerken des Interessantesten in Collectaneen (Sam-
melbüchern), stetes Vermehren der Sammlungen, und jene seit
früher Zeit ohnehin fortgesetzte Tagebuchsführung, welche die
spätere Ausarbeitung einer ausführlichen Biographie begünstigte. Das Erlernen des Claviers ward mir bald verleidet, da
der Lehrer bei falschen Griffen mich kleinen Knaben mit dem
Violinbogen sehr derb auf die Finger schlug; doch ward immer

ein Grund gelegt, so daß es mir möglich ward, später durch
Privatübung und mit Hülfe einigen musikalischen Gehörs beliebte
Gesänge, Märsche 2c. ohne Noten zu spielen und meiner Familie
dadurch zuweilen eine angenehme Unterhaltung zu gewähren. Zum
Zeichnen fand sich wenig Talent, doch ward es soweit gebracht,
später flüchtige Umrisse von Gegenden, Gebäuden, Alterthümern 2c.,
zumal auf Reisen zu entwerfen und dadurch dem Gedächtnisse zu
Hülfe zu kommen.

Man gedachte meiner als eines muntern und gutmüthigen
Knaben, der, wenn auch nur mit sehr gewöhnlichen Geistesgaben
ausgerüstet und bescheiden seinen Weg gehend, den Aeltern und
Lehrern mehr zur Freude, als Unzufriedenheit Veranlassung gab,
sich zwar gern der gebildeteren Cameraden munteren Spielen
anschloß, mehr aber jenen stilleren Lieblingsbeschäftigungen genügende Muße zuwendete. Bei dem Soldatenspielen ward gewöhnlich von den beiden Generalen (Söhnen wohlhabender Aeltern) den
ärmern Schülern einige Pfennige Löhnung gewährt, und wer war
der diese auszahlende Regiments-Quartiermeister? Niemand anders
als ich; welche sonderbare Vorbedeutung sich weiterhin ergeben
wird. Besonderes Vergnügen brachten die meist alljährlich von
meinem Vater auf dem Löbauer Berge für seine Freunde veranstalteten Scheibenschießen, wozu sich Vornehme und Geringe gern
einfanden, wobei man sich auf diesem schönen Berge mit herrlicher
Aussicht den Tag über ergötzte, und gewöhnlich mit einem Feuer-
werk das Fest beschloß. — Es war eine fröhliche harmlose Jugendzeit, deren ich noch gern gedenke, zumal ich nicht, wie Andere, die
Schule fürchtete, sondern sie gern besuchte und unbekümmert um
die Zukunft mich in der Gegenwart glücklich fühlte.

Eintritt in des Vaters Handlungsgeschäft.

Die Zeit der Confirmation nahte, nachdem ich noch vorher
bei der Jubelfeier des neuen Jahrhunderts, sowohl an der
Illumination des väterlichen Hauses, als an dem Schülerauszuge
in der Mitternachtsstunde des neuen Jahrhunderts thätigen Antheil genommen hatte. Wir Primaner und Secundaner in
schwarzem Anzuge mit Schuhen und seidenen Strümpfen, frisirt
und Chapeau bas, die ersteren auch mit Degen an der Seite, die
anführenden und schließenden Officiers in der Landsmannschafts-

Uniform der Lausitzer Studenten und der Fahnenträger, die große Lyceumsfahne mit viel Kunst schwenkend, zogen vom Lyceum auf den Marktplatz. Da fühlte sich jeder Theilnehmer gar stolz! Von den Gelehrten war lange gestritten worden, ob das Fest Ende des Jahres 1799 oder 1800 zu feiern sei, bis die letzte Ansicht siegte.

Als einziges Kind war es keine Frage weiter, daß ich zur Unterstützung der Eltern mich deren Geschäfte widmen müsse und es kam mir daher auch nicht in den Sinn, auf etwas anderes zu denken. Mithin erfolgte Ostern 1801 der Abgang von der Schule und die Theilnahme an jenem Geschäft, welches in seidenen, wollenen und baumwollenen Schnittwaaren bestand, womit, bei wenigem Verkauf im Hause hauptsächlich die Märkte in den Städten und Marktflecken der Umgegend bezogen, sowie auch kleine Handelsleute versorgt wurden. Mir fielen besonders die schriftlichen Besorgungen (Briefe und Rechnungen, Buchführen ꝛc.) zu, wobei ich ohne alle Anleitung mich nach und nach selbst einzuüben und Anderen es abzusehen genöthigt war.

Das nun eingetretene Verhältniß schien mir zuerst wegen des Reizes der Neuheit zu gefallen, zumal viel freie Zeit zum Lesen übrig blieb und auf den besuchten Märkten viel zu sehen, auch bei den Bücher-Antiquaren Manches billig zu erlangen war; jedoch trat das Unangenehme des Geschäfts bald mehr und mehr hervor. Das Beziehen auch der kleinen Märkte in benachbarten Marktflecken zu Fuß, nicht selten in Regen und Schnee, und den Tag über oft der größten Kälte oder lästiger Sonnenhitze in der Bude ausgesetzt zu sein, sowie das sich stets wiederholende leere Geschwätz bei dem Anpreisen und dem Verkauf der Waaren, dieses Alles und überhaupt das ganz ungeordnete und unruhige Treiben bei solchem Handelswesen ward mir, bisher an mehr geregeltes ruhiges Leben gewöhnt, immer widerwärtiger. Zu dieser Abneigung trug auch das damalige Accis- und Zollwesen mit bei, dessen Unredlichkeit das sittliche Gefühl störte und wodurch der Staat seine Beamten und Bürger recht eigentlich zum Unterschleif nöthigte.

Die Accis- und Zollbeamten hatten nach Maaßgabe ihrer früheren Soldatenlöhnung eine fast unglaublich karge Besoldung, so daß kaum das tägliche Brod davon bestritten werden konnte; ein Visitator erhielt wöchentlich noch nicht 1 Thaler, ein Accis-Einnehmer kaum 2 Thaler; das Uebrige mußte durch Bestechung erlangt werden. Im Einverständniß mit ihnen mußte auch der redlichste Gewerbsmann sich der hohen Abgaben zu entziehen suchen, wollte er mit Collegen mit weitem Gewissen concurriren und nicht zu Grunde gehen. Konnten die Waaren ungeachtet vielfacher List nicht unbeachtet in die Stadt gepascht werden, so erfolgte das Aufpacken derselben in Gegenwart mehrerer Zoll= und Accis=Beamten. Gewöhnlich begaben sich nach eingenommenen Genüssen die obern Beamten aus angeblichem Zeitmangel nach und nach weg, so daß zuletzt nur dem untersten die nähere Vergleichung der Waaren mit dem vorher eingereichten Verzeichnisse verblieb; allein auch dieser überließ das Auspacken dem Kaufmann selbst, und nur bei einem noch nicht eingeweih= ten Neulinge konnte es geschehen, daß er jene Vergleichung vornahm, wo dann die mehr befundene Waare, als zur Versteuerung angegeben war, confiscirt, und mit einer oft den Werth derselben übersteigenden Strafe belegt ward.

Ein solches mit Unrechtlichkeit und steter Besorgniß verbun= denes Geschäft war gegen meinen Charakter; mein Vater mußte sich freilich jenen Verhältnissen fügen oder er hätte sein Geschäft aufgeben müssen — und was dann beginnen?

Uebrigens durfte das fleißig fortgesetzte Bücherlesen nur in Abwesenheit des Vaters geschehen, da es ihm meinen Widerwillen gegen den Handel zu nähren schien, und doch hatte ich bereits zu viel von den Wissenschaften gekostet, um davon lassen zu können. Besonderen Eindruck erregte eine als Makulatur von den Eltern erkaufte Anzahl von Heften der Jenaischen Literatur= zeitung mit ihren zahlreichen Nachrichten vom Gelehrtenwesen, von Akademien, Museen 2c., wodurch mir gleichsam eine neue, nie geahnte Welt eröffnet und meine Liebe zu den Wissenschaften noch mehr erhöht ward.

Ich hatte noch keine Bibliothek oder wissenschaftliche Samm= lung gesehen, jedoch von den reichen Schätzen der Königlichen Bibliothek in Dresden gelesen und mein innigster Wunsch, dieselbe zu schauen, ward mir endlich bei einem dortigen Jahrmarkts= besuch erfüllt. Es zeigt aber wohl von großer Sehnsucht danach, daß ich als ein 14jähriger, noch sehr schüchterner und unerfah= rener Knabe aus der Provinz — damals hatte man im 15. Jahre und noch älter nicht die Erfahrung, welche jetzt meist schon bei 10jährigem Alter gefunden wird — endlich nach vielem Zögern es wagte, das Japanische Palais zu betreten, wo der mir zu= fällig begegnende Schriftsteller und damalige Bibliothek=Sekretair K. A. Engelhardt (unter dem Dichternamen „Richard Roos" bekannt) über mein zögerndes Treppensteigen verwundert, nach meinem Begehren fragte und mir dann freundlichst dasselbe in reichem Maaße gewährte. Wer war glücklicher als ich, solche

herrliche Säle voll Bücher und zumal alte Manuscripte und
andere Seltenheiten sehen zu können; lebenslang vergaß ich nicht
diesen Genuß und die Güte des Genannten. Damals gelang es
mir auch, das Königliche Naturalien-Cabinet im Zwinger zu
sehen; der Aufwärter verlangte durchaus 8 Groschen Eintritts-
geld, da aber mein Taschengeld nicht ausreichte, nahm er endlich
auf mein wehmüthiges Bitten auch mit den vorhandenen wenigen Groschen fürlieb und erfüllte mir nun diesen sehnlichen
Wunsch. Ermuthigt dadurch, wurden nun auch bei dem Markt-
beziehen die Bibliotheken in den größeren Sechsstädten besucht, die
ebenso wie die Buchhandlungen und Antiquariate mich immer mehr
mit der Bücherwelt vertraut machten, wobei es auch gelang,
meine seit frühester Zeit angelegten Mineralien-, Muschel- und
andern Sammlungen mit mancherlei Gegenständen zu vermehren,
deren Einordnung und Beschauung mir manche frohe Stunde
verschaffte. Noch im Alter erinnere ich mich mit Freude, wie
mich in jener Zeit die Erlangung der ersten römischen Münzen,
Bracteaten, Urnen u. s. w. stets in hohe Extase versetzte. Damals war es schwierig, solche Gegenstände zu erhalten, da noch
nicht, wie in späterer Zeit, so viel Gelegenheit war, solche
Sammlungsgegenstände bei Antiquaren zum Kauf zu erlangen.
Zu dieser wissenschaftlichen Neigung kam der fortgesetzte Umgang
mit den nach Prima versetzten früheren Schulkameraden, deren
Unterhaltung meist das Erlernte und die Annehmlichkeiten des
Studentenlebens betraf, welches ich auch bei dem Umgange mit
Studenten aus Löbau während eines Besuchs der Leipziger Messe
als Begleiter meines Vaters kennen lernte und wodurch ebenfalls
die nach und nach entstandene Neigung, zu studiren, nicht minder
bestärkt ward. Dieser trat jedoch mein Vater völlig entgegen,
und zwar nicht aus Geringschätzung der Wissenschaften an sich,
sondern weil er eine Menge armer und verschuldeter Gelehrter
aller Fächer kennen gelernt hatte und nur im Handelsgeschäfte
eine glückliche Laufbahn mit reichlichem Einkommen erblickte. Da
nun meine immer wiederholte Bitte und die Unterstützung derselben Seiten der Mutter und Verwandten, welche in Befriedigung
meines sehnlichsten Wunsches ebenfalls mein Lebensglück hofften,
vergeblich war, so gab es für mich ein Jahr der Betrübniß und
des Mißmuthes, wodurch mir das Handelswesen mit jedem Tage
unerträglicher ward. Obschon der Vater zur Erweckung größeren

Interesse daran mir den Verkauf von Uhrmachergeräthschaften und den nicht unbedeutenden Gewinn daran überlassen hatte, so konnte dies dennoch mich' von jener Neigung nicht abziehen. Endlich gelang es nach vielfachem fruchtlosen Bemühen einigen befreundeten Gelehrten, den Vater zu seiner Einwilligung zu bewegen, die aber nur unter der sehr verständigen Bedingung erfolgte, erst dann, wenn ich nach einem Jahre wirkliches Talent dazu zeige, das Fortstudiren fernerhin erlauben zu wollen. Auch Bekannte hatten gemeint: Aus ihrem Sohne wird einmal nichts Gescheidtes, er wird doch kein Handelsmann, darum lassen sie ihn studiren. Es erging mir daher so, wie dem beliebten Volksdichter im plattdeutschen Dialect, Fritz Reuter, von welchem, da er schon nahe an die Vierzig, ebenfalls erst zu seiner Schriftstellerei befähigt ward, seine ganze Vaterstadt sagte: „Ut em werd nichs!"

Besuch des Löbauer Lyceums.

Wer war glücklicher als ich mit dem Neujahr 1803 von dem seit Rector Thieme's Tode an dessen Stelle eingerückten früheren Conrector Bekel mit vieler Nachsicht und in Hoffnung fleißiger Nacheiferung in die nur aus 12 Schülern bestehende erste Classe, zwar als Letzter, eingeführt ward. Es galt nun den eifrigsten Privatfleiß, um die schon vorgeschrittenen früheren Mitschüler einzuholen, und es ward daher, als die Hauptsache des Unterrichts, die lateinische und griechische Sprache oft bis tief in die Nacht betrieben, wodurch ich mir jedoch wegen der kleinen Schrift in den Taschenausgaben und Wörterbüchern eine Augenschwäche zuzog, an der ich später noch oft zu leiden hatte. Aus Mangel an gutem Gedächtniß und überhaupt an Sprachtalent, ward mir dies Studium jedoch sehr schwer und nur der eisernste Fleiß vermochte jenes zu ersetzen. Unangenehm war mir besonders bei den Declamirübungen und andern Vortreten das mir schwer fallende Auswendiglernen, sowie die mich noch beherrschende Schüchternheit und das bei meiner Vollblütigkeit damit verbundene öftere Erröthen, welches — wie es auch dem bekannten verdienten Hamburger Buchhändler Perthes (nach dessen Biographie) erging — mir auch später noch manche Verlegenheit bereitete, bis es in reiferen Jahren durch größere Geistesgegen-

wart· und ernsteren Sinn nach und nach zu unterdrücken gelang. ·
Durch die in der Schule übersetzten Classiker ward ich zugleich
zur classischen Alterthümerkunde hingezogen, sodaß ich bei dem
Rektor wöchentlich eine Privatstunde über Ernesti's Archaeologia
liter. nahm, der aber auch nichts weiter davon wußte, als was
im Buche stand, sodaß nur das Uebersetzen der Schrift die Haupt=
sache dabei war.   Wie hoch erfreulich war es mir, als ich bald
darauf solche Alterthümer im Königlichen Antikencabinet zu Dresden
durch Güte des Inspectors Lipsius sah, an den mir der damals
im Lande wegen Pränumeration auf seine Gedichte herum=
reisende Anhalt'sche Naturdichter Hiller einen Empfehlungsbrief
übergeben hatte. Wie glücklich würden mich damals einige römische
Alterthümer gemacht haben, deren ich mir später so zahlreiche zu
verschaffen wußte, und wie noch vielmehr, wenn ich die so nahe
Beziehung dieser Sammlung, wie zur Königlichen Bibliothek in
späterer Zeit hätte ahnen können.

Auch der Unterricht in der hebräischen Sprache ward begonnen,
hatte aber nur den Erfolg, zugleich nebst einer erlangten Schrift
mit zahlreichen Sprach=Alphabeten, die Neigung zur Kenntniß
der alten und sonstigen fremden Schriftarten anzuregen, für die
ich auch später eine besondere Sammlung anlegte.

Die Religion ward nach einem lateinischen Lehrbuche vor=
getragen, wobei jedoch für die im Lateinischen noch nicht weit
gediehenen Schüler das Uebersetzen die Hauptrücksicht erforderte,
die beabsichtigte Erweckung religiöser Gefühle dagegen, sehr in den
Hintergrund trat.

Um an allen Schulverhältnissen Theil zu nehmen, und mich
im Gesange zu üben, trat ich dem Singchor bei, jedoch nach
einiger Zeit wiederum aus, da das Sonntags Mittags, und
an zwei Nachmittagen der Woche erfolgende Singen vor den
Häusern der Geldspenden gewährenden, wohlhabenden Einwohner
zu viel Zeit in Anspruch nahm, und ohnehin mehr zur Unter=
stützung der ärmeren Theilnehmer bestimmt war.

Durch das von der Oberlausitzer Gesellschaft der Wissen=
schaften in Görlitz damals gefeierte 25jährige Jubiläum und das
Lesen der von ihr herausgegebenen Lausitzischen Monatsschrift,
ward meine Aufmerksamkeit auf solche gelehrte Vereine gerichtet,
und in deren Nachahmung vereinigte ich mich mit einigen Görlitzer
Gymnasiasten zu einer ähnlichen Verbindung, um, wie es bei

jener geschah, gefertigte Aufsätze beliebigen Inhalts uns gegen=
seitig mitzutheilen und zu kritisiren. Da jedoch der Eifer bei den
andern Mitgliedern nicht lange aushielt, so suchte ich mit einigen
Löbauer Mitschülern eine gleiche Gesellschaft zu bilden, wo solche
Aufsätze vorgelesen und besprochen wurden; allein während ich
selbst verfaßte Aufsätze vortrug, brachten die andern gewöhnlich
nur Abgeschriebenes, so daß auch dabei kein Bestand war, obschon
ich zugleich durch Vorzeigung meiner Sammlungen dabei zu unter=
halten suchte.

Es gab in Löbau zwar eine dem Stadtrath gehörige Biblio=
thek, allein unbenutzt und stets verschlossen gehalten, war selbst
ihr Bestehen wenig bekannt. Man erzählte nur, daß Faust's
Höllenzwang darin aufbewahrt würde, und an einer Kette befestigt
sei, woran sich auch etwas Wahres ergab. Es waren nämlich
einige Missale mit Meßgesängen aus dem Mittelalter vorhanden
mit daran befindlichen Ketten, mit welchen dieselben zur Ver=
hütung des Entwendens aus der meist offenen Kirche an das
Lesepult befestigt gewesen waren. Da sich in der Bibliothek manche
schätzenswerthe Bücher befanden, beredete ich die andern, jedoch daran
wenig Interesse findenden Schüler, mich im Namen der Lyceasten
als Deputirten bei dem derselben vorgesetzten Rathsherren auf
wöchentliche Oeffnung derselben antragen zu lassen, was auch
genehmigt wurde, da zugleich ein Schullehrer sich zur unentgelt=
lichen Uebernahme der Bibliothekar=Funktion erbot. Ich war jedoch
meistens der einzige Besucher derselben, erhielt auch manche
interessante naturhistorische, historische und numismatische Werke
daraus geliehen, die fleißig excerpirt wurden. Bald nach meinem
Abgange von Löbau und bei dem Eintritt der Kriegszeit unter=
blieb jedoch diese sehr wenig benutzte Einrichtung.

Ungeachtet aller dieser Nebenbeschäftigungen, wurden die
Schularbeiten von mir mit nicht minderem Eifer betrieben, ich
nahm aber auch gern an den Vergnügungen der Mitschüler
und den gegenseitigen Besuchen der Gymnasiasten der benach=
barten Sechsstädte, sowie an den dabei veranstalteten Commersen
Theil. Das waren fröhliche Tage! Im Vorgefühle der Stu=
dentschaft wurden an dem Pfingstschießen in einem, von den
übrigen etwas isolirten Zelte nach gewohntem Comment bei dem
„Landesvater“ die Hüte unbarmherzig durchstochen, und von dem
Tabak sang man, von einem Druckfehler verleitet, „Den uns Apollo

präparirt", der also als Tabaksliferant galt, während doch die
jena'schen Burschen, von denen das Lied entnommen, von dem
nahen Städtchen Apolda ihren Bedarf bezogen. Oft ertönte es
auch: „Hier sitz ich auf Rasen mit Veilchen bekränzt" — „und
Amor zum Schenken" — während wir auf ungehobelten Bänken
saßen und ein alter grämlicher Aufwärter uns das Stadtbier
kredenzte. Wie freute man sich da auf Leipzig oder auf die
damals noch bestehende Universität Wittenberg! — Welchem Studium
ich mich widmen solle, ward von mir noch nicht näher beachtet,
doch schien das Lehrerfach das nächstliegende zu sein; ich war
deßhalb noch unbekümmert und schon zufrieden, mich mit den
Wissenschaften beschäftigen und dadurch meine steigende Wiß=
begierde befriedigen zu können. So lebte ich glücklich und zu=
frieden, und glaubte mich ungeachtet jener erwähnten Schwierig=
keiten geborgen und des Studirens gesichert, als plötzlich und
ungeahnt im Mai 1804 eine sehr einflußreiche Wendung in meinen
Verhältnissen eintrat.

Nöthiger Abgang vom Lyceum.

Der Vater bezog, wie erwähnt, seit längerer Zeit die Messen
in Frankfurt am Main, wohin er Leinwandwaaren mitnahm,
und seidene Tücher, wie andere Schnittwaaren, Uhren und der=
gleichen dagegen einkaufte; er hatte überhaupt sein Geschäft durch
immer neue Handelsartikel zu sehr erweitert, so daß er, noch dazu
des Schreibens wenig gewachsen, es kaum zu bewältigen ver=
mochte. Diese Anstrengungen, sowie erlittene Verluste durch Betrug
und anderes Unangenehme hatten in der Ostermesse 1804 eine
heftige, ihn von allen Geschäften zurückhaltende Krankheit herbei=
geführt, die auch, nachdem er nach Hause gebracht war, noch
längere Zeit anhielt. Welchen Schreck, gleich einem Blitzschlage
aus heiterm Himmel, und welche traurige Zeit gab es für die
Familie, welche verwickelten Geschäftsverhältnisse! In dieser Noth
erweckte der Himmel das theilnehmende Gemüth zweier, uns bisher
völlig fernstehender edlen Männer, der Kaufherren Viol und Hennig,
welche sich zu unserer freudigen Ueberraschung mit dem uneigen=
nützigsten Eifer unsres Geschäfts annahmen und dessen Fortfüh=
rung uns ermöglichten.

Ich war deshalb genöthigt, freilich mit schwerem Herzen, den Schulbesuch einzustellen, und mit der, das Geschäft fort= führenden Mutter wiederum die Jahrmärkte zu besuchen und mich überhaupt nach Kräften der Geschäfte mit anzunehmen, sollten sie nicht zu Grunde gehen und dadurch der einzige Unterhalt der Familie wegfallen. Der Vater war zwar nach einem halben Jahre fast völlig genesen, doch konnte ich ihn noch nicht ohne Unterstützung lassen, und das, erst einstweilen ausgesetzte Studium blieb nun völlig aufgegeben.

Bei einem Geschäftswege in die Nieskyer Haide im Früh= jahr 1805, wäre es bald um mein Leben geschehen gewesen. Ich folgte einem scheinbaren Fußpfade über eine schöne grüne Wiese, brach aber bald mit der dünnen Erddecke durch, und es ergab sich, daß es ein tiefer, sehr wässriger Moorgrund war. Zurück konnte ich nicht, da die Erde weggebrochen war, und eben so wenig vorwärts, weil ich bei jedem Tritt mit dem abgetretenen Erdstück immer tiefer sank. Von Niemandem gesehen und gehört, brachte ich mit immer neuen Versuchen mich zu retten fast eine Viertel= stunde in schrecklichster Todesangst zu, bis ich nach muthigem Entschluß endlich nach und nach seitwärts an einen Rand gelangte, wo ich, völlig ermattet und durchnäßt dem Himmel für meine Rettung dankend, niedersank. Dieser Fall, und ein ähnlicher bei einer Elbüberfahrt, wo der Kahn schon Wasser schöpfte und dem Umschlagen nahe war, erregten mir eine Scheu gegen alle, deshalb möglichst vermiedene Wasserpartien, zumal, da ich in meiner Jugend nicht Gelegenheit gehabt hatte, das Schwimmen zu lernen, welches ich aber, wie das damals noch nicht bekannte Turnen, später in Schriften und in Gesprächen jedem jungen Manne bringend anrieth.

Auch damals fand ein fleißiges Privatstudium statt, wozu reichliche Zeit verblieb, und das Lesen über die Lieblingswissen= schaften und das Ausziehen des Ansprechenden daraus, nahm wie früher seinen Fortgang. Merkwürdiger Weise fand dies Anmerken damals auch in Hinsicht der Schilderungen der Pariser Museen aus der schon genannten Literaturzeitung, statt, ohne Ahnung, je dahin zu gelangen, und doch konnten diese Notizen in späterer Zeit an Ort und Stelle mit vielem Vortheil benutzt werden. Besonders sprach mich alles streng systematisch Geordnete an, weil dasselbe zugleich als ein mnemonisches Hülfsmittel für das

Gedächtniß dient, und ich war höchst freudig überrascht, das so
streng wissenschaftlich geführte „Repertorium der Literatur von
1795 — 1800 von Ersch und Gruber" auf der Zittauer Rathsbibliothek zu erblicken; dies war, zumal dem Bücherwesen geltend,
so ganz nach meinem Sinne! Doch auch das Linné'sche Pflanzen-
system, welches ich erst damals durch einen gebildeten Handlungs-
Commis kennen lernte (denn in der Schule war davon, wie von
anderen nützlichen Realkenntnissen, nicht die Rede gewesen) zog
mich nicht minder an, sowohl wegen der für das Gedächtniß
erleichternden systematischen Anordnung, als wegen der festen
bestimmten und allgemein gültigen lateinischen Namen der Pflan-
zen, während bei anderen Wissenschaften ungenügend bestimmte,
schwankende und abweichende Definitionen der Gegenstände vor-
kommen. — Schon damals ordnete ich meine Büchernotizen und
anderen Sammlungen systematisch und mein späterer Freund Peschek
bemerkte 1851 nach Lesung der Biographie: „Sie haben jung
schon die Gabe der Eintheilung (des Classificirens) besessen;
das ist der rechte Weg, Alles zu überwältigen; es trifft auch
hier ein: divide et impera!" Diese Neigung, welche sich noch
in meinem höheren Alter bei meinen Sammlungen bewährte,
war daher in frühester Jugend bei der Anlegung derselben entstanden, und ward wegen des hohen Nutzens immer mehr ausgebildet. Ich wünschte gern allwärts stete Klarheit und möglichste systematische Darstellungsform, weil, wie erwähnt, dieselbe
meinem Gedächtniß zu Hülfe kam. Zu eben diesem Zwecke
liebte ich es auch gesehenes Interessante und sonst irgend dazu
geeignete Gegenstände mir bildlich, wenn auch nur in flüchtigen
Umrissen, darzustellen und aufzubewahren; diese Neigung sprach
sich auch bei folgender Gelegenheit aus. — Mit besonderem Eifer
ward nämlich damals von mir die vaterländische Geschichte,
zumal der Oberlausitz und Löbau's getrieben, und aus den zahlreichen lausitzischen Zeitschriften und anderen Werken eine Menge
historischer und anderer Auszüge entnommen, wobei besonders
die sehr interessante, von den Stadtschreibern seit einigen Jahrhunderten fortgeführte städtische Chronik von Löbau mich wochen-
lang beschäftigte. Ueberhaupt ist die Oberlausitz reich an solchen
Orts-Annalen, sowie auch in Folge der sechs Gelehrtenschulen, der
vielen Bibliotheken, gelehrten Vereine und zahlreichen Schriftsteller,
(von Otto in 4 Bänden verzeichnet), seit früher Zeit ein so

reges, auch auf mich einflußreiches, wissenschaftliches Leben stattfand, daß wohl wenig andere Provinzen sich damit messen könnten. Bei diesem Studium gerieth ich ohne je historische Karten gesehen zu haben, nur in Folge jener Maßregel, Alles gern bildlich darzustellen, auf die Idee, solche Landkarten der Oberlausitz vom Jahre 1268 und 1300 mit Angabe der damaligen Grenzen, und bereits bestehenden Orte nach urkundlichen und anderen Nachrichten zu fertigen. Da sie nach mehrfachen Versuchen, obschon immer noch eine Jugendarbeit, dennoch von dem verdienten Oberlausitzischen Historiker Käufer gebilligt wurden, so wagte ich es, ein Exemplar derselben der oberlausitzischen Gesellschaft der Wissenschaften zu Görlitz einzusenden, welche sich erfreut darüber aussprach, und mir dagegen die Erlaubniß zum Entleihen von Büchern und Manuscripten aus ihrer reichen Bibliothek ertheilte, welche Güte wiederum zu immer erweitertem Studium Veranlassung gab. Durch mehrere, in der Gegend gefundene Bracteaten (Münzen von Silberblech) und böhmischen Groschen aus dem Mittelalter, ward die Aufmerksamkeit auf die Münzkunde, und durch einige erlangte Urnen aus heidnischen Gräbern der Umgegend, auf die vaterländische Alterthümerkunde gerichtet; ebenso ward zugleich jede Gelegenheit auf Reisen benutzt, um Museen und andere Merkwürdigkeiten zu sehen, und die schon seit Jahren angelegten Sammlungen von Mineralien, Muscheln und anderen Seltenheiten wurden nun auch mit alten Münzen, obschon geringen Werthes, Gemmenabdrücken und dergleichen zu vermehren gesucht. So glückliche Stunden mir dieser Dilettantismus auch brachte, konnte ich doch in meinen bisherigen Verhältnissen nicht verbleiben; die Abneigung gegen das väterliche Handelsgeschäft mit seinem Marktziehen und ungeregelten Leben blieb sich gleich. Uebrigens schien des Vaters Glücksstern seit seiner Krankheit untergegangen zu sein, und ich mochte auf einen gleichen bei dem mir so verhaßten Geschäfte nicht meine Hoffnung setzen. Der Vater sah selbst mehr und mehr ein, daß ich zum Handelswesen weder Lust noch Talent besaß, daß also eine Aenderung nöthig war; zu seiner Beruhigung aber, da er noch immer das Studium mißbilligte, entsagte ich diesem, bisher noch auszuführen gehofften Plane, und wohl zu meinem Besten; um aber dennoch mit Büchern im Verkehr zu bleiben, und meinen Wissensdurst möglichst befriedigen zu können, ward der Buchhandel gewählt. Es blieb mir aber selbst über-

laffen, mir, obwohl schon im. 19 Jahre stehend, noch eine Lehr-
lingsstelle zu ermitteln, welche endlich auf eine Zeitungsanfrage
in der Buchhandlung Karl Franz Köhler's in Leipzig erlangt
ward. Mit Freuden, nun zu einem erwünschten Ziele zu kommen,
wurden die so lieb gewordenen Sammlungen in Kisten zur Aufbewahrung für eine spätere Zeit verpackt, und nachdem vom
Vater ein sehr geeigneter Stellvertreter für mich angenommen
war, die Reise zur Zeit der Michaelis-Messe 1805 nach dem neuen
Bestimmungsorte angetreten.

Zweiter Abschnitt.
Die Jünglingszeit.
Lehrlings- und Gehülfenjahre; die Kriegsunruhen 1805—1813.

Die Lehrjahre.

Bei dem Antritte zu Michaelis 1805 als Buchhandlungs-
lehrling, und nun mitten unter Büchern lebend, hoffte ich, mein
Glück begründet zu haben, doch es erfolgte nicht sogleich, es
mußte erst noch ein trauriges Vierteljahr überstanden werden.
Ich war allerdings schon 19 Jahre alt, doch scheute ich mich nicht,
wie es damals noch gewöhnlich war, Stundenlang Packete, Briefe,
Verlangszettel und dergleichen, die fast täglich von auswärtigen
Buchhandlungen, deren Commissionär mein Prinzipal war, eingingen, mit dem Markthelfer an die andern zahlreichen Buchhandlungen des Orts auszutragen, oder auch bei solchen nachzu-
fragen, ob eben benöthigte Bücher etwa vorräthig wären, weil
damals außer den neuesten, auch zahlreiche ältere Schriften auf
dem Lager gehalten wurden. Ebenso hatte ich Bücherballen mit
zu packen, und mich ähnlicher Leistungen zu unterziehen, wobei
damals der jüngste Lehrling den Markthelfer unterstützen mußte.
Da ich den ganzen Tag in dem ungeheizten Verkaufsgewölbe zu
verweilen hatte, so litt ich auch bald an erfrorenen Fingern;
doch dies alles entmuthigte mich nicht, war ich doch mit Büchern

beschäftigt. Ebenso wenig störte es mich, wenn manche meiner
neuen Kameraden in andern Buchhandlungen über den bereits
hochemporgeschossenen Neuling mit seiner provinziellen Mundart
witzige Bemerkungen äußerten. Mir ist es noch ebenso in vielen
anderen Lebensverhältnissen ergangen, daß ich etwas spät, jedoch
nicht zu spät kam, und immer noch so, daß ich zu rechter Zeit
an meinen rechten Platz gelangte, und wohl mit mehr Vortheil,
als wenn es zeitiger geschehen wäre. Eine Hauptbeschäftigung
in der ersten Zeit war für mich das Collationiren, d. h. das
Durchsehen der, zumal zur Meßzeit von den Verlagshändlern
an die Sortimentshändler eingesandten Novitäten (neuen Bücher),
ob sämmtliche Bogen und etwa dazugehörige Beilagen vollständig vorhanden, fehlende aber von der Verlagshandlung
noch zu verlangen wären, weil die Bücher damals mit seltener
Ausnahme nur in losen Bogen versendet wurden. Diese Durch=
sicht war mir ein sehr erfreuliches Geschäft, weil ich dadurch mit den
Novitäten bekannt ward, und manches Interessante darin fand.

Während des ersten Vierteljahres meiner Lehrzeit hatte ich
von einem älteren, in der Handlung befindlichen, sehr verschmitz=
ten Lehrburschen viel zu leiden, welcher mich bei dem Prinzipal
als faul und ungeschickt möglichst anschwärzte und, um weniger
beobachtet zu sein, mich wiederum fortgeschickt wünschte; es fehlte
auch nicht viel, daß mein Prinzipal, der jenem zu viel Vertrauen
schenkte, mich als unbrauchbar den Eltern zurücksendete, wie er
dem Vater auch bereits geschrieben hatte, der aber auf einer
Durchreise durch Leipzig um längere Prüfung bat. Man denke
sich meine Ueberraschung, Angst und Sorge, als der Vater mir
die so ganz ungeahnte Beschwerde über mich mittheilte. Nach
Löbau wäre ich auf keinen Fall zurückgekehrt, ich bot mich viel=
mehr für den Fall der Entlassung bereits, obwohl fruchtlos, einem
Advocaten, sowie einem Bücherauctionator als Schreiber an, und
sann auf andere Auswege, z. B. noch zu studiren, denn einige
selbst unbemittelte lausitzer Studenten wollten mich in ihr Logis
aufnehmen, für das Convict sorgen u. s. w. Da wendete sich
plötzlich das Blättchen. Jener Lehrbursche ward kurz vor den
Weihnachtsfeiertagen, als er sich für diese bereits aus der Casse
mit Geld versehen hatte, vom Prinzipal als Dieb entdeckt, und
ohne Weiteres fortgejagt; mir aber gelang es, durch Eifer und
Treue das vom Prinzipal von dieser Stunde an mir geschenkte

Vertrauen zu rechtfertigen, und sein Wohlwollen zu gewinnen, welches er mir auch lebenslänglich bewahrt hat. Ich vermochte bald des Entlassenen Geschäfte genügend zu versehen, die ja ohnehin mit meinen Neigungen übereinstimmten. Nun konnte ich mich so recht mit Büchern beschäftigen, und mir die ansprechendsten zum fleißigen Lesen in den Freistunden auswählen, sowie ich auch in dem Umgange mit einigen bildungseifrigen anderen Buchhandlungslehrlingen und noch von der Schule her befreundeten studirenden Landsleuten manchen erfreulichen Genuß fand. Darauf aber, daß ich nur mit achtbaren jungen Männern umging, hatte mein Prinzipal genaue Aufsicht, und seinen Belehrungen und Warnungen dankte ich es noch lebenslang, nicht auf Abwege gerathen zu sein. Das seit dem mehr und mehr eingetretene Verhältniß, daß die Lehrlinge nicht wie zu meiner Lehrzeit bei dem Prinzipale Kost und Logis erhalten, ist unbezweifelt nachtheilig, da sie außer den Geschäftsstunden sich selbst überlassen, und ohne genügende Erfahrung nur zu leicht auf Abwege gerathen.

Vom Prinzipale und seiner würdigen Gattin überhaupt mit fast pflegelterlicher Güte und Fürsorge behandelt, verlebte ich seit jenem ersten Vierteljahre eine sehr vergnügte Zeit. Ich war aber auch bestrebt, in der für unerfahrene Jünglinge so leicht gefahrvollen Stadt stets auf dem rechten Wege zu verbleiben. Zu diesem Zwecke wurden mir oft vor die Augen kommende Gedenkzettel mit ausgewählten Lebensregeln oder auch nur mit darauf bezüglichen einzelnen Worten oder Buchstaben angewendet, wie dies und ähnliche Erinnerungszeichen später in einigen meiner Schriften („Sophien-Ducaten" S. 187 besonders „Jugendbildung" III. 160.) nach Franklin, Salzmann &c. zum Hüten vor Unrecht und zu beeifertem Streben nach allseitiger Vervollkommnung anempfohlen wurden. Allerdings trug die fleißige Fortführung der Tagebücher nicht minder dazu bei, auf die stete sorgsame Beachtung der Lebensbahn hinzuweisen, und überdieß diente meine, auch damals in den freien Stunden eifrig fortgesetzte Beschäftigung mit Lieblingswissenschaften zugleich zur genügenden Abhaltung von Müßiggang und Langeweile, und den, durch diese oft herbeigeführten Abwegen. Köhler's Buchhandlung bot mir genügende Gelegenheit dar, alle Zweige des Geschäfts kennen zu lernen, indem sie außer dem betriebenen Sortimentshandel, d. i. mit von anderen

Buchhändlern gedruckten und verlegten Schriften, auch eigenen Verlag verband und die Commissionsgeschäfte für eine Anzahl auswärtiger Buchhandlungen zu besorgen hatte. Ich lernte dabei zugleich auch das Druckerei=, das Recensions= und Redactions= wesen, sowie überhaupt das schriftstellerische Wirken und Treiben allseitig kennen. Damals war die, auf die Ritter= und Räuber= geschichten folgende, Periode der empfindsamen Romane, der gemüth= lichen Familiengeschichten und sogenannten biographischen Romane noch in Flor: Schilling, Schulz (Laun), Kotzebue, Haken, Winkler (Th. Hell), Zschokke u. a. waren gesuchte Autoren; besonders aber war der protestantische Prediger Aug. Lafontaine bei Halle der hervorragendste und beliebteste Verfasser von wohl 80 solcher Romanen, die von Leihbibliothekaren und vom Lesepublikum stets sehnsuchtsvoll erwartet wurden. Ich wurde also mit diesem Zweige der Literatur genau vertraut, zumal unsere Handlung die Versendung zahlreicher derartiger Schriften zu besorgen hatte, wogegen Schiller's und Göthe's Werke nur spärlich abgesetzt wurden. Von den gemüthlichen Lafontaine'schen Ehe= leuten erzählte man eine characterisirende Anecdote. Ein sie besuchender Freund traf sie mit Thränen in den Augen an, und sich nach der Ursache erkundigend, erfuhr er, daß in dem neuesten Romane die Hauptperson ein trauriges Schicksal träfe, welches der Anlage des Ganzen gemäß nicht geändert werden könne. — Auch hatten wir die Versendung der Jung=Stilling'schen Schriften zu besorgen, besonders die von dessen Zeitschrift „der graue Mann", nach welchen von Bürgern und Landleuten häufig gefragt ward. Ich wurde dadurch zugleich mit der interessanten Lebens= geschichte dieses, sich zum Pietismus hinneigenden, höchst ver= dienten und wegen seines festen, sich auch meist verwirklichenden Glaubens an eine höhere Führung und Errettung aus Noth und Sorge merkwürdigen Mannes bekannt, dessen Biographie sein Freund Göthe selbst zum Druck brachte. Er erhob sich vom Schneiderlehrling zum Dorfschullehrer, dann zum Professor der Kameralistik und Baden'schen Hofrath und später zum gesuchten Augenarzt. Ich erinnere mich noch aus meiner Jugendzeit, wie zu demselben, als er einmal in Herrnhut anwesend war, unzählige Augenkranke aus allen Gegenden herbeiströmten und Alle seines Lobes voll waren. Sein Leben verdient allgemein bekannt zu sein.

Die Schlacht von Jena und die völlige Eroberung und
Besetzung Deutschlands durch die Franzosen, wodurch sich viele
Einrichtungen und Ansichten änderten, hatte auch auf die
Literatur Einfluß; die gemüthlichen Romane verminderten sich
und Politik und Kriegsvorfälle erfüllten die Gemüther. Wie
gefallene Größen nie für Spott und Verdammung sorgen dürfen,
so erschienen auch nach Preußens Fall zahlreiche, dessen Regierung
tadelnde und anklagende Schriften (Feuerbrände, vertraute
Briefe 2c.) meist von treulosen Beamten, bis sich nach dem theil-
weisen Abzuge der Franzosen im Jahre 1809 Preußen wiederum
ermannte und durch zweckmäßige Einrichtungen befestigte. Der
Buchhandel aber verfiel mehr und mehr durch die Napoleon'schen
Bedrückungen, wie sich dieß weiterhin ergeben wird.

Köhler hatte unter seinen Committenten auch den früher sehr bekannten
Buchhändler Weyand in Leipzig, einen alten Geizhals, der einst seinem alten
treuen Bedienten, welcher bei dem Eingießen von Medicin einige Tropfen
vergossen hatte, deßhalb einige Groschen von seinem kärglichen Lohne abzog.
Ungeachtet ich ihm oft bedeutende Geldsummen zu überbringen hatte, erhielt
ich dennoch nie das gebräuchliche Douceur, dagegen stets aber ein paar
gute Lehren auf den Weg. — Da Köhler auch die Commission der Jenaischen
Literatur=Zeitung hatte, so gelang es mir, manches Nähere von dem nicht
immer parteilosen Getriebe dieser Recensions=Anstalt zu erfahren, deren Be=
sitzer, der reiche Professor Hofrath Eichstädt, von ähnlichem Geize beherrscht
war; er setzte z. B. den Gerichtshaltern seiner Rittergüter stets nur ein Glas
Wein vor, mit der Betheuerung, daß er von diesem Weine stets auch nur
ein Glas aus Gesundheitsrücksichten trinke. Da er sich oft von einem seiner
Güter zum andern fahren ließ, aber den Kutschern nie ein Trinkgeld gab und
einer derselben sich bei dem Rittergutspachter deßhalb beschwerte, so übergab
dieser dem Hofrath einen Gulden zum Trinkgeld, mit der Bitte, es dem
Kutscher zu überreichen, welches jener ungescheut annahm und dem Letzteren
die eine Hälfte davon übergab, die andere aber für sich behielt. Solche
Erzählungen coursirten damals von beiden Geizhälsen.

Wissenschaftliche Privatbeschäftigungen.

Nicht nur in meinen Schriften, sondern auch in mündlicher
Unterhaltung, zumal mit jungen Leuten habe ich öfters den Wunsch
ausgesprochen, daß Knaben an das Halten von Tage= oder
Wochenbüchern, zum Anmerken ihrer Erlebnisse, welches zugleich
einen erfreulichen, Jedem zu wünschenden Sinn für historisches

Wissen anregt, gewöhnt werden möchten, und ebenso zur Wahl
von Lieblingswissenschaften, Anlegung von wissenschaftlichen Samm=
lungen, oder auch zur Aneignung von angenehmen und nützlichen
Kunstfertigkeiten (Musik, Zeichnen 2c.) um als freistehende, sich
selbst überlassene Jünglinge desto eher dadurch von nur zeit=
vertreibenden und nachtheiligen Beschäftigungen abgehalten zu
werden; sie werden ihnen auch dann noch, wenn sie zum ernsten,
bedachtsamen Manne gereift sind, manchen hohen Genuß bereiten.
Bei der Lectüre möge man zuweilen auch Biographien verdienter
und geachteter Männer wählen, und zwar weniger die von Fürsten
und Helden, als vielmehr von Gelehrten und gewerbfleißigen
Bürgern, je nach dem ihr Berufsfach dem Leser nahe steht und
in so fern sie geeignet sind, ihnen edle Vorbilder zur Nacheiferung
darzubieten. Möge man diese Nebenbeschäftigungen auch Stecken=
pferde nennen, so sind sie jedenfalls edler Art und von günsti=
gerem Einflusse als Gefallenfinden am Kartenspiel zum Geld=
gewinn und an sinnlichen Genüssen über den Bedarf oder ähnlichen
tadelnswerthen Beginnen, welchen man eben durch jenes thätige
und nützliche Wirken eifrig vorbeugen sollte. Die Wissenschaften
können, eben so wie die schönen Künste, recht eigentlich als Busen=
freunde selbst des wenig bemittelten Menschen angesehen, und
zum größten Theile auch von Nichtgelehrten, nicht auf Gymnasien
und Universitäten gebildeten Geschäftsmännern betrieben werden;
sie gewähren überhaupt um so höheren Genuß, als sie, mit dem
Weltleben ohne nähere Berührung, dem Menschen eine neue Welt
aufschließen, in der, unbeschadet treulich betriebener Berufsgeschäfte,
er nach Gefallen und eigener Neigung sich zu erfreuen und zu
ergötzen vermag. „Wenn das Schicksal" — sagt Jean Paul
in seinem Hesperus — „ein Wesen auf eine wohlfeile Art glücklich
machen will, so macht es einen Literaten, einen Wissenschafts=
freund aus ihm, der durch die Welt in seinem Innern für alle
fehlgeschlagene Hoffnungen, Sorgen und Stöße in seinem Aeußern
genügend entschädigt wird." — Dies habe ich auch an mir
erfahren.

Es ist, wie Göthe sagte (Morphologie II. 60), eine ewige Wahrheit, daß
das Menschenleben aus Ernst und Spiel zusammengesetzt sei, und als der
Weiseste und Glücklichste derjenige anzusehen wäre, welcher sich zwischen bei=
den im richtigen Gleichgewicht zu bewegen verstehe. Daher ist neben dem
Hauptgeschäfte eine Nebenliebhaberei sehr zweckdienlich und man findet oft,
daß Personen ihrem Hauptberufe sehr entfernt liegenden Nebenbeschäftigungen

fich zuwendeten, mag die Welt fich auch wundern oder es felbft mißbilligen, wie es Göthe erging, als er, als Dichter erkannt, nun fortdichten follte, fich aber auch der Botanik und Optik zuwendete. Während befchränkte Geifter vollauf zu thun haben, ihrem Hauptberufe zu genügen, ift es begabteren geftattet, fich in verfchiedenen Fächern zu verfuchen, und die Wiffenfchaften haben manchen Dilettanten mit Kraft und Eifer mehr zu verdanken, als ver= pflichteten Betreibern derfelben, wie zahlreiche Beifpiele erweifen könnten. Doch fo wie man den Dilettantismus (vom Italienifchen „fich ergötzen") oft ungerecht anfeindet, fo ergeht es auch den Autodidacten (Selbftgelehrten), die nicht eine fchulgerechte, fondern eine durch Privatfleiß erftrebte Erlernung einer Wiffenfchaft oder Kunft erlangten, obfchon die Art, wie man fich Kennt= niffe und Fähigkeiten erwarb, völlig gleich, und es vielmehr felbft noch ehren= voller fein möchte, wenn es durch eigene Kraft, als auf fchulmäßigem Wege mittelft Anderer Leitung erfolgte. — Daher möchten junge ftrebfame Männer nicht durch Unentfchloffenheit oder Spötterei fich von jenen Privatbefchäf= tigungen abhalten laffen; denn follte auch der Gewinn für Wiffenfchaft oder Kunft an fich nicht bedeutend fein, fo ift doch das Erfreuen daran fchon ein Vortheil und ein noch höherer die angeregte nützliche Thätigkeit.

In dem Buchhändlergefchäft war ich nun fo recht in meinem Elemente, ich konnte die von mir gefchätzten literarifchen und anderen Zeitfchriften, wie alte und neue Bücher durchfehen, dadurch meine Wißbegierde befriedigen, und manches Intereffante in meine fchon in Löbau über die meiften Wiffenfchaften angelegten, und zu leichter Auffindung ftets in ftreng fyftematifcher Ordnung gehaltenen Collectaneen eintragen. Noch denke ich mit Vergnügen daran, wie ich mich bei diefen Befchäftigungen Sonntags und an Wochen= tags=Abenden in meinem Stübchen fo glücklich fühlte. Damals gewöhnte ich mir befonders das fchon erwähnte Lefen mit der Feder in der Hand an, welches allein wahren Nutzen bringt, foll die Lectüre nicht blos zur flüchtigen Gemüths=Erheiterung und zur Zeithinbringung dienen. Des Prinzipals günftiges Urtheil darüber mag aus einem an mich in fpäterer Zeit (1816) nach Frankreich gefchriebenen Briefe hier Platz finden, welchen ganz mitzutheilen ich mir deßhalb erlaube, um zugleich die erlangte liebevolle Theilnahme deffelben zu erweifen.

„Wie Sie zu mir in die Lehre kamen, ärgerte und wunderte ich mich zu= gleich über die vielen Hefte, die Sie vollgefchrieben hatten; es waren fehr nützliche Bemerkungen darin. Bald fah ich ein, daß Sie fehr wohlgethan hatten, fich in fo etwas zu üben. Es hat doppelten Nutzen; es gewährt eine ftete, fortgefetzte nützliche Befchäftigung und dient zugleich, alle müßigen Gedanken, finnlichen Vorftellungen und was daraus hervorgeht, von fich fern zu halten, weshalb ich Sie auch, nachdem ich Sie näher kennen lernte, wirk= lich fchätzte und liebte, ohne daß ich es Ihnen merken ließ, um Sie nicht

stolz zu machen. „Wenn nur", sagte meine Frau oft, „unsre Knaben so gut
würden, wie der junge Preußler, und wenn er nur nicht in das böse Frankreich gekommen wäre." Doch suche ich sie zu beruhigen und sage: Preußler
ist in den frühesten Jahren von festen und tugendhaften Grundsätzen beseelt
gewesen, und jetzt reift er den männlichen Jahren entgegen, ist nachdenkend
und hat die Spreu von dem Weizen unterscheiden gelernt; auf seinen festen
Sinn kann man sich wohl verlassen ꝛc. Daß Sie also oft erwähnt werden,
können Sie sich leicht denken."

Wohl mußten solche Briefe mich ermuthigen, die gute Meinung
von mir zu rechtfertigen, und mich auf der rechten Bahn zu
erhalten. Erfreulich war es mir, daß mir auch das fortgesetzte
Wohlwollen der Familie zu Theil wurde.

Uebrigens ward es nöthig, Französisch und kaufmännisches
Rechnen zu lernen, und statt der schlechten Handschrift eine gefällige
rundliche Kaufmannshand einzuüben. Wie überhaupt der Buchhändler wenigstens einiger, auf einem Gymnasium oder in einer
Realschule erworbenen wissenschaftlichen Bildung unbedingt bedarf,
so kam auch mir der auf dem Lyceum genossene Unterricht,
sowie zugleich der schon etwas gereiftere Verstand trefflich zu
statten, um bald dem Geschäfte gewachsen zu sein. Es ward,
als das Haupterforderniß bei den Buchhändlern, möglichste Bücher-
kenntniß anzueignen gesucht und um darin stets fortzuschreiten,
wurden von mir in einem mit weißem Papiere durchschossenem
Exemplare des Hinrichs'schen halbjährigen Cataloges der neuen
Schriften, die seitdem neu erschienenen, zu deren besserer Uebersicht nachgetragen, da es damals noch keine dieselben verzeich-
nenden Buchhändler-Börsenblätter gab, auch dabei die in den
fleißig durchsehenen Literaturzeitungen enthaltenen Recensionen
und deren hauptsächliches Urtheil darüber mittelst kurzen Worten,
oder auch Zeichen angemerkt; ebenso bearbeitete ich nach Art des
Repertoriums der Literatur von Ersch streng systematische Uebersichten in Hinsicht der naturhistorischen Literatur der Jahre 1806
und 1807. Diese sehr mühsame Arbeit war für eine, mit mehreren
Studenten gegründete literarische Gesellschaft zur gegenseitigen
Beurtheilung von Aufsätzen bestimmt, welche jedoch wie schon
früher ähnliche keinen Beistand hatte. Mancher weit ältere Hand-
lungsgehilfe verschmähte es nicht, sich zuweilen gewünschte Auskunft im Fache der Bücherkunde von mir zu erbitten. Nicht
minder ward die für den Buchhändler ebenfalls so unentbehrliche Encyklopädie aller Wissenschaften und Künste nebst der

ſyſtematiſchen Literaturkunde, und beſonders die deutſche Litera-
turgeſchichte fleißig ſtudirt. Wie eifrig würde ich erſt die
50 Jahre ſpäter errichtete Fortbildungsſchule für Buchhändler-
Lehrlinge benützt haben, wenn eine ſolche ſchon damals beſtanden
hätte, wo alle jene Erforderniſſe dem Privatfleiße überlaſſen
blieben.

Hofrath Böttiger, der berühmte Antiquar, brachte damals
in dem Freimüthigen (1805 Nr. 230) die faſt vergeſſene Lavater'ſche
Phyſiognomik der Handſchriften, ſo wie die in England ſich immer
mehr verbreitende Veröffentlichung von Facſimiles der Handſchriften berühmter Männer zur Sprache und ich ergriff dies mit
großem Eifer. Durch buchhändleriſche Freunde gelang es mir
bald Autographen der berühmteſten Gelehrten zu erlangen, und
ſpäter die alſo ſchon damals angelegte Sammlung mehr und
mehr zu vervollſtändigen. Ich mußte ſie oft Gelehrten vorzeigen,
und mein Beiſpiel fand viele Nachahmer, und immer mehr Verbreitung. Es wird weiterhin von dieſer Sammlung noch die
Rede ſein, welche unter den jetzt in Deutſchland vorhandenen
die älteſte iſt.

Ungeachtet meines ſehr untergeordneten Standpunktes war
ich bald in allen dieſen Kenntniſſen ſoweit unterrichtet, daß ich
mit zahlreichen in dem Buchladen oft einſprechenden Profeſſoren
und Studenten der verſchiedenen Berufsfächer mich unterhalten
und auch dadurch meinen nicht zu ſtillenden Trieb nach allem
Wiſſenswürdigen immer mehr befriedigen konnte. Uebrigens wurden berühmte Gelehrte kennen zu lernen geſucht, und zu möglichſter Kenntnißbereicherung wiſſenſchaftliche und ſonſtige Sehenswürdigkeiten ſowohl Leipzigs, als auch der Nachbarſtädte
Merſeburgs und Naumburgs, wo mich beſonders die herrlichen Domkirchen anzogen und meine Aufmerkſamkeit auf die
mittelalterlichen Ueberreſte richteten, beſchaut. Bei einem Beſuche
Eislebens fuhr ich in einer Mannsfelder Kupfer- und in der
Wettiner Steinkohlengrube an, welches Alles ich in für gute
Freunde beſtimmten Reiſebeſchreibungen näher ſchilderte, die der
mir gewogene damalige philoſophiſche Privatdocent, Amadeus
Wendt, ſpäter Profeſſor in Göttingen, durchſah und verbeſſerte.
Ueberhaupt konnte ich mich der Gewogenheit mehrerer Gelehrten
erfreuen, von denen mich ſogar einige an freien Sonntagen
zum Frühſtück einluden, da ihnen meine Wißbegierde und

und die meist literarische Unterhaltung mit mir ansprechend er=
scheinen mochte. Ebenso erfreute mich der Besitzer des damals
neust errichteten optisch=physikalischen Magazins Mag. Tauber
durch Vorzeigung einer Reihe neuer physikalischer, galvanischer ꝛc.
Experimente an zahlreichen Sonntags=Vormittagen, die mir
gleichsam als ein Collegium darüber galten. Des näheren Um=
gangs mit, ihrem Studium fleißig obliegenden, meist Oberlau=
sitzer Studenden, sowie mit gebildeten Buchhandlungs=Lehrlingen
ward schon gedacht; allein auch Commis hielten mich, obschon ich
noch nicht losgesprochen, des traulichen Umgangs werth. Uebrigens
möge man nicht wähnen, daß ich wegen meines sittlichen Bestre=
bens und steten Fortbildungseifers ein Kopfhänger oder Stuben=
hocker gewesen sei; ich kleidete mich, soweit des Vaters Zuschuß
und die von mehreren Committenten für das Ausliefern ihres
Verlags zuweilen erlangten Meß=Douceurs es erlaubten, gern
nach der Mode, nahm auch an fröhlichen Partien und an Tanz=
stunden theil, wogegen das begonnene, damals bei jungen Leuten
beliebte Flötenblasen der Brust wegen unterlassen werden mußte.

Kriegsvorfälle 1806—1809.

In dem ruhigen und friedlichen Leben der Vaterstadt ohne
Ahnung politischer Ideen und ohne militairische Begebnisse auf=
gewachsen, ward nun meine Aufmerksamkeit auch auf diese ge=
richtet, da während meines damaligen Aufenthaltes in Leipzig
gleichsam ein Stück Weltgeschichte mit eigenen Augen zu schauen
war. Gab es überhaupt etwas Interessantes zu sehen, so war
ich, und zwar weniger aus bloser Neugierde, als unbegrenzter Wiß=
begierde gern einer der ersten dabei — es mochte nun Wissenschaft=,
Kunst= oder Natur=Gegenständen, Sitten und Gebräuchen oder
berühmten Personen und anderen Merkwürdigkeiten gelten. Da
gab es den Durchzug der im September 1806 nach Jena mar=
schirenden preußischen Armee, die bald darauf in der einen
Schlacht völlig geschlagen und zur Flucht genöthigt wurde. Ihr
folgten auf dem Fuße Napoleon's siegreiche Armeecorps in
früher nie gekannten Eilmärschen bis nach Ostpreußen vordrin=
gend, so daß bald fast ganz Deutschland unter seiner Herrschaft
stand. Welche Ueberraschung, als die ersten Flüchtlinge mit der
Nachricht von der Niederlage der Preußen durch Leipzig eilten,

welche Letztere sich vorher gerühmt hatten, die Franzosen, wie
einst bei Roßbach, bald zu verjagen. Diese waren jetzt freilich
andere Gegner, in 16jährigem Kriege geübt, an Entbehrungen
gewöhnt und für ihren Heerführer begeistert. Napoleon's Klug=
heit wußte das alte Sprichwort: „Theile und siege" trefflich an=
zuwenden. Er besiegte 1805 das von Preußen im Stiche ge=
lassene Oesterreich, welches jetzt zu Napoleon's Vortheil, Gleiches
mit Gleichem vergalt. Einen höchst überraschenden Anblick ge=
währte es, als die sieggewohnten Franzosen in schnellen Märschen
durch Leipzig den flüchtigen Preußen nacheilten; da war Alles
auf den Beinen, waren es doch die ersten in Norddeutschland ein=
rückenden Neufranken! Leichten Fußes und in bequemer Kleidung
zogen sie in gedrängten, straßenbreiten Reihen, Regiment an
Regiment, singend und scherzend durch die Stadt, und an ihrer
Spitze das berüchtigte Davoust'sche Corps (die sogenannte Löffel=
garde, wegen der auf den kleinen dreieckigen Hütchen aufgesteck=
ten Eßlöffeln). — Bald darauf wurden Massen von gefangenen
Preußen durch Leipzig gebracht; halb verhungert und ärmlich
gekleidet, wurden sie meist in der Neukirche eingesperrt, bis sie
in den nächsten Tagen wieder weiter nach Frankreich transportirt
wurden. Von meinem wohlthätigen Prinzipale wurden ich und
der Markthelfer mehrmals mit Lebensmitteln und anderer Unter=
stützung in jene Kirche gesandt, wo es ein Bild des Jammers und
Elends gab. Die Leipziger bewiesen sich auch damals, wie
immer, äußerst mildthätig.

Zur besseren Ueberwältigung des ohnehin aus Mangel an
Unterordnung schon fast zerfallenen deutschen Reichs hatte Napo=
leon die süddeutschen Staaten zu einem Rheinbunde unter seinem
Protectorat genöthigt, welchem sich auch der nach dem Friedens=
schluß mit Napoleon im December 1806 zum König erhobene
Kurfürst von Sachsen, Friedrich August III. anschließen mußte.
Zu Sachsens Nachtheil wurde derselbe genöthigt, das Großher=
zogthum Warschau zu übernehmen und der französischen auch
seine Armee nach Preußen nachfolgen zu lassen, welche dadurch
zugleich von dem alten Zopf= und Gamaschenwesen befreit und
mit zweckmäßiger Bekleidung und Bewaffnung versehen wurde.
Uebrigens mußte die französische Freundschaft durch hohe Con=
tributionen, stete Einquartierungen und Durchmärsche erkauft wer=
den; doch hatten auch diese ihr Gutes, indem sie zur Anlegung

3

von Chausseen, statt der früheren bodenlosen Landstraßen mit
ihren Steinblöcken mitten im Wege nöthigten. Der Reisende
schwebte bisher auf den offenen unbedeckten Postwagen mit höl=
zernen Sitzen, zwischen Waarenballen und Kisten eingeklemmt,
in steter Lebensgefahr und selten ward eine Station ohne Um=
werfen und Beschädigung der Passagiere zurückgelegt, welche,
wenn die Pferde den Wagen nicht über schwierige Stellen fort=
brachten, aussteigen und ihn mit heben und fortschieben muß=
ten. Daher reiste man lieber zu Pferde oder zu Fuße und zwar,
zumal bei der damaligen Kriegszeit, wegen der durch Marodeurs
und anderes lüderliches Gesindel sehr unsichern Straßen meist
bewaffnet, weßhalb auch ich auf meinen Fußreisen 1809 nach
Löbau, sowie nach und von Braunschweig, außer ein paar
Pistolen auch einen leichten Säbel (sogenannten Hieber) an der
Seite trug.

Nachdem Napoleon im Juni 1807 zu Tilsit mit Preußen
und Rußland Frieden geschlossen hatte, begann 1809 ein neuer,
siegreich geendeter Krieg gegen Oesterreich, wobei wieder das fast
völlig von den Franzosen besetzte Preußen ruhig zusehen und
der Rheinbund seine Truppen mit gegen Oesterreich marschiren
lassen mußte. Damals versuchte der durch Napoleon aus seinem
Fürstensitze vertriebene Herzog von Braunschweig („Oels“) mit
einem Streifcorps von Böhmen aus nach Sachsen vorzubringen,
um, sowie auch andere Parteigänger in anderen Gegenden Deutsch=
lands, eine Erhebung gegen Napoleon zu bewirken; dies glückte aber
nicht und er mußte, von den sächsischen Truppen und denen des
neugebildeten Königreichs Westphalen gedrängt, nach der Nordsee=
küste eilen und sich von da nach England einschiffen. Gegen die
Engländer, seine Todfeinde, war Napoleon von einem solchen
Haß entbrannt, daß er sogar durch Sperren aller Seeküsten ihren
Handel zu vernichten suchte, auch 1810 in ganz Deutschland die
besonders in größeren Handelsstädten aufgefundenen englischen
Waaren verbrennen ließ, wobei freilich so manche Täuschung
vorkam und in Folge von Bestechung meist nur — Ladenhüter
vernichtet wurden.

Auch solchen Erwähnungen der politischen Zeitereignisse ge=
bührt in biographischen Skizzen ein Platz, da sie auf Erweiterung
der Lebensansichten und größere Theilnahme an den öffentlichen
Angelegenheiten nicht ohne Einfluß haben bleiben können.

Die Jahre des Friedens waren vorüber und vom Jahre 1806 an begann ein neuer Geist der Zeit. Obschon an die frühere ruhige Behaglichkeit gewöhnt, ward auch ich durch so viele Anregungen der ungeachtet manches Unheilvollen, doch auch vieles Erfreuliche und Heilsame mit sich bringenden neuen Zeit= richtung mehr und mehr zugewendet und die Neigung zu einem vernunft= und zeitmäßigem Fortschreiten hat mich seitdem auf meinem Lebenswege begleitet, wie ich in späterer Zeit in meinen Schriften bewiesen habe. Der Buchhändler hat besonders auch auf politische Ereignisse wie auf Culturfortschritte zu achten, da sie auf sein Geschäft nicht ohne Einfluß bleiben können.

Das Gesellenstück.

Unerwartet bot sich mir Gelegenheit mein Gesellenstück, wie ich es gern nannte, auszuführen. Zur Zeit der Erfurter Fürsten= versammlung im Herbste 1808 ward mein Principal wegen des Verkaufs eines verbotenen Buches, wovon ihm einige Exemplare anonym zugesandt worden, von einem französischen Gensdarmerie= Offizier arretirt; es betraf die vom Kapellmeister Reichhardt nach Materialien des bekannten Grafen von Schlabrendorf in Paris bearbeitete Schrift: „Napoleon Bonaparte und das französische Volk unter ihm!" Da nun der Buchhändler Palm in Erlangen wegen Verlags eines gleichen, Napoleon schmähenden Buches erschossen und manche ähnliche Verfolgungen wegen solcher ver= botenen Schriften bekannt worden waren, so stand die Sache sehr ernst und die meist sich nicht reinfühlende und daher eben= falls vom Schreck ergriffene Leipziger Buchhändlerschaft war des= halb in größter Sorge. Ein Leihbibliothekar in der Nähe von Erfurt hatte das Buch von Köhler bezogen und die Keckheit gehabt, es gerade zu jener Zeit zum Lesen auszugeben, wodurch es den französischen Behörden in die Hände gefallen war. Der Principal ward auf vielseitige Verwendung zwar nach einer Woche aus der strengen Haft auf Stadturlaub entlassen und hatte später nur eine monatliche Gefängnißstrafe abzubüßen, verfiel aber in Folge des Schreckes und der Sorge in eine mehrere Monate dauernde, ihn an Stube und Bett fesselnde Krankheit. Da ich während dieser Zeit die gesammten Geschäfte der Handlung, nur von einem treuen Markthelfer unterstützt, mit

3*

größtem Eifer und mit Treue zu des Prinzipals völliger Zufrie=
denheit besorgt hatte, ward ich in Anerkennung dessen von jenem
schon zu Neujahr 1809, also nach einer nur 3¼ Jahr dauern=
den Lehrzeit ungeahnt freigesprochen, wonach ich noch bis Michaelis
1809 als Gehülfe in der Handlung verblieb.

Die Zeit nach der Lossprechung gestaltete sich noch erfreulicher;
es stand mir ja nun gleichsam die ganze Welt offen, wie man
in solcher Stellung immer wähnt, bis hier und da sich Hindernisse
erheben. Damals im Sommer 1809 unternahm ich auch eine
mehrwöchentliche Fußreise in die Heimath, wo mich Alles, jedoch
fruchtlos bestürmte, doch ja wieder in das väterliche Geschäft
einzutreten. Damals hatte eben Napoleon Oesterreich mit Krieg
überzogen und auch in Sachsen war sehr unsichere Zeit. Nicht
nur hatten Oesterreicher Dresden besetzt, sondern auch der schon
erwähnte Herzog von Braunschweig mit seinem Freicorps — die
Schwarzen genannt, wegen der schwarzen Kleidung und den Todten=
köpfen an den Tzschakos — durchzog Sachsen und hatte an meh=
rern Orten Werbestationen errichtet. Auf meiner Fußreise mußte
ich mich daher sehr hüten, mit diesen Soldaten zusammenzu=
treffen, um nicht mit Gewalt zum Recruten genommen zu wer=
den, wie es manchem jungen Reisenden erging. Ich kam aber
glücklich nach Leipzig zurück.

Während der Ostermesse machte ich die Bekanntschaft einer
hübschen Landsmännin, zu der ich große Neigung faßte; doch
endete sie bald, da in meiner Lage an eine ernstliche Verbindung
nicht zu denken war und sie sich bald mit einem Advocaten ver=
lobte. Es war die erste Liebe und seitdem blieb ich bei der sehr
unstätten und bewegten Lebensbahn vor einer gleichen Neigung
bewahrt, bis mich 12 Jahre später ein günstiges Geschick meiner
Gattin zuführte.

Einige scherzhafte Vorfälle mögen hier anmerkungsweise folgen. Als
eines Solchen gedenke ich hier des Verschlafens der Durchreise Napoleons, als
er im Sommer 1807 aus Preußen nach Frankreich zurückkehrte und die Stadt
Leipzig ihn festlich empfangen wollte. Zu diesem Zwecke hatte sich auch eine
kostbar equipirte Ehren=Garde zu Pferde von den reichsten Kaufleuten gebildet
und im Paradiren geübt. Drei Tage lang hatte man von früh bis in die Nacht
den Kaiser am Grimmaischen Thore vergeblich erwartet, und ermüdet und ab=
gestumpft davon schlief man die nächste Nacht wie todt, bis den vierten Tag
plötzlich in früher Morgenstunde das Glockengeläute Napoleon's Ankunft ver=
kündigte. In äußerster Schnelle, nothdürftig angekleidet, eilte ich zum

Thore — doch der Held des Tages war schon fort und so erging es allen Leipzigern und daher auch den nach und nach sich einzeln einfindenden Behörden und Gardisten. Napoleon hatte, da keine Deputation zugegen war, schnell umspannen und abfahren lassen. Wie schade um die festlich geschmückte Stadt, um das vorbereitete köstliche Gastmahl, die glänzende Ehrengarde! Erst war man darüber allgemein erbittert; später aber sah man es scherzhafter an und es fehlte nicht an satyrischen Gedichten und an baumwollenen Schlafmützen, die man den Mitgliedern der Ehrengarde anonym zusendete. Von den Letzteren ward auf die Entdeckung des Verfassers und Druckers eines besonders anzüglichen Spottgedichtes eine hohe Prämie ausgesetzt. Dem uniformirten Studentencorps und der Schützengilde war es nicht besser ergangen. Der Courier war zu spät angekommen und man hatte die Lärmkanone nicht abgebrannt, weil man den einfachen Wagen nicht für den des Kaisers ansah. Dieser hatte sich schlafend gestellt, als der noch herbeigeeilte Bürgermeister sich ihm nähern wollte. Wie wenig konnte auch dem Helden mit den kühnen Plänen, der jede Minute sparte, um in sein Land zurückzukehren, am festlichen Empfange in einer, wegen des englischen Waarenhandels ohnehin von ihm nicht geliebten Stadt gelegen sein, obschon der dasige Professor der Astronomie ihn an den Himmel versetzt, nämlich einen Stern nach ihm benannt hatte. Eins der Spottgedichte schließt folgendermaßen: „Der Kaiser fährt schon um das Thor, Da stellt sich erst das Schützen-Corps; Dort sprengen ein paar Reiter; Doch Alles, Alles ist zu spät; Man schlief so schön; Ein Gleiches that der Kaiser, schlief — fuhr weiter!"

In damalige Zeit (1809) fällt noch ein ergötzlicher Vorfall. Als ich den letzten Pfingstfeiertag von dem Besuche eines Bekannten meines Vaters, vier Stunden von Leipzig, zurückkehrte, gesellte sich ein nicht ungebildeter junger Mensch zu mir, der sich später als Fleischergesell entpuppte, und ebenfalls dahin zurückging. In einem Dorfe kehrte er aus einem Bauerhofe mit einem Schafe zurück und im folgenden bat er mich, doch einstweilen dasselbe an der Leine zu halten und immer langsam fortzugehen, da er in einem Hause etwas zu besorgen habe. So trollte nun das gute Thier ruhig fort und ich ihm nach, bis wir an das Pfarrhaus gelangten, wo eine fröhliche Gesellschaft unter den Linden vor demselben sich munter herumtummelte und das Kichern der mich bemerkenden Mädchen immer ärger ward, zumal als das Schaf nun unruhig wurde und nicht mit fortwollte, bis ich es mit vieler Mühe endlich aus dem Gesichtskreise der Zuschauer brachte. Es mußte allerdings auffallen, einen solchen Hammelführer in der eben modischen Sonntagstracht zu erblicken (blauer Frack mit gelben Knöpfen, weiße Weste mit ansehnlichen Busenstreifen, lange gelbe Nankinhosen, Schuhe und weiße Strümpfe, ein großer zweiklappiger Bonapartehut mit goldener Agraffe; die Tabakspfeife in der einen, ein Spazierstöckchen nebst dem Leitseil in der andern Hand). Wohl möglich, daß dieser meinen Freunden mitgetheilte drollige Vorfall durch einen derselben zufällig dem geschätzten Humoristen Stephan Schütz in Weimar bekannt wurde, da von demselben eine ganz ähnliche Geschichte in seiner „Abenteuerlichen Reise nach Carlsbad" erzählt wird, nur daß darin ein widerspenstiges Kalb die Gastrolle spielt.

Aufenthalt in Braunschweig 1809—1811. Campe und seine Schulbuchhandlung.

Um mich in der Welt weiter umzusehen, bemühte ich mich um eine auswärtige Anstellung als Gehülfe und erlangte solche zu meiner großen Freude in Braunschweig in der Schulbuch=handlung des Schulrath Campe, dem bekannten Verfasser des Robinson, wie zahlreicher geschätzter Jugendschriften und anderer Werke, bei welchem ich nach einer Fußreise über Halle, Dessau, Magdeburg, zu Michaelis 1809 eintrat. Dort erging es mir ebenfalls sehr gut, auch bot sich mir reiche Gelegenheit zur Fort=bildung dar. Die Handlung war damals eine der geachtetsten und geschäftsreichsten in Deutschland, sowohl in Hinsicht des Sortiments= als Verlagsabsatzes. Meine Geschäfte betrafen die Beaufsichtigung und Absendung des Verlags, Führung der Conto=bücher, und anderes mehr, wogegen dem seit mehreren Jahren schon angestellten Commis die Cassenführung, Reisen zur Leipziger Buchhändler=Messe zur Abrechnung mit anderen Buchhandlungen 2c. übertragen waren. Ein alter pensionirter Factor, der nur noch das Collationiren zu besorgen hatte, war mir sehr gewogen. Der würdige sehr bejahrte Schulrath kam alltäglich Vormittags von seinem ¼ Stunde vor der Stadt gelegenen Gartengrund=stücke herein geritten, um von den hauptsächlichsten Geschäften Kenntniß, und die eingegangenen Gelder in Empfang zu nehmen, oder auch Correcturen seiner Schriften durchzusehen. Früher war Campe einige Zeit der Hofmeister Alexanders v. Humboldt, dessen Reiselust er angeregt haben soll, hatte später Erziehungs=Institute geleitet, war Theilnehmer an dem berühmten von Basedow gegründeten Philanthropin in Dessau, von welchem die neue realistische Richtung des Schulwesens ausging, und übernahm zuletzt als Herzogl. Braunschweigischer Schulrath gedachte Buch=handlung, die nach seinem Tode an seinen Schwiegersohn Vieweg überging. Gern ward der mir gestattete Zutritt bei dem würdigen und geistvollen Pädagogen und seiner Familie benutzt, wo sich oft Gelehrte, wie Prof. Eschenburg, Dr. Scheller, Dr. Berndt, Hofrath Pockels 2c., einheimische und durchreisende Künstler, sowie die damals beim Schloßbau angestellten Maler und Bildhauer ein=fanden. Unter Anderen gedenke ich noch des Prof. Schütz aus Halle

und feiner Gattin, der durch ihre mimifch-plaftifchen Darftellungen
berühmten Schaufpielerin Hendel-Schütz, welche uns in einem Abend-
zirkel bei Campe angenehm unterhielt und befonders durch Dar-
ftellung der Sphinx und gefchmackvolle Shawldrappierungen zur
Bewunderung hinriß.

Bei Campe, fowie in der Familie feines Schwiegerfohns
Vieweg, Befitzer einer großen, wegen ihrer Eleganz berühmten,
Buchdruckerei fanden öfters Familienfefte mit fcherzhaften Aufzügen und anderen erfreulichen Ueberrafchungen durch befreundete Künftler ftatt, wozu ich ebenfalls Zutritt hatte. So
ward z. B. einft die heilige Familie auf der Flucht vorgeftellt;
Madam Vieweg als Maria mit einem kleinen Söhnchen ritt auf
einem, mühfam die Treppe heraufgefchafften Efel; doch die Illu-
fion fchwand, als der letztere aus der Rolle fiel, fich obftinat
benahm, auch die Maria zum Abfteigen nöthigte und von dem
alten bärtigen Jofeph mit fefter Hand nachgeführt werden mußte.
Ein anderesmal ward der bei dem Rathsbaucomité mit betheiligte
Vieweg durch eine Deputation (dargeftellt durch die Bildhauer
Gebrüder Catell aus Berlin) aus dem berüchtigten Städtchen
Schöppenftedt in oft fteckenbleibender und fich gegenfeitig einhelfender
Rede in Folge feiner weltberühmten Baukenntniffe um ein Gutachten
wegen eines Stallbaues für Borftenvieh erfucht und ihm dafür
als ächtes Erzeugniß ihres Ortes, wenn ich nicht irre eine riefige
Schöpskeule (von Pappe) überreicht. Durch folchen Umgang
ward ich, obfchon nicht im Stande an den geiftvollen Unterhal-
tungen mit Antheil zu nehmen, fondern befcheiden im Hintergrunde
weilend, in das Leben und Treiben der Gelehrten und Künftler
eingeweiht und hatte vielen Gewinn davon. Ich ward dadurch
zu höherer Fortbildung angeregt und zugleich auf die oft
befprochenen Werke Schiller's, Göthe's, Jean Pauls 2c. nach
ihrem Inhalte und wichtigften Stellen, überhaupt auf die neuefte
belletriftifche und artiftifche Literatur näher hingewiefen; die ich
zwar buchhändlerifch nach Ausgaben, Preis 2c. auch wohl nach
kritifchen Urtheilen oberflächlich kannte, deren ausgewählte Lectüre
ich aber, mich bisher mehr mit wiffenfchaftlichen Fächern befchäf-
tigend, zu wenig beachtet hatte. In dem von der Familie Campe
bewohnten Grundftücke befand fich ein fehr gefchmackvoll angelegter
Garten, mit Gängen und Infchriften mit Weisheitsregeln, die
fich auf die menfchliche Laufbahn bezogen. So führte z. B. ein

blumenreicher Pfad erst grabaus, gleich der Jugendzeit, bis an
deffen Ende ein in's Freie führendes Gitterthor ihn unterbrach
und den Wandrer seitwärts zu gehen nöthigte, wo manche Um-
und Irrwege weiter führten. „Die Lebensweise geht" — so befagt
die Inschrift an jenem Thore — „wie dieser Weg in gerader
Richtung erst durch Blumen hin, und hell und lachend ist es rings
umher; doch bald schiebt man dem Sohne der Natur ein Gatter
vor; das hemmt seinen Lauf in Gottes schöne, weite, freie Welt!"
Weiterhin heißt es: „Nun krümmt sich sein Pfad, und ungern
oder gern folgt er, wohin ihn Zwang, wohin ihn Neigung zieht!"
Und so boten sich zahlreiche ähnliche Weisheitssprüche auf jenen
Pfaden dem Wandrer dar. An einer Stelle hatte Campe sich
bereits seine Grabstelle bezeichnet, sowie er auch schon lange vor
meiner Ankunft gegen den Willen der Familie sich einen Sarg
fertigen, und in einer Bodenkammer aufstellen ließ, obschon es
ihm an Munterkeit und Lebenslust nicht mangelte, wenn auch
zuweilen eine hypochondrische Laune sich einfand. — Einst nahm
er mich zu einer Promenade in seinen Garten mit und belehrte
mich über nöthige Sparsamkeit. Ich hatte ihn nämlich um Erhöhung des Gehalts ersucht, da derselbe (100 Thaler nebst freiem
Logis und 120 Thaler Kostgeld) bei dem dortigen theuren Leben,
vielem Stunden-Honorar und ähnlichen nöthigen Ausgaben nicht
zulangen wollte; Campe, überhaupt etwas genau, und daher auch
zu Reichthum gelangt, erzählte mir von seiner Sparsamkeit in
der Jugend und wie er den ausgegebenen Groschen vorher bedacht,
sich die Caffeebohnen zugezählt habe und dergleichen und suchte
mir das leichte Auskommen mit meinem Gehalte zu beweisen,
welches sich jedoch auch bei dem besten Willen nicht ausführen
lassen wollte, obschon die guten Lehren auch später in meinem
Gedächtnisse verblieben.

Die Geschichte des Robinson hatte Campe, wie er oft schilderte,
durch Rousseau's Schriften auf das englische Original aufmerksam gemacht, zuerst den Zöglingen seines Erziehungs-Insti-
tutes bei Hamburg in den Abendstunden im Freien nach und
nach erzählt, und dabei auf der Kinder Aeußerungen und Fragen
genau Acht gehabt und sie in die später gedruckte Erzählung mit
verwebt, welcher damals sehr ansprechenden Methode er die außerordentliche Verbreitung der Schrift in hunderttausend Exemplaren
und in viele Sprachen übersetzt, zuschrieb. (Das darin mit

vorkommende Lottchen war seine obenerwähnte Tochter.) — Seine
Gattin, die Frau Räthin war eine allgemein geschätzte, geistreiche
und edle Dame, welche bei den öfteren Besuchen die Unterhaltung
trefflich zu leiten wußte, wenn Campe aus hypochondrischer Laune
zuweilen sich entfernt hielt. Er war, obschon etwas hager, doch
ein großer stattlicher Mann, mit freundlichem, etwas geröthetem
Gesicht; bedachtsam im Sprechen und Handeln. Als beim Beginn
der französischen Revolution Klopstock, Lavater und zahlreiche
andere geistreiche Männer das Heil der Welt in den projectirten
Freiheitsideen erblickend, dafür in Enthusiasmus geriethen und
mehrere derselben nach Paris reisten, um den gewähnten Beglückungs-
versuchen nahe zu sein, so eilte auch der für alles Fortschreiten
eifernde Campe dahin. Diese deutschen Männer wurden von den
französischen Staatsmännern und Gelehrten sehr günstig aufgenommen und durch Diplome als französische Bürger zu ehren
gesucht, ebenso wie Washington, Franklin, Pestalozzi 2c., da man
sich von ihnen Begünstigung ihrer Ideen versprach. Nur zu bald
aber wurden jene Besucher enttäuscht, und als die revolutionären
Machthaber zu immer gewaltsameren Maßregeln übergingen,
kehrten sie voll Unmuth in ihr Vaterland zurück und Campe sprach
nicht gern von diesem Irrwege. Man hatte die Schmeichelei so
weit getrieben, daß man ihm Briefe mit der Adresse à Mons.
Campe en Europe zuschickte gleich als ob alle Welt wisse, wer
und wo er sei, natürlich aber den Boten genau instruirt, wo er
logire. Für Schiller hatte man ein französisches Staatsbürger-
Diplom, fälschlicherweise auf Mr. Gille lautend, ausgestellt, weil
er die Räuber geschrieben hatte, die aber durchaus mit der französischen Revolution nicht in Beziehung kommen können. Campe
starb 1818, 72 Jahre alt, leider etwas geistesschwach geworden.
Der Privatgelehrte Dr. Berndt, mit welchem ich wegen Autographen 40 Jahre später von Neuem in Bekanntschaft gelangte
(später Professor und Bibliothekar in Bonn, und besonders als
Heralbiker bekannt), bearbeitete mit Campe die letzten Bände seines
großen, äußerst mühevollen „Deutschen Wörterbuches." Während
dieser langen Zeit hatte Berndt mich ganz außer Acht gelassen und
als er die später von mir herausgegebenen Schriften kennen
lernte, hatte er oft gedacht, das kann doch unmöglich der junge
Sachse, (so ward ich damals wegen meiner sächsischen Mundart
öfters genannt) in der Campe'schen Handlung sein, der damals

nicht die mindeste Hoffnung gab, je in dieser Hinsicht öffentlich aufzutreten. Dieß gab später zu einem scherzhaften Briefwechsel, zu Schriften=Austausch und Autographen=Erlangung Veranlassung.

Privat-Beschäftigungen.

Auch damals wurden die gewohnten wissenschaftlichen Pri=vatbeschäftigungen wiederum fortgesetzt. Bei dem, durch natur=historische Schriften bekannten Professor Gelbke erlangte ich zur weiteren Fortbildung in Abend=Unterrichtsstunden einen Ueberblick der gesammten Naturkunde. Bei Betrachtung der Gestirne durch ein sehr vergrößerndes, englisches Fernrohr, verblieb mir der Anblick des Saturns mit seinen Monden und räthselhaften Ringen bis in das Alter hinauf eine erfreuliche, erhebende, das religiöse Gefühl immer von Neuem belebende Erinnerung. Der Gedanke an die Entfernung der Gestirne und daß nach astronomischen Berechnungen das Licht, um von ihnen bis zu uns zu bringen, Jahre und selbst Jahrhunderte bedarf, veranlaßt uns zur Be=wunderung, wie überhaupt solche uns gleichsam in die Nähe der unermeßlichen Sternenwelt versetzende Anschauungen die Größe und Allmacht des Schöpfers eindringlicher und dauernder offen=baren, als es durch bloße Lehrsätze ausführbar erscheint. Welches Gefühl der Unbedeutsamkeit muß uns ergreifen, wenn wir von bereits gezählten zweihunderttausend Fixsternen lesen, jeder einer Sonne gleich und ohne Zweifel ebenfalls von Planeten umkreist und auf diesen Geschöpfe anzunehmen, wie deren die Erde schon so unzählige und wunderbar organisirte darbietet. Welche Un=ermeßlichkeit in Raum und Zeit! —

Von dem Professor der Mineralogie Knoch ward mir längere Zeit an Sonntagsvormittagen unentgeldlich Unterricht in seiner Wissenschaft ertheilt, welcher mir auch die, damals viel Aufsehen erregenden Pendelschwingungen zeigte, wobei ein an einem Faden hängender Schwefelkieswürfel ganz verschiedene Schwingungen macht, je nachdem abwechselnd darunter verschiedenartige Metall=stufen gelegt wurden, welche, die den Faden haltende, Person nicht sehen, und daher darauf nicht einwirken konnte. Es ist der besonders von Ritter 1809 beschriebene Siderismus. Da später Gilbert in seinen „Annalen der Physik" jene Erscheinungen bezweifelte, so sendete ich ihm einen Aufsatz darüber mit der Angabe der von mir selbst beobachteten, eine Täuschung nicht zulassenden Experimente zu, den er aber unter nicht stichhaltigen Gründen in seiner Zeitschrift nicht aufnahm, wahrscheinlich um sein früheres Absprechen nicht zu widerrufen. Dieser Gegenstand scheint, wie das damit verwandte Wasserfühlen, was auch Zschokke in seiner Selbstschau erwähnt, doch näherer Untersuchung werth.

Es wurde aber auch das Studium der französischen Sprache fortgesetzt, und die damals schon mehr in Brauch kommende englische begonnen, und so noch anderes Rathsame anzueignen gesucht. Da sich ein nicht günstiges Gedächtniß durch immer erhöhte Uebung verbessern läßt, so lernte ich zu diesem Zwecke ausgewählte kleine Gedichte und Sentenzen der berühmtesten Dichter Deutschlands auswendig, und entwarf ebenfalls zur desto leichteren Einprägung in das Gedächtniß leicht übersichtliche Classificationen der Naturreiche in bequemen, auch auf Spaziergängen mit mir zu führenden Octavheften zum Theil mit flüchtigen Zeichnungen der besonderen Eigenthümlichkeiten mancher Abtheilungen (z. B. Schnäbel und Füße bei den Vögeln) versehen, welche Hefte in späterer Zeit, zumal auf Reisen noch oft durchgesehen wurden. So ward ferner auch das Ausziehen des Interessantesten aus gelesenen Schriften in den schon erwähnten Collectaneen fortgesetzt, und das Clavierspiel wieder geübt. Eine achttägige, mit einem gebildeten Freunde unternommene Harzreise gewährte nicht minder neue Belehrungen in der Beschauung von Natur- und alterthümlichen Sehenswürdigkeiten, wie auch kleinere Fußtouren zu solchen Zwecken in Braunschweigs Umgebung öfters unternommen wurden. Das alterthümliche Goslar mit dem angeblichen Crodo-Altar, die Rammelsberger Bergwerke, wo angefahren ward, der Brocken, die Baumannshöhle, das romantische Bode- und Selkethal, und so vieles Andere gewährten vielseitige Geistesbereicherung.

Zur rathsamen Abwechselung in den ernsten Beschäftigungen und zugleich nöthiger Erheiterung des Gemüthes, diente die Bekanntschaft mit einigen gebildeten Bürger-Familien und der Anschluß an gesellige und fröhliche Altersgenossen (Kaufleute, Maler 2c.). Ich besaß damals noch einen fröhlichen heiteren Jugendsinn, scherzte, sang und lachte harmlos mit Genossen, und nahm auch an einem Liebhaber-Theater Theil, wo ich in kleinen

Luftspielen in munteren Rollen (z. B. als Student Tippel in
Kotzebue's Tochter Pharaoni's) mehrmals auftrat, ich fertigte
kleine scherzhafte Gedichte zu geselliger Unterhaltung ꝛc., so daß
jene Zeit wie auch die vorherige Leipziger, als die vergnügteste
meiner früheren Jahre gilt.   Doch dem Wechsel des Erdenlebens
gemäß, wendete sich abermals das Blatt.

Abgang von Braunschweig und Fußreise durch Nord-Deutschland.

Das damalige französische Beglückungssystem und der von
Napoleon abhängige westphälische König Jerôme mit seinem
schwelgerischen und unsittlichen Hofstaate in Kassel, rief in dessen
Landen große Unzufriedenheit hervor, und während nur wenige
aus Gewinn es mit der französischen Partei hielten, beharrte das
Volk in treuer Liebe zu den angestammten Fürsten, zu deren
Wiedereinsetzung nach Napoleon's Fall das Land viel Opfer brachte,
leider aber von manchen derselben in späterer Zeit durch Undank
und Tyrannei dafür übel belohnt wurde.   Napoleon herrschte nicht
nur über das aus Kurhessen, Braunschweig, Hannover, einem
Dritttheil von Preußen ꝛc. bestehende, und seinem Bruder Jerôme
übergebene Königreich Westphalen, sondern fast über ganz Deutschland und sein Druck in Bezug auf die Literatur und den Buchhandel hatte natürlich die steigende Abnahme der Geschäfte der Schul-
Buchhandlung zur Folge, wodurch meine Stelle als zweiter Commis
immer unsicherer ward, und ich jeden Tag die Kündigung fürchten
mußte.   Uebrigens war meine Stellung im Vergleich mit der
Leipziger weniger nach meinem Sinne, da sie mehr untergeordnet,
meist auf Beschäftigung mit den Verlagsartikeln und Comptoir-
arbeiten beschränkt, und überhaupt mit zu wenig selbstständiger
Geschäftsführung verbunden war.   Der Hang zum selbstständigen
Wirken und Handeln lag aber einmal in meiner Geistesrichtung.
Zur Erlangung einer andern Stelle war in jenen bewegten Zeiten
keine Hoffnung, und bei dem Mangel an Vermögen an ein eigenes
Etablissement noch weniger zu denken.   Da ich nun zu gleicher
Zeit von meinen Eltern dringend gebeten ward, in ihr Geschäft,
und zwar in angenehmeren Verhältnissen als früher (Nicht beziehen
der kleineren Märkte ꝛc.) zurück zu kehren, so gewährte ich ihren
sehnlichen Wunsch und gedachte es also nochmals zu Hause zu

verſuchen. Mit frohem Lebensmuthe verließ ich, durch Reiſe-
geld von den Eltern unterſtützt und von Campe, der mich auch
ſpäter noch durch freundſchaftliche Briefe erfreute, mit ſehr günſtigen
Zeugniſſen entlaſſen, Braunſchweig zu Johanni 1811 und kehrte
nach einer faſt dreimonatlichen Fußreiße durch Weſtphalen, Nieder-
ſachſen, Holſtein, Mecklenburg ꝛc. mit manchen Kenntniſſen und
Erfahrungen bereichert gegen das Ende des September nach Hauſe
zurück. Auf dieſer Reiſe beſuchte ich nochmals den Harz, deſſen
Merkwürdigkeiten ich noch nicht genügend geſehen hatte. Als ich
mich wegen Aufſuchen von Mineralien einige Tage im Selkethal
aufhielt, gab es einen drolligen Vorfall. Ich hatte in einer Dorf-
ſchenke Mineralien auf dem Tiſche ausgebreitet und unterſuchte
ſie durch chemiſche und andere Hülfsmittel, die ich in einer
Reiſetaſche mit mir führte. Da trafen, von einem Markte kommend,
Handelsleute aus einem benachbarten Städtchen ein, und betrachteten mit Verwunderung mein Thun. Bei Einem von ihnen ſchien
über den Augen nach phyſiognomiſchen Grundſätzen das Orts-
und Wanderorgan ſehr hervorzutreten, und ich fragte ihn daher
aus Scherz, ob er nicht gern in der Welt umher wandere. Er,
wie die ganze Geſellſchaft von Staunen ergriffen, wie ich das
wiſſen konnte, erwiderte, daß er allerdings weit umher gewandert
ſei, und wegen dieſer Luſt zum Reiſen auch jetzt ſein Geſchäft
aufgeben, und wieder auf die Wanderſchaft gehen wolle. Seine
Gefährten baten nun auch, ihnen etwas wahrzuſagen; dieß konnte
ich natürlich nicht ausführen, packte meine Siebenſachen zuſammen,
und empfahl mich, von ihnen für eine Art Zauberer gehalten,
bis vor das Haus begleitet und von ihren Blicken weithin verfolgt. Dieſer Vorfall gewährte mir noch oft eine fröhliche
Erinnerung. Der Verfolg der für mich ſehr lehrreichen Reiſe
mag hier kurz erwähnt ſein.

Von Goslar ging mein Weg über Exter nach Pyrmont mit ſeinen heißen
Quellen, ſeinen Gold- und Silberbänken, woran ich jedoch mein Glück nicht
verſuchen wollte und konnte. Ich beſichtigte die bekannte mit kohlenſaurem Gas
1½ Elle hoch angefüllte Dunſthöhle, in welcher Lichter auslöſchen und kleinere
Thiere ſterben, wie in der Hundsgrotte bei Neapel, ſowie mit beſonderer Vor-
liebe das benachbarte, für die deutſche Geſchichte ſo wichtige muthmaßliche
alte Schlachtfeld des Varus und Herrmann, wo ſich auch Urnen fanden. Auch
wohnte ich einem, in einem Saale ohne Altar, Kanzel und Taufſtein ſtatt-
findenden Gottesdienſte der dort anſäſſigen Quäler bei, wo eben, da ſie
keine ſtudirten Prediger beſitzen, ein Bäckermeiſter inſpirirt ward und Weis-
heitslehren recht gut erklärte. Von einem derſelben erfuhr ich Näheres über

ihre Religionsansichten und Sitten, denn auch dies interessirte mich, wie alles Wissenswerthe der Menschen- und Naturwelt. So wie sie Jedermann mit „Du" anreden, nehmen sie auch vor Niemand, selbst nicht vor Fürsten den Hut ab — den ihnen aber dann gewöhnlich ein Anderer abnimmt —, verweigern den Kriegsdienst und den Gebrauch der Taufe und des Abendmahles 2c. In späterer Zeit lernte ich am Rheine auch die mit ihnen verwandte Secte der Mennoniten (Wiedertäufer) kennen und deren Sitten und Ansichten, während ich die Herrnhuter bereits in der Nähe meines Geburtsortes schon genügend beobachtet hatte. Nach dem Besuche von Hannover, durch die Lüneburger Haide nach Hamburg gelangt, bestieg ich, um die Einrichtung eines solchen Schiffes kennen zu lernen, einen Ostindienfahrer, welcher wegen der damaligen mehrjährigen Blocade des Hafens durch die Engländer, wie zahlreiche andere Schiffe, nicht auslaufen konnte. Ueberraschend war mir das Glockenspiel auf der Petrikirche, welches alle Stunden die Melodie eines geistlichen Liedes ertönen ließ — wie solche Einrichtungen mir später im nördlichen Frankreich oft vorkamen. Von da führte mich mein Weg nach Glückstadt, wo in dem dasigen, von mir besuchten Theater ein Intermezzo durch zwei sich längst hassende Schauspieler eben stattfand. Der Eine sprang voll Wuth aus den Coulissen auf den, auf der Bühne agirenden, mit Ketten gefesselten Helden zu, der ihn vielleicht durch Mienenspiel gereizt haben mochte, und theilte unter Schimpfworten Ohrfeigen aus, was der Andere, da die blechernen Ketten bald abgestreift waren, mit Gleichem vergalt. Nur mit Mühe gelang es dem Director, sie auseinander und den Angreifer in die Coulissen zu bringen, indem er von sofortigem Fortschicken sprach. Das Spiel nahm, nachdem sich das Publikum beruhigt und das „da capo" Rufen aufgehört hatte, seinen ruhigen Fortgang. — In Itzehoe ward ich von einer in Braunschweig kennen gelernten Familie sehr gastfrei aufgenommen und besuchte dann das idyllisch gelegene Eutin, den früheren Wohnsitz des Dichters Voß, der die dasige reizende Gegend in seiner „Louise" so trefflich geschildert hat. Von da ging es an die Ostsee bis Neustadt und dann längs des Ufers nach dem ebenfalls blockirten Lübeck, auf welchem Wege manche Naturgegenstände, als Muscheln und einige mir noch völlig unbekannte Seegewürme beobachtet werden konnten, so z. B. die gallertartigen tellerförmigen Quallen oder Medusen mit ihrem in der Mitte befindlichen Munde und rothen Fühlfäden, die bei der Ebbe auf dem Lande zurückgelassen, leblos dalagen, jedoch im Wasser geschoben, wiederum lustig fortrollten. — Dann führte der angenommene Weg ins Mecklenburgische, über Ratzeburg nach Mölln, in welcher Stadt sich bekanntlich die Grabstätte des berüchtigten Till Eulenspiegels befindet, wo reisende Handwerksburschen in eine daselbst befindliche Linde Nägel zu schlagen pflegen. Das Fußreisen ward mir auf die Länge der Zeit und bei der damaligen Sommergluth des Kometenjahres, die schwere Reisetasche auf dem Rücken und nach damaliger Gewohnheit der Reisenden, einen leichten Säbel an der Seite und zwei Pistolen in den Taschen (von welchen Gebrauch zu machen es aber keine Veranlassung gab) doch etwas anstrengend, und so beschloß ich mit der Post zu fahren, da auch die öde, traurige Sandgegend nur wenig Interessantes darbot. Im Ganzen erging es mir auf dieser Fußreise bei aller Sparsamkeit wie bei manchen früheren Wanderungen. Da ich weniger auf Geld und anderes Materielle, als auf wissenſchaftliche Zwecke den Sinn richtete, ſo hatte ich auch diesmal die Rechnung ohne den Wirth gemacht und mußte ſogar in Wittenberge zur Erlangung des Poſtbetrags nach Magdeburg bei dem Schaffner meine Uhr verpfänden, bis ich daſelbſt von einem befreundeten Buchhändler einen Vorſchuß erhielt. Ueber Leipzig, wo ich von Köhler's freudig aufgenommen wurde, kehrte ich dann kurz vor Michaelis in die Heimath zurück. Meine Reiſeluſt war nun etwas befriedigt, nachdem ich unterwegs alles nur irgend Intereſſante zu beſchauen bemüht geweſen war.

Nochmaliger Eintritt in des Vaters Handlungs-Geſchäft.

In Löbau, von den Eltern mit großer Freude empfangen, ſchienen meine Verhältniſſe ſich günſtig zu geſtalten; ich hatte mich nur der Buchführung und dem Beſuche der größeren Märkte zu unterziehen und nebenbei einige Feldwirthſchaft zu beaufſichtigen, wogegen ein, bei meinem früheren Abgange vom Vater bereits angenommener Gehülfe, Hildebrand, den Waarenverkauf und die ſonſt für mich wenig geeigneten Geſchäfte beſorgte. Ich fand daher für meine Lieblingsſtudien genügende Zeit, und hatte auch in Folge des mir zugeſagten Gehaltes hinreichende Mittel, um meine Bücher, ſo wie die während der Buchhändler-Periode nur wenig geförderten hiſtoriſchen und anderen kleinen Sammlungen bedeutend vermehren zu können. Dieſelben wiſſenſchaftlich geordnet und in einem mir eingeräumten freundlichen Stübchen aufgeſtellt, bildeten ein kleines Muſeum, in welchem ich nun manche glückliche Stunde verlebte. Außer fortgeſetztem fleißigen Leſen über die Lieblingswiſſenſchaften, ward beſonders das Studium der Mineralogie mit vielem Eifer begonnen, und manches phyſikaliſche und chemiſche Experiment verſucht. Leider hielten dieſe Beſchäftigungen nicht lange aus, denn nur zu bald ergab ſich das Ungenügende derſelben; ſo blieb z. B. eine geognoſtiſche Unterſuchung der Provinz nur ein ſchöner Traum und ebenſo hörte das Botaniſiren bald wieder auf. Es mangelte mir nämlich in Hinſicht der Natur-wiſſenſchaften an der, zum tieferen Eindringen erforderlichen, zugleich ſcharfer Augen bedürfenden Beobachtungsgabe, wie an einem glücklichen Namengedächtniß; es fehlte mir überdieß, da das Selbſtſtudium bei jenen Wiſſenſchaften beſonders ſchwierig erſcheint, an einem zuweilen um Rath zu fragenden Lehrer, ſowie an befreundeten, nahe wohnenden, an gleichem Studium regen Antheil nehmenden und daher zugleich zum Wetteifer anregenden

Genossen, weßhalb ich bei allem Wissensdurste in jenen Beschäfti=
gungen bald ermattete. Meine Aeltern besuchten keine Gesellschaften;
ich trat aber in die Societät der Honoratioren ein, wo es jedoch
für mich, da ich nicht Karte spielte, wenig Unterhaltung gab. —
Es scheint, als wenn ich in meinem Leben mit fast allen Wissen=
schaften in Berührung kommen sollte, und so suchten mich damals
einige in erwähnter Societät kennen gelernte Adlige durch Vor=
lesungen und Besuchen bei ihnen auf dem Lande zu mystischen,
theosophischen Ansichten zu verleiten. Es galt der Präexistenz,
der Seelenwanderung, der Hervorbringung von Menschen durch
Destillation (wie in Göthe's Faust) übermenschlicher Geisteser=
hellung ꝛc. nach den Manuscripten des hochgeschätzten, aber sehr
exaltirten Hofrath Nitzsche in Görlitz († 1795). Näheres in
Bülau's geheimen Geschichten B. II. und in Otto's oberlausitzischem
Schriftsteller=Album. Ich fand natürlich kein Behagen an diesen
überspannten, unklaren Ideen und hatte überhaupt nie Neigung
zu fruchtlosen philosophischen und theologischen Speculationen,
dagegen mehr zu practischen lebensphilosophischen Maximen. Eine
mich besonders ergreifende Lectüre war damals Göthe's Leben,
und es freute mich ungemein, daß er umfassende Tagebücher u. dergl.
mit erläuternden bildlichen und gedruckten Beilagen angelegt und
eine Masse Notizen über Wissenschaften niedergeschrieben hatte,
weil ich dadurch in meiner Neigung zu gleichen Tagebüchern und
anderen vielseitigen handschriftlichen Sammlungen bestärkt ward.
Neben oben erwähntem an sich ungenügenden Dilettantismus
mangelte es mir nun, nachdem ich wie erwähnt, durch die Ver=
hältnisse genöthigt gewesen war, auf die Buchhändler=Laufbahn
zu verzichten, an einem, jedem jungen Manne zeitig zu wünschen=
den, mit Liebe und Eifer betriebenen, und dann zu Glück und
Zufriedenheit führenden bestimmten, ernsten Lebensberufe, zu dem
sich das elterliche Geschäft für mich nun einmal nicht gestalten
wollte, da es mir, aus Mangel an aller Neigung und Talent
dazu, nicht die mindeste Hoffnung auf eine erfreuliche Zukunft
gewähren konnte. Vergebens übertrug mir mein Vater mehrere
Waarenartikel zum eigenen Verkauf, um durch den erzielten Gewinn
in mir mehr Lust zum Handel zu erwecken. Auch erfolgten Hei=
rathspläne und ähnliche Versuche, mich zu einem eigenen Etablisse=
ment zu veranlassen; allein es war Alles vergebens. Keine
Erinnerung ist mir so unerquicklich als die an den damaligen

Aufenthalt in Löbau, gleichsam ein Interim auf meiner Lebensbahn. Es ist eine sehr gewöhnliche Erfahrung, daß, wenn jungen
Männern ein längerer geschäftsloser Aufenthalt im Hause gestattet
wird, dieselben leicht auf Abwege gerathen, was stets vermieden
werden sollte. Bei meiner Mißstimmung und Unlust zum Handelsgeschäfte und dem schon beginnenden planlosen Umhergehen, hätte
ich bei allen früheren guten Vorsätzen am Ende doch einem ähnlichen Loose verfallen können, wenn nicht eine neue interessante
Privatbeschäftigung sowie die eintretenden kriegerischen Ereignisse
mich genügend in Anspruch nahmen.

Erster biographischer Versuch.

Nicht nur ich, sondern auch meine Eltern sahen nach und
nach wiederum ein, daß ich mich einem anderen Berufe würde
zuwenden müssen, doch wollte sich diesmal kein Ausweg ergeben.
In dieser traurigen Lage verfiel ich auf die Idee, den als Psycho-
logen und Lebensphilosophen mir bekannt gewordenen Hofrath
und Professor Dr. Heinroth in Leipzig um freundliche Berathung
über meine Verhältnisse zu befragen, worauf mich dieser zur Mittheilung einer Lebensskizze veranlaßte, weil es erst dann möglich
sein würde, meinem Wunsche zu genügen. Dies gab zu einer
Monate langen Beschäftigung, nämlich zur Ausarbeitung einer
Selbstbiographie in Hinsicht der bereits verlebten 25 Jahre, Veranlassung, wozu jene, von früher Jugend an fortgeführten Tagebücher und die dabei mit aufbewahrten, das Nähere einzelner
Vorfälle erläuternden gedruckten und anderen Beilagen reiches
Material darboten. Wenn ich die mich begeisternde Selbstbiographie von Göthe nachzuahmen suchte, so konnte es allerdings
blos in Hinsicht der sehr unwesentlichen äußeren Eintheilung und
dergleichen erfolgen. Meine daher sehr unvollkommene Arbeit hatte
dennoch unberechenbaren Nutzen; sie führte mich zu einer genaueren
Selbstkenntniß, als das erfolgte Nachdenken mir je vorher gewährt
hatte, und eine solche gilt ja doch als die Hauptbedingung zur
fortschreitenden Selbstbildung und Selbstbeherrschung, mithin zum
Ziele des denkenden Mannes. Nochmehr klärte mich darüber
Heinroth's treffliche Beurtheilung der Biographie und mithin
meiner bisherigen Lebensbahn selbst auf. Wegen zu beschränktem

4

Raume ist hier nur die Mittheilung eines Auszuges aus jener Beurtheilung möglich, die um so weniger als überflüssig erscheinen wird, als sie zugleich meine nähere Charakteristik bis zu jener Zeit von einem Unparteiischen darbietet.

Ein mir ausführliche Auskunft zusichernder kurzer, vorläufiger Brief endiget folgendermaßen:

Soll ich Ihnen zum Schluß dieses Briefes noch einen Rath geben, so ist es dieser: Seien Sie nicht so ängstlich für die Zukunft, sie entwickelt sich oft besser als wir glauben. Der Mensch, der es redlich meint, muß auch ein Wenig auf Gott vertrauen, und es giebt einen Gott, der uns hilft, da wir uns selbst nicht helfen können, der unser Schicksal leitet, da, wo wir uns ganz verlassen zu sein wähnen. Wenigstens ist dies meine Ansicht des Lebens, bei der ich mich immer sehr wohl befunden habe. Nächstens mehr. Mit voller Achtung und wahrer Freundschaft der Ihrige. — Nachdem sich Heinroth in einer folgenden ausführlichen Zuschrift über das Rathsame einer nach Wahrheit strebenden Biographie ausgesprochen und erwähnt hatte, daß ein Jeder uns achtungswerth erscheinen müsse, der sein inneres Wesen und wie er war, was er ist, unverholen und mit dem ernsten Streben nach Wahrheit uns mittheilt, bemerkt er zugleich, wie angenehm es sei, ein ganzes Leben wie eine sich entwickelnde Pflanze sich nach und nach vor dem Auge ausbreiten zu sehen. „Schließen Sie" — fährt er fort, „aus allem diesen, ob es mir angenehm gewesen sei Ihre Selbstbiographie zu erhalten und zu lesen. Mein Vergnügen bei dieser Lectüre ward dadurch noch um ein großes vermehrt, ja ich darf wohl sagen, ich habe mich am allermeisten darüber gefreut, daß ich Sie von Seiten Ihres Triebes nach mannigfaltiger Ausbildung und Ihres rastlosen (nur freilich sich nicht gleich bleibenden) Bemühens um dieselbe, kennen gelernt habe. Ihr ganzes Leben ist die Geschichte des guten Willens, dem nur das Vollbringen fehlt, — nun dies wird sich hoffentlich in den reiferen Jahren finden, denen Sie jetzt entgegen gehen; denn dies läßt sich durch Ernst und Eifer erwerben; wem aber der erstere mangelt, von dem ist nichts zu hoffen. — Naturgeschichte, Physik und Chemie, Technologie, Alterthumskunde, besonders in Beziehung auf das Vaterland, Literatur, Kunst, Philosophie und Sprachen, alles interessirt Sie, an allem nehmen Sie in dem Laufe und den mannigfaltigen Verhältnissen Ihres Lebens lebendigen, wenn auch nicht gleichmäßigen Antheil, und man interessirt sich um dieses Antheils willen nicht wenig für Sie. Das alte Wort des Terenz: „homo sum, humani nihil a me alienum puto" (Als Mensch ist mir nichts fremd was ihn betrifft), scheint das Motto Ihres Lebens zu sein, wenn Sie sich auch selbst darüber tadeln und lieber „multum, non multa" (viel, nicht vielerlei) für sich verlangen. Eben so anziehend, ja merkwürdig, aber ganz jenem allgemeinen Streben entsprechend, ist bei Ihrer natürlichen Schüchternheit, Ihre Neigung und Leichtigkeit Bekannte, besonders unter Personen die sich auszeichnen, oder die von moralischer Güte sind, zu suchen und zu gewinnen und dabei Ihr Sinn für Freundschaft und Ihre Anhänglichkeit an alle, denen Sie sie einmal geschenkt haben. Ihr Sinn für Eingezogenheit und Selbstbeschäf-

tigung zum ſtillen Sammeln und Ordnen, und dann auch wieder für geſellige
Freude und Anordnung geſelliger Vergnügen und Beſchäftigungen, z. B. Ihr
Hang, Societäten zu errichten, alles dies ſtellt Sie in einem vortheilhaften
Lichte dar, und läßt uns in Ihnen den wahren Menſchen erkennen und lieben.
Sie haben in allen dieſen Hinſichten nicht wenig Aehnlichkeit mit dem, der
Sie zur Verfaſſung einer Selbſtbiographie verlockt hat, und der ebenfalls in
dem früheren Theile ſeines Lebens ein literariſch-techniſcher Vagabond, (das
Wort in keinem falſchen Sinne genommen) war. Nur Eins geht Ihnen ab,
um dieſe Aehnlichkeit vollſtändig zu machen, wofür Sie aber nichts können:
nämlich, daß Sie nicht ſchon wie Göthe, der Selbſtbiograph, den größten
Theil Ihres Lebens verlebt, und irgend eine entſchiedene Richtung (wie jener
für die Kunſt) ergriffen haben, um die ſich dann die reifere Hälfte Ihres
Lebens bewegt, und Sie als einen Mann dargeſtellt hätte, der ſich bei allem
Intereſſe für das Ganze in einem Stück doch beſonders auszeichnete und her-
vortrat. Dies ſteht noch zu erwarten und wir wollen der frohen Hoffnung
leben, daß Sie nach fünfundzwanzig Jahren den zweiten Theil Ihrer Biographie zum erſten hinzufügen werden, welcher zweite die Welt dann ebenſo
intereſſiren möge, wie jetzt die erſte Ihren verſtändigen Freunden willkommen
ſein muß."

Darauf folgt nun freilich die Erwähnung, daß, ſofern die Biographie
nur darauf beſtimmt ſei mich ſelbſt kennen zu lernen und Andere mit mir
bekannt zu machen, um mir erwünſchten Rath ertheilen zu können, ſie alles
Lob verdiene, wogegen, wegen ihrer ſtyliſtiſchen und anderer Unvollkommenheiten ſie nicht als ein literariſches Werk betrachtet werden könne, wobei
außerdem auch ein größtentheils vollbrachtes Leben, mit Schilderung un-
gewöhnlicher Schickſale, oder wichtiger Leiſtungen dazu gehörten, indem er
zugleich die Bedingungen einer Biographie nach Stoff und Form, alſo nach
hiſtoriſchen wie äſthetiſch-pſychologiſchen Erforderniſſen näher auseinander ſetzt
und dabei ſich auf die Göthe'ſche bezieht. „Sie können vielleicht ſagen",
heißt es weiter, — „Wer wird mit Göthe verglichen, und ihn zum
Maßſtabe bei meinen Aufſätzen machen? — Antwort: Sie ſelbſt, denn es iſt
unverkennbar, daß Sie Göthe's Lebensbeſchreibung zum Muſter der Ihrigen
gemacht haben. Auch dagegen wäre nichts einzuwenden, ſobald Sie nur in
ſeinen Zweck eingegangen wären ꝛc." — Hierauf wird Göthe's unübertroffene
Leiſtung weiter erörtert, und darauf hingewieſen, wie alles von ihm Erwähnte
auf den Bildungsgang einwirkte, ihn beſtimmte ꝛc. — Indem Heinroth ferner
vieles Mitgetheilte als überflüſſig erklärt, fährt er fort: „Daſſelbe gilt von
der eingewebten Krankengeſchichte Ihres Vaters, die ich übrigens für das
Gelungenſte des Ganzen halte, indem ſie mit einer klaren beſtimmten und
zuſammenhängenden Anſicht des Gegenſtandes entworfen und mit Sorgfalt
dargeſtellt iſt. Ueberhaupt beweiſt dieſe Epiſode, daß es Ihnen nicht an
Darſtellungsgabe fehlt und daß Sie nur Sammlung Ihres Geiſtes und ein
Intereſſe bedürfen, um ſie anzuwenden. Was endlich die Schilderungen Ihrer
Neigungen, Beſtrebungen, Beſchäftigungen von Kindheit an betrifft, ſo iſt
dieſe allerdings zweckmäßig und trägt am meiſten dazu bei Sie kennen zu
lernen; allein was lernen wir daraus? daß Ihnen das ganze Leben bisher
ein Spiel geweſen, daß Sie ſich noch für nichts feſt beſtimmt und mit An-

4*

strengung gebildet haben, und daß folglich alles dies noch zu erwarten ist. Sie haben insofern eigentlich noch gar nicht gelebt, und Ihr Leben muß demnach erst jetzt anfangen, grade da, wo Ihre Selbstbiographie aufhört."

Dieß war freilich bittre Medizin, doch sie ist wirksam gewesen, wenigstens sprachen Briefe, die Heinroth 20 und 30 Jahre später an mich schrieb, ein ganz andres Urtheil über meinen Lebens- und Bildungsgang aus, wie sich weiterhin ergeben wird. Jetzt rieth er mir noch, mich zu prüfen, ob ich mich wegen meiner Neigung zu den Naturwissenschaften nicht vielleicht für den Berg- bau oder das Forstwesen geeignet hielte 2c.

Kriegsereignisse 1812—1813.

Während dieses Sorgens, was wohl zu beginnen sei, spielten in meiner Heimath mehrere Acte jener welthistorischen Tragödie, welche der große wunderschöne Komet im Herbste 1811, der Volksmeinung zufolge gleichsam prophetisch angekündigt hatte. Seit Jahrhunderten war kein Komet von solcher Größe und Helle erschienen. Er stand mehr am östlichen Horizont, hatte die Länge von wohl 10 und mehr aneinandergesetzten Mondscheiben und verbreitete mit seinem Kern und dem davon ausgehenden Schweife ein, den hellsten Mondschein weit übertreffendes Licht, sodaß man die fernsten Orte noch klar erblicken konnte, und einem fast unheimlich dabei zu Muthe ward.

Napoleon hatte Mitte des Jahres 1812 in Dresden wiederum mehrere gekrönte Häupter, den Kaiser von Oesterreich, den König von Preußen 2c. um sich versammelt, und ich versäumte nicht, dahin zu eilen, und mir die Monarchen, sowie die zu Ehren der- selben erfolgenden Festlichkeiten mit anzusehen. Ich sah Napoleon später nochmals, als derselbe auf dem Marsche nach Rußland Reichenbach bei Löbau passirte, in seiner einfachen grünen Jäger- Uniform mit dem Ehrenlegions-Kreuz, dem weltbekannten kleinen dreieckigen Hütchen und dem ernsten gelblichen Gesicht mit scharf- blitzenden dunklen Augen. Bereits im Frühjahr dieses Jahres begann sein großer Kriegszug nach Rußland mit einer halben Million Krieger, (Franzosen, Italiener, Spanier, Armee-Corps von Preußen, Oesterreich und andern unter seiner Gewalt stehenden deutschen Staaten, dabei 24000 Sachsen) und dieser Marsch, sowie die nach

dem Brande von Moskau erfolgte traurige Flucht der geringen
Heerüberreste im Anfange des Jahres 1813, ging durch die Ober=
lausitz, die uralte Heerstraße aus Sachsen nach Schlesien und
Polen,. und zwar meist durch den Etappenort Löbau, und so auch
die Hin= und Rückmärsche der die Franzosen verfolgenden alliirten
Armeen.   Die Flucht der Franzosen erfolgte unter den schreck=
lichsten Verhältnissen. Nächst Massen von Gefangenen verloren
sie Hunderttausende in den Gefechten und bei dem Uebersetzen
über Flüsse durch die sie verfolgenden Russen, sowie durch die
damals herrschende grimmige Kälte und durch Hunger in den von den
Einwohnern verlassenen Gegenden, so daß kaum einige Tausend
von jedem Armee=Corps, von manchem Regimente kaum einige
Mann, sich nach Deutschland retteten. Es war ein herzzerreißen=
der Anblick, als diese Ueberreste in kleinen Trupps meist krank
und verwundet, verhungert und halberfroren in armseliger Kleidung
und von den ihnen auf dem Fuße folgenden Kosacken geängstigt,
durch Löbau kamen und möglichst versorgt, eiligst weiter befördert
wurden. Anfang 1813 begann der Krieg von Neuem und wäh=
rend frische französische Armeecorps in Deutschland einzogen,
rüstete Rußland nebst den mit ihm sich verbündenden Oesterreich
und Preußen. Sachsen, noch von den Franzosen besetzt, ward
wiederum zum Kriegsschauplatz. · In der Nähe Löbau's und in
dieser Stadt selbst fanden Gefechte statt, und unfern davon die
bekannte Schlacht bei Bautzen. Brand und Plünderung verheerten
das, was die zahllose Einquartierung übrig gelassen hatte. Dazu
kam das, auch in der Provinz zahlreiche Opfer fordernde Nerven=
fieber, welches die flüchtenden Franzosen mitbrachten. Bei der
Ankunft der Kosacken eilten allwärts zahlreiche Enthusiasten ihnen
als ersehnten Rettern Deutschlands entgegen; doch der Freuden=
schwindel ließ bald nach, da die Kosacken nach der ersten Begrüßung
ihren Verehrern gewöhnlich die Stiefeln auszogen, und ihnen
dafür ihre zerrissenen überließen. Diese rohen Kinder der Natur,
unsauber und ärmlich bekleidet, meist nur mit einer langen,
lanzenartigen Stange bewaffnet und den Kantschuh in der Hand,
suchten den Feind fortwährend bald hier, bald da zu beunruhigen,
und waren, so bald sie ernstliche Gegenwehr fanden, auf ihren
kleinen flüchtigen Pferden im Nu wieder verschwunden. Sie waren
übrigens gutmüthig, obschon sie gern mitnahmen, was sie sahen
und leicht durch Befriedigung ihrer einfachen Lieblingsgenüsse

zufrieden zu stellen waren, zumal durch Kapusta (Sauerkraut), das sie gern durch Beifügung von hineingesteckten Talglichtern schmackhafter zu machen suchten, und durch Wottka (eigentlich Wässerchen von Woda) Branntwein, den sie möglichst stark zu genießen vermochten, und wenn dieser mangelte, selbst etwas verdünntes Scheidewasser nicht verschmähten. Ihr erstes Wort bei ihrer Ankunft war daher stets nur „Wottka".

Die Besorgung der fast täglich wechselnden Einquartierung im Hause der Eltern mußte wegen des Vaters öfterer Abwesenheit und der dabei meist erforderlichen französischen Sprachkenntniß, von mir übernommen werden, was freilich viel Unerfreuliches mit sich brachte, doch kam ich im Ganzen gut mit den Soldaten aus, zumal da es meist Offiziere waren, von denen nur manche preußische wegen des steigenden Hasses gegen Sachsen sich ungeachtet des stets freundlichen Empfangs, nicht selten barsch und unzufrieden erwiesen. So wollte einst ein preußischer Major sich an mir thätlich vergreifen, als ich ihm in der obern Etage das Quartier anwies, er aber durchaus in der untern bleiben wollte, bis ihm durch den Augenschein bewiesen ward, daß bereits 12 Russen mit ihren Strohlagern davon Besitz genommen hatten. Dagegen ging es mir mit den übrigen deutschen, den französischen und italienischen und selbst den russischen Offizieren weit besser, welchen meistens das Vorzeigen meiner Sammlungen, sowie physikalischer Experimente besonderes Vergnügen machte, und dies selbst auch mir in sofern angenehm war, als sich in Löbau ohnehin fast Niemand dafür interessirte. —

Als der König von Preußen von Breslau aus im März 1813 den bekannten Aufruf an sein Volk zur Erhebung gegen die Franzosen erließ, welche nach dem traurigen Rückzuge aus Rußland Preußen noch besetzt hielten und neue Truppen aus Frankreich heranzogen, wurden außer den neuerrichteten Landwehr-Regimentern auch zahlreiche freiwillige Jägerbataillone gebildet, wozu nicht nur auf Professor Steffens begeisternde Anrede die Studenten und ältern Schüler, sondern auch andere junge Leute aller Stände aus langjährigem Haß gegen die Franzosen, und zum Theil auch schon durch den geheimen Tugendbund dazu vorbereitet, in glühendstem Patriotismus herbei eilten. Auch die Sachsen fühlten den Druck Napoleon's nur zu sehr, doch sie vermochten damals, wo das Land im Besitz der Franzosen war, noch

nicht, sich loszureißen, obschon auch einzelne junge Männer den
preußischen Freiwilligen sich anschlossen (z. B. der Dichter Theodor
Körner) und auch sonst der allgemeine Haß gegen die Franzosen
nicht verschwiegen ward. Davon auch erfüllt, ließ ich ein, von
einem treuen Freunde, mit dem oft Naturalien getauscht wurden,
dem Dr. Bönisch in Bischofswerda verfaßtes, und zum Freiheitskampf aufforderndes „Bardenlied" drucken, und vertheilte es,
namentlich an preußische Freiwillige. Nach der Schlacht bei
Lützen und dem ungeahnten Vordringen der Franzosen mußten
allerdings die noch vorhandenen Exemplare sorgfältig vernichtet
werden, denn hätten diese Kenntniß davon erlangt, so möchte es
für mich sehr übel ausgefallen sein. — Dr. Bönisch verlor durch
den Brand seines Wohnortes bei der Retirade der Preußen seine
Sammlungen und anderes Eigenthum, und zog darauf nach
Camenz, wo er sich durch die schwierig auszuführende Gründung
des Barmherzigkeits=Stiftes viel Verdienst erwarb. Er wollte
es zum Andenken an den dort geborenen Dichter Lessing, Lessings-
Stift nennen, drang aber damit nicht durch, weil man den Letzteren
für einen Freigeist hielt, ihm jedoch 50 Jahre später ein Denkmal setzte.

Ohne die mindeste Neigung zum Militair, war ich um so
weniger geneigt den Freiheitskampf mit zu machen, als ich im
väterlichen Hause unentbehrlich war, und besonders durch mein
französisches Sprechen manchen Verlust und Aerger abwenden
konnte. Den Sachsen ward es damals besonders von den über-
müthigen, sie gering schätzenden Preußen zum Vorwurf gemacht,
daß sie nicht auch Freiwilligen=Bataillone bildeten, und der König
nicht seine Truppen zu den Alliirten übergehen ließ. Dieser war
jedoch nicht nur durch sein gegebenes Wort an Napoleon gebunden,
sondern auch sein ganzes Land war, wie schon erwähnt, noch
von den Franzosen besetzt, so daß die Unmöglichkeit eines
solchen Versuches klar vor Augen lag, wer sie nur sehen wollte.
Uebrigens benahmen sich die Preußen ungeachtet der sehr freundlich
lautenden Blücher'schen Proclamationen bereits bei dem Einmarsche
in Sachsen als die Sieger und künftigen Beherrscher des Landes,
da ihnen bei einem zwischen Preußen und Rußland zu Kalisch
geschlossenen geheimen Vertrage die sächsischen Lande als Entschädigung für die Kriegskosten und die Abtretung des früheren
Preußisch=Polen an Rußland, zugesprochen worden war. Sachsens

Schicksal war also schon vor dem Anfange des Krieges entschieden, es mochte sich benehmen, wie es wolle.

Hochbegeistert trat die preußische Armee von Schlesien aus und gefolgt von der mit ihr alliirten russischen im April 1813 den Marsch nach Leipzig gegen die Franzosen an, und es war ein erhebender Anblick, als die muthigen freiwilligen Jäger unter Hörnerklang und fröhlichem Gesange bei Löbau vorbei zogen, zur Seite hübsche Marketenderinnen, deren Brüder oder Geliebten sich mit im Bataillon befanden. — Bei einem solchen war der erwähnte Professor Steffens als Hauptmann an der Spitze, der zu uns in's Quartier kam, so daß mir Gelegenheit dargeboten war, diesen berühmten Naturforscher näher kennen zu lernen. Das Kriegsglück war jedoch den kampfbegierigen Schaaren noch nicht günstig und die verlorene mörderische Schlacht bei Lützen nöthigte sie zum Rückmarsche und zwar wiederum durch die Oberlausitz bis nach Schlesien. Mit schmerzlichen Gefühlen sah ich, wie Hunderte jener jungen Freiwilligen, welche theils wegen zu enthusiastischem Vordringen, theils wegen übler Anführung den feindlichen Geschossen zu sehr ausgesetzt worden waren, verwundet auf requirirten Leiterwagen und Karren ohne genügende Sitze kaum mit Stroh versehen, und zum theil noch mit unverbundenen Wunden in größter Eile zurück transportirt wurden, um den, der alliirten Armee auf dem Fuße folgenden Franzosen nicht in die Hände zu fallen. Am 20 und 21. Mai wurden die Alliirten in den eben so mörderischen Schlachten bei Bautzen und Wurschen wiederum geschlagen; mehrere Tausende fielen dabei als Opfer, und in einer Nacht erblickte man in der Umgegend von Löbau 18 brennende Dörfer, die übrigen wurden geplündert und Angst und Noth aller Art herrschten in der ganzen Gegend. Die Franzosen verfolgten die Alliirten bis nach Schlesien, wo ein mehrmonatlicher Waffenstillstand (vom 5. Juni bis 20 August) abgeschlossen wurde. Nach dessen Ablauf verloren jedoch die Franzosen die Schlacht an der Katzbach, und von da an erblich ihr Glücksstern; sie wurden von den Alliirten unter steten Gefechten und beunruhigenden Ueberfällen der Kosacken durch die Oberlausitz bis über die Elbe zurückgedrängt, worauf nach der Vereinigung der Oesterreicher mit den Preußen und Russen und nach den Schlachten bei Kulm, Dresden, und besonders nach der Völkerschlacht bei Leipzig vom 16—18. October 1813 die Franzosen bis über den Rhein verfolgt wurden. — Sachsen war von den Letzteren nun zwar befreit, der König ward aber von Leipzig aus, wo er die drei Monarchen als Sieger begrüßen wollte, von ihnen, da ja Sachsens Schicksal wie erwähnt, bereits längst entschieden war, nicht gehört, vielmehr als Gefangener nach Berlin abgeführt. Das Land, von den Alliirten als erobert betrachtet, ward zu hoher Contribution verurtheilt, und durch ein, von jenen Monarchen eingesetztes Gouvernement unter dem russischen Fürsten Repnin verwaltet. Das Hin= und Hermarschiren der Alliirten dauerte jedoch noch bis in das Jahr 1815.

Ich hatte also die Schrecknisse des Krieges mit zu erleben, konnte ich doch auch bei dem zweiten Rückzuge der Franzosen aus Schlesien, während eines Gefechtes bei Löbau, Kanonenkugeln neben mir pfeifen und Flintenkugeln in das väterliche Haus einschlagen hören. Es war eine trostlose Zeit. Bei den abwechselnden Hin= und Herzügen der beiden feindlichen Armeeen mußte man sich heute französisch, morgen preußisch gesinnt zeigen, um Mißhandlungen zu entgehen, und wer es vermochte, trug gern, wie ich auch, einige in die Kleider eingenähte Goldstücke bei sich, um bei etwaiger Flucht davon leben zu können. Am letzten Tage jener Bautzner Schlacht mußte ich auch nebst des Vaters Gehülfen die Flucht ergreifen, als ein Bataillon Preußen auf dem Rückzuge alle jungen Männer in der Stadt bis zum 30. Jahre, bei Strafe hoher Contribution gestellt verlangte, um sie in ihre, durch die erwähnten Schlachten sehr gelichtete Landwehr einzureihen. Dazu hatten wir beide allerdings nicht die mindeste Lust, und sahen uns daher genöthigt, auf Nebenwegen nach Böhmen zu flüchten, wo wir in dem Grenz= städtchen Gabel bei einem Geschäftsfreunde der Eltern eine in größter Sorge um diese verlebte, zweitägige Zuflucht fanden, bis die Nachricht von dem weiteren schleunigen Rückzuge der Preußen einging, und die Franzosen wiederum im Besitz der Provinz waren. Die Eltern, ohnehin durch die Hemmung aller Geschäfte und durch die stete kostspielige Einquartierung und die hohen Contributionen zurückgekommen, büßten außerdem noch durch zahlreiche Schuldner, die wegen ähnlicher Einbuße nicht zahlen konnten, oder Plünderung und Brand vielleicht auch nur vor= schützten, fast ihr ganzes, Jahrzehnte lang mühsam erworbenes bedeutendes Vermögen ein. Durch solche traurige Erfahrung ward mein Widerwillen gegen alles Handelswesen nur noch mehr

gesteigert; doch was sollte ich nun beginnen? Es ist ja wohl ein
trauriges Verhältniß, wenn man im 26. Lebensjahre noch genöthigt
ist, sich einer ganz neuen Laufbahn zuzuwenden, und nicht einmal
weiß welcher? An ein Unterkommen bei dem völlig darnieder-
liegenden Buchhandel war nicht zu denken; der Besuch der Freiberger Berg=Academie oder der unlängst von Cotta gegründeten
Forst=Academie zu Tharand, wozu ich mich vielleicht geeignet
haben würde, war zu kostspielig, auch eine Anstellung in beiden
Fächern zu fernliegend; zum Studiren hätte es noch des Besuchs
einer Gelehrtenschule bedurft, und so gab es bei andern Vorschlägen eben solche Schwierigkeiten, welche einen festen Entschluß
zu einem oder dem andern Berufsfache unausführbar erscheinen
ließen. Alles Sinnen und Forschen war fruchtlos. Durch die
dauernde Ungewißheit über mein Schicksal, durch die kriegerischen
Ereignisse mit ihren Einquartierungen und durch stete Sorge und
Noth mehr und mehr im Gemüth aufgeregt, verfiel ich während
des Waffenstillstandes in ein, über einen Monat dauerndes lebens-
gefährliches nervöses Schleimfieber mit lang anhaltender Bewußt-
losigkeit. Die Krankheit hatte jedoch wohlthätige Folgen; nach
der Genesung war die traurige Gemüthsstimmung gewichen,
und ein hoffnungsvolles Vertrauen auf Gottes weise Leitung
dagegen eingezogen. Hierin ward ich durch einen trefflichen Brief
von Heinroth voll wahrer Lebensweisheit bestärkt, woraus
folgende Stelle des Abdruckes wohl werth sein möchte. Ruhe und
Vertrauen anrathend, heißt es darin: „Beobachten Sie einmal
im Kreise Ihrer Erfahrungen, ob Sie nicht finden werden, daß
die ruhigsten Menschen immer auch am ersten die Günstlinge des
Glücks sind. Ich habe wenigstens noch nie gesehen, daß Leute,
die sich abtreiben und abarbeiten, daß ihnen der Schweiß von
der Stirn läuft, jemals Kinder des Glücks gewesen oder geworden
sind. Das Glück spottet ihrer, und setzt sich mit seinen Segnungen
auf die nieder, welche sich dessen am wenigsten vermuthen. Ich
will damit nicht sagen, daß sich der Mensch nicht rühren und
regen soll; im Gegentheil — arbeiten, was man kann; aber grad
nur an dem Stoffe, der vor uns liegt, und wenn er auch noch
so unscheinbar wäre, um das Glück hingegen, — um Alles, was
uns in der Gestalt einer schönen und sichern Aussicht lockt und
peinigt — unbesorgt und ganz passiv zu sein. Unaufgefordert
erscheint das Glück zur rechten Stunde, wo wir es nicht erwarten

und dann wird Alles anders, als vorher. Erſt wenn man durch
die Gewalt der Umſtände in einen Zuſtand der Ruhe verſetzt
wird, erhält man eine anziehende Kraft für das Glück. Das
Zauberwort, das alle böſen Geiſter bannt, heißt Thätigkeit,
ſowie das, was alle guten herbei zieht, Ruhe heißt." —

Mit beruhigtem Gemüthe beſchäftigte ich mich nun mit
mehreren wiſſenſchaftlichen Arbeiten, zumal mit der Geographie,
wobei ich zur beſſern Gedächtnißübung Landkarten ohne Orts-
und Flußnamen zeichnete, auch nahm ich das Lateiniſche wieder
vor, ohne irgend einen beſonderen Zweck dabei vor Augen zu
haben, nur wegen der Möglichkeit, daß es mir vielleicht noch
einſt werde nützen können. — Wer möchte wohl glauben, daß
ich mich nebenbei zum Paſchen verbotener Waaren bereitwillig
finden laſſen würde, und doch geſchah es. Es bot ſich nämlich
damals ganz zufällig eine günſtige Gelegenheit für mich dar, den
erneuten Lebensmuth zu beweiſen und zugleich mich einer gemeinnützigen Handlung zu unterziehen. Die Franzoſen waren Anfang
October zwar von den Alliirten über die Elbe gedrängt, und
allwärts verfolgt worden, dennoch geſtattete das Kriegsgetümmel
es noch nicht, Salz aus den ſächſiſchen Salinen herbei zu ſchaffen,
wegen deſſen Mangel von den Löbauer Aerzten vermehrte Krank-
heiten befürchtet wurden. Die Ausfuhr deſſelben aus den Nachbar-
ländern war verboten, und nur aus Böhmen ließ ſich noch ein Her-
auspaſchen von Salz hoffen. Die Herren des Rathes, unter denen
der Salzſchank ſtand, wünſchten, daß Jemand aus Patriotismus
ſich dieſem Geſchäfte unterziehen möchte, und da ſich Niemand
dazu bereit fand, übernahm ich es auf gut Glück. Ich eilte,
von einem Schubkärner begleitet, den nächſten Morgen nach einer
Böhmiſchen Grenzſtadt, und durch Mitleidserregung, Douceurs
und vorſichtiges Benehmen gelang es mir, mehrere Scheffel Salz
zu erlangen, und durch die Grenzwache zu bringen. Es wurde
dann an den Salzſchank abgeliefert und in den kleinſten Portionen ausgetheilt, bis in den nächſten Tagen die Zufuhr wieder
frei war. Dies mit gutem Gewiſſen erfolgte Salzpaſchen,
fern von allem Eigennutz, war der erſte Schritt zu einem ernſten,
thätigen und zugleich gemeinnützigen Leben, der mich mit neuem
Muthe erfüllte und mich über die noch ſo ungewiſſe Zukunft
beruhigte, zumal da während der noch fortdauernden kriegeriſchen
Ereigniſſe ohnehin in dieſer Hinſicht nichts gethan werden konnte.

Es war dies eine gleiche patriotische Handlung wie meines Vaters Herbeischaffung von Korn 1805.

„Ein einziger Augenblick kann Alles umgestalten!"

Ein solcher kam damals ganz ungeahnt, gleichsam ein Deus ex machina — mittelst eines rettenden Winkes des gütigen Gottes. Vor diesem entscheidenden Augenblicke noch ohne Ahnung, was zum künftigen Lebensberuf zu wählen sei, und nach ihm ein fester Entschluß! Die Schlacht bei Leipzig war geschlagen, und, wie erwähnt, das Königreich Sachsen von den alliirten Mächten dem russischen Fürsten Repnin, als General-Gouverneur zur Verwaltung übertragen worden, von welchem nach wenigen Tagen ein Aufruf zur Landesbewaffnung und Mitbekämpfung der Franzosen an die Sachsen erfolgte durch Bildung eines Banners freiwilliger Sachsen und einer Landwehr. Sobald ich eines Abends auf dem Rathskeller in Gesellschaft von Honoratioren diesen Aufruf in den Zeitungen erblickte, entstand, obwohl ich nie die mindeste Neigung zum Militairdienst gehabt hatte, plötzlich der Entschluß in mir, mich dazu ohne Verzug zu melden. Ich sah darin einen mir vom Himmel gezeigten Ausweg aus meiner so hoffnungslosen Lage. Auch die Aeltern, obwohl dem Militairwesen sehr abgeneigt, gaben ihre Zustimmung, da ich in meinen bisherigen Verhältnissen ohnehin nicht mehr bleiben konnte und mochte, auch des Vaters Gehülfe, Hildebrand, für das Geschäft genügte. Die Mutter baute auf Gottes Fügung, und der Vater, obwohl zweifelnd, daß mir der neue Beruf behagen würde, wollte mir eben so wenig hinderlich sein. An einem der nächsten Tage wanderte ich zur Anmeldung nach Bautzen, wo der Central-Ausschuß für die Landesbewaffnung seinen Sitz hatte. Ich ging mit um so größerer Ruhe und Festigkeit dem neuen Lebenswege entgegen, als derselbe zugleich Hoffnung zu gewähren schien, durch Auszeichnung bei der vielleicht zu erstrebenden Verwendung zu schriftlicher Dienstleistung, wozu ich mich besonders geeignet fühlte, einst zu einer festen Anstellung im Staatsdienste zu gelangen. — Das waren allerdings sehr in die Ferne sehende Pläne! Wegen meiner wissenschaftlichen Bildung jenem Centralbewaffnungs-Ausschusse von gütigen Freunden empfohlen und zugleich als einer der ersten Freiwilligen aus höherem Stande Andern als ein gutes Beispiel zur Nachfolgung dienend, ward ich sehr freundlich aufgenommen und, da ich baldige Verwendung wünschte, vorläufig dem in Löbau errichteten Districtsausschusse zur Landwehraushebung als Expedient zugetheilt. Durch Eifer und größte Aufmerksamkeit gelang es mir bald, mittelst freundlicher Anleitung von dem dabei ange= stellten Actuar Püschel aus Zittau, mich in das mir völlig neue Geschäft einzuarbeiten, und, außer schneller Leistung im Copiren und Mundiren, lernte ich bald auch Acten anlegen und Registranden führen, selbst einfache Protocolle und andere kleine Ausfertigungen entwerfen, und mir dadurch die völlige Zufriedenheit der Vor= gesetzten zu erwerben. Wie glücklich fühlte ich mich, in solch einem Bureau arbeiten zu können, da dieses früher von mir un= gekannte, daher auch für mich nie in Vorschlag gekommene Ex= peditions= und Registraturwesen meinen damaligen Fähigkeiten völlig angemessen war. Recht seltsam muß es erscheinen, daß mir damals zur Einübung in dasselbe eine so günstige Gelegen= heit dargeboten ward, ohne welche ich in späteren Anstellungen nicht hätte bestehen können. Ebenso sonderbar war es, daß ich längere Zeit vorher, da der Vater wegen seiner Meß= und Markt= reisen Pferde besaß, durch einen Freund fast wider Lust und Willen veranlaßt ward, das von mir früher nie versuchte Reiten etwas zu erlernen, ohne welche Fertigkeit ich auf den bald zu erwähnenden Märschen eine üble Rolle gespielt hätte, da ich nicht Zeit gehabt haben würde, mir sie erst anzueignen. Beides mußte gleichsam dem neuen Berufe vorhergehen, ohne daß ich deren günstige Folgen zu ahnen vermochte. Ueberhaupt habe ich unzählige mal die Erfahrung gemacht, daß ich vor Antritt neuer Beschäf= tigungen stets ungesucht Gelegenheit fand, mich, ohne den Zweck zu ahnen, dazu vorzubereiten und einzuüben, und dann ging es zu immer höheren, schwierigeren Leistungen über. In Löbau und dessen Umgegend ward aber mein Schritt sehr besprochen und meist getadelt. Man konnte es mir nicht vergeben, daß ich mich des väterlichen Geschäftes nun durchaus nicht annehmen wollte, und es hieß: „Er taugt zu nichts, er geht nun gar unter die Soldaten."

Einen Beweis, wie die Nichterfüllung unsrer dringenden Wünsche nicht selten zu unserm Vortheile gereicht, liefert nachstehender Vorfall.

Die gedachte Recrutirungs=Commission mußte sich unter anderen zur Aushebung für die Landwehr nach dem in der wendischen Haide liegenden

Niesky begeben, und obwohl ich sehnlichst wünschte bei dieser Expedition mit verwendet zu werden, wurde ich beauftragt, während dem die vorkommenden
Bureaugeschäfte in Löbau zu versehen. Was geschieht? Während ich schmerzlich
bedauerte nicht dort mit anwesend zu sein, rebelliren die wendischen Bauern
der dortigen Umgegend, nöthigen die sämmtlichen Commissäre zu fast lebensgefährlicher Flucht, und glaubten nun die Sache damit abgethan; doch belehrte
sie die spätere Zuchthausstrafe eines anderen. Wie froh war ich, daß mein
sehnlichster Wunsch nicht gewährt ward, denn ein solch unangenehmer Anfang
meiner neuen Laufbahn, würde mir diese wohl sehr verleidet haben.

Der zum Brigadier der Lausitz'schen Landwehr-Brigade er-
nannte, und deshalb zum General avancirte sächsische Oberst
von Tettenborn hatte von dem schon erwähnten Central-Ausschuß die Beigabe eines Brigade-Secretairs verlangt, und da der
letzteren Behörde nicht nur meine günstigen Zeugnisse der Recru-
tirungs-Commission vorlagen, auch meine Beschäftigungen mit
Geographie und Landkartenzeichnen, woraus man auf Liebe zum
Militairwesen schloß, bekannt worden waren, so ward ich zu
meiner freudigen Ueberraschung vom Anfang des Jahres 1814
für jene Stelle bestimmt. Ein sonderbarer Zufall war es, daß
ich ohne Vorwissen und doch so ganz nach meinen Wünschen nicht
zum Waffen-, sondern zu dem für mich mehr geeigneten schriftlichen
Dienst beordert ward, wie denn überhaupt damals mehrere solcher
sonderbaren Zufälle zu meinen Gunsten zusammen trafen, sodaß
ich wohl eine wunderbare Führung zu ahnen berechtigt war, und
das neue Jahr, und die mit diesem zugleich beginnende neue
Thätigkeit mit innigstem Danke, wie mit hoffnungsreichem Vertrauen auf eine fernere so gütige und weise Leitung Gottes an-
treten konnte.

Dritter Abschnitt.

Militairzeit.

Erste Abtheilung.

Hin= und Herzüge bei der Landwehr und der Linien=Armee
1814—1817.

Brigade-Secretair.

Dem Militair hatte ich mich nun verschrieben und ich habe
es nie bereut, da es mir zugleich zu meiner spätern Laufbahn
den Weg öffnete. Von frohem Muthe beseelt, meldete ich mich
am letzten December 1813 bei meinem nunmehrigen Vorgesetzten,
dem Generalmajor von Tettenborn, einem allgemein geschätz=
ten Manne voll hoher Bildung und ächter Humanität, der mich
in meiner neuen Stellung als Brigade=Secretair mit Freund=
lichkeit und Theilnahme einzuweisen bemüht war. Ich erhielt
zugleich freies Quartier mit Verpflegung als Offizier angewiesen,
wogegen die Gehalte bei der Landwehr und dem Banner frei=
williger Sachsen erst mit dem Ausmarsch der Regimenter begannen.
Wegen völliger Unkenntniß des Militairwesens suchte ich mich
mittelst der, von meinem Vorgesetzten mir dargebotenen Fach=
schriften und mündlich ertheilten Belehrungen mit Eifer in das=
selbe einzustudiren, so daß ich sehr bald Befehle, Meldungen
und Protocolle rc. in gehörig militairischer Form abzufassen und
die zahlreichen Listen zu führen wußte; auch richtete ich ein sehr
nöthiges Brigade=Archiv ein und suchte die zuweilen erforderliche
Canzleischrift mir durch besondere Unterrichtsstunden anzueignen. Auf
diese Art und durch stete Dienstbereitwilligkeit gelang es mir, das
mir in vollem Maße geschenkte Vertrauen des Generals zu recht=
fertigen. Er übertrug mir sogar wegen völliger Unbrauchbarkeit
des, vom Central=Ausschusse ihm ebenfalls beigegebenen, jedoch
leichtsinnigen und ungeschickten Adjutanten, einem vorherigen

Wittenberger Studenten von Abel — nicht nur deffen schriftliche
Arbeiten, sondern nahm mich auch anstatt deffen auf seinen In=
spectionsreisen in die Lausitzischen Städte mit, wo Recruten=
Bataillone formirt und einexercirt wurden, bei welcher Gelegen=
heit ich die ebenfalls neuangestellten Fouriere in die ihnen noch
völlig unbekannten Arbeiten einzuüben bemüht war. In aus=
wärtigen Orten unterzog ich mich in den Abendstunden willig
dem, vom General gern gesehenen Vorlesen militärischer und
biographischer Schriften, wobei die Gespräche ebenfalls für mich
von sehr günstigem Einfluß waren. Bei einer, der für mich wegen
der stets belehrenden Unterhaltung mit dem sehr erfahrenen und
unterrichteten Vorgesetzten höchst erfreulichen Reisen, nahm letzterer
Gelegenheit, bei einem Besuche meiner Eltern, diesen seine Zu=
friedenheit mit mir zu versichern, was sie hoch beglückte, und den
Vater von der Furcht meiner Unbrauchbarkeit, weil ich ja zu
seinem Geschäfte nicht taugte, völlig befreite. Auf diese Art vom
General ausgezeichnet, erlangte ich auch in den höheren Zirkeln
in Bautzen Zutritt, und wenn Ersterer dort und auswärts an
Gastmählern Theil nahm, so wußte er es anzudeuten, daß auch
sein Brigade=Secretair mit eingeladen ward. Ich konnte mich
selbst der überraschenden Verleihung des vom sächsischen General=
Gouvernement für ausgezeichnete Dienste bei der Landesbewaff=
nung gestifteten „Grünen Kreuzes" (welches von Tuch gleich
einem Orden an die Brust geheftet wurde) erfreuen, da dieses
Kreuz in der ersten Zeit für sehr ehrenvoll gehalten ward, wo=
gegen es nach und nach durch zu häufige Gewährung an Werth
verlor, und nach Auflösung der Gouvernements=Verwaltung bei
der Rückkehr des Königs ganz abgelegt wurde. Für mich war
es damals eine ehrenvolle Auszeichnung, da sie mir sogleich bei
den ersten Ernennungen — zugleich mit hohen Beamten und
Offizieren zu Theil ward. Die darüber hocherfreute Mutter
meinte: „Nun hast du eine Auszeichnung für's ganze Leben;"
doch wenn sie sich auch täuschte, so ging ihr sehnlicher Wunsch
durch eine spätere ehrenvollere in Erfüllung.

Damals war es auch, als ich in Bautzen in die, von den
achtbarsten Männern des Orts besuchte Freimaurerloge „zur goldnen
Mauer" eintrat, welchem Bunde ich manche Erhebung, Belehrung
und gemüthliche Erheiterung, manchen edlen und nach Kräften
ausgeführten Grundsatz, und zugleich manche erfreuliche Bekannt=

schaft geschätzter Personen bei dem Besuch zahlreicher in= und ausländischer Logen verdankte. In späterer Zeit, entfernt von solchen, zog ich mich mehr und mehr davon zurück, zumal als ich zu meinem Leidwesen erfuhr, daß dieser so treffliche Bund in einzelnen Logen kleinerer Orte 1848 zu revolutionairen Zwecken herabgewürdigt ward, suchte jedoch auch fernerhin den wahren ursprünglichen Humanitäts=Zwecken desselben im thätigen, gemein= nützigen Leben nach allen Kräften möglichst nachzukommen. Wenn aber auch der Bund in neuerer Zeit nicht mehr so erfor= derlich erscheinen möchte, so wird immerhin jungen bildungs= eifrigen Männern der Eintritt in achtbare Logen anzurathen sein, weil sie dadurch mit manchen weisen und humanen Ideen befreundet werden, welche ihnen in anderen geselligen Zirkeln der mehr auf materielle Bestrebungen und äußere sinnliche Zwecke hinleitenden Jetztwelt schwerlich so dargeboten, und sie dadurch desto eher zur löblichen Mitwirkung für jene höheren Ideen ermuthigt werden möchten. Dadurch, daß der über das Formenwesen erhabene Zweck des Bundes eine beglückende Höhe und Würde des Geistes und Gemüthes, die wahre Humanität anstrebt, ist es erklärlich, daß die gefeiertsten Männer in allen deutschen Landen, wo der Bund aus Irrwahn nicht verboten, demselben sich anschlossen, so z. B. in Weimar mit Göthe an der Spitze, von dem mehrere treffliche Logenreden durch den Druck veröffentlicht sind. — So mancher Militair ward auch in den französischen Kriegen durch das in größter Gefahr von ihm benutzte, ihn als Maurer charak= terisirende Nothzeichen von Verwundung und Tod errettet, wenn es ein feindlicher Bundesbruder bemerkte.

Des Generals Absicht war, mich zu einem, für die schrift= lichen Leistungen besonders bestimmten zweiten Adjutanten aus= zubilden, und mich auf den bevorstehenden Märschen mit in's Feld zu nehmen; allein da er unter den Oberbefehl des von den Sachsen zu den Preußen übergangenen Generals von Thielemann gestellt werden sollte, hielt er es unter seiner Würde, sich einem, seinem Könige untreu gewordenen Manne unterzuordnen, und zeigte es ihm ganz unverhohlen an, theilte mir auch sein Schreiben an denselben zum Lesen mit, damit ich ihm später nöthigenfalls seine Handlungsweise bezeugen könne. Er nahm darauf seinen Abschied, und trat in den frühern Ruhegehalt als Oberster zurück, in welchem Range er sich auch dem Könige nach dessen Rückkehr vorstellte; dieser belohnte das treue edle Benehmen durch seine sofortige Ernennung zum General und Commandanten des Ca-detten-Corps. Tettenborn blieb mir lebenslang gewogen. Meine günstigen Aussichten waren unter jenen Verhältnissen geschwunden, und es bekümmerte mich sehr, was nun mit mir werden sollte, da man meiner als Brigade-Secretair nicht mehr bedurfte. Doch Gott half auf eine ungeahnte Art. Durch Verwendung des Generals und des gedachten Central-Ausschusses ward ich vom General-Gouvernement als Regiments-Quartiermeister des 5. Landwehr-Regiments angestellt, ein Amt, dessen Leistungen ich gewachsen war, und welches später zu einer, für mich besonders geeigneten Anstellung führte.

Regiments-Quartiermeister im V. Landwehr-Regiment.

Der Regiments-Quartiermeister war der Militair-Beamte bei einem Regiment oder selbstständigen Bataillon, welcher, nicht mehr wie früher außer mit Auszahlungen, zugleich mit dem Quartiermachen beauftragt war, sondern seit 1810 — als den Hauptleuten ihre sonst so einträgliche Compagnie-Wirthschaft genommen ward — nebst einem Major oder Hauptmann als Vorsitzenden, und einem oder einigen andern Offizieren, die unter der General-Intendantur stehende Wirthschafts-Commission des Regiments bildete. Diese Commission hatte für die Geld- und Natural-Verpflegung, wie für Bekleidung und übrige theils von ihr selbst erkaufte, theils von der Intendantur gelieferte Aus-rüstung des Regiments zu sorgen, wobei dem von einem Secretair und mehreren Fourieren unterstützten Quartiermeister hauptsächlich die Cassen- und Rechnungsführung und die desfalsige Cau-tionsleistung zukam. Ihm lag übrigens gewöhnlich die ganze Geschäftsführung ob, indem die andern, vom Militairdienste nicht befreiten Offiziere, die nur die Empfangnahme und Ausgabe der Natural-Verpflegung zu besorgen hatten, meist von ihm über-tragen werden mußten. Er stand gleich den Auditeurs und Regi-mentsärzten im Offiziersrange und im Gehalt dem Adjutanten gleich. Wie später diese Stelle aufgehoben, und durch Wirth-schafts-Chefs ersetzt ward, wird sich weiterhin ergeben.

Am 31. März 1814 ward ich bei der General-Intendantur in Pflicht genommen, nachdem vorher eine Prüfung in Bezug auf meine Leistungen in mehreren schwierigen Rechnungsaufgaben erfolgt war. Die zu erlegende Caution von 500 Thalern war eine schwierige Bedingung, doch ward sie theils durch die seit früher Jugend reichlich gefüllte Sparbüchse, und den Gewinn der auf meine Rechnung verkauften Waaren, theils durch des Vaters Güte gedeckt, welcher auch für zwei billig erlangte Pferde sorgte, die auf dem Marsche unerläßlich waren, und für welche die nöthigen Rationen vom Staate geliefert wurden, ebenso wie die Verpflegung eines als Offiziersbedienten von Löbau aus mit-genommenen Reitknechtes.

Da mein Regiment sich bereits auf dem Marsche nach dem Rheine befand, so ward am 2. April die Reise mit möglichster Eile angetreten. Wie so plötzlich hatte sich Alles geändert! Sonst selbst mit Besorgung der Einquartierung beschäftigt, war ich nun selbst Einquartierter, und durch meine Erfahrung gelang es mir fast stets, den Wirth für mich zu gewinnen, und mir eine gute Aufnahme zu sichern. Es schien mir fast wie ein Wunder, in so kurzer Zeit zu einer solchen Stelle gelangt zu sein, die einen Gehalt von 400 später 500 Thalern nebst Quartiergeld gewährte, mit welchem bei rathsamer Einschränkung auszukommen war, und die, wenn auch mit schwierigem Rechnungswesen und manchen Unannehmlichkeiten verbunden — und wo gäbe es diese nicht? — dennoch auch viel Angenehmes darbot, und, durch den zugleich mit erlangten Offiziersrang, mir den Eintritt in höhere gesellige Kreise erleichterte.

Der Marsch ging über Leipzig, Weimar, wo ich mich ver-geblich bemühte Göthe zu sehen, nach Erfurt, welche Stadt selbst bereits von den Preußen, die Festung aber noch von den Franzosen besetzt war. Während ich am Morgen von da abging, beschossen Letztere einen, denselben Weg einschlagenden preußischen Artillerie-park, obschon ohne erhebliche Erfolge, so daß ich also auch damals feindliche Kanonenkugeln vorbei sausen hörte, wie in Löbau bei der Verfolgung der Franzosen durch die Russen, im väterlichen Hause. In Eisenach wurde die herrliche Wartburg beschaut, und in Hersfeld im Hessischen holte ich mein Regiment ein, ward von den Offizieren desselben, wie von denen des mit ihm mar-schirenden 6. Landwehr-Regiments, bei dem sich ebenfalls Bekannte aus der Lausitz befanden, sehr freundlich aufgenommen, und ver-lebte mit ihnen manche frohe Stunde. Früher hatten die Regi-

ments-Quartiermeister gewöhnlich den Offizieren Geldvorschüsse
gewährt und gegen geringen Gewinn Equipirungsstücke besorgt;
zu ersterem fehlte es mir an Vermögen, — ich hatte nur mein
Tractement, und würde nie gewagt haben, aus der mir anvertrauten Kasse für mich oder andere auch nur einen Pfennig zu
entnehmen — und zu jenen Kaufgeschäften hatte ich, wie schon
erwähnt, weder Lust noch Talent. Sahen sich auch manche Offiziere in ihren Hoffnungen, einen Beamten nach alter Art in mir
zu erlangen, getäuscht, so gewöhnten sie sich bald daran, und
ließen mir es nicht entgelten.

In Limburg an der Lahn traf uns die Ordre zum Halt-
machen, da wegen der eben stattfindenden Friedensverhandlungen
alles weitere Vordringen unnöthig schien, und der Brigade-Auditeur
Melzer und ich benützten die freien Tage zu einer Urlaubsreise
in die nahe Rheingegend. Einen überraschend herrlichen Anblick
hatten wir von der Anhöhe herab auf das schöne Coblenz mit
seiner Festung Ehrenbreitenstein am Einflusse der dort sehr
bedeutenden Mosel in den Rhein, wovon ersteres schon von den
Römern den Namen erhielt, nämlich Confluentes, der nach und
nach in den neuen übergegangen, wie denn überhaupt bei zahlreichen, von den Römern gegründeten Orten am Rhein und im
südlichen Deutschland der neue Name sich aus dem früheren
römischen herleiten läßt, z. B. Colonia Agrippina, Cöln,
Moguntiacum Mainz, 2c. Am ersten Tage besuchte ich die
Herrnhut'sche Colonie Neuwied und die in der Nähe bei Biber
befindlichen Ueberreste einer römischen Militair-Station. Da ich
ein, unter dem Schutte gefundenes kleines römisches Metallbildchen
ehrlicher Weise an das, von den daselbst gefundenen Alterthümern
gebildete, fürstliche Antiken-Kabinet in Neuwied ablieferte, so erhielt ich von dessen Inspector, Hauptmann Hofmann, mehrere
Doubletten interessanter römischer Alterthümer, wie ich mir solche
schon seit der Jugendzeit sehnlichst gewünscht hatte. Den nächsten
Tag ritten wir, von herrlichem Wetter begünstigt an den romantischen, mit Burgruinen und Weinbergen bedeckten Ufern des
Rheins herauf, nach Mainz zu. Es war sehr gut, daß vom
Lorleifelsen nicht der verführerische Gesang der dort hausenden
Fee herabtönte, da er uns, wie schon so manchen Reisenden vor
uns, leicht auch bethören, und in ihre Höhle verlocken konnte.
Wo hätte das Regiment gleich wieder einen solchen lebensfrohen

Auditeur und Quartiermeister her erlangt? Wahrscheinlich hatte
sich die Sirene wegen der steten Kriegszüge in ihre Höhle zurück=
gezogen. — Vergebens spähten wir auch im Rheine nach dem
bekannten Nibelungen Hort, — diesem unermeßlichen Schatz, der
vor mehr als tausend Jahren bei Bingen unfern des bekannten
Mäusethurmes in die Fluthen des Rheins versenkt ward, und
aus Gold und Edelsteinen nebst der unsichtbar machenden und
die Kraft von zwölf Männern verleihenden Tarnkappe, bestand.
Die von unserer Phantasie schon ausgemalte Benutzung des erst
aufzufindenden Schatzes verwirklichte sich leider nicht, und derselbe
wird also einen künftigen Reisenden beglücken können. Gab es
auch im Monat April nicht volle Weinranken, so gedachten wir
dennoch des fröhlichen Rheinweinliedes, als in Bacherach der
Wirth uns noch ein, bei dem Ausleeren seiner Keller durch die
Alliirten, gerettetes Fläschchen Elfer Cometenwein abließ — für
zwei Personen doch nicht zuviel, so daß der geehrte Leser uns
nicht in dem Verdachte haben kann, wir hätten dem Bachus
geopfert, wenn zufällig auch der altrömische Ortsname Bacchiara
(des Bachus Altar) darauf hindeuten könnte. (Nach Ansicht Anderer
stammt Bacharach von dem keltischen Bacharaca).
      Da Mainz noch von den Franzosen besetzt, von den Oester=
reichern und dem sächsischen Banner blockirt war, so kehrten wir
über Wiesbaden mit seinen kochendheißen Quellen und seiner
Spielbank — die wir aber aus sehr triftigen Gründen nicht
besuchten — und über Selters mit seinen Sauerbrunnen und
aufgeschichteten Tausenden von Selterswasser=Flaschen nach Lim=
burg zurück, nachdem ich noch unterwegs die Bekanntschaft eines
Wiedertäufers, oder wie sie sich selbst nennen, eines Taufgesinnten,
gemacht hatte. Diese Secte, bei der man nicht an die revolu=
tionären früheren holländischen Wiedertäufer denken darf, lebte
zerstreut in einzelnen Dörfern. Es sind sehr einfache und beschei=
dene Leute; sie verweigern den Militairdienst und das Eidleisten,
wie die Quäker, und suchen ihre religiösen Ansichten und Eigen=
thümlichkeiten aus der Bibel zu beweisen, wie es z. B. von dem
Obigen geschah, daß sie an ihren sehr einfachen Kleidern nie
Knöpfe, sondern nur Heftel tragen dürfen. Wenige Tage nach
unsrer Rückkehr nach Limburg, nachdem ich auch das berühmte
Bad Ems mit seinen warmen Heilquellen und andere Merk=
würdigkeiten der Gegend beschaut hatte, begann der eben nicht

freudig unternommene Rückmarsch; denn die Hoffnung, Frankreich
noch betreten zu können, war getäuscht, und es stand auch die
eben nicht erfreuliche Auflösung der Landwehr in Aussicht. In
Wetzlar unterließ ich nicht, die an Göthe's dasigen Aufenthalt
und an seine Charlotte erinnernden Oertlichkeiten zu besuchen.
Hier erfuhr ich einen edlen, wohl wenig bekannten Zug unseres
in Wahrheit als der Gerechte bezeichneten Königs Friedrich
August III. Ich war bei der Wittwe eines früheren Beamten
des vormaligen Reichskammergerichts einquartirt, und zwar auf
deren Antrag zum zweiten Male. Diese Wittwe pries unsern
König, der, als jenes Reichskammergericht aufgehoben und ein
von den deutschen Fürsten gemeinschaftlich zu tragender Pensions-
fond für die ohne ihre Schuld broblos gewordenen Beamten und
ihre Hinterlassenen festgesetzt wurde, selbst in Kriegsgefahr, seinen
Beitrag pünktlich und reichlich einzahlte und dadurch Wittwen
und Waisen aus Mangel und Noth rettete, während andere
Fürsten die Einzahlung unterließen. Eine solche Handlungsweise verdient in Erinnerung zu bleiben.

In Eisenach erhielt ich zufällig ein Zimmer zum Quartier,
in dem sich 1810 ein sehr merkwürdiger Vorfall zugetragen hatte.
Durch Entzündung eines großen französischen Pulvertransportes
wurden zwei Straßen völlig demolirt, und so auch das Haus,
wo ich logirte. Ein Brautpaar, welches im zweiten Stocke auf
einem Sopha saß, wurde durch die Explosion auf die Straße
versetzt und befand sich nach jener völlig unbeschädigt noch auf
dem Sopha sitzend, während eine Menge andere Personen ihren
Tod fanden.

Ueber Langensalza, Weißenfels, Leipzig, wo mich die
Köhler'sche Familie freudig aufnahm, und Torgau gelangten wir
am 29. Mai nach Liebenwerda, wo das Regiment beurlaubt,
und nur ein Stamm beibehalten ward. Von hier aus sandte
ich auch meine Pferde dem Vater nach Löbau zurück.

Damals schützte mich Gott vor den Folgen einer Unvor-
sichtigkeit. Ich hatte im Bett bei Licht gelesen, und war dabei
eingeschlafen. Bei Tagesanbruch erwache ich, der Kopf war um-
düstert, und neben mir erblicke ich einen schwarzen Fleck. Der
Zipfel des Kopfkissens war mehrere Zoll weit völlig abgebrannt
und räthselhaft blieb es, wie das Feuer erstickt worden war,
das mich sammt dem Hause vernichten konnte. Solcher sonder-

barer Rettung aus Noth und Gefahr habe ich mich auch späterhin zu erfreuen gehabt. Seitdem unterließ ich aber jene gefährliche
Angewohnheit.

Anfang Juni ward ich nach Dresden commandirt, um die
Regiments-Rechnungen zu fertigen und abzugeben. Da dies mit
Ordnung und Genauigkeit geschah, so erwarb ich mir dadurch
die Zufriedenheit des General-Intendanten, General-Major
von Ryssel, welcher mich vor mehreren meiner Collegen bevor-
zugend, mir die fernere Anstellung zusicherte. Während des
damaligen Aufenthalts in der Residenz gelang es mir nicht nur
wiederholt die wissenschaftlichen und Kunstsammlungen zu durchwandern, sondern auch Böttiger's interessante Vorlesungen über
Mythologie mit Benutzung des Königlichen Antiken-Kabinets
besuchen zu dürfen, und außerdem manche interessante Bekanntschaft mit Gelehrten anzuknüpfen.

Außerdem ward zuweilen die freie Zeit in fröhlicher Gesellschaft mit einigen Malern, die ich in Braunschweig kennen gelernt
hatte und die sich von da zur weiteren Ausbildung nach Dresden
gewendet hatten, zugebracht, durch welche manche Besprechung und
Beschauung von Kunstgegenständen herbeigeführt ward. Der
heiteren Geselligkeit that es übrigens keinen Eintrag, daß dabei
sehr frugal gelebt ward; die Freunde waren meist wenig bemittelt,
und auch ich war nach dem Aufhören der Marschverpflegung
auf mein Tractement beschränkt, wovon bei dem steten Fortgehen
mit der Literatur, auch manche literarische Bedürfnisse zu bestreiten
waren, so daß ich mich ebenfalls genöthigt sah die alte Wahrheit
im Gedächtniß zu behalten, daß, nur ein Groschen jeden Tag
mehr verausgabt, dies jährlich 15 Thaler betrage; — ein Gegenstand, den wenigbemittelte junge Männer überhaupt der steten
Beachtung werth halten sollten.

Im zweiten Landwehr-Regiment.

Bei der folgenden Umbildung der damals noch bestehenden sechs Landwehr-Regimenter ward ich vom 1. August 1814
an zu dem zweiten versetzt, welches erst nach Zittau, dann
nach Bautzen verlegt, im October aber schnell nach Dresden
beordert wurde, wo eben, statt des russischen Gouvernements unter
dem Fürsten Repnin, ein preußisches, unter dem Minister von

der Reck und dem General von Gaudig eintrat, und man
deshalb Unruhen befürchtet hatte. War den Sachsen schon die
russische Wirthschaft unter jenem Gouvernement verhaßt, so noch
mehr das preußische Regiment, welches Sachsen schon als gute
Beute betrachtete, und alle Petitionen zu Gunsten des noch
gefangen gehaltenen Königs an den Wiener Fürsten-Congreß zu
verhindern suchte. Es ward damals wegen Uneinigkeit der bei
jenem Congreß versammelten Monarchen von neuem Marschiren
viel gesprochen, weshalb von mir kurze Auszüge aus der allgemeinen, namentlich aber der deutschen, französischen ꝛc. Geschichte
in Octavheften entworfen wurden, um sie, wie schon früher erwähnte
ähnliche, naturhistorische, geographische ꝛc. — wenig Raum ein-
nehmend, und doch eine kleine Bibliothek ersetzend — auf Märschen
und Reisen bequem bei mir führen zu können. Selbst auf ein-
samen Spaziergängen dienten dieselben mir in Ermangelung
anderer Lectüre zur Unterhaltung, und da alle Hauptsachen mit
größerer Schrift geschrieben, leicht in die Augen fielen, so dienten
sie zugleich zur besseren Einprägung in das Gedächtniß auf
mnemonische Art, und haben mir viele Dienste geleistet.

Ende November ward das Regiment nach Görlitz verlegt,
wo es mir im Umgange mit zahlreichen Gelehrten sehr wohl
erging, und bei den nicht bedeutenden Geschäften, da bei der
Landwehr nur kleine Stämme im Dienste verblieben, sich genügende
Muße darbot, die reiche Bibliothek und die mancherlei Sammlungen der dasigen Oberlausitzischen Gesellschaft der Wissenschaften
benutzen zu können. Unter anderem beschäftigte mich damals
Lavater's Physiognomik, an welcher, wie an Gall's Schädellehre, ich bereits seit Anlegung meiner Handschriften-Sammlung
viel Interesse gefunden hatte, weil man nach der Ansicht des
Ersteren, von der Schrift ebenfalls auf den Charakter des Schreibenden zu schließen vermöge. Diese Kunst kam einst auch in einem
geselligen Zirkel der Honoratioren zur Sprache, und da ich mich
für die Möglichkeit dieser Kunst aussprach, so wurden deshalb
Proben von mir verlangt und obschon meiner Sache nicht völlig
gewiß, wagte ich dennoch eine solche. Ich wählte mir zwei Personen entgegen gesetzten, (cholerischen und phlegmatischen) Charakters aus, deren Handschriften ich noch nicht gesehen hatte, und
schrieb deren Namen so, wie ich mir dieselben von ihnen selbst
geschrieben dachte und, siehe da! der Versuch glückte zu aller

Anwesenden Verwunderung; ich sollte zwar dasselbe bei noch anderen versuchen, lehnte es aber ab, da meine Kunst leicht miß= glücken konnte.

Ein rechter Schwabenstreich! — und wie ich gestehe weder der erste und einzige noch der letzte — ward damals von mir begangen, der jedoch gute Folgen hatte. Obwohl nie zum Karten= spiel geneigt, ließ ich mich dennoch in einem Cirkel von Bekannten zur Theilnahme am Pharospiel verleiten, zumal da der Einsatz sehr gering war. Ich verlor zwar, hoffte jedoch nach thörichten Ansicht der Unerfahrenen im Spiel, daß durch das stete fort= gesetzte Doubliren dennoch einmal mein Blatt gewinnen müsse, und dadurch der bisherige Verlust zugleich wieder mit eingebracht würde; es wurde also fort doublirt, doch Fortuna war mir nicht hold, und zu meinem Glücke. Als nun der Satz bis zu 10 Thalern gestiegen und verloren war, riethen mir die Mitspielenden dringend vom weiteren Pointiren ab, da man vielfältigen Erfahrungen nach, zuweilen unzählige Male auf eine und dieselbe Karte setzen könne, ohne daß ein Gewinn auf sie fiele. Seit dem Verluste jenes für mich damals so bedeutenden Betrags, den ich durch manche Entbehrungen zu ersparen genöthigt war, habe ich nie wieder an Hazard=, oder anderen Kartenspielen Theil genommen, vielmehr die neueren Spiele mit Bedacht nicht gelernt, um desto gegründetere Entschuldigung zu haben, alle Einladung dazu aus= zuschlagen, und dies hat mir ohne Zweifel nicht nur viel Geld, sondern auch viele kostbare Zeit, stete geistige Aufregung und manchen Aerger erspart. Ich wünsche daher, daß jeden jungen Mann zeitig ein solcher für ihn bedeutender Verlust treffen möchte, damit er sich ebenfalls vom Spiel, und wenigstens von der Ab= sicht, Geld dabei zu gewinnen, stets entfernt halten möge.

Damalige politische Verhältnisse.

Der Zweck des, während des ganzen Winters 1814 zu Wien versammelten, besonders wegen seiner steten Festivitäten viel besprochenen Monarchen=Congresses, war: ein neues europäisches Staatensystem und zugleich die Vertheilung mehrerer Länder zu berathen, wobei es besonders dem, wie schon erwähnt, von Rußland an Preußen bereits zugesprochenen Königreiche Sachsen galt, es mochte nun mit der einen oder der andern Partei halten — wie dies in dem Archive für sächsische Geschichte von Wachsmuth und Weber 1862. Heft I., bei Einsiedels Biographie, und nach genauer in der Wissenschaftlichen Beilage zur Leipziger Zeitung 1862. Nr. 92 und 93 nachgewiesen ist. Obwohl die süd= deutschen Staaten, ungeachtet sie nicht wie Sachsen von den Franzosen besetzt waren, ihre Armeen ebenfalls erst nach der Leipziger Schlacht zu den Alliirten übergehen ließen, bei dem Congreß manche Begünstigung erlangten, und bei diesem selbst das besiegte Frankreich durch seinen klugen Minister Talleyrand kräftig vertreten war, so ward dennoch ein Gesandter des noch gefangen gehaltenen Königs von Sachsen nicht zugelassen, um dessen Rechte vertheidigen zu können. Doch war man nicht all= gemein mit der Ueberlassung Sachsens an Preußen einverstanden, und deshalb, wie aus andern Gründen ein Zwiespalt unter den rivalisirenden Fürsten eingetreten, so daß der Ausgang sehr bedenklich schien. Napoleons unvermuthete und allwärts große Ueberraschung erregende Flucht von der Insel Elba (am 25. Februar 1815); wohin er sich bekanntlich nach dem ersten Pariser Friedensschlusse begeben mußte und sein siegreicher Zug nach Paris setzten die verbündeten Monarchen jedoch nicht wenig in Schreck, so daß sie sich schnell vereinigten, um den Feind nochmals gemeinschaftlich zu bekämpfen. Zuvor ward noch von ihnen das traurige Loos Sachsens entschieden; der König ward zwar aus der Gefangenschaft bei Berlin entlassen und in die Nähe des Congresses, nach Presburg berufen, allein er mußte sich zur Theilung seines Landes entschließen, wenn er es nicht ganz an Preußen abtreten und sich mit einigen Besitzungen jenseits des Rheins abfinden lassen wollte. Obwohl das ganze Land treu am Könige hielt, und über diese Ungerechtigkeit empört war, so fanden sich doch einzelne, welche die Theilung in ihrem Interesse gern sahen, z. B. in Görlitz die reichen Tuchfabrikanten, weil sich ihnen dadurch ein größerer Absatz für ihre nach Preußen einzu= führenden Waaren darbot; ebenso von Ehrgeiz nach höheren Stellen und anderen unreinen Beweggründen angespornte, treulose sächsische Beamte. Es gab deshalb zwei, sich oft hart anfeindende Parteien, bis die Ueberlassung des Landes zur Hälfte an Preußen Ende April ausgesprochen, und die Grenzlinie bestimmt war. Wie begierig war man nun auf der Landkarte nachzusehen, welche Landstriche an Preußen fielen und welche sächsisch verblieben.

Unter den Bewohnern der Letzteren, die dadurch in große Freude
versetzt wurden, war auch ich.

Anfang des Monats Mai ward, wie die ganze Landwehr,
so auch das Regiment, bei dem ich stand, in Camenz vollständig
zusammen gezogen, worauf dessen Theilung stattfand, demgemäß
alle in dem abgetretenen Theile Sachsens geborenen Unteroffiziere
und Soldaten der Linien-Armee und Landwehr, Preußen zugewiesen wurden, die übrigen aber bei Sachsen verblieben; eben so
erging es den Landwehroffizieren, während nur denen der Linie
die Wahl freistand, in Preußen oder Sachsen fort zu dienen.
Einer ehrenvollen Ausnahme erfreute ich mich insofern, als ich,
obgleich mein Geburtsort in Sachsen verblieb, dennoch von dem
schon erwähnten General-Intendanten, General von Ryssel, welcher
mir stets viel Wohlwollen bewiesen hatte, aber damals mit nach
Preußen übertrat, Mitte Mai nach Dresden beordert, und von
ihm befragt ward, ob ich mit nach Preußen übergehen wolle,
wo ich erst als rechnungsführender Offizier, und später als
Kriegs-Commissar angestellt werden sollte. Allein ich beharrte,
ungeachtet des mehrmaligen gutgemeinten Zuredens Seiten des
Generals, bei meinem Vorsatze, in Sachsen zu verbleiben, worauf
mir von demselben auch eine vorläufige fernere Anstellung bei
der sächsisch verbleibenden Landwehr zugesichert wurde. Mit
Schmerz trennten sich die heimathlich so verwandten, sämmtlich
aus der Oberlausitz gebürtigen Offiziere und Mannschaften am
30. Mai bei ihrem Abmarsche von Camenz, um theils nach
preußischen, theils nach sächsischen Garnisonen abzugehen, wo sie
in andere Regimenter eingereiht wurden, um von Neuem an dem
Kriegszuge gegen Frankreich Theil zu nehmen.

Bei dem Erzgebirgisch-Voigtländischen Landwehr-Regimente.

Ich ward zu diesem Regimente am 1. Juni versetzt und hatte
mich deshalb noch denselben Tag von Camenz nach Döbeln zu
begeben, wo in den nächsten Tagen die Organisation begann.
Da gab es nun wiederum wie bei der plötzlichen Auflösung des
Regiments in Camenz, eine Masse von Arbeiten, sodaß ich wegen
der von früh bis Abends dauernden Geschäfte bei meinem dasigen
Aufenthalte des Lebens wenig froh ward; doch gelang es mir
noch am Johannistage zur Erholung einen Abstecher nach Freiberg

zu unternehmen, wo zwar die gehoffte Maurerloge nicht stattfand, aber mein längst gehegter Wunsch, den berühmten Mineralogen Werner kennen zu lernen, erfüllt ward.

Am 5. Juni kehrte der König von Sachsen nach Unterzeichnung der Landestheilungsurkunde in das Vaterland zurück, und bei der Nachricht von seiner Rückkunft ward in Döbeln sogleich noch bei der Wachtparade die unbeliebte schwarz-grün-gelbe Kokarde (nach den Farben der alliirten Mächte) mit großer Freude gegen die weiß-grüne sächsische vertauscht, und der Tag festlich gefeiert. Ungeachtet großer Verluste an Land und Leuten und durch den Krieg völlig ausgesaugt, erhob sich Sachsen dennoch wiederum nach und nach, so, daß es an Wissenschaft und Industrie, wie an geordneten und vortheilhaften Staatsverhältnissen ehrenvoll dasteht. Allgemeinen Unwillen in Deutschland erregte folgender Vorfall. Das damals am Rhein befindliche sächsische Armee-Corps sollte ebenfalls auf schon erwähnte Art getheilt werden. Obwohl die Eidesentlassung noch nicht von dem Könige erfolgt war, so erzwangen die dazu noch nicht berechtigten Preußen dennoch die Theilung der Mannschaft, und als bei einigen in Lüttich im Quartier befindlichen Grenadier-Bataillonen deshalb ein Aufruhr entstand, so erfolgte das Erschießen von sieben durchs Loos getroffenen Soldaten und das Verbrennen einer von der Königin gestickten Fahne auf Befehl des Marschalls Fürst Blücher, welche That wohl nicht als ein Blatt in des siegegewohnten Marschalls Lorbeerkranz zu betrachten sein möchte. Der tapfere und edle preußische General von Borstel, welcher die so ungerechte Execution nicht vollziehen wollte, ward deshalb von Blücher auf die Festung Magdeburg geschickt, doch vom Könige von Preußen begnadigt. Dadurch, daß man die sächsische Armee noch vor der Eidesentlassung schon unter die preußische vertheilte, sollte es den Schein haben, als wären erstere ebenfalls wie die Ueberläufer dem Könige untreu geworden, um nun desto mehr Grund zu haben, Sachsen zu verkleinern. Der Versuch aber mißlang, wie dies in allen speciellen Geschichtswerken, zumal in der über alle jene Verhältnisse authentisch berichtenden Schrift von Witzleben: „Eduard von Wietersheim, Lebensbild." 1865 näher erwähnt ist. Konnte man es nach diesem Allem den Sachsen verdenken, wenn sie sich damals zu den Preußen nicht hingezogen fühlten?

Der zu Anfang des Jahres 1814 nach dem Vorbilde der preußischen freiwilligen Jäger-Bataillone gebildete Banner der freiwilligen Sachsen, welche an der Belagerung von Mainz Antheil genommen hatte, und von dem 70 Mann bei Miltenberg, während der Ueberfahrt über den Main ihr Leben einbüßten, ward damals ebenso wie die Landwehr, auf Befehl des Königs aufgelöst. Die Mannschaft des erzgebirgisch-voigtländischen Regiments, bei dem ich stand, ward im Monat Juli theils verabschiedet, theils anderen Truppenabtheilungen zugetheilt, sodaß zuletzt nur noch die Wirthschafts-Commission in Döbeln verblieb, Ende Juli aber mit den sämmtlichen Vorräthen des Regiments nach Dresden abging.

Regiments-Quartiermeister im II. Schützen-Bataillon.

Als Mitte Juni die Auflösung der gesammten Landwehr bekannt, und ich dadurch in nicht geringe Sorge versetzt ward, was mit mir werden solle, hatte ich mich bereits an den neuen General-Intendanten der sächsischen Armee, Oberst von Lindemann, um Fürsprache wegen einer Anstellung bei der Linien-Armee gewendet, doch war bei den wenigen Stellen dieser Function eine Gewährung kaum zu hoffen und um so mehr wurde ich durch folgendes Antwortschreiben vom 7. Juli in hohe Freude versetzt:

„Ew. Wohlgeboren" — lautet es — „sind mir als ein fleißiger und geschickter Mann bekannt, und ich kann Ihnen daher versichern, daß ich schon bei den zu der jetzigen Formirung gemachten Entwürfen auf Ihre fernere Anstellung Bedacht genommen habe, und ich hoffe gewiß, daß die höhere Genehmigung nicht ausbleiben wird. Wer so mit Geschäften vertraut ist als Ew. Wohlgeboren, wird die Eilfertigkeit dieses Briefes nicht unentschuldigt lassen."

Noch vor Ende Juli ward auch meine Versetzung zur leichten Infanterie und zwar zum II. Schützen-Bataillon ausgesprochen, und hohes Vergnügen gewährte es mir, in der bald darauf erschienenen Stamm- und Rangliste der königlich sächsischen Armee vom Jahre 1815 mich zum ersten Male mit aufgeführt, und mir daher eine lebenslängliche feste und achtbare Stellung gesichert zu sehen. In Folge des, nach Napoleons zweiter und völliger Besiegung bei Waterloo und nach seiner Verbannung auf die Insel St. Helena, von den alliirten Mächten mit dem abermals

zurückgekehrten König Ludwig XVIII. geschlossenen Pariser Friedens verblieben zur Erhaltung der Ruhe und Ordnung, und bis
zur Bezahlung der Frankreich auferlegten hohen Contributionen,
150,000 Mann alliirter Truppen in diesem Lande als Occupations-Armee stehen. Dazu gehörten 5000 Mann Sachsen, die
ihre Cantonnements in dem, die nördliche Spitze Frankreichs bildenden Norddepartement, in der Nähe von Lille angewiesen erhielten, und bei welchen sich eben jenes Bataillon befand, dem
ich zugetheilt ward. Der übrige Theil der sächsischen Armee
kehrte dagegen im December 1815 in's Vaterland zurück.

Da bei der Schnelligkeit, womit die Auflösung der beiden
Landwehr-Regimenter, bei denen ich zuletzt stand, erfolgte, an
gehörige Rechnungsablegung nicht zu denken war, so ward ich
beordert, bis zu beendigter Fertigung dieser Rechnungen in Dresden
zu verbleiben.

Das Militair-Rechnungswesen ist an sich schon schwierig und mit viel
Kleinigkeitskrämereien verbunden, wie die damit und mit dem Staats-Rech-
nungswesen überhaupt nicht vertrauten Personen wohl schwerlich vermuthen
möchten; so kam z. B. bei der Hospitalverpflegung nicht selten $\frac{1}{20}$ Mäßchen
Mehl, und $\frac{1}{40}$ Mäßchen Graupen zur Berechnung, und als einst über zwei
Flintensteine zu wenig quittirt worden war, so mußte auf Anordnung der
Examinations-Behörde nach mehreren Jahren noch eine Quittung darüber
von einem entfernt stehenden Regimente herbei geschafft werden, wobei das
dazu verbrauchte Papier einen höhern Werth, als die Sache selbst hatte.
Um so schwieriger war jene Leistung, da es nicht nur der genauen, mit tausenden von Belegen versehenen Berechnungen über Geld und Natural-Verpflegung, wie Bekleidungs- und Bewaffnungs-Gegenständen aller Art von
fast 6000 Mann galt, sondern weil auch wegen zahlreicher, bei jener schnellen
Auflösung der Regimenter allerdings zu entschuldigenden Unrichtigkeiten der
erhaltenen Compagnielisten und anderen Eingaben das Richtige zu ermitteln
war, und es zahlreiche neue Belege herbeizuziehen gab. Es war daher ein
höchst mühsames und zeitraubendes Geschäft, das bei dem größten Fleiß, und
ungeachtet der Beihülfe von vier Jouriren erst nach fast 5 Monaten beendigt ward.

Sowie meinen früheren Aufenthalt in Dresden, benutzte ich
auch diesen möglichst zur Erheiterung und Belehrung, indem ich
einerseits mit den noch angetroffenen frühern Freunden, Malern,
Kupferstechern und anderen Künstlern manche trauliche Abend-
stunde verlebte, andrerseits aber auch nicht versäumte, die sehr
interessanten Vorlesungen über ägyptische Archäologie von Hofrath Böttiger und die über die Gall'sche Schädellehre von Schuldirector Schundenius zu besuchen, sowie mir auch die geistreichen

Vorträge in den Freimaurerlogen sehr belehrend waren. Die Museen wurden wiederholt, auch das Theater zuweilen besucht und die Bekanntschaft mit Lipsius, Engelhardt und andern Gelehrten fortgesetzt. — Die Weinlese in der herrlichen Hof-lößnitz genoß ich bei einem mir befreundeten Weinbergs-Besitzer dem Hauptmann v. Müller und Ende December unternahm ich einen anderthalbtägigen Ritt nach Löbau, um von den geliebten Aeltern Abschied zu nehmen, welcher namentlich die Mutter, bei meiner zu befürchtenden längern Abwesenheit besonders schmerzlich berührte.

Marsch nach Frankreich.

Als alle Arbeiten in der General-Intendantur abgeliefert waren, konnte mein Abmarsch zum mobilen Corps am 27. Decbr. 1815 erfolgen, nachdem ich zuvor aus sehr ehrenwerthem Vertrauen mit der Führung eines Transportes sehr bedeutender Geldsummen (17000 Thlr.) und vielen Bagage-Wagen nach Zwickau beauf-tragt ward, zu dessen Sicherheit mir ein Commando von 12 Mann untergeben wurde. Nach Vollführung auch dieses Auftrags, trat ich möglichst schnell den Marsch nach Frankreich an. Meine kleine Caravane bestand außer einem als Bedienten zu mir comman-dirten Schützen, noch aus einem berittenen Husaren, meinem Pferde und einem, auf jeder Station neu zu requirirenden Etappenwagen zum Transport meiner, wie einiger für den Gene-ralstab des mobilen Corps bestimmten Effecten, wobei sich einige sehnlichst erwartete Ordensdecorationen befanden.

Eine allbekannte Erfahrung ist es, daß, wenn endlich ein langgehegter Wunsch erreicht wird, gewöhnlich irgend etwas Un-angenehmes dessen reinen Genuß verbittert. Wie sehr hatte ich mich auf diesen Marsch gefreut, und als ich nun über Mainz hinaus der sehnlichst erwarteten französischen Grenze nahe war, ereignete sich ein Unfall, der mir die Reise sehr erschwerte und manches Unerfreuliche mit sich brachte. Bereits in Erfurt war durch einen Fall mein linker Fuß beschädigt worden, sodaß ich zur nächsten Station fahren mußte, und kaum etwas hergestellt, ward in der Gegend von Kreuznach beim Reiten durch einen Hohlweg derselbe Fuß von dem plötzlich scheu werdenden und ausschlagenden Pferde meines Begleiters so hart getroffen, daß

ich sofort absteigen, mich auf den Etappenwagen tragen lassen
und eilen mußte, einen Verband um den anschwellenden Fuß zu
erhalten. Es war eine Schellerung des Fußblattes erfolgt, welche
bei sorgsamer Pflege und ruhigem Verweilen in jener Stadt in
einer Woche völlig geheilt worden wäre; allein wegen der nöthigen
Abgabe der für den Generalstab bestimmten Effecten mußte ich
schleunigst im sächsischen Hauptquartier einzutreffen suchen, und
deshalb täglich zwei Etappen=Stationen zurücklegen. Man denke
sich den Transport bei großer Kälte (im Januar) auf den dort
gewöhnlichen zweirädrigen, offenen Karren, zu welchen ich von
den mich begleitenden Leuten getragen werden mußte, da das
Gehen in der ersten Zeit völlig unmöglich war. Oft ward ich
in armselige Quartiere ohne Oefen, höchstens mit Kamin ver=
sehen, gewiesen, wo an zweckmäßige Diät nicht zu denken war;
dazu kam nun noch das Verbinden von immer anderen, meist
ungeschickten Wundärzten kleiner Städte oder Dörfer! War das
Uebel auch bei meiner gesunden und ziemlich kräftigen Körper=
Constitution nach einer Woche so weit gediehen, daß ich mich zur
Noth wegen der Einquartierungsbillets zu den Etappen=Comman=
danten in den von den Preußen besetzten französischen Landes=
theilen führen lassen konnte, so wiederfuhr mir leider von diesen
gewöhnlich eine kränkende Begegnung, indem sie ihrem Hasse
gegen Sachsen, daß es sich nicht sogleich in die Arme der Alliirten
geworfen hatte, Luft machten. Sie wollten selbst nicht immer
die Marschorbre des sächsischen Generalstabs respectiren, bis ich
mit Beschwerden darüber bei dem nächsten preußischen Festungs=
Gouverneur, und auf ihre Kosten im Wirthshause zu verbleiben
drohte, worauf ich gewöhnlich auf ein entferntes Dorf gewiesen
ward, in welchem ebensowenig an einen freundlichen Empfang,
als bei meiner unerwarteten Ankunft, an ein bequemes Quartier
zu denken war. Dies wird das damalige unfreundliche Benehmen
der Preußen gegen die Sachsen mit characterisiren, welches ich
als Einzelner, und noch dazu so leidend, wohl am wenigsten
verdient hatte.*) Ebenso unerfreulich war es, daß ich mir die
Städte und deren Merkwürdigkeiten nur in der letzten Marsch=
woche etwas genauer ansehen konnte. Noch in Trier war ich
gehindert, die dasigen römischen Bauüberreste zu besuchen, wogegen

---

*) Das Jahr 1870 hat unsern Preußler, wie seine letzten Aufzeichnungen
beweisen, mit Preußen vollständig ausgesöhnt.   Anmerk. des Herausgebers.

mir dies in Rheims und anderen Orten endlich ausführbar ward.
Die frühere Erlernung der franzöſiſchen Sprache kam mir übrigens
jetzt trefflich zu ſtatten, da ſich die Franzoſen ſtets freuten, in
derſelben angeredet zu werden. Manches ſonſt leicht eintretende
Mißverſtändniß wurde dadurch vermieden und gern alles gewährt,
was in der meiſt armen und bereits durch den Krieg heimgeſuchten
Dorfbewohner Kräften ſtand. Nach einem fünfwöchentlichen
Marſche über Trier, Luxemburg, Verdun, dann durch die Cham=
pagne und Picardie über Chalons, Rheims, Laon ꝛc. traf ich
endlich und faſt ganz geheilt am 30. Januar 1816 bei dem unter
dem Commando des Generallieutnant von Gablenz ſtehenden
ſächſiſchen Contingente, und zwar in deſſen Hauptquartiere Tourbain,
wenige Meilen von der Feſtung Lille ein, und in den erſten
Tagen des Februar ſtieß ich zu meinem in der kleinen Feſtung
Le Quesnay garniſonirenden II. Schützen=Bataillon, wo mir ein
ſehr freundlicher Empfang zu Theil ward. Bald erfreute ich
mich auch hier, wie ſchon bei früheren Regimentern des ver=
trauten Umgangs mit dem Officierscorps und der nähern Freund=
ſchaft der meiſten deſſelben, darunter auch des Bataillons=Com=
mandanten, Major (ſpäter General) Bevilaqua, welcher mich
oft bei kleinen Reiſen zum Begleiter wählte; ferner des Regi=
ments=Chirurgen Dr. Weinhold, der Hauptleute von Leiſingen,
und Plötz, des Adjutanten von Klingguth, der Lieutnants
von Tettenborn, von Polenz, von Lindenau ꝛc. mit denen
ich auch noch in ſpäterer Zeit in Briefwechſel blieb. Auch ward
es ſehr dankbar erkannt, daß ich einen Leſezirkel der beſten deutſchen
literariſchen und belletriſtiſchen Zeitſchriften errichtete, wodurch
ich zugleich ſelbſt mit der deutſchen Literatur in Vertrautheit blieb.

Reiſe nach Paris und anderen Orten.

Seit Jahren war es mein ſehnlichſter Wunſch, Paris mit
ſeinen mannichfachen wiſſenſchaftlichen und Kunſtſchätzen zu beſchauen,
und jetzt bot ſich eine günſtige Gelegenheit dazu dar, indem die
Offiziere der Occupations=Armee doppelte Portionsgelder und
Rationen erhielten. Es waren während der Zeit, wo ich in
Dresden verweilen mußte, gegen 30 Napoleonsdors für mich
eincaſſirt worden, und ich glaubte das Geld nicht beſſer als zu
einer Reiſe nach jener Weltſtadt anwenden zu können. Dieſelbe

6

warb auch vom 14. April bis 1. Mai 1816 ausgeführt. Mehrere Meilen vor Paris, wo schon die hohe vergoldete Kuppel des Inva- liden-Doms mir entgegenstrahlte, erregte ein Vorfall doch etwas Bedenken. Ein Douanenbeamter erklärte meinen Paß wegen der fehlenden Unterschrift des Maires meines Garnisonortes für un- gültig, und schon fürchtete ich zur Rückreise genöthigt zu werden, als ich die Erlaubniß erhielt, in Begleitung eines, mit auf dem Postwagen Platz nehmenden Gensdarmen die Reise nach Paris fortzusetzen, wo ich vom Polizei-Präfect mit der Weisung entlassen ward, mich baldigst bei dem sächsischen Gesandten zu melden, durch dessen Vermittelung sich diese Unannehmlichkeit bald er- ledigte. Die Reise galt vorzüglich den Bibliotheken, Museen der Natur-Kunst-Alterthumskunde wie anderen wissenschaftlichen und Kunstsammlungen, die ich mehrmals besuchte und über deren vorzüglichste Merkwürdigkeiten ich mir schon 10 Jahre vorher, gleichsam in Vorahnung, Notizen aus Büchern und Journalen angemerkt hatte, so daß ich bereits etwas vertraut damit war, und auf das Wichtigste besonders Rücksicht nehmen konnte. Was gab es da nicht für unzählig Merkwürdiges zu schauen! Der Raum erlaubt nicht dies Alles zu beschreiben; auch ist Paris seitdem durch Reisen (denn wie unbedeutend erscheint jetzt eine Reise dahin gegen sonst) und unzählige Reisebeschrei- bungen und Journal-Aufsätze so vollkommen bekannt worden, daß es dessen nicht bedarf. Nur Einiges sei hier erwähnt. In der Königl. Bibliothek mit ihren Hunderttausenden von Büchern, ihren zwei riesenhaften Erd- und Himmelsgloben, die durch zwei Etagen reichten, ihrer Münz- und Gemmensammlung, der kleineren Alterthümer von höchster Seltenheit rc., ward ich bei dem ersten Besuche nicht wenig überrascht, als ich in der Nähe deutsch sprechen hörte; es waren zwei berühmte deutsche Ge- lehrte — der bei jener Bibliothek angestellte Bibliothekar und Philolog Hase (von Gotha gebürtig), und der Sprachforscher und Reisende von Klaproth — denen ich Hinweisungen auf manche Seltenheiten verdankte z. B. auf einen Codex argenteus auf purpurfarbenem Pergament mit Silberschrift, sowie auch auf die im National-Institut bewahrten, fast 2000 Jahre alten, schon in Herkulanum verkohlt aufgefundenen Papyrus-Rollen, wie solche nur noch das Museum zu Neapel besitzt. Weiter wurde der berühmte Jardin des plantes, diese reich ausgestattete Menagerie

der lebenden Thiere und die damit verbundenen zoologischen, bo-
tanischen und mineralogischen Sammlungen mehrmals besucht.
Dort lernte ich auch den berühmten Mineralogen Hauy kennen,
den Entdecker der Krystallisations = Gesetze und Schöpfer eines
berühmten mineralogischen Systems, der mich mit mehreren seltenen
Mineralien beschenkte. Ebenso besuchte ich den als Reisenden und
Naturforscher so hoch verdienten, damals in Paris lebenden
Alexander von Humboldt, welcher mich in seiner Wohnung
sehr freundlich aufnahm, und, da er die zu beschauen gewünschten
altmexicanischen Bilder=Handschriften bereits nach Berlin gesendet
hatte, mich mit Erzählungen von seinen Reisen entschädigte, und
dieselben mir auf einer, die ganze Wand einnehmenden Weltkarte
näher bezeichnete. Er war ein stattlicher Mann, mit edlem geist=
reichen Antlitz und freundlichem Benehmen, der mit großer Be=
scheidenheit von seinen vielfachen Bestrebungen sprach. Die
Museen der Gemälde und Bildhauerkunst wurden damals neu
geordnet, denn die alliirten Mächte hatten die, von Napoleon
aus deutschen Museen geraubten Kunstwerke requirirt und nach
Hause gesandt; ebenso ward das, von Napoleon aus Berlin ent=
führte Viergespann wiederum dahin gebracht, und wie früher
auf dem Brandenburger Thore aufgestellt.

Es gelang mir auch auf nachgesuchte Erlaubniß einer Sitzung der Königlichen Gesellschaft der Wissenschaften, des früheren National-Instituts in einer
schön verzierten Rotunda beizuwohnen, wo die Academiker, lauter ausgezeichnete Gelehrte, in ihrem Costüme, blauer Kleidung mit reicher grüner und
goldner Stickerei sich einfanden; eben so zahlreich waren auch Damen der
höchsten Stände anwesend, welche, obschon es nur gelehrten Verhandlungen
galt, ebenfalls wie die Herren, dem Redner zumal bei schwunghaften Phrasen
lebhaften Beifall zollten. Desgleichen erlangte ich zur Sitzung einer Depu-
tirten=Kammer Zutritt, wo die Deputirten in blauer Kleidung mit reicher
Silberstickerei eintraten, und es bei der Lebhaftigkeit der Franzosen, zumal
bei politischen Verhandlungen, sehr geräuschvoll zuging. Auch besuchte ich
die Prüfungen des Blinden= und des unter Abbé Siccard stehenden Taub-
stummen=Instituts, wo mit den Fingern zur Darstellung von Buchstaben und
Worten manövrirt ward, während man in neuester Zeit die Zöglinge mehr
zur Betrachtung des Mundes der Lehrer und selbst zur Nachbildung von
Worten anzuweisen bemüht ist, wie z. B. im Taubstummen=Institut zu Leipzig.
    Den König Ludwig XVIII. und seinen Bruder und Nachfolger Graf
Artois (Carl X.) und die übrige königliche Familie sah ich auf einem Tuilerie-
Balkon bei einer Truppen-Parade. Es herrschte eine sehr unzufriedene
Stimmung im Volke, sowohl wegen der Siege der Alliirten, als auch weil
diese ihm die schon ältlichen nicht beliebten Prinzen (die Brüder des hin-

6*

gerichteten König Ludwig XVI.) als Regenten aufdrangen. So gab es das
Witzwort „Louis deux fois neuf" (Louis zweimal neun), aber auch zweimal neu,
weil er zweimal, 1814 und 15 von den Alliirten eingesetzt worden war. Eine
große Truppen=Revue führte mich auf das berühmte Marsfeld, einer großen, mit
Alleen umgebenen Ebene, von 2700 Fuß Länge und 1000 Fuß Breite. Dies ist nicht
nur der Schauplatz von militärischen Actionen, sondern auch von Volksver=
sammlungen und politischen Demonstrationen. Als zur Zeit der Revolution
der National=Convent den alten Gott abgesetzt hatte, so war es auf diesem
Platze, wo man ein schönes Mädchen als Göttin der Vernunft im Triumph
herumfuhr; später, nach eingetretener ruhiger Besinnung kehrte man wieder
zu dem alten Gotte zurück. In der Nähe des Marsfeldes befindet sich das
berühmte, von Napoleon gegründete Hôtel des Invalides; eine Anstalt, einzig
in der Welt bastehend, wo 6000 Invaliden wohnen und verpflegt werden.
Der dazu gehörige Dom ist mit eroberten Fahnen geschmückt. Einige Inva=
liden zeigten mir ihre bequemen Zimmer, ihre Bibliothek, ihre Lese= und
Billardsäle; sie befanden sich, obschon meist an Krücken gehend, sehr wohl.
Die Hoffnung auf einen solchen Ruheplatz, wie die, daß auch der gemeine Soldat
es bis zum Marschall bringen konnte, mußte allerdings die Napoleon'sche
Armee zur Tapferkeit begeistern, während anderwärts für den Invaliden
kaum eine kärgliche Pension oder die Erlaubniß mit dem Leierkasten herum=
ziehen zu dürfen, in Aussicht stand.

Ebenso besuchte ich auch berühmte Paläste; z. B. das ansehnliche Palais
royal, eine kleine Stadt für sich, mit unzähligen Kaufläden für Schmuck und
Putz, Speisehäusern, Caffee's 2c., ferner: Kirchen (die prächtige Notredame=
Kathedrale 2c.) die verschiedenen Theater, wo ich in der italienischen Oper den
Gesang der in ganz Europa gefeierten Catalani bewundern konnte; ferner
auch Volksfeste, um das Leben und Treiben aller Schichten der Bevölkerung
beobachten zu können. Um zu einem genügenden Ueberblick von Paris zu
gelangen, bestieg ich die Sternwarte, auf deren Zinne Maaße zur Berechnung
des fallenden Regenwassers und andere meteorologische Vorrichtungen an=
gebracht waren und deren Salons des Sehenswerthen viel darboten. Es gab
außerdem noch die Catakomben, frühere Steinbrüche, wo in unterirdischen
Gängen Massen von Menschenknochen symmetrisch aufgeschichtet sind, und die
Morgue zu beschauen, ein Local, wo aufgefundene Leichname unbekannter
Herkunft einige Tage ausgestellt bleiben, um von Verwandten aufgesucht
werden zu können.

Schon damals war ich auch auf gewerbliche Anstalten und
Einrichtungen aufmerksam, so z. B. auf das Museum der Künste
und Gewerbe, in welchem frühere, wie neuere Werkzeuge und
Producte aller gewerblichen Fächer, in zahlreichen, zu Gunsten
der Gewerbtreibenden auch Sonntags geöffneten Sälen, ausgestellt
sind; eine nützliche Anstalt, wie damals noch keine in Deutschland
bestand, auf deren wohlthätigen Einfluß ich später in meinen
Schriften hinwies. Ebenso besah ich mir die in Paris besonders
gepflegte Gobelin=Weberei; sowie die berühmte Porzellanfabrik

in Sèvres mit ihrer seltenen Sammlung von Porzellanen aller Länder, und den dazu verbrauchten Materialien. Mit regstem Interesse beobachtete ich das rege Leben und Treiben der Welt- stadt auf Straßen und Plätzen, wobei auch die berüchtigten Fischweiber nicht vergessen wurden. Ungemein überraschten mich auch die auf den Straßen hier und da befindlichen Schreibcabinette, wo gegen wenige Sous Briefe geschrieben und gelesen werden, was den überhaupt wenig oder keine Schulkenntniß besitzenden niedern Classen sehr zu Statten kommt. Von den umliegenden Orten wurden die Schlösser Versailles, mit den prächtigen Wasserkünsten, Klein-Trianon, der bekannte Lieblingsort der unglücklichen Königin Marie Antoinette, St. Cloud und die Abtei St. Denis, die Ruhestätte der früheren Könige besucht. — Doch genug der Andeutungen, um zu erweisen, auf was Alles von mir Rücksicht genommen wurde.

Eine gleich zu Anfang der Wanderung entworfene Vertheil- ung der zu beachtenden Gegenstände auf die einzelnen Tage mit Rücksicht auf die Oeffnungszeit, wie auf ihre gegenseitige Nähe, mithin eine Art Marschroute, ersparte mir viel Zeit und vergebliche Wege, und machte es möglich, stets zur rechten Stunde einzutreffen und zwar ohne einen Lohnbedienten nöthig gehabt zu haben, welchen eine stets mitgeführte kurze Beschreibung der Stadt nebst Plan, sowie die Bereitwilligkeit der Pariser im Zu- rechtweisen der Fremden, genügend ersetzte. Aehnliche Vorberei- tungen fanden auch bei anderen Reisen statt, und ich empfehle eine solche Maßregel gern jungen Leuten an, um nicht die wich- tigeren Gegenstände zu versäumen, vielmehr Alles in leichter Uebersicht zu behalten. Da ich von früh bis Abends auf den Beinen war, und keine Minute unbenutzt ließ, um Interessantes zu beobachten, so gelang es mir alle, irgend für mich wichtige Merkwürdigkeiten während eines nur 7tägigen, allerdings von schönem Wetter begünstigten Aufenthaltes kennen zu lernen. Nach meiner nur noch mit wenigen Thalern in der Tasche erfolgten Rückkehr, ward eine Beschreibung dieser ebenso belehrenden als erheiternden Reise, in zwei Bänden aufgesetzt, welche durch Abbildungen und andere Beilagen möglichst erläutert, später zahlreichen Freunden in der Heimath mitgetheilt ward, bei denen sie als eine sehr ansprechende Lectüre aus einer Hand in die andere ging, und mir manchen ungeahnten Vortheil brachte. Es

war gleichsam eine Vorübung zur späteren Schriftstellerei, und ihr
Gelingen ermuthigte zu ferneren ähnlichen Versuchen.

Ebenso wurden später mehrere kleine Reisen unternommen,
so z. B. nach Dünkirchen und Calais, wo das jenseitig, am
Kreideufer von England erblickte Dover zu einem Besuche anlockte,
der aber, aus Rücksicht auf die Casse und den kurzen Urlaub
unterbleiben mußte. Doch versäumten wir nicht eine Kahnfahrt
in das offene Meer zu unternehmen, um doch auch einmal „zur
See" gewesen zu sein und erfreuten uns des Anblicks des an=
sehnlichen Calais und seines belebten Hafens von der See=
seite. Die Stadt war damals von Engländern überhäuft, welche,
wegen des im Verhältniß zu England sehr billigen Lebens, dort
Ersparnisse bezweckten. Welch' ein Unterschied zwischen den
geschwätzigen, beweglichen und neugierigen Franzosen und den
wortkargen, schwerfälligen und gern in Ruhe verbleibenden Eng=
ländern, welche, Fremde gern vermeidend, auf Fragen höchstens
mit einem verdrießlichen Yes oder No antworten. So wie sie
ihr Vaterland überschätzen und es für das erste der Welt halten,
so schreiben sie auch in größter Eitelkeit ihr werthes „Ich"
bekanntlich selbst mitten in den Zeilen mit einem großen „I" und
halten sich über andere Menschen hoch erhaben. — Ferner unter=
nahmen wir Ausflüge ins benachbarte Flandrische und Belgische,
wo die dem Deutschen schon so nahe verwandte vlämische Mundart
das Heimathsgefühl erweckte. So ward man statt des von
früh bis Abends gehörten mürrischen „Monsieur" unserer Wirthe
dort mit einem freundlichen „Myn Heer" begrüßt. Da hieß es
z. B.: Van waer komt gy, myn Heer? (Von woher kommen Sie,
mein Herr?) Ik kome van huys. (Ich komme von zu Hause).
Van de Kerke (Von der Kirche). Van wandelen (Vom Spazie=
rengehen). Waer hebt gy geweest? (Wo sind Sie gewesen?) Het
is lang geleden dat ik gy niet gezeen hebbe. (Es ist lange,
daß ich Sie nicht gesehen habe). Ik hebbe by eenen goeden
vriend geweest. (Ich bin bei einem guten Freunde gewesen).
Waer wilt gy gaen? (Wohin wollen Sie gehen?) Ik gae tot
den kleer-maeker. (Ich gehe zu dem Schneider). Heeft men
niet uyt Dudsland? (Weiß man nichts von Deutschland?) Niet
dat ik wete. (Nicht daß ich wüßte). Die Tage heißen Zondag,
Maendag, Dynsdag, Woensdag, Donderdag, Vrydag, Zaderdag.
De Vrouw (die Frau). —

Unsere Schützen machten sehr oft einen Spaziergang über die holländische Grenze, um etwas von dem billigen und guten Tabak herüber zu paschen, da der französische schlecht und theuer war. — Bei dem Besuche der benachbarten, größeren Städte versäumte ich nicht wissenschaftliche oder sonst interessante Anstalten zu besichtigen und die eigenthümlichen Sitten und Gebräuche, sowie auch das industrielle Leben zu beobachten. In Valenciennes überraschte mich die außerordentliche Feinheit der Spitzen, welche, da das Klöppeln derselben in feuchter Temperatur besser gelingt, in den Kellerwohnungen der Vorstädte gefertigt werden. Ferner ward auf die in der Umgegend vorhandenen, römischen und gallischen Alterthümer Rücksicht genommen und überhaupt die Geschichte und Geographie Frankreichs studirt.

Ueber alles dieses Geschaute und Erfahrene wurden zahlreiche Aufsätze bearbeitet, auch mehrere davon deutschen Journal-Redactionen anonym zugesandt, und von diesen veröffentlicht, so z. B. „Ueber Paris und seine Sehenswürdigkeiten", als Correspondenz eines Reisenden (in der Zeitung für die elegante Welt. 1816. Nr. 214 und 252). „Brief eines Sachsen aus Valenciennes" in derselben Zeitung 1817 Nr. 10. (über eigenthümliche Belustigungen der dort garnisonirenden englischen Offiziere); ferner „Ueber Sitten und Lebensart im nördlichen Frankreich" als Brief an einen Freund (im Freimüthigen, Ende 1816 oder Anfang 1817). „Ueber römische Alterthümer bei Bavay" im Morgenblatt 1817. Nr. 18.) welch letzteren Aufsatz man so interessant gefunden hatte, daß er in eine englische Literaturzeitung übertragen ward; ebenso hatten aber auch, wie ich später in Sachsen erfuhr, jene ersteren Aufsätze vielfach angesprochen. Dies war also der erste Schritt zur Schriftstellerei; er wurde gethan in dem innern Drange, Anderen die erworbenen Kenntnisse und Erfahrungen mitzutheilen, nicht aber des Honorares noch der Ehre willen, da die Einsendungen anonym erfolgten.

Garnisonen.

Der Aufenthalt in unserer kleinen Festung war, obschon wir wenig oder nicht mit den Franzosen zusammen kamen, dennoch

angenehm. Die Offiziere speisten gemeinschaftlich in einigen Gast=
höfen, wie wir auch den Abend am Billard, oder mit Unter=
haltungen, zumeist über französische Sitten und Eigenheiten,
verbrachten, während des Nachmittags gewöhnlich zu Pferde eine
Partie nach benachbarten Orten unternommen wurde. Anders
ward es, als unser Bataillon im September nach der Umgegend
von Lille verlegt, und in einzelnen, oft weit entlegenen Dörfern
einquartiert wurde, wo eine Zusammenkunft der Offiziere aller=
dings wenig ausführbar war, und man es nun mit völlig un=
gebildeten Landleuten zu thun hatte, mit denen man sich, wegen
ihres Patois, selten verständigen konnte. So sprach man in der
Umgegend von Lille anstatt: Où avez-vous été hier? (Ouehque
vous-avez allé hier? cinque (schunk) château (katto) je crois
bien (schkrobähng auch schkrobäh) comça (komscha) chapeau
(kapo) soulier (sorles) cravatte (kevat) chemise (kemisch) table
(taffe) vache (wach) cheval (kewa) charrue (kerü) chemin (ke=
mäng) des bas (des cauches) capot (jacotin) jupon (baije)
bonnet (bonniquet) chaise (selle) Où est la maison du Maire?
(Oeuhe que chest le mason du Maire? plume (plème) encrier
(pochon) etc.

Da sich in meinem Quartierorte Linselles der Stab befand,
so gab es manche gesellige Abendunterhaltung bei dem Major
von Ehrenstein und dem Regiments=Chirurgen Dr. Weinhold
und ihren Familien. Sowie das sächsische Hauptquartier, Tourcoin,
ward auch die Festung Lille öfters besucht, was aber nur in
Civilkleidern erfolgte, um die gegen das alliirte Militair unfreundlich
gesinnten Einwohner, zumal die unteren Classen, nicht durch den
Anblick fremder Uniformen aufzuregen. Lille, eine der ansehn=
lichsten Städte Frankreichs mit 80,000 Einwohnern und starker
Festung mit französischer Garnison, besaß zahlreiche, zum Theil
auch von mir besuchte wissenschaftliche Anstalten, Bibliotheken,
Museen, Theater 2c. ebenso zahlreiche Fabriken der verschiedensten
Art, einen ausgebreiteten Handel, eine sehr gerühmte Tulpenzucht
und Spitzenfabrikation (die Elle bis zu 20 Thalern). Einen
seltsamen Anblick gewährten die vielen, zum Oelschlagen bestimmten
Windmühlen in der Nähe der Festung, deren man über hundert
zählte. Durch die Festung selbst durften fremde Truppen nicht
passiren, und so mußte daher auch unser Bataillon um ihre
weitläufigen Außenwerke einen mehrstündigen Umweg machen.

Ich hatte vom Hauptquartier öfters Gelder für die Garnison Lequenoy zu holen, und dabei einen Fourier und zwei Soldaten zur Begleitung. Das erste Mal versagte man mir ebenfalls den Eintritt, weil die Soldaten bewaffnet waren; späterhin ließ ich die Gewehre unten auf den Wagen unters Stroh hinlegen, und nun ward mir die Einfahrt erlaubt.

In Le Quesnay glückte es mir zu einem gebildeten und humanen Mann, einem mit in Deutschland gewesenen pensionirten französischen Capitain, Duchateau, ins Quartier zu kommen, der mir zur bessern Kenntniß des Landes und Volkes, wie zur bessern Erlernung des Französischen sehr behülflich war. Wir sächsischen Offiziere kamen mit Franzosen wenig in Berührung, da diese, zweimal von den Alliirten besiegt, sich dadurch gekränkt fühlten, doch fehlte es nicht an gegenseitig artigem Betragen. Allwärts sah man die Sachsen lieber, als die Engländer, die besonders gehaßten Preußen und Russen. Unsere Unteroffiziere und Schützen wurden leichter als wir mit den Wirthen bekannt und tanzten oft mit den Bürgermädchen auf nahen Orten zur Kirmeß und andern Festen, wobei jene die französischen Contre=tänze, letztere die deutschen Rundtänze lernten. Es wurde meist im Freien getanzt; ein, auf einer Tonne stehender Musikant spielte dazu und machte zugleich, die französischen Touren ansagend, den Tanzmeister. — An emsige Arbeitsamkeit und Geschäftsthätig=keit wie bei dem deutschen Bürgerstande war bei dem dortigen nicht zu denken; die Franzosen sprachen sehr viel und arbeiteten wenig. Es war uns nur durch das sehr frugale Leben der Bürger erklärlich, daß sie bestehen konnten; auch wurden geistige Getränke, Bier oder Branntwein in der Regel von ihnen in sehr bescheidenem Maße genossen. So sehr das französische Volk durch Gewandtheit und Anstand einnimmt, so fehlt es ihm dagegen an höherer wissenschaftlicher Bildung, zumal in Bezug auf Geschichts=, Länder= und Völkerkunde des Auslandes, und rechts des Rheins gab es für die nicht mit in dem Kriege Gewesenen nur nordische Barbaren. Besonders befanden sich die meist ohne Schulbesuch herangewachsenen Landleute auf einer fast unglaublich tiefen Stufe der Unwissenheit, und manche fragten sogar allen Ernstes, ob es in meiner Heimath auch Bäume, Berge und Thäler, und Sonnenfinsternisse gäbe. Bei ihrer Bigotterie galten wir ihnen für der Hölle verfallene Heiden, mit denen man möglichst

allen Umgang vermeiden müsse. Hierzu kam noch die, selbst nicht
von den Franzosen der benachbarten Departements verstandene,
provinzielle Mundart, wodurch nicht minder der Umgang mit
ihnen erschwert ward. Ihr Aberglaube ging weit. Ich war bei
einer Taufe zugegen, wo die Mutter katholische Französin, der
Vater ein Engländer war. Letzterer hatte den Feldprediger des
sächsischen Corps zur Vollziehung der Taufhandlung erbeten.
Beim Beginn der Feierlichkeit öffnete die alte bigotte Groß=
mutter, ungeachtet der kalten Witterung einen Fensterflügel, damit,
wie sie behauptete, der ausgetriebene Teufel aus dem Hause
könne. — Als das Bataillon das letzte Winterhalbjahr seines
Dortseins, in der Gegend von Lille auf Dörfer verlegt ward,
und die Offiziere fast nur auf gegenseitige Besuche beschränkt
waren, kamen bei dem Mangel an Büchern mir die schon erwähnten
in Braunschweig, Dresden ꝛc. in Octavheften entworfenen Aus=
züge über die meisten Wissenschaften sehr zu statten, um mir
genügende Unterhaltung zu verschaffen; sie nützten mir auch, sowie
die selbstgezeichneten Landkarten, als ich dem kleinen Sohn eines
Stabsoffiziers einige Zeit lang historisch=geographischen Unter=
richt ertheilte, da für denselben in dieser französischen Stadt ein
Schulbesuch nicht zu ermöglichen war. Es war der spätere
Finanzdirector von Ehrenstein, der mir dafür lebenslang
gewogen blieb.

In militärischer Hinsicht erinnere ich mich noch der Bestrafung
eines Deserteurs durch Spießruthen laufen, welche Strafe bei
den Armee=Corps im Felde noch üblich war, wogegen sie im
Vaterlande längst nicht mehr statt fand; ferner, eines großen,
die dasige Schlacht von 1712 im spanischen Erbfolgekriege nach=
ahmenden Manövers bei Denain von 30,000 Mann alliirter
Truppen (darunter Dänen, Hannoveraner, auch Bergschotten
in ihrem National=Costüme und mit Dudelsack). Wir bivouakirten
in englischen Zelten, welche rund, und oben zuckerhutartig zugespitzt,
einen seltsamen Anblick gewährten. Das Manöver dauerte bis
Nachmittag und ich sah dabei den, dasselbe commandirenden und
mit der Ausführung sehr zufriedenen Feldmarschall Wellington.
Seinem zahlreichen Generalstabe, in dem alle Nationen vertreten
waren, hatte sich zuletzt auch seine ihn stets begleitende Geliebte
(die einzige Dame dabei), eine nicht sehr liebenswürdige Eng=
länderin, mit an der Seite hängendem Regenschirme, angeschlossen.

Die in Valenciennes garnisonirenden englischen Offiziere bedienten sich außer Dienst bei üblem Wetter des Regenschirms in voller Uniform zu Fuß und zu Pferde, was bei uns Deutschen nicht zulässig erscheint. Sie luden uns zuweilen zu ihren Festen ein, Pferderennen, Boxen und Hahnekämpfen, zu welchen letzteren sie Hähne aus England kommen ließen, so daß wir auch diese ächt englische National-Belustigung kennen lernten.

Rückmarsch nach Sachsen.

Als nach den Beschlüssen der Monarchen im Frühjahr die Occupations-Armee um ein Fünftel vermindert ward, und demgemäß von den sächsischen Truppen das II. Schützenbataillon nach dem Vaterlande zurückkehren mußte, war dies Vielen nicht angenehm, allein für mich desto erfreulicher. Ich hatte meine Wißbegierde, Frankreich kennen zu lernen, befriedigt, und wünschte nun ein ruhigeres, zu Privatstudien mehr Gelegenheit bietendes Garnisonleben im Vaterlande. Der Rückmarsch begann den 20. März, und erfolgte mit Umgehung der preußischen Staaten, sowie der von Preußen besetzten französischen Festungen, durch die Champagne, Lothringen, Elsaß, Baden und Baiern. Man wollte etwaigen Excessen zwischen Sachsen und Preußen vorbeugen, und verlegte deshalb auch in einem Orte, den wir passirten, die preußische Garnison einstweilen in entferntere Dörfer. Wie auf allen Reisen, versäumte ich auch auf diesem Rückmarsche nicht, Merkwürdiges zu beschauen, und nöthigenfalls Abstecher dahin zu unternehmen. Nur Einiges sei hier erwähnt, um den Leser mit einer trockenen Marschroute zu verschonen. Der am 20. März begonnene und den 14. Mai beendigte Rückmarsch war ebenso belehrend, wie angenehm, oft selbst gemüthlich und meist von gutem Wetter begünstigt. Ich ritt gewöhnlich mit dem Stabe, oder auch mit anderen Offizieren, die sich zu gleichem Rückmarsche dem Bataillone angeschlossen hatten, wobei oft erfreuliche Unterhaltung uns den Weg verkürzte. Schriftliche Arbeiten und Auszahlungen gab es selten, und wenn mir auch die Aufsicht über richtigen Abgang der Equipage-Colonne zukam, so war dies bald abgethan, da mit dem Quartiermachen überhaupt ein Wirthschaftsoffizier beauftragt ward. Bei den Rendezvous und anderen Halteplätzen ward nicht selten in ächt

cameradschaftlicher Weise das von einigen Offizieren mitgebrachte
reichliche Frühstück mit anderen weniger damit versehenen getheilt.
Waren auch zuweilen die Quartiere schlecht, und in ärmeren
Gegenden die Verpflegung sehr einfach und ärmlich, so mußte
dies mit in Kauf genommen werden; Butter gab es über=
haupt im südlichen Frankreich nicht, dafür Käse oder Speck;
statt des damals dort ebenfalls noch ungewöhnlichen Bieres trank
man meist etwas sauren Wein oder auch Obstwein (Cyder), der
uns nicht munden wollte. Gab es Zwistigkeiten zwischen unseren
Soldaten und deren Wirthen, so war die Ursache davon theils
die zu geringe Kost, zumal die zu kleinen Portionen, die wohl
den frugalen Franzosen, nicht aber unsern, an größere gewöhnten
Soldaten genügen wollten, theils daß sie sich gegenseitig nicht
verständlich machen konnten; doch wurde die Uneinigkeit stets
sehr bald geschlichtet. Waren die Offiziere nicht von ihren Wir=
then zum Mittagstisch eingeladen, — denn wir hatten wegen der
doppelten Portionsgelder nur Quartier zu fordern, — so ward
in Gasthöfen, und zwar zu sehr hohem Preise gespeist, denn die
Wirthe wollten von dem Durchmarsche der Sachsen etwas profi=
tiren. In den Gasthöfen ward, nach Beschauung der Merkwür=
digkeiten des Orts, auch der Abend zugebracht, wenn uns nicht
das Theater oder ähnliche Unterhaltung in Anspruch nahm, oder
gebildete Wirthsleute uns an ihrem Familienzirkel Theil nehmen
ließen, was oft der Fall war, wenn man etwas französisch sprach.
Als Sachsen wurden wir in der Regel freundlich aufgenommen,
nur mußte man sich sogleich als einen solchen zu erkennen geben,
da es viele Franzosen gab, die in den Napoleon'schen Kriegen
mit in Deutschland gewesen waren, und bei denen Sachsen noch
in gutem Andenken stand.

Der Marsch ging über Laon, nach der von mir schon früher
passirten alten Krönungsstadt R h e i m s mit ihrer uralten be=
rühmten Cathedrale und den römischen Bauüberresten. Angekom=
men in der Champagne — von deren Bewohnern ein Sprüchwort
lautet: „99 Schöpse und 1 Champagner machen 100" — freu=
ten wir uns im Voraus auf den ächten Champagner an der
Quelle in S i l l e r y; allein die Freude war mäßig, denn er
moussirte nicht und war unverhältnißmäßig theuer. In C h a l o n s
s u r M a r n e ward die sehr bedeutende Kunst= und Handwerker=
schule zur praktischen Erlernung technischer Gewerbe besucht, deren

es in Deutschland damals noch keine gab, weshalb ich später in meinen Schriften darauf hinwies. Auch hier gab es Reliquien, z. B. einen wunderthätigen Splitter vom Kreuze Christi, wie wir schon in Laon die ebenfalls wunderthätige Copie des Schweiß=tuches der heiligen Veronika mit dem Christus=Antlitz beschauten. Die Legende erzählt davon, daß der Maler, als er diese Copie zu malen begann, einschlief und nach seinem Erwachen das von unsichtbarer Hand vollendete Bild vorfand. In letzterer Stadt ward bei einem Leichenzuge der monotone Gesang der Schüler, von vier Geistlichen mit den gleich tiefen Baßtönen der langen, bis auf die Erde reichenden Tuba's oder Schalmeien begleitet, was einen ergreifenden Eindruck hervorrief. — Nahe bei Chalons befinden sich die bekannten catalaunischen Felder, wo der Hunnen=fürst Attila von den Römern und Franken 451 geschlagen ward. Aus der Verschmelzung der früheren celtisch=gallischen Bewohner des Landes und deren Besieger, der Römer, sowie der eindringen=den Franken und anderer germanischer Nationen, nebst Ueberresten der ersten Einwanderer, der Basken, gingen die jetzigen Fran=zosen hervor, jedoch mit noch erkennbarer Unterscheidung der vorherrschenden Charaktere, Sitten, Mundarten jener Nationen in den verschiedenen Provinzen. Ueberraschend ist übrigens, wie sich der celtisch=gallische Charakter vorzugsweise bei den Fran=zosen erhalten hat. Römische Schriftsteller der ersten Jahrhunderte schildern die celtischen Gallier als ein kühnes, unternehmendes Volk, dessen Genie nur Beweglichkeit und Eroberungssucht ist, das sich durch Muth, Prahlerei, Witz, Geist, Neugierde auszeich=net und dessen Sprache schnell, bestimmt in den Formen, weit=schweifig in ihrer Wortfülle und voller Uebertreibung ist. Begierig auf Neuigkeiten hielten sie die Reisenden an, nicht um sie zu berauben, sondern nur um sie zum Erzählen ihrer Er=lebnisse zu zwingen. So waren die Franzosen und so sind sie es noch.

Beim Einrücken in die von den Franzosen besetzte Festung Toul fand eine militairische Ceremonie nach alter Art statt. Obschon unsre Quartiermacher ihre Geschäfte bereits besorgt hatten, so fanden wir doch die Zugbrücken aufgezogen und das Thor verschlossen, so daß das Bataillon Halt machen mußte. Nach der bei den Franzosen üblichen Anrufung „qui vive!" durch die Schildwache vom Walle aus, ritt unser Bataillons=Adjutant

vor und erwiderte, daß es ein, in das Vaterland zurückkehrendes
Bataillon Sachsen sei, welches um Erlaubniß zum Einmarsch
ersuche. Nach erstatteter Meldung der Antwort an den Festungs=
Commandanten rasselte die Zugbrücke nieder, und aus dem geöff=
neten Thore kam der Platz=Adjutant an der Spitze eines Pikets
zu uns herüber, um sich von der Wahrheit der Angabe zu über=
zeugen, wornach das Bataillon in die Festung einrücken durfte
und von der französischen Garnison freundlich empfangen wurde.
Es war dies ein schon seit früherer Zeit üblicher Gebrauch, der
sonst weiter nirgends stattfand. — Nachdem wir das schöne
Nancy, die Hauptstadt des ehemaligen Lothringen und Lüne=
ville passirt, die Vogesen überschritten hatten, und den bekannten
Zabernsteig herunter gekommen waren, kamen wir in Zabern
(Saverne) an, wo österreichische Besatzung war, die uns sehr
zuvorkommend empfing. Der längst gehegte Wunsch, Straßburg
mit seinem Münster zu sehen, ward nun erfüllt, indem der Ba=
taillons=Commandant Bevilaqua mich aufforderte ihn auf einen
Abstecher dahin zu begleiten, während das Bataillon in der Gegend
des Forts Louis auf den Rhein zu marschierte, und, in Kähnen
übergesetzt, in dem jenseits noch einige Stunden entfernt liegen=
den Rastatt einquartiert ward. Sogleich nach unserer Ankunft
in Straßburg begaben wir uns nach dem majestätischen Münster,
diesem herrlichen Meisterwerke der Baukunst in gothischem Styl,
dessen gewaltiger Thurm schon meilenweit sichtbar ist. Wie un=
bedeutend erscheint sich da der Beschauer dieses 80mal höheren
Gebäudes, welches völlig von Stein erbaut, die Höhe von 481 Fuß
erreicht, und schon im 11. Jahrhundert gegründet, im 13. von
dem berühmten Erwin von Steinbach fortgeführt, und im
15. Jahrhundert beendigt ward. Die mit zahlreichen Bildwerken
verzierte Hauptfront wird durch drei Portale gebildet. Ein heiliger
Schauer erfüllt auch den Nichtkatholiken, wenn er in den maje=
stätischen Dom mit prachtvollem Hochaltare, bischöflichem Throne
und zahlreichen Nebencapellen, mit seinem merkwürdigen Uhr=
werke, seinen prächtigen Verzierungen, über welches Alles zugleich
die riesigen, buntgemalten Fenster ein zauberisches Licht verbreiten,
eintritt. Einen seltsamen Anblick gewährten eine Masse in einer
Seitencapelle in Reihen aufgehangene aus Wachs und Holz nach=
gebildete kleine Arme, Beine, Augen, und dergleichen nebst Vo=
tivtafeln, welche die Dankbarkeit wegen Heilung des Originals

dort aufgehangen hatte. Wir bestiegen die 329 Stufen (Staffeln nach Straßburger Ausdruck) hohe Platte, also den auf dem Kirchendache ruhenden freien Platz, worauf anstatt zweier Thürme, nur einer aufgeführt worden ist, in welchem noch 390 Stufen bis zur Spitze oder Krone hinaufführen. Der obere Theil dieser Treppe ist außerhalb des Thurmes angebracht und deshalb nur mit Lebensgefahr zu besteigen. Ich begnügte mich mit Besteigung der unteren Hälfte, wo man auch wegen der durchbrochenen Mauer nach Außen sehen kann. Welch entzückende Aussicht auf die viele Meilen weite bis an den Schwarzwald und die Vogesen sich erstreckende, von dem mächtigen Flusse durch- strömte, mit zahlreichen Ortschaften bevölkerte Ebene bietet sich dem Beschauer dar! Die Klarheit der Luft gestattete mir die fernen Alpenketten zu erblicken, die näher zu beschauen mir nicht ver- gönnt war. Eine zweite berühmte Merkwürdigkeit der Stadt ist das in der Thomaskirche befindliche von dem berühmten Bild- hauer Pigall gefertigte Grabdenkmal des tapfern französischen Feldmarschalls Moritz von Sachsen (Sohn August's des Starken und der Gräfin Königsmark), welcher, völlig gerüstet mit ruhiger, ernster Miene die Stufen zu seinem Grabe hinabschreitend, dar- gestellt ist. Der Besuch von Bibliotheken, Museen und anderen Sehenswürdigkeiten der berühmten Stadt mag hier ungeschildert bleiben. Den nächsten Tag trafen wir nach dem Passiren der Schiffbrücke über den ½ Stunde von der Stadt entfernten Rhein, wiederum mit dem Bataillon in Rastatt zusammen, wo es für mich einen sehr geschäftsreichen Rasttag gab, das Umwechseln aller in der Bataillons=Casse befindlichen französischen Münz- sorten in Gold und Silber (auf 10,000 Thaler) in deutsche, wobei namentlich das Ermitteln und Berechnen des Curses, da die Verpflegung der Truppen nach solchem zu bestreiten war, schwierig war. Der Marsch führte von da über das schöne Carlsruhe mit seinen gleich Strahlen vom Schloß ausgehenden Straßen, über Bruchsal nach Moosbach, von wo aus ich auf einen Tag Urlaub zu einem Ausfluge nach dem nahen Heidelberg nahm, um die dortige berühmte Universitätsbibliothek, sowie das Schloß mit seinen interessanten Ruinen, dem wohlbekannten großen, 3000 Eimer umfassenden Weinfasse von 17 Ellen Länge und 12 Ellen Tiefe (das auf der Festung Königstein befindliche enthielt 3709 Eimer) und so manches andere Sehenswerthe in Augenschein

zu nehmen. Von jenen Schloßruinen erschien mir eine besonders
merkwürdig, nämlich die obere Hälfte eines gesprengten runden
Thurmes, welche fest zusammenhaltend in den nahen Wallgraben
stürzte und noch aufrecht stehend dort einen sonderbaren Anblick
gewährt. Damals war die, kurz vorher in Jena gegründete
deutsche Burschenschaft im Aufblühen begriffen, und, wie auf
allen Universitäten, hatten sich auch hier zahlreiche Studenten
ihr angeschlossen und trugen die üblich gewordene burschenschaft=
liche Tracht: schwarze Kuttka mit weißem übergelegten Kragen
und schwarzem Barett und Schnüren — für uns, die wir in
Frankreich wenig davon gehört hatten, etwas Neues.

Nachdem wir den Odenwald, der ebenso wie der Spessart
wegen der früher darin hausenden Räuberbanden berüchtigt war,
durchzogen hatten, besichtigte ich die in der Nähe liegende Ruine
der einst dem Ritter Göß von Berlichingen und seiner Familie
gehörenden Burg Hornberg, wo noch das alte Burgverließ
vorhanden ist, und Rüstungen, Schwerter, Fahnen ꝛc. zum Theil
von jenem unerschrockenen Ritter herrührend, bewahrt werden.
Dann ging der Marsch nach Würzburg, wo ich in dem benach=
barten Judendorf Hochberg bei einer jüdischen Familie mein
Quartier erhielt, und wo sich manches Drollige ergab. Da die
Juden Sonnabends nicht kochen dürfen, so hatte die gesammte
Judenschaft schon den Freitag die Speisen bereitet, und diese
dann gemeinschaftlich in einem verschlossenen Ofen aufbewahrt.
Ich mußte daher trotz meines Appetits bis zur Oeffnung des
Gemeinde=Ofens warten; aber es entströmten ihm solche Knob=
lauch= und andere Gerüche, daß ich nach Würzburg zum Essen
eilte. Am Rasttag fand ich zwar besseres Mittagessen, doch auch
die sonderbare Sitte, daß dabei die gesammte Judenfamilie sich
mir gegenüberstellte und mich beobachtete, ob ich etwas wünsche.
Auf die geringste Andeutung fragten sie sich wohl zehnmal:
„Was hat er gesagt? was hat er gesagt?“ und die ganze Ge=
sellschaft rannte dann fort, um das Gewünschte herbeizuschaffen.
Es waren gutmüthige und zugleich sehr religiöse Leute, die oft
beteten, indem sie den Gebetriemen um ihren zusammen gebogenen
linken Arm schlangen, und von denen ich so manches Nähere
über veraltete jüdische Gebräuche und Ansichten erfuhr, die dort
noch in vollem Gange waren. In Würzburg mit seiner Citadelle
und seinem berühmten Steinwein (Bocksbeutel) gab es viel

Interessantes zu beschauen: den herrlichen Dom, das ansehnliche Residenzschloß, das allberühmte Juliushospital der besonders deshalb viel besuchten medicinischen Facultät. Noch sei einer, als einzig in ihrer Art bekannten Sammlung des Professors Blank gedacht, wo die Bilder (Landschaften, Thiere rc.) aus allerlei Stoffen, Federn, Haaren, Seide, Wolle, Blumen rc. mosaikartig und so künstlich zusammen gesetzt waren, daß man wirkliche Gemälde zu sehen meinte. Wegen der Armuth der dasigen Gegend, wo das Bataillon oft in 30—40 Dörfern zerstreut, einquartirt wurde, mußte dasselbe in zwei Colonnen marschiren; eine über Culmbach, die andere über Bamberg, berühmt durch seine Gärtnereien (auf 400 Gärten).

In Bayreuth war es mein sehnlichster Wunsch den unter dem Dichternamen Jean Paul gefeierten Humoristen Friedrich Richter kennen zu lernen. Schon hatte ich ihn vergeblich in nahen Orten, wo er den Nachmittag oft zubrachte, aufgesucht, als ich ihn gegen Abend in einem von ihm oft besuchten Gasthause, wo es stets gutes bairisches Bier gab, antraf. Er war ein stattlicher Mann von freundlichem Ansehen, der mich sehr zuvorkommend begrüßte, und sich zu mir setzte. Die Unterhaltung war interessant; er sprach sehr begeistert von der Reinheit der deutschen Sprache, worüber er damals schrieb, und erzählte mir auch, daß er seine Schriftstellerei gewöhnlich auswärts in Gastwirthschaften und Gärten betreibe, und früh schon mit einer Jagdtasche, mit Büchern und einer Flasche Wein gefüllt, sich dahin begebe und Nachmittags wieder nach Hause zurückkehre. Der Wirthin eines zumal oft von ihm besuchten, von der Stadt gegen eine Stunde entfernten Gasthauses, Namens Rollwenzel, einer sehr verständigen und seine Eigenheiten beachtenden Frau, las er oft eben verfaßte Aufsätze vor, um ihr gewöhnlich sehr richtiges Urtheil zu vernehmen. — War Jean Paul auch zuerst auf Sachsen, wegen dessen Zögerung, zu den Alliirten überzugehen nicht gut zu sprechen, so änderte sich seine Ansicht bald, als ich ihm die damalige Lage Sachsens auseinandersetzte, die zu jener Zeit von so Wenigen richtig erkannt und daher meist falsch beurtheilt ward.

Am 5. Mai überschritten wir die sächsische Grenze, unter Hörnerschall dem geliebten Vaterlande ein begeistertes Hoch bringend, und rückten am 13. Mai, freudig bewillkommet, in unsere Garnison Leipzig ein.

7

Die erste auf fast steter Wanderung zugebrachte Hälfte mei=
nes Militairlebens, der nun die zweite, mit einem ruhigeren,
längere Zeit dauernden Aufenthalte in Garnisonen folgte, war
nun beendigt, und sie hat mir, ungeachtet manches Unangenehmen,
hohen Vortheil und viel Freude gebracht. Ich erhielt nicht nur
dabei Gelegenheit, mannichfache, später zu verwerthende Kenntnisse
und Erfahrungen einzusammeln, wie sie von mir auf andere Art
schwerlich zu erwerben gewesen wären, sondern sie gewöhnte mich
auch an eine mehr geordnete, beharrliche Geschäftsthätigkeit, und
trug zur Ausbildung eines festeren, ungerechtfertigten Wider=
sprüchen und Anfeindungen mehr als früher sich entgegenstellenden,
sein gutes Recht muthiger vertheidigenden Characters wesentlich
mit bei, so daß daher auch diese Periode recht eigentlich zu meiner
Ausbildung gehört, und zu meiner Lebensbahn wohl unerläßlich war.

Vierter Abschnitt.
Militairzeit.
Zweite Abtheilung.
Garnisonleben in Leipzig und Döbeln; Verheirathung und
Versetzung in den Civil=Staatsdienst.
1817—1824.

Universitätsbesuch.

Keine andere Stadt konnte mir als Garnison erwünschter
sein, als Leipzig mit seiner Universität, weil sich dort der seit
früher Jugendzeit gehegte Wunsch, Collegia zu hören, noch so
günstig ausführen ließ. Nicht nur zu weiterer wissenschaftlicher
Fortbildung im Allgemeinen, sondern auch insbesondere zur Er=
langung einer Civilanstellung bei der Finanzverwaltung, schien
mir ein philosophisch=cameralistischer Cursus sehr vor=
theilhaft. Die Dienstgeschäfte erforderten bei der von mir ein=
geführten Ordnung meine Anwesenheit nicht fortwährend im
Wirthschafts=Bureau, sondern nur in den späteren Vor= und in
manchen Nachmittagsstunden (besonders zur Zeit der Wachtparade),

und da auch die vorgeſetzten Commando= und Verwaltungs=
Behörden mir wegen gewiſſenhafter Geſchäftsführung günſtig
geſinnt waren, ſo ward die Erlaubniß zum Beſuche der Vorleſungen
auch leicht erlangt. Mit großer Freude ſah ich mich Anfangs
Juni 1817 als Student der Cameralwiſſenſchaften vom dama=
ligen Rector Magnificus, dem Profeſſor Hofrath Beck inſcri=
birt. Da wurden nun während der nächſten zwei Jahre folgende
Collegia gehört: Logik, empiriſche Pſychologie, Natur= und Staats=
recht (bei Profeſſor Wendt), angewandte Moral (Clodius),
Aeſtthetik (Krug), philoſophiſche Encyclopädie, Natur= und Völker=
recht, deutſche Geſchichte, deutſche Sprache und Styl (Pölitz),
ſächſiſche Geſchichte (Böttiger), Mineralogie und allgemeine
Naturgeſchichte (Schwägrichen), Hygieine oder Geſundheits=
lehre bei Heinroth. Ferner in Bezug auf ein künftiges Ver=
waltungsamt: Staatswirthſchaft, National=Oekonomie und Finanz=
wiſſenſchaft (bei Arndt), Cameral=Praxis (bei Pohl). Ich begann
ſelbſt die juriſtiſche Encyclopädie (bei Diener), die Inſtitution
(bei Stockmann), das ſächſiſche Privatrecht (bei Haubold) zu
hören, da ich Luſt bekam noch die Rechte zu ſtudiren; dies ſtellte ſich
aber aus mehreren Urſachen bald als unausführbar heraus, und
es war noch ſehr die Frage, ob ich dadurch eine angenehmere
Anſtellung, als bei dem Verwaltungsfache zu hoffen hatte. Uebrigens
ward auch oft bei anderen bekannten Profeſſoren hoſpitirt, ſo
z. B. bei dem chevaleresken, ſtets geſtiefelt und geſpornt das
Katheder betretenden, ſehr verdienten Philologen Hermann; —
bei dem Philoſophen Plattner, deſſen klare und geiſtreiche An=
ſichten doch nicht ſeine (wegen Nichtempfang eines gehofften Ordens)
gereizte Eitelkeit zu unterdrücken vermochten, die ihn zur Geiſtes=
zerrüttung führte; — bei dem Cyniker Rau, von dem, außer ſeiner
derben Gradheit oder Grobheit, noch viel anderes Seltene erzählt
ward, ſo z. B., daß er bei dem abendlichen Rückwege vom Thon=
berge in den Häuſern unterwegs nicht ſelten die Fenſter ein=
ſchlug, worauf ſtets Tags darauf die Hausbeſitzer bei ihm den
Geldbetrag dafür abholten, den er auch reichlich berichtigte, weß=
halb man ihn gern gewähren ließ. Die Studenten begrüßten
ihn nicht ſelten mit „Proſt Rau" worauf er mit „re" — oder
irgend einer Anzüglichkeit dankte, ferner hoſpitirte ich bei dem
immer pietiſtiſcher auftretenden Prof. Lindner, welcher eben über
die ſo verbreitete Lügenſucht ſprach: daß die Hälfte des Unter=

7*

haltungsgespräches unwahr und mehr als ein Viertel davon un=
nöthig sei, wie man vor der Ankunft eines Besuches denselben
gewöhnlich für läftig erkläre, bei deffen Eintritt aber versichere,
sich dadurch sehr geehrt zu fühlen rc. — Wer möchte ihm wohl
ganz Unrecht geben? —

Die Commilitonen mochten sich zwar wohl über das, in den
Hörsälen sich einfindende, schon in den dreißiger Jahren stehende,
bemoofte Haupt wundern, allein es gelang mir unter ihnen
manchen Freund zu gewinnen. Wegen der eifrigen Theilnahme
an der, damals unter Professor Pohls Vorsitz bestehenden came=
raliftischen Gesellschaft ward ich zu deren Protocollanten
gewählt; sie war zum Vortrage von Ausarbeitungen über came=
raliftische Gegenstände und zur Uebung im Disputiren darüber
bestimmt, und ich erhielt dadurch Gelegenheit, mich in dem noch
ungewohnten Vertheidigen meiner Auffätze gegen die Opponenten
zu üben. Daß ein eifriger Besuch der Vorlesungen stattfand,
wird keiner Versicherung bedürfen, da es ja doch mein eigener
fester Wille war, dieses Studium möglichst durch zu führen, und
so fehlte es ebensowenig an fleißigem Nachschreiben oder doch
Anmerken der wichtigsten Sätze, als am Repetiren der Vorträge
und am weiteren Eingehen auf die für mich wichtigsten Fächer
mittelst eifrigen Privatftudiums.

Mit Ausnahme der Lieblingswiffenschaften, über die ich schon
viel gesammelt hatte, legte ich über die, mir weniger nahe stehenden
philosophischen, anthropologischen und andere Fächer, theils nach
fleißig nachgeschriebenen Collegienheften, theils nach Hauptwerken
kurze Studienhefte mit systematischer Angabe der Unterabthei=
lungen und kurzgefaßten Lehrsätzen und mit Platz zum Nach=
schreiben an, welche mir das später nöthige, übersichtliche Wieder=
holen des Gehörten sehr erleichterten. In Folge meines mehr
auf das thätige Leben gerichteten practischen Sinnes konnte mich
die sogenannte Schulphilosophie mit ihren mannigfachen, sich
gegenseitig bekämpfenden Systemen nicht anfprechen, um so mehr
aber die Lebensphilosophie und andere auf allgemeine Bildung
und das practische Leben einflußreiche Doctrinen.

Wegen des erwünschten Eintritts in eine Finanzverwaltungs=
stelle wurde es mit der Repetition der gehörten cameraliftischen
Collegien sehr ernstlich genommen und sächsisches Staatsrecht,
Staatswirthschaft, Nationalökonomie, besonders aber Finanz=

wiſſenſchaft, Staatsrechnungsweſen und Canzeleipraxis privatim
fleißig ſtudirt, auch die empfohlenen Bücher darüber nachgeleſen,
ſowie Collectaneen von Auszügen und Abſchriften angelegt. Zugleich
galt es dem tieferen Eindringen in das damalige Geſchäftsfach,
die Militair = Oekonomie oder Verpflegung (Kriegswirthſchaft),
über welche alle darüber zu erlangenden, jedoch nicht eben zahl=
reichen Schriften ſtudirt, der Kriegshaushalt anderer Staaten zu
erfahren geſucht, und das Wichtigſte darüber angemerkt wurde.
Da meine urſprüngliche Idee, ein vollſtändiges Werk darüber
herauszugeben, nicht zur Ausführung gelangte, ſo ward nur eine
kleine Schrift unter dem Titel: Ueber die Literatur der
Militair=Oekonomie" ausgearbeitet, welche erſt 1825 in
Leipzig, und zwar anonym im Druck erſchien, über die mir zwar
nur eine, jedoch nicht ungünſtige Recenſion bekannt wurde. Die
Schrift ſollte die Militär-Beamten auf die, über jenes Fach vor=
handenen Schriften aufmerkſam machen, und zu deren wiſſen=
ſchaftlichem Studium ermuthigen. Einer ſo ſpeciellen, nur Wenige
betreffenden Sache geltend, erlangte ſie allerdings ſehr geringe
Verbreitung, auch war es kein mit ſolcher Luſt und Liebe erfüllen=
der Gegenſtand, wie ein günſtiges Geſchick mir deren in ſpäterer
Zeit zur Bearbeitung zuwies; ich habe daher nie viel Werth
auf dieſe Arbeit gelegt, auch ihrer als eines unbedeutenden Erſt=
lingsverſuchs ſelten gedacht. Ebenſowenig verdienen einige andere
damalige Verſuche z. B. einige kleine Artikel zum Brockhaus'ſchen
Converſations-Lexicon, zu Raßmanns Schriftſteller-Verzeichniß ꝛc.
als zu unbedeutend, der näheren Erwähnung. Sie beweiſen
höchſtens, daß die Neigung Andere ſchriftſtelleriſch zu belehren,
ſchon damals Wurzel faſſen wollte, nur aber des rechten Stoffes
und geübteren Geiſtes noch entbehrte.

Literatur-Benutzung.

Die Kenntniß der Literatur einer Wiſſenſchaft iſt ſchon ein
wichtiger Schritt vorwärts, da bei ernſtem und erfolgreichem
Studium eines Faches möglichſt alles darüber Erſchienene gekannt
ſein muß, um ſich ſtets das Beſte und Neueſte auszuwählen zu
können. Dieſe Kenntniß, ſowie die der Geſchichte des Faches,
charakteriſirt den kritiſchen Sinn des Forſchers, dem nicht jedes
Buch genügt, das ihm zufällig in die Hände kommt. Daher war

ich bemüht, über die bisher erschienene Literatur der mir näher
liegenden Wissenschaften mich möglichst zu unterrichten und die
rathsamsten Schriften derselben zu verzeichnen. Ich sah auch
fleißig die halbjährigen Hinrichs'schen Meßcataloge durch, damit
mir keine neu erscheinenden Werke entgehen möchten, und habe
dies bis in die spätern Jahre fortgesetzt. Alle für mich wichtige
und beachtenswerthe Schriften wurden, wofern sie nicht bei näher
bekannten Professoren (z. B. in der mir zur Benutzung frei=
gegebenen 30,000 Bände starken Pölitz'schen Bibliothek) oder in
Leih= und andern Bibliotheken vorhanden waren, von befreunde=
ten Buchhändlern zur Ansicht erbeten, um bei den so leicht täu=
schenden Titeln und Anpreisungen selbst prüfen zu können, ob sie
des Lesens werth wären. Uebrigens trat ich einem wissenschaft=
lichen und belletristischen Lesezirkel bei, um auch in dieser Hin=
sicht mit der Zeit fort zu gehen und zumal aus den Recensionen
die Urtheile über die mich besonders interessirenden Schriften
kennen zu lernen, denen man aber bekanntlich nicht immer un=
bedingt Glauben schenken darf, weßhalb nach eigener Prüfung
auch gern die Urtheile sachkundiger Freunde gehört wurden.
Uebrigens kam mir bei dem Lesen das schon in der Buchhändler=
zeit angewöhnte flüchtige und immer auch genügende Ueberblicken
der Seiten eines Buches zu statten, wobei das mich Interessirende
leicht und ohne viel Zeitaufwand aufgefunden, und das Wichtigste
ausgezogen ward, da die eigene Anschaffung von Büchern nur
auf die unentbehrlichsten beschränkt werden mußte. Um diese
Beschränkung, sowohl in Hinsicht des Bücher=Anschaffens als des
Lesens, ausführen zu können, wurde nachstehende Maßregel
getroffen:

Zuerst wurden Verzeichnisse der wünschenswerthen Bücher aufgesetzt, von
diesen dann die Nöthigsten, und endlich nach reiflicher Ueberlegung und nach
Prüfung der Geldmittel die Unentbehrlichsten ausgewählt, welche aber erst
dann aus Buchhandlungen neu erkauft wurden, wenn sie, mit genauer Beachtung
der neuesten Auflagen und gehörigen Vollständigkeit, nicht aus Auctionen
oder in Antiquariaten zu erlangen waren. Auf diese Art wird auch bei
geringen Mitteln nach und nach eine, wenn auch kleine, doch zweckentsprechende
Bibliothek erlangt und fortwährend vermehrt. Jene Maßregel der vorherigen
sorgfältigen Prüfung des hauptsächlich Erforderlichen wird besonders minder=
bemittelten anzurathen sein, um nicht etwa erst wünschenswerthes zu kaufen,
am Ende aber dagegen das dringend Nöthige entbehren zu müssen. Wie
thörigt ist es, wenn solche, die selten Bücher kaufen, sich durch zudringliche
Colporteure wenig brauchbare, oft nicht lesenswerthe Bücher aufschwatzen,

ober ſich zur Subſcription ober wohl gar zur Pränumeration auf ebenfalls
werthloſe, oft nicht einmal erſcheinenbe Schriften verleiten laſſen! Wer wenig
kauft, ſollte beſto ſorgfältiger daſſelbe vorher zu prüfen ſuchen. Nicht minder
warb, um bie Maſſe ber Literatur zu bewältigen, von mir ein gleicher Plan
bei bem Leſen befolgt. Dieſe Maßregel, verbunben mit jenem ſteten Fortgehen
mit ber Literatur, brachte mir in meinem ſpätern Wirken unzuberechnenben
Vortheil, unb wird beßhalb auch in mehreren meiner Schriften bringenb
angerathen. (Jugenbbilbung III. Ueber Bibliotheken u. a. m.) Im Laufe
bes Leipziger Aufenthalts wurben von mir über 300 wiſſenſchaftliche Bücher
geleſen unb in ben barüber gehaltenen Verzeichniſſen bavon Näheres erwähnt.

Durch alle bieſe wiſſenſchaftlichen Beſtrebungen aber war —
neben ber Beſorgung meiner Dienſtgeſchäfte — meine Zeit ſo
völlig in Beſchlag genommen, baß oft bis tief in bie Nacht hinein
bem Stubium obgelegen werben mußte. Leiber hatte ich babei nicht
bemerkt, baß nach unb nach bie ſtete Anſtrengung für ben Körper
nachtheilig geworben war, auf welchen bieſelbe umſomehr un=
günſtigen Einfluß äußern mußte, als bas Militairleben in ben
Jahren vorher ein ganz anberes, für bie Geſunbheit günſtigeres,
nämlich mit täglicher Bewegung unb bem Genuß freier Luft,
beſſerer Koſt unb heiterer Unterhaltung verbunbenes geweſen war.
Ich hatte wieberum gleichſam bie Rechnung ohne ben Wirth
gemacht. Hierzu kam noch bie ſteigenbe Unzufriebenheit mit
manchen, früher weniger gefühlten Mängeln in meinen militai=
riſchen Verhältniſſen unb bie Sehnſucht nach einer, leiber noch
ſehr fernen Civilanſtellung. Ein langwieriges, beſonbers in ben
Winterhalbjahren 1818—1819 hervortretenbes Bruſt= unb Leber=
leiben nöthigte mich zur Zurückziehung von ben ſo anſtrengenben
wiſſenſchaftlichen Privat=Beſchäftigungen, wobei mich auch, ba
ich faſt allen geſelligen Umgang abgebrochen hatte, immer
traurige hypochonbriſche Anſichten erfüllten, ſo baß ich ſogar bie
Hoffnung auf Geneſung aufgab, unb in bieſem Wahne bie
erwähnte frühere Selbſtbiographie vernichtete, bamit ſie nicht in
frembe Hänbe gelangen möchte. Meine, um mich ſehr bekümmerte
Mutter ſchrieb mir bamals, als ich ihr von meinem fleißigen
Stubium Nachricht gegeben hatte: „Daß Du ſo viel arbeiteſt, iſt
mir nicht lieb, Du mußt ben Kopf ſo ſehr anſtrengen; bas thue
boch ja nicht, Du weißt wohl, wie es bem Vater 1804 erging,
als er ſo viel Geſchäfte hatte; boch fürchte ich es von Dir nicht.
Dich zu ben Weihnachtsfeiertagen einzulaben iſt (wegen Deiner

Rechnungsabschlüsse) vergebens; es kann nicht sein; aber schwer
ist es, ein gutes Kind zu haben, und es nicht in der Nähe zu
besitzen, und sich mit ihm nur mittels Schreiben zu unterhalten." —
Es war einer ihrer letzten Briefe; sie wurde bald darauf von
einer schweren Krankheit befallen, von der sie ein sanfter Tod
am 2. August 1820 befreite. —

Der günstigen Frühlingswitterung, nochmehr aber dem
Bemühen eines neben mir wohnenden, und an mir innigst an=
theilnehmenden wahren Freundes, des Lieutenants Julius von
Lindenau (später Hauptmann und Kammerherr in Dresden),
der mich unverdrossen zu erheitern, zu Spaziergängen, sowie zu
öfterm geselligen Umgange und zur Unterhaltung mit andern
Freunden zu nöthigen bemüht war, verdankte ich die allmälige
Genesung und mit ihr erneuten Lebensmuth, wozu auch die all=
jährlichen Cantonnirungen des Bataillons auf dem Lande und
mehrere Fußreisen günstig wirkten.

Tagebuchs=Führung.

Statt der von früher Jugend an geführten, meist sehr kurz
gefaßten chronologischen Tagebücher traf ich damals eine bessere
Einrichtung nach dem mich sehr ansprechenden „Memoranden=Buch
von Jullien" 1817, dessen zweite Auflage, „Lebens=, Meß= und
Rechnenkunstlehre" diesen Gegenstand nach den verschiedenen Be=
schäftigungen: dienstliches, wissenschaftliches, geselliges, häusliches
Leben, Vergnügungen, Correspondenz u. s. w. vollständig behandelt.
Da es manchem Leser vielleicht zur Anregung und Nachfolge
dienen könnte, so sei hier Näheres über mein Tagebuch mitgetheilt:
Die einzelnen Abtheilungen desselben betrafen folgende Gegenstände:
1. einen chronologischen Ueberblick der Hauptbegebenheiten, 2. Berufsgeschäfte;
3. das öffentliche und gemeinnützige Leben (Wissenschaft und Kunst, gesehenes
Merkwürdige, besonders interessante Lectüre, eigene Ausarbeitungen, Reisen ꝛc.)
5. das gesellige und häusliche Leben (Freuden und Leiden in Haus und
Familie, besondere Gemüthsstimmungen, jedoch mit Vermeidung langweiliger,
sentimentaler Schilderungen, neue Bekanntschaften, Verluste an Freunden ꝛc.; —
welche Abtheilung jedoch in späterer Zeit als ein besonderes Familien=Tage=
buch geführt ward; 6. Briefwechsel (chronologisches Verzeichniß der einge=
gangenen, wie der abgesandten Briefe, mit Bemerkung auf einer Seitenrubrik
ob und wann sie beantwortet). Um in steter so nöthiger Uebersicht der
öconomischen Verhältnisse zu bleiben, ward ferner 7. ein Einnahme= und
Ausgabebuch gehalten, in welchem jedoch die unbedeutenderen Ausgaben

täglich oder wöchentlich nur summarisch bemerkt wurden. Eine beigelegte Uebersicht enthielt einen vorläufigen Haushaltungsplan mit muthmaßlichen Einnahmen und Ausgaben, um vor etwaigem Schuldenmachen gesichert zu sein. Da übrigens zufällige Ausgaben diese Vorausberechnung zuweilen stören, so sollte zu deren Deckung nach Art der Vorfahren, außer dem täglich gebrauchten Zehr= auch ein Noth= und selbst ein Ehrenpfennig (zu nöthigem festlichen Aufwande) zu ersparen und bereit zu halten gesucht werden. Endlich ward 8. ein Heft zur Anmerkung von Plänen und anderen Notizen zur späteren Ausführung und Auskunft angelegt, damit nicht solche vielleicht höchst einfluß= reiche Vorsätze dem Vergessen Preis gegeben werden. Das Tagebuch ward jedoch nicht alltäglich vorgenommen, sondern nur wenn sich etwas zum Ein= tragen ergab, wenigstens allwöchentlich einmal, weil bei längerem Verschieben nicht nur so Manches vergessen wird, sondern auch die Lust zum Eintragen zu vieler Notizen sich nur zu leicht verliert. Der Lichtblicke des Lebens ward dabei zur späteren Erheiterung meistens ausführlich gedacht, und eine besondere Mappe zur Verwahrung gedruckter bildlicher wie anderer „Beilagen zum Tagebuch" angelegt, wo auch Zeugnisse, wichtige Briefe, aufgesetzte Beschrei= bungen von Reisen und gesehenen Merkwürdigkeiten, Gelegenheitsgedichte und anderes zur näheren Erläuterung und Nachweisung des Eingetragenen ihren Platz fanden.

Der Nutzen der Tagebücher ist bekanntlich sehr mannichfach; wie schon oben erwähnt, dienen sie hauptsächlich zur Uebersicht des zurückgelegten Lebensweges, und es liegt auf der Hand, daß man bei dem Eintragen der verschiedenen Rubriken, bei dem Ueberdenken erlebter erfreulicher oder unangenehmer Ereignisse sich zugleich des eignen lobens= oder tadelnswerthen Benehmens klar wird und zu dem Vorsatz gelangt, letzteres künftig möglichst zu vermeiden. Sie haben ferner den Vortheil, an Namen, Tage, Vorfälle ꝛc. aus früherer Zeit genau zu erinnern, wie dies nicht selten auch zu juristischen Beweisen nöthig wird und aus mancher Verlegenheit befreien kann; sie bieten aber auch in späterer Zeit eine angenehme Lectüre dar und vermögen in den höheren Jahren eine lebhafte Erinnerung an die Lichtblicke der Jugendzeit, an verlebte glückliche Tage zurückzurufen und dadurch den Genuß zu gewähren, sich daran nochmals erfreuen zu können. Diesen Genuß gewähren auch die seit dem 16. Jahrhunderte üblichen Stammbücher zur Erinnerung an frühere werthe Freunde und die mit ihnen verlebten Stunden; eine Sitte, welche man nicht untergehen lassen sollte. Endlich sind die Tagebücher zur Ab= fassung von genauen Biographien unerläßlich und wir würden keine so trefflichen Werke dieser Art von Franklin, Haller, Göthe, Jean Paul, Zschokke und zahlreichen andern Gelehrten, wie von

Staatsmännern und Militairs 2c. besitzen, wenn dieselben nicht
mit Liebe und Eifer bereits von ihrer Jugend an solche Tagebücher geführt hätten. Auf diese Beispiele mögen hier die verwiesen sein, welche die Ermunterung zu gleicher Nachfolge belächeln
sollten. Einen unberechenbaren Vortheil gewähren aber gewissen-
hafte Selbstbiographien dann, wenn sie für die politische, wie
Literatur= und Culturgeschichte reiche Materialien darzubieten
geeignet sind und dieß möchte wohl ebenfalls zu deren Abfassung
einen wichtigen Grund darbieten. Wem es an Zeit und Schreibfertigkeit mangelt, oder wessen Leben wenig bewegt ist, wird
allerdings sich dabei nicht nur kürzer fassen, sondern auch die
obigen Rubriken vermindern, oder mehrere mit einander vereinigen
können. Jeder aber, welcher es irgend über sich vermag, sollte
wenigstens aller ein und zwei Wochen die erlebten Ereignisse und
Zustände, wenn auch nur kurz gefaßt, aufzeichnen; er wird in
späterer Zeit sich freuen, die geringe Mühe darauf verwendet zu
haben. Der Hauptvortheil dieser Arbeit ist, wie bei allem
Schreiben, daß jedes Erlebte klar vor die Seele tritt, wenn es
schriftlich behandelt wird.

Ueber diesen Nutzen des Schreibens sei aus Heinroths
„Lebensstudien" (Leipzig, 1848.) folgendes erwähnt: „Viel hat
es mir genützt, daß ich in meinem Leben geschrieben, und viel
geschrieben habe; die Gedankenthätigkeit ist mir eine große Weckerin
für das active Prinzip gewesen. Am Ende hängt doch, nebst
der Willenskraft, das wahrhaft praktische Leben von dieser Thätigkeit ab. Auch bilden wir ja durch Schreiben mehr als durch
Sprechen uns selbst, wie Andere. Durch das Schreiben wird
die Elasticität des Geistes geübt, und es dient zur Fixirung und
Einigung der Gedanken und ich habe mir dadurch eine gewisse
jugendliche Frische erhalten 2c."

Ebenso war es bei mir; durch ein unermüdliches Lesen und
Schreiben verblieb mir auch in den höheren Jahren geistige
Munterkeit, die mich an neuen Schriften, Erfindungen und Entdeckungen, an Einrichtung wohlthätiger Anstalten, überhaupt an
allem Wissens= und Lesenswerthen fortdauernd den regsten Antheil
nehmen ließ, und durch welche nützliche und angenehme Beschäftigung ich mich gegen Müßiggang und Langeweile zu schützen
vermochte, die bei einem völlig geschäftslosen Alter nicht selten
Mißmuth und Lebensüberdruß zur Folge haben.

Die schon erwähnte Schrift von Jullien wurde um so mehr mit Freude ergriffen, als sie noch andere, mich sehr ansprechende Rathschläge und Belehrungen über sorgsame Zeiteintheilung, Art und Weise Bücher zu excerpiren und dergl. enthielt, worauf ich längst schon Rücksicht genommen hatte. Ferner ward das Interesse auf das zwar längst als unerläßlich anerkannte, doch so oft versäumte Streben nach allseitiger Vervollkommnung aufs Neue geweckt, nämlich auf die gleichzeitige und gleichmäßige geistige Fortbildung und Charakterveredelung, sowie nicht minder auf die dabei nicht aus den Augen zu lassende, damals aber von mir zu wenig beachtete Sorge für das körperliche Wohl= befinden. Diese Ansichten stimmten mit meinem gern Alles um= fassenden, encyklopädischen Sinne überein, nur daß es sich hier mehr um das praktische Leben und Wirken handelte. Dies Alles ward mit viel Liebe ergriffen und später durch die Schriften Franklins, Herders und anderer Lebensweisen zu vervoll= ständigen gesucht. Es betraf, nächst jener Körperpflege, das Er= kennen des Wahren mittelst der Wissenschaften, das Gefallenfinden an dem Schönen mittelst der höheren Künste und die Theilnahme an dem Guten mittelst regen Mitgefühls und steten edlen Han= delns zu eigenem und Andrer Wohl.

In Hinsicht der Geschmackbildung ist Göthes Ausspruch in Wilhelm Meister zu beachten: „Der Mensch ist so geeignet sich mit dem Gemeinsten abzugeben, Geist und Sinn stumpfen sich so ab, daß man die Fähigkeit, das Schöne zu empfinden, für sich auf alle Weise zu erhalten suchen muß, denn einen sol= chen Genuß kann Niemand ganz entbehren und nur Ungewohnheit etwas Gutes zu genießen, ist Ursache, daß viele Menschen schon am Albernen und Abgeschmackten, wenn es nur neu ist, Vergnü= gen finden. Man sollte alle Tage wenigstens ein kleines Lied hören, ein gutes Gedicht lesen, ein treffliches Gemälde sehen, und wenn es möglich wäre, einige vernünftige Worte sprechen.—" Göthe war überhaupt mein Lieblings=Autor.

Es wurden ferner Lebenspläne und Lebensregeln zu dieser gleichmäßigen Beachtung und Pflege von Geist, Gemüth und Körper entworfen, doch — wie es bei den besten Vorsätzen leider nur zu oft zu gehen pflegt — nicht immer beharrlich genug aus= geführt, indem die Aufmerksamkeit nur zu leicht wiederum auf andere neue Gegenstände gelenkt wird, so bald Theorie und

Praxis nicht immer eifrig und treulich Hand in Hand gehen. Dennoch hat mir dieses immer wieder von Neuem vorgenommene lebensweise und lebenspraktische Studium unläugbar genützt, und ich hielt es daher auch für Pflicht, das Erprobte in mehreren meiner Schriften dringend anzurathen, wie sich dies weiter ergeben wird.

Häusliches und geselliges Leben.

In Folge der obenerwähnten Krankheit und der genaueren Beachtung der ebenbesprochenen Gegenstände unterblieb nun das viele Studiren und Stubensitzen; doch ward immer ein reges wissenschaftliches Leben mittelst Bücher- und Journal-Lectüre fortgesetzt, zugleich aber auch der Umgang mit geschätzten Freunden mehr als früher gesucht. Zahlreiche vergnügte Stunden verbrachte ich in mehreren Winterhalbjahren in einem Kreise von Gelehrten und anderen gebildeten Männern — der sogenannten vom Schuldirector Dolz geleiteten Schrankgesellschaft. —

Schriftsteller, Lehrer, Aerzte, Juristen, Künstler, Buchhändler ꝛc. fanden sich an den Wochentagen von 5—7 Uhr in einem öffentlichen Locale (dem Pelikan) ein, wo gewöhnlich zuerst politische Neuigkeiten, dann auch oft literarische Erscheinungen besprochen wurden und darauf ernste sowie humoristische Unterhaltung erfolgte. Neue wichtige Broschüren wurden oft gemeinschaftlich erkauft und vorgelesen. Meine ebenfalls vorgezeigte Autographen-Sammlung fand viel Beifall und erlangte in Folge davon manchen Zuwachs. Es war keine geschlossene Gesellschaft, sondern auch andere an unsern Gesprächen Gefallen findende Gäste konnten sich unserm Kreise anschließen, dem die einmal daran gewöhnten Mitglieder treu blieben. Nach einem zur Aufstellung historischer und anderer Nachschlagewerke angeschafften Schranke nannten wir uns die Schrankgesellschaft, nicht ohne humoristische Anspielung auf allseitiges Schrankenhalten. Wie vielseitig belehrend und anregend war nicht dieser Umgang, an den ich noch mit Freude gedenke, und wie ein solcher allen strebsamen jungen Männern zu wünschen ist.

Weiter verkehrte ich oft mit dem mir so wohlwollend zugethanen Prof. Dr. Heinroth und in der Köhler'schen Familie, die mir ihre Theilnahme fortwährend erhielt, ferner besuchte ich die Professoren Pohl, Wendt, Wieland, den Orientalisten Rosenmüller, den Hofrath Pölitz, dessen Bibliothek ich nach Belieben benutzen konnte, Böttiger, Diemer, den später so berühmt gewordenen Botaniker Hofrath Reichenbach, den Weltumsegler Tilesius, die Buchhändler Rost (Besitzer der Hinrichs'schen Buchhandlung) und Leich, durch welche ich, wie schon erwähnt, das Interessanteste der Literatur zur Ansicht erhielt, den Buchhändler Göschen und den später als Botaniker auftretenden Hofmeister, ferner den mir von Braunschweig her befreundeten Juwelier Strube, den

Regimentschirurg Dr. Weinhold u. A. m. Ebenso machte ich die Bekanntschaft der Dichter Legationsrath W. Gerhard und Hofrath Mahlmann, welch letzteren geist- und gemüthvolle Ansprachen in der Loge Minerva mich zu öfteren Besuchen anregten (wo auch die den Gesang begleitenden Töne einer meisterhaft gespielten Glasharmonika das Gemüth tief ergriffen). Ferner verkehrte ich mit dem als Aesthetiker bekannten östreichischen General-Consul Adam Müller, mit dem pädagogischen Schriftsteller Schuldirector Dolz, dem Polygraphen Dr. G. W Becker und andern hervorragenden Männern und lernte auch die damals durch Leipzig reisende bekannte, phantastische und pietistische Frau von Krüdener kennen, welche auf dem Wiener Congresse eine Rolle spielte, den Kaiser Alexander von Rußland durch Prophezeihungen 2c. täuschte und zu der nur kurze Zeit bestandenen heiligen Allianz die Veranlassung gab. Durch ihre steigende und selbst Umtriebe veranlassende Pietisterei wurde sie in Deutschland mißliebig und zur Rückreise nach Rußland polizeilich genöthigt. Auf dieser kam sie nach Leipzig, und ihr Reisebegleiter, der mir von Braunschweig her bekannte Postsecretair Kellner, ebenfalls ein exaltirter Pietist, führte mich eines Vormittags in ihr Zimmer ein, wo er mit 7 oder 8 weiblichen Dienstboten (süddeutschen Bauernmägden) einen Kreis bildend, niederkniete und meist mir Unverständliches betete, während die Herrin — eine ältliche, hagere Dame von mittlerer Größe, mit demüthigem Blicke und halb verdecktem Gesicht — noch im Morgen-Neglige zuweilen aus einem Nebenzimmer an die Thür trat und leise in das Gebet einstimmte. Zu Anfang war gesungen und von Kellner eine religiöse Betrachtung vorgelesen worden, ebenso bildete auch ein kurzer Gesang den Schluß; gleiche Andachten fanden auch Abends statt. Da mich diese offenbare Frömmelei nicht ansprach, so leistete ich Verzicht darauf, der überhaupt selten sprechbaren Dame vorgestellt zu werden, was auch keinen Zweck gehabt haben würde. Professor Krug beschrieb damals seine Unterhaltung mit ihr in einer kleinen Schrift.

Auch lernte ich den Schöpfer der von mir späterhin sehr geschätzten Homöopathie Dr. Hahnemann und manche andere vielgenannte Personen kennen. Es ward ferner, obschon meist nur als Zuhörer, an mehreren wissenschaftlichen Vereinen, wie der Naturforschenden Gesellschaft, der Oekonomischen Societät 2c. Theil genommen, und die schon erwähnte Handschriften-Sammlung zu vermehren gesucht, welche zugleich zu einem Briefe an Göthe Gelegenheit gab, der ebenfalls dieser Liebhaberei zugethan war. Die damals oft besprochene Kunst, aus der Handschrift auf den Character des Schreibenden zu schließen, veranlaßte mich zu einer Bitte an Jenen, um Mittheilung seiner Ansicht über diese Kunst, da er ihrer irgend wo gedacht hatte, worauf er mich durch eine freundliche Antwort, dieselbe für ausführbar, jedoch für schwierig haltend, erfreute, welche später in mehreren Schriften abgedruckt ward; z. B. Abendzeitung 1833, nebst einer von mir beigefügten

Literatur über jene Kunst, und über Facsimiles und Autographen-
sammeln überhaupt; ferner im Handbuch für Autographen-
Sammler von Günther und Schulz, 1856 und in Dörings Sammlung Göthe'scher Briefe 1837. Der Göthe'sche Brief lautet:

Daß die Handschrift des Menschen Bezug auf dessen Sinnesweise und
Character habe und daß man davon wenigstens eine Ahnung von seiner Art,
zu sein und zu handeln empfinden könne, ist wohl kein Zweifel, so wie man
ja nicht allein Gestalt und Züge, sondern auch Mienen und Ton, ja Bewegung
des Körpers als bedeutend mit der ganzen Individualität übereinstimmend
anerkennen muß. Jedoch möchte wohl auch hierbei mehr das Gefühl als ein
klares Bewußtsein Statt finden; man dürfte sich wohl darüber im Einzelnen
aussprechen, dies aber in einem gewissen methodischen Zusammenhange zu
thun, möchte kaum Jemand gelingen. Indessen da ich selbst eine ansehnliche
Sammlung Handschriften besitze, auch hierüber nachzudenken und mir selbst
Rechenschaft zu geben, oftmals Gelegenheit genommen, so scheint mir, daß
ein Jeder, der seine Gedanken auf diese Seite wendet, wo nicht zu fremder
doch zu eigener Belehrung und Befriedigung einige Schritte thun könne, die
ihm die Aussicht auf einen einzuschlagenden Weg eröffnen. Da die Sache
jedoch äußerst complicirt ist, und man selbst über die Stelle in Zweifel
schwebt, wo der ariadnische Faden, der uns durch dieses Labyrinth führen
soll, anzuheften wäre, so läßt sich ohne weit auszuholen, hierüber wenig sagen.
Da es mir aber nicht unmöglich scheint, daß man dasjenige was man bemerkt
und bedacht auch Anderen zu einiger Aufmunterung und zu einiger Fort-
bemühung gar wohl überliefern könne, so gedenke ich, angeregt durch Ihre Anfrage, in dem nächsten Stücke von Kunst und Alterthum soviel darüber zu
äußern, wie zu solchem Zwecke eine Sammlung anzulegen, zu bereichern
und ein zu fällendes Urtheil vorzubereiten.

„Nehmen Sie einstweilen Gegenwärtiges als eine Versicherung meines
Antheils auch an solchen Betrachtungen freundlich auf, und fahren Sie
indessen fort mit Eifer zu sammeln.

Weimar am 9. April 1820.   Ergebenst W. Göthe.“

(Die erwähnte Mittheilung erfolgte damals nicht, und befindet sich
wahrscheinlich unter seinen Manuscripten.)

Mein verhältnißmäßig geringer Gehalt nöthigte mich übrigens zu möglichster Einschränkung; der Feinschmeckerei blieb ich
stets fremd, ebenso hielt ich es nicht mit Wein- und Biergelagen;
es genügte mir eine frugale, bürgerliche Hausmannskost und überhaupt in jeder Hinsicht ein einfaches Leben. Es bedurfte dagegen
so mancher anderer Ausgaben, z. B. doppelter Kleidung, da ich
selten in Uniform, gewöhnlich in Civilkleidung ging, in der ich mich
am wohlsten befand; es waren zum Theil hohe Honorare zu
entrichten, und die viele Lectüre, die Reisen und Anderes nahmen
Bedeutendes in Anspruch. Dieß verhinderte mich auch an öfterem

Theaterbesuch, erlaubte ihn jedoch meine Casse, so erfreute ich mich, außer an classischen Stücken, besonders an heitern Opern und Lustspielen, während mich weinerliche Schau= und Trauer= spiele nie ansprachen. Ebensowenig war dieß der Fall mit sentimentalen, traurig endenden Romanen, indem ich nur an heiteren, humoristischen Erzählungen Vergnügen fand und der Ansicht war, nur zur Erheiterung das Theater zu besuchen und Romane zu lesen, da das practische Leben ohnehin in der Wirk= lichkeit genug Betrübendes darbiete, und dieß nicht noch durch die Phantasie zu vermehren nöthig sei. Als hauptsächliche Erhei= terungsmittel aber galten die alljährlich ein= zuweilen auch mehr= mals und gewöhnlich zu Fuß unternommenen Urlaubsreisen in die Heimath, aber auch in andere von mir noch nicht gesehene interessante Gegenden des Vaterlandes, so z. B. in die sächsische Schweiz, in das Erzgebirge mit einem Abstecher nach Karlsbad ꝛc. Bei der ersten Fußreise nach Löbau nach meiner Rückkehr aus Frankreich 1817 ward ich von den Eltern durch eine ungeahnte, ehrenvolle Auszeichnung überrascht. Wegen meiner früheren Beziehung zur oberlausitzischen Gesellschaft der Wissenschaften zu Görlitz und der an mehrere Mitglieder der= selben zufällig gelangten und günstig aufgenommenen Pariser Reisebeschreibung, war ich zum Mitgliede der Gesellschaft ernannt und das Diplom meinen Eltern zugesandt worden. Damals galt dies noch als eine seltene Ehre, und die Freude war daher um so größer, als es der erlangte erste Ehrenerweis dieser Art war, welchen in späterer Zeit möglichst zu verdienen, als mein sehn= lichster Wunsch galt.

Damals ward ich in Löbau auf einen sonderbaren doppelten Zufall auf= merksam gemacht. Die seit dem Mittelalter zur Zerstörung der Raubburgen fest vereinigten und eine ständische Abtheilung bildenden Sechsstädte der Ober= lausitz hielten von Zeit zu Zeit ihre Convente in Löbau, und da die Ober= lausitz bei der Landestheilung zur Hälfte an Preußen fiel, so ward der letzte im Jahre 1814 gehalten. Dabei zersprang nicht nur der Fuß des jahrhun= derte alten gläsernen Bewillkommungs=Pokals, sondern es war auch, als die Abgeordneten sich nach altem Brauche in das seit Jahrhunderten gehaltene Conventbuch einschrieben, grade nur noch eine Blattseite dazu leer. Es erinnert dies an die Krönung des letzten deutschen Kaisers zu Frankfurt 1792, wo auf dem Römersaale auch nur noch Raum zur Aufstellung eines deutschen Kaiserbildes vorhanden war. Merkwürdige Zufälle!

Der mit mir in demselben Bataillon angestellte und mir sehr befreundete Regiments = Chirurg Dr. Weinhold war nach

Dresden versetzt worden, wo ich ihn mehrmals besuchte und in seinem Familienkreise den Dichter Winkler (Theodor Hell) .und andere Schöngeister kennen lernte. Es gelang mir auch damals den festlichen Schluß des Landtages 1821 mit anzuhören, der noch nach alter Art aus 7 Kammern und Kämmerchen (nach Professor Krugs Ausdruck, weil mehrere aus wenigen Personen bestanden) zusammengesetzt und nicht öffentlich war, auf dem schon die Umgestaltung der Landesverfassung von einzelnen freisinnigen Männern zur Sprache gebracht, jedoch erst 1831 von der Regierung gewährt wurde.

Erwünschte Abwechslung und manche Gemüths-Erheiterung gewährten ferner die jährlichen Cantonnirungen des Bataillons in verschiedenen benachbarten Gegenden, wo mich neben dem Genusse des Landlebens immer auch unterhaltende Lectüre erfreute. Diese Cantonnements konnten gleichsam als die romantische Seite des einförmigen Militairlebens in Friedenszeit gelten, zumal wenn sich auch gute Quartiere und günstiges Wetter damit vereinigten. Es trafen dann die Offiziere öfters in einem geeigneten Orte Abends zusammen, unterhielten sich in heitrer Weise und nicht selten ertönte dabei auch der harmonische Hörnerschall unsres Waldhornisten-Corps.

Mehrere politische Vorfälle nahmen damals die allgemeine Aufmerksamkeit in Anspruch, zuerst die Ermordung Kotzebue's durch den Student Sand, und die Verbreitung der 1817 gegründeten deutschen Burschenschaft, welche in Leipzig streng ins Gebet genommen ward, und deren geheime, nur den Obern bekannte Grundsätze, wie mir in späterer Zeit ein solcher vertraute, nicht so harmlos waren, als man vorgab. Ferner die Erhebung der Griechen gegen das türkische Joch, für welche besonders von Professor Krug Gelder gesammelt und junge Männer angeregt wurden, ihnen zu Hilfe zu eilen, gegen welche Philhellenen sich aber die Griechen nicht etwa sehr dankbar bewiesen, wie Bechstein in seinen „Fahrten eines Musikanten" ergötzlich schildert.

Von den Festlichkeiten in damaliger Zeit ist des Reformationsfestes 1817 und des Regierungs-Jubiläums des Königs Friedrich August 1818 zu gedenken; sowie der Begräbnißfeierlichkeit des östreichischen Feldmarschalls Fürst Schwarzenberg, welcher 1819 nach Leipzig kam, um seiner Krankheit wegen Dr. Hahnemann zu consultiren und bei dessen Begrüßung durch unser Offizier-

Corps ich auch die beiden berühmten, geistreichen Adjutanten desselben, Prokesch von Osten, später langjähriger Gesandter in Constantinopel und Hauptmann Meyern, den Verfasser der mystischen Schrift „Dyanasore" kennen lernte. Bei dem Leichen-Conduct mußte Dr. Hahnemann hinter der katholischen Geistlich-keit und Schule vor dem Sarge hergehen (eine für die Aerzte gewiß sehr unangenehme Sitte im Oestreichischen) diesem folgte ein geharnischter Reiter mit dem fürstlichen Leibroß, dann unser Officier-Corps, als Leidtragende, wobei auch ich eine brennende Kerze zu tragen erhielt; darauf folgten die städtischen Behörden u. s. w. Vom Thore aus ward der Sarg nach Wien transportirt.

Dienstverhältnisse.

Um einen vollständigen Ueberblick von meinem Leben und Wirken zu erlangen, darf auch meine amtliche Geschäftsführung nicht ungeschildert bleiben. Schon in den ersten Wochen des Einmarsches in Leipzig ward mir meine militairische Stellung durch einen unangenehmen Zufall verleidet, der zugleich als Be-weis dient, wie unrecht es ist, bei auftauchenden üblen Nachreden von Jemandem zu meinen, daß doch etwas Wahres an der Sache sein müsse, indem derselbe demungeachtet völlig unschuldig sein kann. Der Regiments-Quartiermeister Klose von dem noch in Frankreich verbliebenen sächsischen Jäger-Bataillon war dort mit der Casse davongegangen, und wurde nach veraltetem, damals wieder hervorgesuchten kriegsrechtlichen Gebrauch in jeder säch-sischen Garnison und daher auch in Leipzig ausgerufen. Es wurde nämlich, wenn nach vorhergehendem Trommelschlag oder Hörnerschall das Volk herbeigeeilt war, das Vergehen des Ent-wichenen und das Urtheil über ihn vorgelesen. Da ich nun von zahlreichen Personen als Regiments-Quartiermeister gekannt, der Name des Collegen leicht überhört, und von Niemandem geahnt ward, daß diese Procedur in Leipzig einem, wie man bereits wußte, in Amerika befindlichen Betrüger gelten könne, so hatten viele dabei an mich gedacht, und mich sehr bedauert, bis sie sich beim Zusammentreffen mit mir vom Gegentheil überzeugten. Welch unangenehmes Gefühl für mich, auf diese Art in unschul-digen Verdacht gerathen zu sein! Dieß, sowie daß mir manche andere militairischen Verhältnisse immer weniger behagten, führte

8

zu dem Entschlusse, mich möglichst um eine Civilanstellung zu
bewerben, und als das beste Mittel dazu erschien mir die zu
erstrebende Auszeichnung vor meinen Collegen bei den andern
Regimentern; ich war daher bemüht mein Amt mit immer
erhöhter Anstrengung zu verwalten, so daß meine Rechnungen
nicht nur zu den am ersten eingereichten, sondern auch stets
zu den richtigsten gehörten. Da es an einer leicht übersichtlichen systematischen Instruction der Wirthschafts-Commission
fehlte, so entwarf ich eine solche nach den zahlreichen einzelnen
Verordnungen mit Raum zum Nachtragen neuer Bestimmungen,
wie eine solche die Geschäfte erleichternde und weitläufiges Nachschlagen ersparende Einrichtung noch bei keinem andern Regimente
bestand. Mein Verhältniß zu meinem Wirthschafts-Vorgesetzten
war ein sehr angenehmes und die wiederholte Aeußerung: „Wenn
unser Preußker die Geschäfte führt, können wir ruhig schlafen
und brauchen nur unsre Namen unter das von ihm Ausgefertigte
zu setzen", erfüllte mich mit inniger Freude. So lautete auch
ein unter dem 20. März 1821 ausgestelltes Zeugniß vom Muster-
Inspector der sächsischen Armee, General von Hacke, überaus
günstig: „Bei allen Revisionen, welche ich bei den Wirthschafts-
Commissionen der Regimenter seit einigen Jahren gehalten habe,
zeichnete sich besonders der bei dem 2. Schützen-Bataillon angestellte Regiments-Quartiermeister Preußker durch seine Ordnungs-
liebe, schnellen und richtigen Arbeiten ganz vorzüglich aus. Durch
seine schnelle Uebersicht und durch die eigne mühsame Bearbeitung
aller Geschäfte, gab er auch bei den verwickeltsten Rechnungs-
fällen auf der Stelle die richtige und genügende Auskunft. Mit
völliger Ueberzeugung, daß derselbe bei Anstellung in einem
Civilposten bei obigen berührten vortheilhaften Eigenschaften,
und bei den, sich mit vielem Fleiß erworbenen wissenschaftlichen
Kenntnissen, dem Staate ausgezeichneten Nutzen verschaffen wird,
muß ich mich verbunden erachten, Ihm dieses pflichtmäßige Zeugniß auszustellen."

Durch die wissenschaftliche Beschäftigung mit der Militair-
Oeconomie und Vergleichung der Wirthschafts-Verwaltung anderer
Heere mit der vaterländischen, ward es mir möglich, mehrere
Vorschläge zur Hebung von Mängeln bei letzterer zu entwerfen,
welche dem humanen General-Intendanten Obrist von Lindemann
vertrauensvoll überreicht, und von demselben günstig aufgenommen

wurden. Derselbe erwiederte z. B. auf einen solchen am 18.
October: „Für die Mittheilung Ihres Aufsatzes danke ich Ihnen
recht sehr; ich werde mehrere Ihrer wahrhaften Bemerkungen
bei dem Vortrage, den ich in diesen Tagen über die Organisation
der Wirthschafts-Commissionen im Collegio der Kriegsverwal=
tungskammer halte, um so mehr benutzen, da sie auf praktische
Erfahrung gegründet sind, welche stets bei solchen Einrichtungen
den sichersten Wegweiser abgeben, und die ich auch größtentheils
aus Erfahrung selbst bestätigen kann. In den, den Regimentern
in einiger Zeit mitzutheilenden Entwürfen werden Sie mehrere
Ihrer Ideen wieder finden ec." — Ebenso ließ mich der General=
lieutnant von Gersdorf zur Einreichung solcher Aufsätze durch
den mir befreundeten Adjutanten Gottlob von Polenz (später
theologischer Schriftsteller in Halle) auffordern, die nicht minder
günstige Aufnahme fanden.   Als eine Belohnung für dieß
Streben konnte ich mich nicht nur des Erlaßes einer nachträglich
verlangten Erhöhung meiner Caution, wie sie alle meine Collegen
zu stellen gehabt hatten, sondern auch der Versetzung in eine
höhere Gehaltsclasse erfreuen.

Um mich zu einer Civilstelle melden zu können, bedurfte es
der bald erlangten Erlaubniß der Militairvorgesetzten, und was
schwieriger war, zugleich der Genehmigung des Geheimen=Finanz=
Collegiums (des späteren Finanz=Ministeriums), deren Mitgliedern
ich noch nicht bekannt war, und deren Gunst erst durch persönliche
Vorstellung und Ueberreichung der bereits erlangten günstigen
Zeugnisse der Militair=Commando= und Verwaltungsbehörden,
erworben werden mußte.   Es gelang auch endlich die Erlaubniß
zum Ansuchen um erledigte und dem gedachten Collegium unter=
gebene Verwaltungsstellen zu erhalten.   Ein von dem Comman=
direnden der Sächsischen Armee, Generallieutnant von Lecoq
ausgestelltes sehr vortheilhaftes Zeugniß vom Januar 1822 ver=
dient insofern der Erwähnung, als die Ausstellung solcher von
der höchsten Militair=Behörde in Bezug auf einen so untergeord=
neten Beamten sehr ungewöhnlich war.   Es lautete: „Der bei
dem II. Schützenbataillon angestellte Regiments=Quartiermeister
Preußker hat während seiner achtjährigen Dienstzeit durch uner=
müdeten Eifer und Fleiß in seinen Berufsgeschäften die voll=
kommenste Zufriedenheit seiner Obern (Commando= und admi=
nistrativen Behörden) und die allgemeine Achtung der Truppe,

bei welcher derselbe angestellt war, sich erworben. Ich fühle mich
daher verpflichtet, den Regiments-Quartiermeister einem Hoch-
löblichen Königlichen Finanz-Collegio zur geneigten Berücksichtigung zu empfehlen." — Wie beglückt fühlte ich mich durch diese
Zuschriften und wähnte, nun bald die Ernennung zum Rentbeamten erwarten zu können; allein nur zu bald ergab sich meine
Täuschung, denn zu solchen, ohnehin selten freiwerdenden Stellen,
meldeten sich gewöhnlich eine Menge Personen, die meist einfluß-
reicherer persönlicher Empfehlungen hochgestellter Männer sich zu
erfreuen hatten. Zum weit leichteren Uebertreten in's Zoll-Accis-
und Steuerfach konnte ich mich nicht entschließen, da mir nicht
nur die, damals allgemein gehaßten Abgaben-Erhebungsarten,
sondern auch die stete alleinige Beschäftigung mit Geldern und
Zahlen zuwider war. Um wenigstens zu beweisen, wie sehr ich
bemüht sei, einer Rentbeamtenstelle würdig zu werden, hielt ich
bei der Militair- wie bei der Finanz-Behörde um die Erlaubniß
zum Acceß im Rentamt Leipzig an, welche auch Anfangs 1822
gewährt ward. Ich wurde dadurch mit dem Intraden-Forst- und
Bauwesen, wie den übrigen Geschäften solcher Aemter, und den
deshalb abzulegenden Rechnungen und andern Ausfertigungen
mehr vertraut; wie dies auch das bei dem Finanz-Collegium ein-
gereichte, für mich sehr ehrenvolle Zeugniß des damaligen dortigen Justiz- und Rentbeamten, Hofrath Eisenhut bestätigte. —
    Ganz unerwartet kam der Befehl, daß das zweite Schützen-
Bataillon von Leipzig nach Döbeln in Garnison abzugehen habe,
und da ich, ungeachtet mancher literarischen Begünstigung, mich
in Leipzig unter den bestehenden Militairverhältnissen nicht mehr
glücklich fühlte, so verließ ich diese Stadt Mitte August mit viel
Freude und in der Hoffnung, daß nun eine günstige Wendung
meines Geschicks eintreten werde. Es war aber vorher noch ein
trauriger Monat während einer Cantonnirung bei Nossen zu
bestehen, und zwar wegen entstandener Mißhelligkeiten mit dem
neuen Bataillons-Commandanten, dessen Launenhaftigkeit und
Herrschsucht soweit ging, daß er z. B. dem Bataillons-Arzt be-
fehlen wollte, ob einem Kranken die erforderliche theure China
zu verschreiben sei oder nicht. Theils war aber auch meine Ungeduld an meinem Mißbehagen schuld, indem sich noch immer
nicht eine Aussicht auf eine Civilanstellung ergeben wollte, wie
denn überhaupt der Mangel an Geduld mir lebenslänglich so

manche unzufriedene Stunde brachte, da ich gern alles Vorgenommene schnell abgethan wünschte, und die Lebensregel — Ohne Rast, ohne Hast — zu wenig beachtete. Doch in der Erinnerung an Heinroths einstigen, bereits erwähnten Rath der Ergebung in Gebuld — wodurch zugleich Göthe's Rath: „Wenn Du still bist, wird Dir geholfen!" und: „Beschränkung ziemt dem Weisen!" erläutert wird, — wendete ich mich der Gebuld möglichst zu, und bemühte mich ruhig und zufrieden abzuwarten, wie mein ferneres Lebensloos in der neuen Garnison sich gestalten würde, und dieses hoffnungsvolle Vertrauen ward auch diesmal durch einen erfreulichen Erfolg belohnt.

Garnison Döbeln, Verheirathung.

Mit hoffnungsvollem Gemüthe und dem Vorsatze, in Döbeln ein möglichst heiteres Leben zu beginnen, rückte ich am 21. September 1821 in diese Garnison ein. Ein frischer Lebensmuth beseelte mich auf diesem Marsche und zugleich die Ahnung, daß ich dort mein Glück finden würde. Es war gleichsam, als sei die alte Rechnung mit ihren Resten und Fehlern nun geschlossen, als solle eine neue unter glücklicheren Auspicien beginnen. Es erschien mir als eine glückliche Vorbedeutung, daß die neue Garnison grade mit meinem Geburtstage begann, und während sich in Leipzig Niemand um die eher lästige als gern gesehene Garnison bekümmert hatte, wurden jetzt die Einmarschierenden von den Behörden und übrigen Einwohnern Döbelns sehr freundlich aufgenommen, und besonders wurde ich, noch vom früheren Aufenthalte her in gutem Andenken, von mehreren Bekannten herzlich begrüßt. Statt der Mißstimmung war von diesem Tage an die feste Hoffnung auf eine bessere Zeit, und mit ihr Frohsinn und muntere Laune eingekehrt, die seit langer Zeit seltene Gäste bei mir gewesen waren. Ich wollte von der in Leipzig gehabten steten geistigen Anstrengung ausruhen, überhaupt einmal recht gemüthlich leben und mich froher Geselligkeit erfreuen, was mir auch bald gelang. Zu dem war eine gewünschte Anstellung doch nun bald zu erwarten, und da mein Gehalt unlängst um 100 Thaler erhöht worden war, so dachte ich sogar an eine baldige Verheirathung, an welche bisher, bei meinem geringen Einkommen nicht zu denken war. Ich beschloß, so bald ich ein edles, meiner Liebe werthes Mädchen finden würde,

getrost um ihre Hand zu bitten und — sonderbares Walten eines
günstigen Geschicks! — wenig Wochen nach dem Einrücken in
Döbeln (Anfang October) erblickte ich in einem geselligen Vereine am ersten Versammlungsabende meine spätere Gattin
zum ersten Male. Ihr liebliches Antlitz, ihr heller und munterer
Geist mit heiterem und gemüthlichem Sinn gepaart, nahmen
mich sogleich für sie ein. Ich dachte bei mir: „Das wäre ein
Mädchen für dich", und beschloß, mich um ihre Liebe zu bewerben, noch bevor ich wußte wer sie war. Bei den Gesellschafts-
spielen an diesem Abende hatte der Zufall sie mir beim Domino-
spiel gegenüber gesetzt. Zur Mittheilung der weiteren Vorgängnisse
ist jedoch der Raum hier zu beschränkt und daher sei nur erwähnt,
daß ein ihr in der nächsten Zeit überreichtes Gedicht sie sehr
angesprochen hatte, dessen erster Vers lautete: „Zwei Sterne sind
mir jetzt erschienen, sie leuchten freundlich, hell und klar; darf
ich mir aber auch erkühnen zu schauen in dies Sternenpaar?" —
und die beiden letzten: „Das Leben war mir kalt und öde, eh'
ich die beiden Sterne fand; schon blickt von fern des Hafens
Rhede, schon grünt der Hoffnung schönes Land." — „Seitdem
sich jene Sterne zeigten, fing ein beglücktes Dasein an; o möchten
sie mir immer leuchten auf meines Lebens künft'ger Bahn." —
Mein Bemühen, durch ihren Besitz beglückt zu werden, gelang
und so erfolgte bereits im Januar 1822 die Verheirathung. Es
war Amalie Agnes Löwe, die 1798 geborene jüngste Tochter
des dortigen, sehr geachteten Bürgermeisters und Kaufmanns
Carl Daniel Löwe, und seiner würdigen, wegen ihrer Herzens-
güte und ihres wohlthätigen Sinnes allgemein geschätzten Gattin,
Friederike, geborene Hamann, deren beide Söhne Moritz und
Eduard, später das Handelsgeschäft des Vaters übernahmen,
und deren andere Tochter an den dasigen Apotheker ·Brückner
verheirathet war. Die Schwierigkeit, daß bei der Verheirathung
von den Offizieren damals mehrere tausend Thaler Vermögen
nachgewiesen werden mußten, beseitigte der Schwiegervater durch
eine zugesicherte, gleichhohe, später nachfolgende Erbschaft. Von
dieser Zeit an begann die schönste, glücklichste Periode meines
Lebens, indem ein seit den Jugendjahren vermißter traulicher
Kreis zahlreicher, liebevoller Verwandten mich wieder aufnahm,
und ich mir einen eigenen Hausstand gründen konnte. Dreißig
Jahre lang beglückte mich die eben so verständige und fleißige,

als edle und religiöse Lebensgefährtin mit ihrer unwandelbaren Liebe und Treue, bis sie vom unerbittlichen Schicksale mir entrissen wurde. Mein Geist bedurfte nach so vieler Anstrengung der Ruhe und Erholung und diese gewährte mir der Eintritt in's Familienleben, wodurch das wissenschaftliche Streben allerdings mehr in den Hintergrund gedrängt, dem Gemüthsleben dagegen ein größerer Spielraum dargeboten wurde. Zwar las ich so Manches auch während des Aufenthaltes in Döbeln, und meine reichen wissenschaftlichen Collectaneen wurden immer von neuem durchgesehen und vermehrt, allein ein anhaltendes ernsteres, und tieferes Forschen unterblieb; nur ein bisher noch zu wenig beachtetes Fach der wissenschaftlichen Encyklopädie fand damals besondere Beachtung, nämlich die uns durch so manche unerfreuliche Tage oft glücklich leitende Lebensphilosophie. Es wurden Schriften darüber von Franklin, Göthe, Zschokke, Krug, Heinroth rc. gelesen, Lebensmaximen daraus entnommen, und in systematische Ordnung gebracht, aber auch zugleich Hefte mit diätetischen und Hauswirthschafts-Regeln angelegt, und auf andere mir als Haus- und Familienvater naheliegende Gegenstände Rücksicht genommen, denn der Himmel hatte uns bereits zwei Töchterchen, Agnes und Emilie, bescheert, deren erfreuliches Gedeihen der Eltern frohes Leben erhöhte. Nun hast Du es doch — sagte meine heitere Gattin einst scherzend, als ich durch häusliche Vorkehrungen von meiner Lectüre abgehalten ward — wenn Du Dich nicht verheirathet hättest, wie ungestört könntest Du in Deinem Studierstübchen sitzen und das viele Geld, was wir Dir kosten, zu Deinen Sammlungen verwenden. Ich aber entgegnete, der Mensch müsse einmal ein Kreuz tragen und da sei es doch am Besten ein selbstgewähltes. Und so gab es oft Scherz und heitere Laune in unserer erfreulichen Häuslichkeit.

Abgang vom Militair und Versetzung in eine Civilstelle.

Hatte ich mich schon längst vom Militair hinweg in eine ruhige Civilanstellung gesehnt, so ward dies Bedürfniß in den damaligen Verhältnissen noch weit mehr gefühlt, und alle möglichen Schritte wurden gethan, das Ziel zu erreichen.

Die damals eintreffende Verordnung, daß die Regiments-Quartiermeister-Stellen wegfallen, und dafür ein vom übrigen

Militairdienst befreiter Major oder Hauptmann als Wirthschafts=
Chef eintreten sollte, kam mir weder unerwartet, da ich in früheren
Eingaben selbst die höchst schwierige und sehr unhaltbare Stel=
lung der Regiments=Quartiermeister näher erwiesen hatte, noch
war sie mir unerfreulich, da ich nunmehr eine desto größere An=
wartschaft auf eine geeignete Civilanstellung erhielt, und nur bis
zu deren Erlangung neben dem 1822 neueingetretenen Wirth=
schafts=Chef noch im Dienste verblieb. Doch alle die günstigen
Zeugnisse, die angeeignete cameralistische Bildung, der Acceß im
Rentamte halfen mir nichts, in dem bei den ohnehin wenig=
erledigten Rentamtsstellen, nicht nur ältere Collegen, sondern auch
höhere Offiziere den Vorzug erhielten, die sich um Cameralistik
und Rechnungswesen nie im Mindesten bekümmert hatten, bei
denen aber die mir mangelnde mündliche Fürsprache hochgestellter
Personen eindringlicher wirken mochte.

Nach mehrjährigem vergeblichen Warten und Anhalten gelang
es endlich, mit dem bejahrten Rentbeamten zu Großenhain,
Amts=Inspector Korbinsky, der einen Adjunct zu erlangen wünschte,
ein von dem Geheimen Finanz=Collegio genehmigtes Abkommen
zu treffen, indem ich ihm bis zu seiner Pensionirung von den
gesammten Einkünften eine alljährlich sich vermindernde Summe
abzugeben hatte. Meine Entlassung vom Militair erfolgte mittelst
eines Königlichen Abschiedspatentes vom 26. April 1824, worin
meiner „in den elf Jahren im Lande und im Felde treulich und
redlich geleisteten Dienste" gedacht und mir die Erlaubniß gegeben
wurde, die Armee=Uniform der verabschiedeten Offiziere tragen zu
können, wovon ich aber später, ebenso wie vom Lieutnants=Cha=
racter, nur in sehr seltenen Fällen Gebrauch machte. Ebenso
erwähnte die Kriegsverwaltungskammer bei Ueberweisung der
bisher bei ihr geleisteten, nun aber an das Finanz=Collegio über=
wiesenen Caution, daß ich meine Function mit besonderer Ordnung
und Genauigkeit verwaltet habe. Damit war also meine nach
mancher trüben Stunde im Jahre 1813 mit festem Vertrauen
und erneutem Lebensmuthe begonnene militairische Laufbahn
endlich auf die erfreulichste und ehrenvollste Art beendigt, wie
ich früher kaum zu hoffen gewagt haben würde.

Am 12. Mai 1824 wurde ich bei dem geheimen Finanz=
Collegio in Eid und Pflicht genommen, wobei außer den, an
50 Thaler betragenden Verpflichtungs= und Einweisungskosten,

altem Herkommen gemäß, den mit mir in Berührung kommenden
Secretairen, Calculatoren 2c., Gratificationen in noch höherem
Betrage zu gewähren waren. In Großenhain erfolgte darauf
die Einweisung in das Amt, wobei nach herkömmlicher Art die
dazu vorgeladenen Ortsgerichte der Amtsdörfer, die Amtsbau=
gewerke, und andere mir untergebene Personen mittelst Hand=
schlags wie es wörtlich hieß „meinen Ge= und Verboten nach=
zugehen und mir den gehörigen Respect zu erweisen", anzugeloben
hatten. Da mir von dem nach Dresden übergesiedelten Senior
sogleich vom Anfange an die völlige Amtsverwaltung übertragen
wurde, so galt auch schon vor der, nach Ende 1825 erfolgten
Pensionirung des Ersteren die Abjunctur nur als eine leere
Form, und ich vielmehr als wirklicher Rentbeamter in völliger
Dienstausübung. Statt des im dienstlichen Leben zu gebrauchen=
den steifen Titels Rentbeamter nannte und schrieb ich mich, nach
erhaltener Erlaubniß in geselligen und literarischen Verhältnissen
Rentamtmann. So war ich nun endlich ein geachteter, und, was
viel Gewicht mit in die Wagschale legte, ein selbstständiger, nur
jenem höhern Collegium untergeordneter Beamter, und meine,
nun auch von Döbeln eintreffende Familie gefiel sich sehr in dem
so wohnlichen Rentbeamtenhause, wo vom 22. Juni an meine
neue Wirksamkeit begann, mit welcher zugleich ein wichtiger Wende=
punkt in meiner Laufbahn eintrat.

Fünfter Abschnitt.
Beamtenzeit.

Erste Abtheilung.
Einübung in das Berufsgeschäft; Geschichts= und Alterthums=
forschung.
1824—1830.

Die Rentamts-Geschäfte.

Mit meinem Eintritte als Rentbeamter begann, wie erwähnt,
wiederum ein neuer, und zwar mich sehr beglückender Lebens=
abschnitt; ich war nun gleichsam in den Hafen der Ruhe gelangt,
und wenn der Erbe Mängel auch manches Unangenehme mit sich
brachten, so waren dennoch die Haupterfordernisse eines ver=
gnügten Lebens: ein glücklicher Familienkreis, ein mit Liebe
betriebenes, genügend nährendes Amt, und nebenbei Muße zu
erfreulichen Lieblingsbeschäftigungen errungen, wozu der gütige
Himmel auch noch langjährige Gesundheit und frohen Lebens=
muth hinzufügte. Ich konnte nunmehr, nach 20jährigem unsteten
Leben, mich eines, einem Eigenthum gleichenden, festen Wohnsitzes
erfreuen, meine Sammlungen aufstellen, und mich auf lebenslang
häuslich einrichten. — Es würde zu einer sehr einseitigen Schilde=
rung führen, wollte ich meinen nunmehrigen Geschäftskreis nicht
wenigstens kurz andeuten, da er auf mein Privatleben von vielem
Einfluß war, und daher sei folgendes darüber erwähnt.

Die Rentamtsverwaltung ist unter allen Verwaltungs=
posten einer der angenehmsten und erschien für mich besonders geeignet;
war auch eine Cassenvertretung und daher manche Sorge damit
verbunden, so fand doch nicht, wie bei anderen Finanzstellen,
nur stetes Geldzählen und Zinsenberechnen in Hinsicht eines

Gegenstandes von früh bis abends statt. Mein Amt bot viele
Abwechslungen und selbst manche in das wissenschaftliche und
technische Fach übergehende Geschäfte dar. Der Rentbeamte ist
nicht nur ein Mitglied des mit Verwaltung der Staatsforsten
beauftragten Forstamtes, sondern auch Mitglied der Straßen-,
Ufer- und Land- (oder Hoch-) Baucommissionen im sehr umfangreichen Amtsbezirke, und ebenso bei anderen fiscalischen Zwecken
betheiligt. Es gab daher auch zahlreiche auswärtige Expeditionen,
wie Holzverkauf in den königlichen Forsten, Wiesen- und sonstige
Verpachtungen, Auslohnung der Arbeiter bei bedeutenden Elbuferbauten und auf anderen Bauplätzen und dergleichen Abwechslung darbietende Geschäfte, so wie auch mancherlei Verhandlungen
und Besichtigungen in Hinsicht fiscalischer Rechte, Gebäude,
Grenzen, Gewässer, Kammergutsübergaben und zahlreiche andere
Obliegenheiten, in Verbindung mit Beamten der verschiedensten
Functionen und Fächer, wogegen mir die Zinsenerhebung allein
übertragen blieb, welches Alles ebenso genügende Abwechselung
in den Geschäften, als zugleich Gelegenheit zu mannigfacher
Kenntnißvermehrung darbot, und selbst zur Begünstigung mancher
Privatbeschäftigung z. B. zur Nachforschung nach Alterthümern 2c.
führte. Solche verschiedenartige und vielseitige Beschäftigung
entsprach völlig meinen Wünschen und Neigungen; was aber
jenem Amte einen besonderen Reiz verlieh, war die völlig selbst-
ständige Stellung des Rentbeamten, in der ich nur dem damaligen
königlichen Geheimen Finanz-Collegium (später dem daraus gebildeten Finanz-Ministerium) untergeben, und allein an dessen
Verordnungen gebunden war; dagegen aber zu allen anderen mit
mir in Dienstsachen verhandelnden, wenn auch meist im Range
höheren Behörden und Beamten, in nebengeordneten und gleich-
berechtigten Verhältnissen stand. Ich war daher meist freier
Herr meiner Zeit und Entschließung. Die Vormittage wurden
mit eifriger Geschäftsbetreibung, in der rentamtlichen Expedition
zugebracht, wo zugleich ein, von mir angestellter Rentschreiber
und ein Copist zu minder wichtigen Arbeiten bestimmt waren;
die spätern Nachmittagsstunden wurden aber öfters, wenn die
Geschäfte nicht dringend waren, mit gutem Gewissen zu meinen
Privatbeschäftigungen verwendet. War doch die richtige und
schleunige Betreibung der Geschäfte ohnehin zu vertreten, die
nöthigenfalls auch in geschäftsfreien Stunden vorgenommen

wurden, um mir die stete Zufriedenheit der mir vorgesetzten Behörden zu erhalten.

Das Erste, was in dem neuen Amte hauptsächlich vorgenommen
ward, war die Durchsicht aller irgend noch zu beachtenden Acten
des Rentamts-Archivs, um eine genaue Kenntniß des gesammten
amtlichen Wirkungskreises, und zumal der eben bestehenden Verhältnisse zu erwerben. Da sich dasselbe in einem ungenügenden
Zustande befand, so ward es in den ersten Jahren meiner Verwaltung von mir völlig neu und nach einem streng wissenschaftlichen Systeme geordnet. Dadurch, wie durch baldigste Besichtigung der mir mit untergebenen Waldungen, Straßen, Gebäude rc.
im Amtsbezirke, war ich in kurzer Zeit so allseitig unterrichtet,
daß ich nicht mehr als Neuling betrachtet werden, sondern meine
Stelle bei Berathungen und Beschlußfassungen im Vereine mit
andern Beamten genügend ausfüllen konnte. Schon vorher mit
finanziellen und cameralistischen Kenntnissen vertraut, wurden fortgesetzt die neusten Werke über Finanz- und Cameralpraxis, wie
über sächsisches Staatsrecht, über Staatsrechnungs- und Cassen-,
Registratur- und Canzeleiwesen studirt, und die darüber schon
angelegten Collectaneen mit zahlreichen Auszügen vermehrt, um
Theorie mit Praxis — die Wissenschaft mit dem thätigen Leben —
zu vereinigen, daher gleichsam auf zwei Füßen zu stehen. Es
wurden selbst Schriften über das Forst-, Bau- und Domänen-
wesen, wie über andere fiscalische Verwaltungszweige zur Hand
genommen, um denselben, so wie anderen mit dem Amte in
Verbindung stehenden Verhältnissen, z. B. über Bewahrung des zu
erhebenden Zinsgetreides und dergleichen, nicht zu fremd zu sein.
Auch das Ausschreiben der nöthigen Fröhner zu Spann- und
Handdiensten bei dem Bauwesen, zu Treibjagden und Wildpret-
transport, zu Kammer-Gutsdiensten, u. s. w. welches, um ganz gerecht
zu gehen, wegen vieler, dabei zu beachtender Verhältnisse sehr
schwierig war, gehörte zu meinem Dienste. Außerdem ward mir
die Mitverwaltung des Gröbler Floßkanals, der Merschwitzer
Elbfähren-Ueberfahrt und so manches Anderes übertragen.

Durch streng rechtliche, zugleich aber auch möglichst milde
Geschäftsführung in Betreff der Zins- und frohndienstpflichtigen
Unterthanen des Amtes, wie anderer mir untergebener Personen,
gelang es mir deren Vertrauen zu erwerben, und gern war ich
durch Nachsicht, Berathung und Fürsprache zu helfen bereit,

wogegen Geschenke von denselben unter keiner Bedingung angenommen wurden, wie es früher wohl vom untergeordneten
Rentamtspersonal manchmal geschehen sein mochte; es mußte
daher so Mancher in der ersten Zeit seinen Scheffel Korn, oder
seinen Schinken, seine Butter und dergleichen wieder mit fort-
nehmen, mit der Bedeutung, künftig nicht mehr solches zu wagen.

Ich hätte im Laufe der Zeit drei im Gehalt, theils auch
im Range höher gestellte Posten im Rechnungsfache in der Residenz
erlangen können, allein ich lehnte sie ab, denn sie boten weder
einen so vielartigen Wirkungskreis, noch gleiche Selbstständigkeit
mit Gelegenheit zu erfreulichen Nebenarbeiten dar, und dieß
Alles mochte ich nicht für jene ersteren Verhältnisse verkaufen.
Ich würde gewiß lebenslang mit Aerger und Verdruß auf
meine verlassene, so angenehme Stelle zurückgeblickt haben. Das
höhere Einkommen würde durch größeren Aufwand in der Residenz
wiederum geschwunden, der höhere Rang durch die größere Ver-
tretung mit steter persönlicher Controle von Vorgesetzten und
stetem Aerger mit zahlreichen Untergebenen verbunden sein, und
das ganze Leben durch die so leicht zur Einseitigkeit führenden steten Rechnungsarbeiten im Bureau verbittert worden sein.
So Mancher hat sich auf diese Art durch falschen Schein und
Mangel an sorgfältiger Vergleichung der Verhältnisse seine frühere
glückliche Lebensbahn verscherzt, und wie betrübend würde dieß
nicht in ähnlichem Falle für mich gewesen sein.

Familien- und gesellige Verhältnisse.

Im häuslichen Kreise umfing mich ein ebenfalls sehr be-
glückendes Familienleben im Verein mit einer treuen, stets thätigen
und sorgsamen, streng sittlichen und religiösen, dabei immer auch
heiteren, bei Mißstimmung mich ermunternden Gattin und den
mir ebenfalls Freude bringenden Kindern. Allerdings fanden
sich auch in dem neuen Verhältnisse zuweilen Noth und Sorgen ein; doch gemeinschaftlich getragen, wurden sie erleichtert,
und ein gütiges Geschick sendete oft überraschende Hülfe.

In kleineren Orten ist es meistens der Fall, daß die Ein-
heimischen, zumal die Patricier, die neuen Ankömmlinge streng
beobachten, und ihre Lebensweise zu bekritteln pflegen, und daß
überhaupt nicht eher geruht wird, bis man sich gleichsam gegen-

seitig auf die Zähne gefühlt und erprobt hat, wie viel man sich wohl gefallen ließe, was allerdings den Ankömmlingen erschwert, sich einzubürgen. So erging es auch uns in Großenhain, doch gab es sich bald, sowohl in dienstlicher als geselliger Beziehung, da ich und meine Gattin Anderen eben so wenig zu nahe traten, als wir uns einschüchtern ließen. Besonders zweierlei hatte man an uns auszusetzen: daß ich nicht Karte spielte, und wir aus Spar= samkeit, wie auch ermangelnder Neigung nicht, wie die Meisten unseres Standes, Gastmäler und Punschabende veranstalteten; doch auch ohne dieses kamen wir durch, und unsere Einfachheit ward vielmehr von Vielen bald nachgeahmt. Man sparte das Geld, und begnügte sich, mit dem Besuche des bestehenden gesel= ligen Zirkels.

Ueberhaupt lebten wir, soweit es unser Stand zuließ, gern zurückgezogen, denn, jede Minute nützlich verwendend, dauerte mich die, bei den öfteren gegenseitigen, zwecklosen Besuchen ver= lorene so kostbare Zeit, und meine Gattin fand bei der Wirth= schaftsbesorgung und Kindererziehung ohnehin genügende Beschäf= tigung. Es waren außer den schon früher erwähnten beiden Mädchen uns in dem hier besprochenen Zeitraum noch zwei andere (Mathilde und Ida) geschenkt worden, und wir rühmen es als eine der vergnügtesten Zeiten, als wir unsere Schäfchen noch im Hause, und auf den gemeinschaftlichen Abend=Spaziergängen um uns hatten, oder wenn an Winter=Abenden die heitere Gattin mit ihnen tanzte und sang, und ich aus dem Kopfe muntere Melodien dazu auf dem Klavier spielte, was aber auch gern des Morgens früh mit einem Morgenliede wegen der kleinen Kinder erfolgte.

Wissenschaftliche Privat=Beschäftigungen.

Zu den wissenschaftlichen Privat=Studien gehörte, — nach= dem nun ein besonderes Studienstübchen eingerichtet und die Auf= stellung der seit 1813 in Löbau noch bewahrten Bücher, Mineralien und andern Sammlungsgegenständen erfolgt war, — vor Allen das stete Fortgehen mit der neuesten Literatur. Um in ununterbrochener Vertrautheit mit den Fortschritten der Berufs= wie der Lieblingswissenschaften zu bleiben, ward, wie früher, so auch damals und bis in die höheren Jahre die Durchsicht der

jährlichen Meßcataloge benutzt, verbunden mit möglichſter Anſicht
der aus Bibliotheken und Buchhandlungen zu erlangen geſuchten,
beſonders anſprechenden neuen Werke; ebenſo erfolgte die Fort=
ſetzung der Collectanen. Dieſer Fortbildung diente auch mein
Anſchluß an Leſezirkel, und in dieſer Hinſicht ward ich beſonders
durch die von mir 1826 übernommene, und ſeither fortgeſetzte
Leitung eines literariſch=belletriſtiſchem Journaliſticum begünſtigt,
welche zwar Mühe und manchen Aerger verurſachte, doch aber
den Vortheil brachte die Zeitungen zuerſt und auch ſpäter zu
beliebiger Durchſicht zu erhalten.

Sowie früher ward auch damals das Streben nach möglichſt
encyclopädiſchem Wiſſen fortgeſetzt, da dieß nicht nur ſicherer vor
Einſeitigkeit bewahrt, der man ſo leicht verfällt, wenn nur ein
Fach betrieben und dieß dann gewöhnlich für die alleinige Haupt=
ſache im Leben gehalten wird, ſondern auch einen freieren Ueber=
blick in alle Welt= und Lebensverhältniſſe fördert. Die fort=
ſchreitende allgemeine Bildung in immer weitere Kreiſe ſetzt bei
jedem auf dieſelbe Anſpruch machenden Manne ohnehin ſchon
eine überſichtliche Kenntniß der hauptſächlichſten allgemeinen
Wiſſenſchaften voraus; die auch in der Unterhaltung mit Per=
ſonen anderer Fächer trefflich zu ſtatten kommt, und zu immer
neuer Belehrung führt. Auf dieſe Art gelang es mir, manche
einflußreiche Bekanntſchaft zu erwerben, und überhaupt unzube=
rechnende Vortheile zu erlangen; abgeſehen von dem wichtigen
Einfluß auf meine ſchriftſtelleriſchen Arbeiten, wovon ſpäter die
Rede ſein wird.

Doch neben dieſen allſeitigen Kenntniſſen bedarf es des tiefen
Eindringens in die Berufs= wie in die Lieblingswiſſenſchaften.
Welche von Letzteren ich vorzugsweiſe erwählen ſollte, war
mir noch nicht klar, ſo wie ich auch, von meiner geringen geiſtigen
Fähigkeit nur zu ſehr überzeugt, nicht im mindeſten die Abſicht,
ja nicht die Ahnung hatte, je öffentlich als Schriftſteller aufzu=
treten. Es war vielmehr mein Vorſatz mich nur auf ein oder
einige beſonders anſprechende Fächer zu eigener Belehrung zu
beſchränken und meine Sammlungen ebenfalls nur zu eigenem
Vergnügen und zur Vorzeigung für Freunde zu benutzen. Es
geſtaltete ſich aber anders. Die Neigung, Andere an den geſam=
melten Kenntniſſen theilnehmen zu laſſen, war ſeit früher Zeit
vorhanden, wie die Gründung von kleinen wiſſenſchaftlichen

Gesellschaften, Lesezirkeln ꝛc. bereits erwies, weshalb ich gern auch Bücher verlieh, und meine Sammlungen vorzeigte, um Andere dadurch zu belehren und zu erfreuen. Diese Neigung stieg, je mehr die angeeigneten Kenntnisse und angelegten Sammlungen sich vermehrten, und da ich nicht Lehrer war, überhaupt auch zu langen mündlichen Vorträgen nicht genügendes Talent besaß, so blieb die schriftliche Belehrung der einzige Ausweg zur Befriedigung jener Neigung, mich Andern in weiteren Kreisen nützlich zu erweisen. Zugleich sei im Voraus darauf hingewiesen, daß ich dabei von kleinen Versuchen zu immer größeren, von kurzen Aufsätzen, wenn sie Beifall fanden, erst zu ausführlicheren Schriften hingeleitet ward, so daß immer eine Leistung aus der Anderen hervorging. Bei dem fortgesetzten höheren Streben ergab sich denn eine immer steigende Verbesserung in Stoff und Form, und es schien bei mir sich Schiller's Ausspruch zu bewahrheiten: „Es wächst der Mensch mit seinen höheren Zwecken."

Mein erster Vorsatz in Hinsicht meines Privatstudiums war, mich mit der sächsischen Staatsverfassung und Verwaltung und insbesondere mit dem, mir theoretisch und praktisch so nahe liegenden Finanzwesen zu beschäftigen. Ich gedachte an die höchsten Behörden über mancherlei beobachtete Mängel und deren rathsamste Abhülfe Eingaben einzureichen, wie ähnliche bei der Militairverwaltung so günstig aufgenommen worden waren; allein ich erhielt von einem vertrauten Freunde den guten Rath, dies zu unterlassen, wenn ich mir die bisherige Zufriedenheit jener Behörden erhalten wolle; man liebe solche Neuerungen nicht, zumal von Untergeordneten vorgeschlagen, von denen man nur pünktliche Befolgung der ihnen ertheilten Vorschriften verlange und erwarte. Da ich nun auch überdieß mehr und mehr fand, daß es für Beamte überhaupt eine schwierige Aufgabe sei, sich mit Gegenständen der Staatsverfassung und Verwaltung, mithin mit Politik zu beschäftigen, weil man dabei leicht zu weit gehen kann, und mich auch nicht besondere Neigung dazu antrieb, so verließ ich dieses Fach, um mich einem mehr geeigneten zuzuwenden. Ich glaubte dies in dem Studium der Mineralogie zu finden, allein ich merkte wie schon früher (1812) gar bald, daß mir zum Naturforschen ebenso die scharfblickende geistige wie sinnliche Beobachtungsgabe fehlte, und noch mehr entmuthigte es mich, als sich kein zum Wetteifer anregender Freund dieser

Wissenschaft in der Nähe fand. Wollte doch fast Niemand meine
neugeordnete, fast ein ganzes Zimmer einnehmende und zur Be=
schauung öffentlich dargebotene Mineraliensammlung, damals die
einzige im Orte, beschauen, wogegen sich zu einer Partie Solo
oder Whist unbezweifelt zahlreiche Personen eingefunden haben
würden. Es war also eine neue Wahl zu treffen, und ein glün=
stiger Zufall zeigte mir den Weg, der mich zugleich zur Schrift=
stellerei veranlaßte.

Alterthums-Forschungen.

Der Eifer für Deutschlands Geschichts= und Alterthumsforschung
in neuerer Zeit, schreibt sich vom Befreiungskriege her. Nach
der Unterjochung Deutschlands durch Napoleon verbreitete sich
aus tiefem Haß gegen denselben ein erfolgreicher Enthusiasmus
für Deutschlands Erhebung und Befreiung in immer weiterem
Kreise, und zur Ermuthigung dazu, wies man auf das so kräf=
tige, thatenreiche deutsche Alterthum hin. Die wie schon erwähnte,
vom Tugendbund bereits eingeleitete Erhebung gegen die Franzosen,
ging von Breslau aus, wo die 1811 von Frankfurt an der Oder
dahin verlegte Universität mit mehrern freisinnigen Lehrern neues
Leben verbreitete. So war auch die daselbst von dem, um die
altdeutsche Literatur verdienten in Ulm angestellten Rector Gräter
herausgegebene deutsche Alterthumszeitung „Iduna und Hermode"
1812—15 besonders mit dazu bestimmt, zu jenem Zwecke auf
die deutsche Vorzeit hinzuweisen. Auch mir war schon damals
dieser Gegenstand wichtig, aber bei dem unsteten Militairleben
trat das Interesse daran mehr in den Hintergrund.

Nach Beendigung jenes Freiheitskrieges ward nun die deutsche
Geschichte besonders berücksichtigt, auch 1816 zu Frankfurt a. Main
durch den hochverdienten preußischen Minister von Stein, unter=
stützt durch fürstliche Beihülfe, eine Gesellschaft für ältere deutsche
Geschichte zu Herausgabe früherer historischer Quellen gegründet.
Ebenso ward in den Schriften der Breslauer Professoren Büsching
und Kruse 2c. zu Erforschung des deutschen Alterthums angeregt,
und zu Naumburg der (später nach Halle verlegte) erste deutsche
Alterthumsverein 1821 durch den Landrath Lepsius errichtet, dem
ich mich auch damals anschloß, jedoch ohne für den Gegenstand
etwas thun zu können. Da führte mich nun ein günstiges Geschick

9

nach Großenhain, dessen an alterthümlichen Ergebnissen reiche
Umgegend mir bald Gelegenheit darbot, für dieses Fach thätig
mit wirken zu können, wie es bei einem anderen Wohnsitz schwerlich
in gleichem Maße erfolgt sein möchte. Ganz zufällig erlangte
ich im December 1824, durch einen Freund auf einen unfern
von der Elbe bei Merschwitz erfolgten alterthümlichen Fund aufmerksam gemacht, einige Urnen (Aschenkrüge aus der vorchristlichen Zeit) und bronzene Geräthschaften. In dem Drange, die
so interessanten und noch von Niemand im Orte gekannten Gegenstände auch Andern vorzuzeigen, legte ich sie nebst einer kurzen
Beschreibung, in einem geselligen Zirkel zur Besichtigung aus.
Da dies günstig aufgenommen, ich auch gleichzeitig von dem 1824
durch Stieglitz, Nobbe, von Posern und anderen Leipziger Gelehrten
daselbst gegründeten, später mit der dasigen deutschen Gesellschaft
verbundenen Leipziger Alterthumsverein zum Beitritt und zur
Einsendung erlangter interessanter Nachrichten dieses Faches ersucht
worden war, so ward jene Beschreibung weiter ausgeführt, mit
Zeichnungen versehen und diesem Vereine zugesandt, wo sie sehr
erfreuliche Aufnahme fand und zur Veröffentlichung bestimmt
ward. Diese erfolgte, nachdem noch Mehreres über selbst veranstaltete Ausgrabungen bei Radeburg nachträglich beigefügt
war, in den, von jenem Verein herausgegebenen „Beiträgen
zur Vaterländischen Alterthumskunde" Band I. mit
Abbildg. (Leipzig 1825), welches, als das erste öffentliche mit
Beifall aufgenommene Auftreten vor einem gelehrten Publikum,
mich sehr erfreute und zum eifrigen Fortgehen auf dieser Bahn
ermuthigte.

Kaum war diese Schrift erschienen, als der Secretair der
oberlausitzischen Gesellschaft der Wissenschaften in Görlitz, Dia-
conus Neumann, die Aufforderung zur Einsendung eines, gleiches
Interesse gewährenden Aufsatzes für deren Zeitschrift an mich ergehen ließ. Ich war der Gesellschaft wegen früheren Verkehrs
mit derselben (1804) und durch die Erwählung zu ihrem Mitgliede (1817) zu sehr verpflichtet, als daß ich ablehnen konnte,
doch war ich in großer Verlegenheit, wie es auszuführen sein würde,
bis sich auch dazu Rath fand. Von der Schulzeit her besaß ich
einige bei Bautzen und Löbau gefundene Urnen und bronzene
Gegenstände, deren Beschreibung und Abbildung zur Grundlage
einer Abhandlung dienten; da dies aber viel ·zu ungenügend

erschien, so wurden Schriften über deutsche Alterthümer, wie über germanische und slavische Götter eifrig studirt, auch Handschriften über alterthümliche Gegenstände der Oberlausitz aus der Gesellschaftsbibliothek zur Durchsicht erlangt, so daß jenem Aufsatze nicht nur Nachrichten über heidnische Grabhügel, Schanzen und Opferplätze jener Provinz, sondern auch Vermuthungen über die daselbst verehrten Gottheiten, beigefügt werden konnten. Diese Abhandlung wurde in dem „Neuen Lausitzischen Magazin" Görlitz, Band VI. 1827—28 aufgenommen und später, nachdem sie durch beigefügte Zusätze zu einem starken Bändchen angewachsen war, unter dem Titel „Oberlausitz'sche Alterthümer." Erster Beitrag vom Rentamtmann K. Preußler 2c. mit 3 Lithographien (Görlitz 1828) besonders abgedruckt, wovon eine reichliche Anzahl Frei-Exemplare zur Vertheilung an Alterthums- und andere Gelehrten-Vereine, an vaterländische Bibliotheken, und einzelne Alterthumsforscher benutzt ward. Sowohl briefliche Mittheilungen geachteter Geschichtsforscher, als auch Recensionen äußerten sich sehr günstig über diese Schrift. Kann dieselbe nach dem jetzigen, fast 4 Jahrzehnte späteren Zustande der Wissenschaft, auch nur als ein ungenügender Erstlingsversuch betrachtet werden, so galt sie wenigstens damals, wo erst die vaterländische Alterthumsforschung begann, für eine der ersten dazu anregenden Schriften, und besonders hatte die am Schluß befindliche Uebersicht aller Orte der Provinz in Bezug auf alterthümliche Funde angesprochen, welche zugleich zur Entwerfung einer historischen Karte dienen sollte, wie bereits solche von mir in den Jugendjahren versucht worden waren.*)

---

*) Da die von Preußler herausgegebenen Schriften den meisten Lesern dieser Biographie ihrem Inhalte nach nicht näher bekannt sein möchten, genügt es nicht, nur die Titel derselben anzuführen, sondern es ist nöthig, sie durch Hinzufügung von Recensionen und Briefauszügen zu charakterisiren. So schrieb der geschätzte Oberlausitzische Historiker Archidiakonus Dr. Pesched in Zittau: „Das ganze Werk füllt eine Lücke in unsrer Literatur aus; die Schlußresultate sind merkwürdig. Durch das Werk bleibt Ihr Name lange gekannt; historische Arbeiten dauern am längsten und wachsen mit den Jahrhunderten in der Seltenheit." — Ferner sagt der bekannte Forscher altdeutscher Literatur und Kunst, Professor Büsching in Breslau (in den schlesischen Provinzialblättern 1830 Beilage März Seite 138): „Solche Darstellungen ganzer Länder mit eben solcher Belesenheit und Umsicht entworfen, würden die Alterthumskunde unendlich fördern; der Verfasser hat sich dadurch ein Verdienst

Weitere antiquarische Forschungen.

So fand ich mich nun ganz unerwartet auf einmal unter die Alterthumsforscher versetzt, und als ein solcher auf- und angenommen. Die günstige Beurtheilung meines ersten Versuchs führte mich zu dem Entschlusse, alle meine Mußestunden nunmehr der vaterländischen Alterthumskunde zu widmen. Die Nothwendigkeit zu wissen, was alles schon auf diesem Gebiete geleistet worden, veranlaßte mich zuerst alle irgend berücksichtigungswerthen und aus öffentlichen wie Vereins- und Privatbibliotheken (zu Dresden, Leipzig, Görlitz, Halle 2c.) bereitwillig erlangten Schriften darüber zu durchforschen. Besonders zahlreich erhielt ich solche von der Oberlausitzischen Gesellschaft der Wissenschaften zu Görlitz, mit deren Secretair und andern Mitgliedern ich in öfteren Briefwechsel trat, wie auch mit den königlichen Bibliothekaren Ebert, Falkenstein, Gersdorf, Klemm, die, nebst andern auswärtigen Alterthumsforschern, mich mit Büchern und alterthümlichen Mittheilungen unterstützten und erfreuten. Von dieser Zeit an begann ein reges literarisches Leben, welches, wie schon erwähnt, zu stetem Fortschreiten auf der betretenen Bahn ermuthigte.

Aus den entlehnten Schriften wurden nach gewohnter Weise die wichtigen Ergebnisse mittelst Auszügen in systematischen Collectaneen gesammelt, auch flüchtige Umrisse abgebildeter Gegenstände beigefügt, so daß sie als ein nothdürftiger Ersatz der nur geliehen erhaltenen Bücher ausreichten, da ohnehin nur die hauptsächlichsten und zum öfteren Nachschlagen unentbehrlichsten Werke angeschafft werden konnten. Eine zweite Arbeit war die Anlegung eines, zu leichterer Uebersicht ebenfalls systematisch geordneten Repertoriums aller in Deutschland aufgefundenen, oder sonst beachtungswerthen Alterthümer jeder Art, in welchem dieselben nach Rubriken auf einzelnen Bogen in Quart mit Platz zum Nachtragen versehen, nach den hauptsächlichsten Verhältnissen, kurz verzeichnet wurden, während am Rande auf die nähern Beschreibungen derselben in Büchern oder in jenen Collectaneen verwiesen ward. Es wurde dabei nicht blos auf Urnen, Waffen, Schmucke und andere

erworben. Ein so reger und glücklicher Eifer gehört dazu, um Etwas zu fördern. Außerdem ist die Abhandlung bei großer Kenntniß der Gegenstände und der darüber erschienenen Werke von aller Anmaßung gänzlich frei, und er läßt den Verdiensten, sowie Bemühungen seiner Mitarbeiter auf gleichem Felde, wenn ihre Meinungen auch völlig von den seinigen abwichen, doch immer ihr Recht widerfahren, — eine sehr löbliche und erfreuliche Seite der gediegenen Abhandlung" 2c.

Anmerk. des Herausgebers.

Geräth-Alterthümer, sondern auch auf Grabstätten, Riesensteine und andere Opferplätze, Heidenschanzen und Burgwälle und die damit verbundenen oder sonst herrschenden Sitten und Sagen der Gegend Rücksicht genommen. Allerdings war es eine unsäglich mühsame und umfangreiche, jahrelang dauernde Arbeit, durch die es aber auch gelang, diese culturgeschichtlichen Ueberreste des deutschen Vaterlandes, soweit Schriften und briefliche Nachrichten darüber zu erlangen gewesen waren, leicht zu überblicken. Sie sollte einem beabsichtigten Werke über die gesammte deutsche Alterthumskunde zur sicheren Grundlage dienen, und ich konnte daraus mit einem Blick ersehen, wo und unter welchen Verhältnissen die eine oder die andere Art von Urnengräbern, Waffen, Schmucken ꝛc. gefunden, wo und wie gestaltete Heidenwälle und Opferorte in Deutschland entdeckt wurden, und diese oder jene uralte Sitte und Sage sich noch erhalten hatte. Dieses Repertorium — wie ein solches wegen der sich fast täglich ergebenden Auffindungen ꝛc. in späteren Jahrzehnten schwieriger ausführbar gewesen wäre, wuchs bereits damals durch fortgesetzte Eintragung während eines Jahrzehnts zu mehrern handhohen Fascikeln an und ebenso war es mit jenen Collectaneen, die nach und nach einen, ein bedeutendes Repositorium einnehmenden, literarischen Apparat bildeten. In einem, mit weißem Papier durchschossenen Hand-Exemplar aller meiner Schriften pflegte ich Nachträge dazu anzumerken, um sie bei anderen Schriften leichter benutzen zu können.

Es genügten mir aber nicht allein die Theorie und die aus Büchern entnommenen Resultate, sondern die Praxis mußte nothwendig damit Hand in Hand gehen, um selbst neue Ergebnisse darbieten zu können, weshalb Nachgrabungen in der Nähe und Ferne nach Urnen, Waffen und andern Geräthschaften der Vorzeit erfolgten. Die Ueberreste alter Sitten und Sagen, früher so wenig beachtet, liefern reichlichen Stoff zur Mythologie der germanischen Völker, welche durch deren eifrige Erforschung in neuerer Zeit zumal durch die Gebrüder Grimm eine feste Gestaltung gewonnen hat. Aehnliches ist es mit den früheren Rechtsverhältnissen und den uralten deutschen Sprach-Ueberresten. Es fanden aber auch Nachforschungen nach uralten Grenzwällen, Opfer- und Vertheidigungsorten ꝛc. mit Entnahme von Ansichten und Grundrissen derselben, sowie Aufmerkung der daran geknüpften Sagen statt, welches Alles man früher nur wenig oder noch nicht berücksichtigt, wenigstens noch nicht in Schriften besprochen hatte. Ich versäumte deshalb keine Gelegenheit auf die Wichtigkeit aller dieser Gegenstände der heidnischen Epoche, wie auf die Alterthumskunde überhaupt, als Theil der Culturgeschichte des Vaterlandes, in Bezug auf früheste Zeiten, hinzuweisen. Ebenso wurden mittelalterliche Ueberreste, sowohl Bau- und Bildwerke,

als auch andere interessante Alterthümer jener Zeit möglichst
beachtet, und den Urkunden und Inschriften, wie den Bracteaten
und andern Münzen dieser Periode besondere Rücksicht gewidmet.

Durch günstige Erfolge immer von Neuem zum Weitergehen angespornt,
ward darüber, zumal in den Jahren 1827—32 in zahlreichen, oft mit Zeichnungen versehenen, an Alterthumsvereine eingesandten Aufsätzen Bericht er-
stattet, welche von diesen meist in ihren Schriften aufgenommen oder von
mir in anderen vielgelesenen Zeitschriften mitgetheilt wurden. Dazu, wie zu
sonstigen Aufsätzen mannichfachen Inhalts, zu Recensionen mich besonders
interessirender Schriften und anderen Veröffentlichungen, standen mir besonders die vom Dr. Reiniger in unserm Wohnorte herausgegebenen „Sächsischen Provinzialblätter" 1827—29, gleichsam zur Einübung zu Gebote, ebenso
wie in den folgenden Jahren die „Abendzeitung" (Dresden), die „Sachsenzeitung" (Leipzig), Beckers „Anzeiger der Deutschen" (Gotha) und andere
Zeitschriften sehr bereitwillig Aufsätze von mir aufnahmen. Auch in späterer
Zeit kamen zahlreiche Aufforderungen zur Mitarbeiterschaft an Journalen,
denen ich jedoch wenig oder nicht genügen konnte und auch nicht mochte,
um nicht meine Zeit zu sehr zu zersplittern, die ich lieber eignen größeren
Werken zuwenden wollte.

Sowie es bei der Theorie galt, durch die Literatur zu ersehen, was bereits darüber bekannt gemacht worden war, so erforderte es in Hinsicht jenes thätigen praktischen Wirkens allwärts
persönliche Erkundigungen nach schon erfolgten alterthümlichen
Funden in der Umgegend. Besonderen Erfolg erwiesen die 1825
und später (1834, 1853) gedruckten Aufforderungen, mich von
dem Auffinden von Alterthümern, wie von den in der Gegend
bekannten alten Sagen und sonstigen Ueberresten früherer Zeit
in Kenntniß zu setzen. Zahlreiche Exemplare davon wurden nicht
nur an Geistliche und Lehrer, bei denen ich deßhalb auch meine
kleinen Schriften cirkuliren ließ (1832), sondern auch an die
mit mir einst in amtlicher Verbindung stehenden Ortsvorstände,
Wasser- und Straßenbau-, Forst- und andere Beamte und Arbeiter
in weitem Umkreise vertheilt, welche Personen meist auch zugleich
bei den vorgenommenen Nachgrabungen und anderen Nachforschungen stets gern hülfreiche Hand leisteten. Dankbar gedenke
ich noch der Förster Schellig und Dietrich (später Oberforstmeister),
der Straßeninspectoren v. Metsch und Töpfer, der Maurermeister
Gebr. Müller, des Conducteur Bergner in Halle, des Stadtrath
Klien in Bautzen, mehrerer Wald- und Chausseewärter re.

Bei diesen alterthümlichen Forschungen galt es zahlreiche Wanderungen
und Reisen in nahe und entfernte Gegenden Sachsens zu unternehmen, so
z. B. besuchte ich die uralten, zum Theil sehr hohen Heiden-, Rund- oder

Burgwälle der Oberlausitz (über 50 derselben), die zu Opferstätten, meist aber zu Sicherheitsplätzen gegen feindliche Ueberfälle dienten; ebenso die alten Opferfelsen in dieser Provinz, ferner den Teufelsgraben bei Coslitz, der als eine germanische Gaugrenze zu betrachten ist; ferner die an alten Opferwällen und Hunderten von 1—10 Ellen hohen Urnengräbern mit bronzenen Ueberresten so reiche Schliebener Gegend, welche der Kreisphysikus Dr. Wagner, dem ich viele Alterthümer zu verdanken habe, zuerst zur Sprache brachte, wo mit viel Wahrscheinlichkeit der von Tacitus erwähnte Opferhain der Semnonen zu vermuthen ist. In der Meißner Gegend untersuchte ich interessante Opfersteine, an welche sich Sagen vom Kampfe der christlichen Stämme mit den heidnischen anknüpfen, ebenso forschte ich in der Döbelnschen Gegend und anderwärts, welches Alles in den „Blicken in die Vorzeit" näher geschildert und zugleich meist abgebildet ist.

Durch häufige Nachgrabungen und Nachforschungen nach Alterthümern, wie durch erhaltene Geschenke solcher in Folge der gedruckten Aufforderungen ward meine, 1824 nur aus etwa 20 Stück bestehende Sammlung nach und nach sehr bereichert. Und da mein Eifer für Alterthumsforschung in der Nähe und Ferne bekannt war, so suchte mir so Mancher eine Freude damit zu bereiten. Ferner erfolgte die Vermehrung der Sammlung durch Tausch von Doubletten mit andern Liebhabern und Vereinen in und außerhalb Sachsen; so wurden z. B. seltene Urnen aus Schlesien, germanische Waffen und andere Steingeräthe aus Holstein und Rügen erlangt, Einiges auch erkauft, so z. B. römische Alterthümer aus der Rheingegend (vom Dr. Emele), um deren charakteristische Unterschiede von den germanischen, celtischen und slavischen desto besser erforschen zu können. Bei den Ausgrabungen mußte man sehr auf die Arbeiter Acht haben, weil diese, sobald sich Etwas ergab, begierig den Schatz zu heben, oft unverständig hinein hackten; sie meinten, wegen den alten Töpfen rc. würde ich mir nicht solche Mühe geben und glaubten nicht selten steif und fest, daß es sich um einen Beutel blanker Ducaten oder goldene Uhren handele, wovon sie Etwas zu erlangen hofften.

Meine Sammlung war im Jahre 1832 bereits auf 500 Nummern angewachsen, über welche ein genaues Verzeichniß, mit Angabe der Fundorte und mit flüchtiger Abzeichnung der Stücke gefertigt wurde, welches letztere in so fern rathsam erschien, als beim Verlust der Etiquetten auf den einzelnen Gegenständen sogleich das Nähere derselben wieder aufgefunden werden konnte. (Eine auch bei manchen anderen Sammlungen sehr zu empfehlende Maßregel).

Auf die Nachricht von in altem Gemäuer aufgefundenen
Urnen mit räthselhafter Schrift bei Radeberg eilte ich ohne Verzug
dahin, weil sich Schriftzüge noch auf keinem Gefäße aus der
heidnischen Periode Deutschlands ergeben hatten; es waren jedoch
keine Gefäße dieser Zeit, sondern interessante, hart gebrannte, aus
dem Mittelalter herrührende Stücke, so daß ich eine kleine Schrift
darüber unter dem Titel herausgab: „Ueber einige bei Ra=
deberg aufgefundene Urnen mit unbekannten Charakteren";
mit zwei Kupfern, Halle 1828 (als besonderer Abdruck aus
„Kruse's deutschen Alterthümern. Bd. II.). Wegen jenen räthsel=
haften Charakteren kam ich mit mehrern berühmten Sprach= und
Schriftforschern, dem Professor Rosenmüller in Leipzig, Con=
sistorialrath Sickler in Hildburghausen, Hofrath Kopp in Mann=
heim, von Hammer in Wien und Bibliothekar Wilhelm Grimm
in Kassel in Briefwechsel, wobei sich herausstellte, daß jene räthsel=
haften Charaktere astrologisch=kabbalistische Zeichen und die Gefäße
zu alchymistischem Gebrauch im 15. oder 16. Jahrhundert bestimmt
waren, als damals an fürstlichen Höfen das Phantasiebild der
Goldmacherkunst im Schwunge war, wie darüber nachträglich in
Rosenkranz's Zeitschrift zur „Geschichte der germanischen Völker"
I. S. 77 nähere Auskunft ertheilt ward, wo auch zugleich die
erschienenen sehr günstigen Recensionen jener Schrift mit bemerkt
sind. Merkwürdig war die in der Nähe jener Urnen entdeckte
Menge römischer Münzen, deren sich überhaupt in Sachsen häufig
vorfinden, und eben so zahlreiche bronzene Nadeln, Fibeln, Ringe
und andere Gegenstände unbezweifelt römischen Ursprungs, welche
durch Kriegsbeute oder Tausch und Kauf, wenn nicht durch ein=
zelne römische Heereszüge dahin gelangten, wie dies in den später
zu erwähnenden Blicken in die Vorzeit III. S. 39—49 angedeutet
ist. Da in jener kleinen Schrift aber auch der gewöhnlichen
Urnengräber der Gegend gedacht ward, so fügte ich die Abbil=
dung einer von mir selbst geöffneten Urnengrabstätte bei Querse
und eines Steinkreises in deren Nähe bei, welche erstere als noch
nirgends so deutlich dargestellt, so allgemein ansprach, daß sie
in den meisten allgemeinen Werken über deutsche Alterthümer, wie
in illustrirten Encyklopädien, mit aufgenommen wurde und ich
daher bei deren Erblicken in immer neuen Schriften nicht wenig
überrascht ward. Interessant war auch ein aus einer Weinbergs=
mauer bei Meißen erlangter halber Grab= oder Schatzhütender

Stein mit hebräischer Schrift, von Juden aus dem 13. Jahr=
hundert herrührend, welche damals in Sachsen sehr begünstigt
wurden. Er ward von mir dem Dresdner Alterthumsvereine
überlassen.

Schon im Jahre 1827 und 1828 ward ich in Folge dieser
Bestrebungen durch mehrere sehr ermuthigende Zuschriften der
hochverehrten sächsischen Prinzen (spätern Könige) F r i e d r i ch
A u g u s t und J o h a n n erfreut; eigenhändige fürstliche Hand=
schreiben an Privatpersonen, wie fürstliche Besuche, waren damals
noch sehr seltene Ehrenerweise. Der Letztere beehrte mich auch
in späterer Zeit mit mehreren Zuschriften und selbst mit einem
Besuche zur Beschauung meiner Alterthümersammlung, als der=
selbe nach Errichtung der Communalgarde — der ich während
des ersten Jahres ihres Bestehens als Adjutant beitrat — 1831
als deren General=Commandant darüber Revue hielt, sowie ich
mich auch bei späterer mehrmaliger Anwesenheit jener geliebten
Fürsten in meinem Wohnorte stets der gnädigsten Ansprache und
Zuziehung an ihre Tafel erfreuen konnte.

Da Oberbehörden nicht immer die Liebhabereien der Unteren billigen,
zumal wenn es in so weitem Wirkungskreise erfolgt, wie bei mir, so sandte
ich gleichsam als Kundschafter einige meiner Aufsätze dem Finanz=Präsidenten,
Geheimrath von Manteufel zu, der mir dafür dankte und mit den beruhi=
genden Worten schloß: „Fahren Sie fort, das Geheime Finanz=Collegium
wird gewiß nichts dagegen haben, wenn Sie sich neben guter Besorgung
Ihrer Amtsgeschäfte, mit so interessanten Nebenarbeiten beschäftigen." —
Ehrenvoll war auch die Erwählung zum Mitgliede des unter dem Präsidium
jener beiden genannten Prinzen gegründeten sächsischen Alterthumsvereins zu
Dresden; und so wie ich denen zu Halle und Leipzig bereits angehörte, wurde
ich nach und nach von fast allen in den deutschen Gauen errichteten zahlreichen
Vereinen gleichen Zweckes (von 24 derselben und darunter auch von dem so
verdienten nordischen Alterthumsverein in Kopenhagen und Kiel) zum Mit=
gliede ernannt.

Durch fortgesetztes Studium ward von mir eine genaue
Uebersicht der gesammten Alterthumsforschung erworben, und da
ich nur zu sehr bemerkte, daß dieselbe noch nicht genügende
Schätzung erlangt hatte, auch nicht selten auf eine ungenügende
Weise erfolgte, und nur als eine zeitvertreibende, unfruchtbare
Liebhaberei galt, welche durch Aufschichten solcher alterthümlichen
Geräthe das Ihrige gethan zu haben glaubt, und da zugleich
die nur in Schriften und Alterthümern Roms und Griechenlands
lebenden Philologen das ebenfalls gleiche Berechtigung verbie=

nende deutſche Alterthum zu mißachten pflegten, ſo entſchloß ich
mich auf dieſe Mängel in einer, der gedachten Oberlauſitziſchen
Geſellſchaft der Wiſſenſchaften zur 50jährigen Feier ihres Be=
ſtehens gewidmeten kleinen Jubelſchrift: „Ueber Mittel und
Zweck der deutſchen Alterthumsforſchung (Leipzig 1829)"
bringend hinzuweiſen.　Ich ſuchte klar darzuſtellen, daß die
deutſche Alterthumsforſchung nicht eine Curioſitäten=Krämerei ſei,
und keines Falls Geringſchätzung verdiene, vielmehr, als eine
Abtheilung der ſo wichtigen und damals noch wenig zur Sprache
gebrachten, vaterländiſchen Culturgeſchichte früherer Zeiten gelte,
welche, als eigentliche Bildungsgeſchichte des deutſchen Volkes,
mit der politiſchen Geſchichte Hand in Hand gehen müſſe, um
ein vollſtändiges Bild jener Vorzeit gewähren zu können.　Die
Alterthumsforſchung ſei daher die Ermittelung der Anſichten, Ein=
richtungen und Gebräuche unſerer Altvordern, ſowohl in Hin=
ſicht der Staatsverfaſſung und Verwaltung, des Rechts=, Kriegs=
und Religionsweſens, als auch in Bezug auf Literatur, Künſte,
Gewerbe und das ſittliche und häusliche Leben der Vorfahren.
Die Neuzeit iſt aus dem Alterthum entſproſſen, und kann nur
in deſſen Spiegel genügende Würdigung und Erläuterung finden.
Zugleich ward auch darauf hingewieſen, daß bei aller Schätzung
des claſſiſchen Alterthums und der hohen Leiſtungen der Griechen
und Römer, wie anderer cultivirten Völker jener Zeit bennoch
auch die bisher ſo vernachläſſigte deutſche Vorzeit der eifrigſten
Pflege bedürfe, und ein Jeder, der ſich dazu geeignet fühle,
treulich Hand dabei mit anlegen möge.　Es ward ferner erwähnt,
daß jene Anſammlung von Urnen, Waffen und anderen Geräth=
Alterthümern und deren Betrachtung nicht für ſich genüge, ſondern
auch die übrigen gleichzeitigen Zuſtände und Verhältniſſe jener
Zeit dabei zu berückſichtigen wären, ſolle ſich wenigſtens einige
nähere Anſchauung der vaterländiſchen Vorzeit ergeben.　Der
ſolche vorzeitliche Ueberreſte nur als Curioſität, und zum Zeit=
vertreib zuſammenbringende Alterthümler, müſſe ſich zum fleißigen
und umſichtigen Alterthumsſammler erheben, der ſich wenigſtens
das Verdienſt erwirbt, ſolche Gegenſtände vor Vernichtung zu
ſichern, und zur künftigen, näheren Beachtung zu erhalten, damit
wahrhaft wiſſenſchaftliche Alterthumsforſcher dann culturhiſtoriſche
Reſultate daraus zu ermitteln vermögen.　Zu dieſem Zwecke
ward zugleich ein noch nirgends ſo vollſtändig mitgetheiltes ſyſtema=

tisches Verzeichniß aller Quellen der vaterländischen Geschichts-
und Alterthumsforschung aufgestellt. Es war gleichsam eine
Methodologie und Hodegetik der Alterthumskunde. Ebenso ward
auf sonst Nöthiges zur Hebung jener Wissenschaft hingewiesen,
und ein Ueberblick der Wirksamkeit der bestehenden historisch-
antiquarischen Vereine in Deutschland mitgetheilt. Meine Reise
zu jener Jubelfeier ward nicht nur durch eine sehr freundliche
Aufnahme Seiten der zahlreich dabei versammelten Gelehrten,
und mancher neuen erfolgreichen Bekanntschaft, sondern auch
durch günstige Erfolge bei Forschungen und Nachgrabungen auf
der Hin- und Rückreise belohnt, wobei, wie auf späteren Reisen
zu diesem Zwecke, zahlreiche treue Freunde, so z. B. der schon
erwähnte, vielfach verdiente Dr. Bönisch in Kamenz mir sehr
behülflich waren.

Die allgemein und überraschend günstige Aufnahme dieser
Schrift ergab sich durch 20 sehr erfreuliche Recensionen derselben
(die meist in der Leipziger Literatur-Zeitung 1830 Nr. 228 und
Sachsenzeitung 1830 Nr. 225 verzeichnet sind), sowie durch zahlreiche Zuschriften der geachtetsten sachkundigen Forscher.

So bemerkte z. B. der berühmte Historiker Professor Heeren (Göttinger
gelehrter Anzeiger 1830 Nr. 147): „Daß die Quellen-Classification noch nirgends so vollständig erfolgt sei und sehr dazu beitrage, dem Sammlerfleiße
besondere Richtung zu geben." — Der bekannte Kunstkenner v. Quandt in
Dresden schrieb Folgendes: „Eine Menge der Alterthumsfreunde folgt mehr
einer unklaren Liebhaberei zum Alten, über welche sie sich selbst nicht bewußt
werden und daher das verfehlen, was nützlich und wichtig wäre. Es ist
daher sehr verdienstlich, daß Sie die geschichtliche Erkenntniß der Vorzeit als
Zweck der Alterthumskunde aufstellen, wodurch das Sammeln von Alterthümern, welche außerdem keinen ästhetischen Werth haben, einen wissenschaftlichen Werth erhält." Laut einem 20 Jahre später erfolgten Referat über
das Schriftchen in der Versammlung des Dresdner Alterthums-Vereins am
2. April 1849 ergab sich, daß die Realisirung der daselbst ausgesprochenen
Ansichten und Wünsche zum größeren Theile bereits in Sachsen erfolgt war.
Hatte doch auch Göthe die mit einem aus seinen Schriften entnommenen
Motto an der Spitze versehene Schrift nicht nur gelesen, sondern nach Hofrath Eckermann's Mittheilung auch ihn besonders ansprechende Stellen
darin, wie es seine Gewohnheit war, zu nochmaliger Beachtung mit einge-
legten Blumen bezeichnet, — welches ebenfalls wohl als eine günstige Recension gelten könnte. — Uebrigens hatte die, am Schlusse der Schrift mitgetheilte Aufforderung zu Herausgabe eines zum allgemeinen Sprechsaale der
Geschichts- und Alterthums-Vereine dienenden Journales des Stadtdirectors
Wigand zu Höxter „Jahrbuch der Alterthums-Vereine" und des Freiherrn

von Auffeß „Anzeiger zur Kunde des Mittelalters" hervorgerufen, auf welches Bedürfniß von mir auch in der Leipziger Literatur-Zeitung hingewiesen worden war. Wigand trug mir die Mitrebaction an, die ich aber ablehnte und dagegen öftere Beiträge lieferte. Freiherr von Auffeß, der mich um gleiche Beiträge bei der erneuten Fortsetzung seiner Zeitschrift 1853 ersuchte, fügte hinzu: „Bei der Herausgabe meines Anzeigers werde ich möglichst die Grundsätze befolgen, welche Sie für Erscheinung einer Zeitschrift über deutsche Culturgeschichte angegeben haben." Derselbe erwarb sich bekanntlich ein hohes Verdienst durch die Gründung des Germanischen Museums zu Nürnberg, zu Aufstellung und Bewahrung von Schriften, Kunstwerken und anderen Ueberresten der heidnischen und mittelalterlichen Vorzeit, — ein wahres deutsches National-Institut, wozu auch von mir mehrmals Beiträge geliefert wurden. Die erwähnten drei Schriften charakterisiren recht eigentlich mein stufenweises Fortschreiten im Fache; während die erste fast nur auf Sammlung der Ansichten und Erfahrungen Anderer gegründet war, stützte sich dagegen die zweite auf eigene Nachgrabungen und Forschungen; in der britten wurden dagegen fremde und eigene Erfahrungen rathsamer Weise verbunden und ein Ueberblick der gesammten deutschen Vaterlandskunde gegeben.

So wie ich durch diese Schriften und zahlreiche Aufsätze gleicher Tendenz überhaupt in vielfachen Briefwechsel mit Büsching, Kruse, von Minutoli, Ritter von Lang und anderen zum Theil schon genannten Geschichts- und Alterthumsforschern gelangte, so auch mit dem schon erwähnten, verdienten, damaligen Nestor derselben, dem Rector Gräter in Ulm, der mir im October 1830 schrieb: „Ihre mir schätzbaren Schriften sind mir alle interessant und lehrreich, und werde ich sie benutzen; es müßte denn Freund Hain mit seinem Besuche eher kommen, als es geschieht. Doch wenn auch das wäre, so glauben Sie, daß ich Sie im Geiste mit deutscher Liebe umfasse und Ihre Forschungen wenigstens bis dahin hochgeachtet habe. Genehmigen Sie den deutschen Handschlag, mit dem ich von Ihnen scheide." (Er starb kurze Zeit darnach).

Außer diesen Beschäftigungen galt es damals noch zwei anderen verwandten Arbeiten, die jedoch nicht zum Abschluß gelangten, nämlich einer Schrift über Oberlausitzische Geschichte und Geographie der ältesten Zeit mit einer dazu gehörigen Karte. An diese reihte sich eine zweite Arbeit an, nämlich eine slavische Ortsnamen-Erläuterung, weil sich aus solchen öfters Hinweisung auf frühere Opfer-, Gerichts- und Vertheidigungsorte und ähnliche Oertlichkeiten ergeben. Da hier so mancher erfreulich gelungener Bestrebungen gedacht worden, erscheint es auch als Pflicht, der nicht gelungenen zu gedenken, und leider war dieß mit den eben erwähnten Arbeiten wegen ungenügender Befähigung und Mittel der Fall, obschon ich dazu handhohe Manuscripte vorbereitet hatte. Zu ersterer Schrift war die Erlangung von nöthigen Urkunden aus damals noch nicht geöffneten Archiven nicht möglich, und zu Letzterer fehlte es, ungeachtet der Beihülfe gelehrter Wenden, Bronisch, Seiler, Klien in Bautzen, Mosig von Aehrenfeld, Pfuhl ꝛc. mir an genügender Kenntniß slavischer Sprachen. Die sämmtlichen Vorarbeiten beider Versuche wurden später, sowie zahlreiche andere Hand- und Druckschriften von mir der Rathsbibliothek meiner Vaterstadt zu vielleicht erfolgreicher Benutzung durch spätere Forscher übergeben. In Bezug auf letztere Arbeit war keineswegs Zeit und Mühe verloren, sondern zahlreiche der gelösten und auf Beziehung mit Oertlichkeiten oder sonstige historische Gegenstände deutenden slavischen Ortsnamen wurde in den sogleich zu erwähnenden „Blicken in die Vorzeit" an geeigneten Stellen mit aufgenommen, und erfüllen somit immer noch theilweise ihren Zweck.

Spätere Aufnahme der Alterthums-Studien. (1839—1843).

Es wird schwerlich gemißbilligt werden, wenn ein fast zehn Jahre späteres Wirken für denselben Zweck hier zugleich mit angeführt wird, da es sich nicht nur eng an das frühere anschließt, sondern es auch eine leichtere Uebersicht gewährt, wenn die wissenschaftlich zusammenhängenden Bestrebungen hintereinander ohne Unterbrechung zu verfolgen sind. Mehrere weiterhin zu besprechende Forderungen der Neuzeit zogen mich nämlich vom Jahre 1830 auf einige Zeit von der Alterthumskunde mehr und mehr ab; und es wurde mir immer klarer, daß ich die Vorarbeiten für die beabsichtigte Schrift über die gesammte deutsche Alterthumskunde nicht nach Wunsch ausführen könne, weil dazu allein schon die Zeit und Kräfte eines nicht außerdem noch so vielseitig beschäftigten Mannes gehörten. Durch die Schriften der zahlreich entstandenen Vereine, wie sich mehr und mehr damit beschäftigender, einzelner Gelehrten, wurden so viel alterthümliche Auffindungen und Abhandlungen veröffentlicht, daß es mir fast unmöglich ward, sie in meinem Repertorium einzutragen, und überdies kam mir mein, dabei weit mehr und vielseitig begünstigter

Freund Klemm mit einer gleichen Arbeit (Germanische Alterthumskunde 1835) zuvor.

Nach Beendigung mehrerer bald zu erwähnender Schriften
über Jugend-, Gewerbe und Volksbildung ward um das Jahr
1839 jener Lieblingsgegenstand wiederum aufgenommen, damit
die gesammelten Materialien nicht veralten möchten. Der Plan
meiner Schrift ward jetzt auf die sächsischen Alterthümer beschränkt,
und demzufolge auch bei der steten Fortsetzung des, die Grundlage dazu darbietenden Repertoriums, meist nur auf diese Rücksicht genommen, obschon immer auch die interessantesten verwandten Ergebnisse im Auslande und selbst in entfernteren Welt-
theilen mit angemerkt wurden, da nur eine solche, früher wenig
oder nicht beachtete vergleichende Alterthumskunde interessante Aufschlüsse über die frühere Literatur- und Sittengeschichte
zu gewähren vermag. Die Erfahrung lehrt nämlich, daß unklare
Vorkommnisse bei der Alterthums-Forschung in Bezug auf eine
Nation sich durch gleiche oder doch ähnliche, nicht nur bei verwandten oder benachbarten Staaten, sondern selbst bei sehr entfernten Völkern vorkommende Erfindungen, Sitten und Gebräuche
nach Ursprung und Zweck enträthseln lassen, da solche bei der
gleichartigen Natur des Menschen, durch Neigung, Noth und
Speculation 2c. auch gleichartig hervorgerufen wurden. So
gleichen z. B. die tartarischen Kurhone, wie gleiche Erdaufwürfe
zahlreicher anderer Völker den germanischen Rundschanzen, Opfer-
und Grabhügeln; sowie die in Mittelamerika gefundenen india-
nischen Pfeilspitzen und Messer von Obsidian den germanischen
von Feuerstein; ferner feierte man das germanische Frühlings-
fest auch bei den Slaven und anderen Nationen auf ähnliche
Art, und so könnten hier zahlreiche Ergebnisse der vergleichenden
Culturgeschichte mitgetheilt werden, wenn bei der nöthigen Kürze
dieser Schrift nicht davon abgesehen werden müßte. Mein
Hauptzweck bei meinem neuen Werke war, eine getreue Schilderung einer Anzahl der mir am entsprechendsten erscheinenden Gegenstände der vaterländischen Culturgeschichte früherer Zeit möglichst
durch Abbildung, sowie zumal in Hinsicht der Ueberreste der
heidnischen Periode durch jene vergleichende Forschung erläutert,
zur Belehrung und Unterhaltung des größeren Publikums zu
veröffentlichen. Damit ward zugleich die Absicht verbunden,
zur Popularisirung, zur leicht verständlichen Verbreitung der

vaterländischen Geschichts- und Alterthumskunde möglichst beizutragen, ihr in den weiteren Kreisen der Gebildeten neue Freude
zu gewinnen, und diese zu veranlassen, dieselbe ebenfalls zu ihrem
Lieblingsstudium zu wählen und dadurch zugleich zu immer
weiteren Forschungen in ihren heimathlichen Gegenden mit zu
wirken. Ein anderer Zweck war, besonders die so zahlreichen,
leicht dem Untergange unterworfenen alterthümlichen Ueberreste,
wenigstens in Beschreibung und Abbildung·künftigen Zeiten zu
erhalten, bevor die Heidenwälle und Opferplätze geebnet, Opfersteine und interessante Ruinen zu neuen Bauten verwendet, die
bronzenen Geräthe aus Unkenntniß ihres alterthümlichen Werthes
eingeschmolzen, alte Sitten und Sagen der Vergessenheit anheim
gegeben werden. Ich suchte mich übrigens bei dieser·Schrift
auf einen höheren Standpunkt, als bei der früheren, zu erheben,
und durch die angerathenen Forschungen zugleich auf Beförderung der Vaterlandsliebe hinzuwirken. Was man liebt und
schätzt, sucht man auch zu begünstigen; die Kenntniß des Vaterlandes und seiner Geschichte vermag unbezweifelt zu vermehrter
Vaterlandsliebe anzuregen, die dann wiederum des Vaterlandes
allseitiges Wohl zu begünstigen bestrebt sein wird. Ich wünschte
also durch die Schrift auf diesen höheren Zweck, auf das historische, und in dessen Folge auf das allgemeine Interesse des
Vaterlandes hinzuwirken. Obschon das Motto des ersten Bandes:
„Was ich vermochte sei freundlich dem Leser geweiht;" „Bilder
aus heimischem Gau, Blicke in frühere Zeit", nur auf letztern
hinweiset, so war dennoch nächst dem vorchristlichen Alterthum
bei geeigneten Gegenständen, auch das Mittelalter beachtet, und
selbst zuweilen bis in die neuere Zeit übergegangen, da ja
ohnehin alle diese verschiedenen Perioden eng zusammenhängen,
und sich nicht selten gegenseitig erläutern. Es ward also, wie
schon erwähnt, die früher beschränkte alterthümliche Tendenz auf
die allgemeine Culturgeschichte, als die eigentliche, früher fast
nie, und selbst jetzt noch viel zu wenig beachtete Volksgeschichte
erweitert, wogegen die bereits vielfältig bearbeitete Regenten-
und Kriegsgeschichte mit ihren Namen und Zahlen meist nur den
Rahmen der Vaterlandsgeschichte, das Innere derselben dagegen,
die Verfassungs- und Verwaltungs-, die Literatur-, Kunst- und
Gewerbs-, die Religions- und Sittengeschichte, den Kern bildet,
woraus sich die eigenthümliche Nationalität, der Volksgeist, am

deutlichsten ausspricht. Doch wie ich im Vorwort bemerkte:
„Die Geschichte nur zu kennen, sei nicht allein des Strebens
Zweck; ihren Ergebnissen ist ein höherer Werth und Wirkungskreis angewiesen. An ihres Tempels Portale prangt in goldenen
Zügen der weise Spruch: „Lerne und Wirke.“ Von den er-
leuchtetsten Männern ist darauf hingewiesen, die Lehren der Geschichte
nicht unbenutzt zu lassen, für eigenes, wie des Volks Wohl. Sie
räth uns an, der früheren Zeit oft gepriesenen Werth ebensowenig
zu überschätzen, als die Jetztzeit schon glücklich zu preisen; sie
bringt darauf, die Vorzüge, wie die Mängel von Leiden beob-
achtend, jene der Zukunft zu erhalten, und diesen sorgsam vorzubeugen, und dies wäre dann der Forschung höchstes Ziel.
Jedem aber zieme die Kenntniß der Vaterlandsgeschichte, und die
dadurch erhöhte Vaterlandsliebe, welche dann, im praktischen
Leben mit gemeinnützigem Sinne eifrig bethätigt, reiche Früchte
tragen wird.“ Ich schloß die Vorrede mit den Worten: „Die
Vorzeit ist der Jetztzeit treuster Spiegel.“ Die Schrift erschien
unter dem Titel:

„Blicke in die vaterländische Vorzeit.“

Sitten, Sagen, Bauwerke und Geräthe; zu Erläuterung des
öffentlichen und häuslichen Volkslebens im heidnischen Alterthum
und christlichen Mittelalter der sächsischen und angränzenden
Länder mit 530 Abbildungen auf 8 lithographirten Tafeln,
3 Bände 1840—43.

Ungeachtet einer Masse früher gesammelter Materialien
kostete diese Schrift dennoch vor und während der vier Druck-
jahre unsägliche Mühe; es mußten noch zahlreiche Nachgrabungen
und sonstige Erforschungen, wie Entnahme von Zeichnungen
alterthümlicher Orte und Gegenstände und deshalb zugleich eine
weit verbreitete Correspondenz erfolgen, und es wird sich die
Zahl der Geistlichen, Lehrer, Beamten, Oeconomen ꝛc. welche
mich damals, wie schon früher mit Nachrichten bereitwillig unterstützten, weit über 100 erstrecken, die meistens in der Schrift
dankbar mit genannt sind. Es wurden ferner mehrere Reisen
in die Lausitz, die meißnische und andere sächsische Gegenden
erforderlich, um das Wichtigere selbst zu untersuchen, da ich nur
genaue und gründliche Angaben mitzutheilen bemüht war.

Es sei vergönnt, hier eines bei einer dieser Reisen in Görlitz
erlebten Scherzes zu gedenken, damit man nicht wähnen möge,

ich sei stets von ernsten nur wissenschaftlichen Ideen erfüllt
gewesen, sondern daß ich vielmehr auch eine scherzhafte Ueber=
raschung und Unterhaltung liebte. Mit dem damaligen Secretair
der Oberlausitzischen Gesellschaft der Wissenschaften, Pastor Haupt,
der erst nach dem Jubiläum der Gesellschaft in diese eingetreten
war, stand ich zwar in öfterm freundlichen Briefwechsel, doch kannten
wir uns noch nicht persönlich. Als angeblicher Reisender einer
berühmten Weinhandlung in Würzburg, ersuchte ich ihn bei einem
Besuche um Abnahme von Wein, indem ich ihm mehrere Sorten
dringend anrieth; jener verweigerte aber alle Bestellung, und
blieb dabei, seine Stelle sei keine Wein=, sondern nur eine Bier=
stelle. Ich empfahl mich daher, und versprach wieder zu kommen,
was jener aber ablehnte. Es waren eben mehrere Herren wegen
Kirchrechnungssachen zugegen, welche, als ich nach einigen Minuten
wiederum eintrat, in ein lautes Gelächter ausbrachen, denn man
hatte nach meinem Weggange gesagt: „Wenn man einen dieser
zudringlichen Weinreisenden auch zu einer Thür hinaus wirft,
so kommt er zur anderen sicherlich wiederum herein!" es war
also natürlich, daß mein so zutreffender Wiedereintritt allgemeine
Heiterkeit hervorgerufen hatte. Als ich aber fragte: „Wenn Sie
mit dem Weinreisenden keine Geschäfte machen wollen, so doch
vielleicht mit dem Rentamtmann Preusker?" da gab es große
Freude; der Tag und Abend ward von mir im Kreise wohl=
wollender Freunde, — wozu immer neue eintraten, sobald sie
von meiner Anwesenheit gehört hatten — sehr fröhlich vollbracht,
und noch in späterer Zeit gab der Scherz zu manchen heiteren
Briefen Veranlassung. Frühere Reisen nach Berlin, Prag ꝛc.
hatten neben dem Besuche gewerblicher Bildungsanstalten nicht
minder die Kenntnisse der Alterthümer vielseitig bereichert. Es
bewährte sich hier das Sprichwort: „Selber ist der Mann!"
denn nicht selten erlangte ich von einem und demselben Gegen=
stande abweichende oder ungenügende, erst durch eigene Anschauung
berichtigte Angaben und Abzeichnungen, und mit dem besten
Willen verstanden es Andere nicht immer, auf meine Ansichten
genügend einzugehen.

Eine Menge Bücher und einzelne Aufsätze mußten mit vieler Mühe zu
erlangen gesucht und verglichen werden und am Ende ergaben sich nur ein
Paar Zeilen als Hauptresultat für meine Schrift. Vieles war mehrmals
umzuarbeiten und noch während des Druckes Manches zu vervollständigen.

Wie schwierig war es ferner, von der großen Masse der verarbeiteten Materialien bei dem sparsam zugemessenen Raume das Zweckdienlichste auszuwählen, und so viele nöthige Abbildungen auf den wenigen Lithographien anzu-
bringen. Daß ich die Gelegenheit benutzte, bei der altgothischen Kloster-
Kirchenruine zu Großenhain zugleich meine dabei befindliche Rentamtswoh-
nung zu späterer Erinnerung zu beschreiben und abzubilden, wird man ver-
zeihlich finden. Da ferner bei der unumgänglich nöthigen Billigkeit — sollte
das Buch in zahlreiche Hände gelangen (der Band 1 Thlr. Ladenpreis) — die
Bezahlung theurer Lithographieen dem Verleger nicht ausführbar war, so wurde
die Herausgabe der Schrift nur dadurch ermöglicht, daß einige mir befreundete Zeichner in meinem Wohnorte, die Baumeister Gebrüder Müller und
Zeichnenlehrer Drache, sich deren Fertigung gegen sehr geringe Vergütung
unterzogen, wie denn auch das Honorar kaum die Kosten für die dazu nöthigen Bücher, Zeichnungen und Reisen deckte, und nur eine reichliche Anzahl
von Freiexemplaren der Gewinn dabei war, welche an Vereine, Bibliotheken
und einzelne Alterthumsforscher verschenkt wurden.

Statt einer systematischen Alterthumskunde des Vaterlandes,
die wenig Liebhaber gefunden haben würde, wählte ich, obschon
die Hauptidee, gleichsam eine Encyclopädie derselben darzubieten,
fest gehalten ward, eine mehr ansprechende geographische Form.
Die örtlichen Gegenstände wurden, einer Reisebeschreibung ähnlich
von der südlichen Oberlausitz aus, und zwar mit Beachtung des
angrenzenden Böhmens, Schlesiens, der Niederlausitz und des
preußischen Herzogthums Sachsen bis an die Elbe und Mulde
geschildert, wogegen die ebenfalls beabsichtigte Fortsetzung der
Schrift bis zur westlichen Grenze des Königreichs, wegen wenig
zu erhoffender Ausbeute und aus anderen Ursachen nicht vollendet werden konnte. Die in Bezug auf diese letztere Gegend
bereits gesammelten Nachrichten und Abbildungen wurden der
deutschen Gesellschaft in Leipzig zugesandt, um vielleicht von Mitgliedern derselben noch benutzt werden zu können. In der Schrift
theilte ich zugleich die vorhandenen Sagen mit und suchte die
wendischen Ortsnamen der Gegend zu erläutern. Mehrere Freunde
unterstützten mich auch in Hinsicht der mit vieler Mühe erlangten
sächsischen, böhmischen und schlesischen Dialect-Proben. — Eine
flüchtige Andeutung des Inhalts wird nicht überflüssig erscheinen.

Die geographisch geordneten Paragraphen beginnen mit den Opferfelsen
und Zwergsagen bei Zittau und dem Oybin; darauf folgt der Löbauer Berg
mit seinem Opferwalle und Geldkeller, die Götterberge bei Budissin mit ihren
Teufelssagen, die Burgruinen dieser Gegenden mit Erwähnung des Raub-
ritterwesens und dessen Bekämpfung durch die seit 1364 deshalb fest verbundenen tapferen Sechs-Städte der Oberlausitz; ferner das Riesengebirge und

sein Berggeist mit dem Motto: Wachet Sudeten im Osten gegen der Slawen Beginnen, wie gen Westen der Rhein schütz' das germanische Land. Hierauf folgt
die Burg Rynast, wie andere Ruinen dasiger Gegend; drei mittelalterliche kirchliche
Gegenstände, nämlich das Kreuzerfindungsfest zu Löbau, 1521 die Nachbil-
dung des heiligen Grabes zu Görlitz und das früher zu Fastnacht in einer
Kirche zu Zittau aufgehangene, eine biblische Darstellung enthaltende sogenannte Hungertuch mit dem Motto: „Wohl bringst willig du bar zum guten
Zweck deine Opfer, nur das höhere nicht, dich zu veredeln auch selbst." Die
Heidenwälle bei Budissin; die sächsische Schweiz mit ihren Burgruinen; das
Meißner Elbthal mit Scharfenberg mit dem Motto: „Munter begrüßt des
Thorwarts Trompete die nahenden Gäste, offen ist Fallbrück und Thor, auf
zum Beschauen der Burg!" Säußlitz, das Zeitheiner Lustlager, 1730; und
der Belgern'sche Roland; der schon von Tacitus erwähnte Semnonenhain bei
Schlieben mit seinen haushohen Grabhügeln und Opferwällen. Baudenk-
mäler zu Meißen, Großenhain ꝛc., der Lommatzscher Opfersee und die slavischen Götter, die Heidenwälle bei Oschatz und Döbeln, und so noch zahlreiche
gleiche Ueberreste der Vorzeit. Die übrigen allgemeinen Paragraphen wurden zwischen die geographischen vertheilt, [nämlich die steinernen, bronzenen
und eisernen Waffen (mit dem Motto: Die Waffen ruhn, womit manch tapfre
That geschehen; sie ruhn nach hartem Kampf nun friedlich in — Museen);
ferner Schmuck aus der heidnischen Periode (Motto: Denn wo gäb' es nicht ihn,
in allen Zeiten und Zonen, Find'st du Frauen, so auch, glaub mir findest
du Schmuck!); Grabstätten verschiedener Beisetzungsart; alterthümliche Feste,
Sitten und Gebräuche der heidnischen Zeit und des Mittelalters, das Wesen
der alten Sagen (mit dem Motto: Um der Geschichte kampffesten Panzer
schlingt sich der Sage lieblich Gewand); ferner die früheren germanischen
Bewohner der schlesisch-lausitzischen Gegend, nebst zahlreichen altdeutschen,
aber auch neueren Dialectproben sächsischer Orte, sowie böhmischer und schle-
sischer Grenzgegenden; Sitten, Gebräuche und Sprachproben der im 6. Jahrhundert in Deutschland eingedrungenen Sorbenwenden nebst einer Gaugeo-
graphie derselben; celtisch-gallische Münzen, Bracteaten, alterthümliche Trach-
ten (dabei die eines Urahnen von mir). Bei Erwähnung der germanischen
und slavischen Gottheiten wurde zugleich auch auf den Naturdienst, die Verehrung der den Menschen augenscheinlich günstigen Naturerscheinungen als der
Beginn aller Religionen, hingewiesen. Den Schluß bildete die Schilderung
des noch in seiner mittelalterlichen Beschaffenheit erhaltenen Schlosses Krieb-
stein mit gleicher Sage wie Weinsberg mit dem Motto: „Meinst du Weinsberg allein erprobte die Treue der Frauen? Nein auch die sächsischen schmückt
treues, deutsches Gemüth!" —

Alles ward durch Hinweisung auf Verwandtes in anderen
Ländern möglichst zu erläutern, sowie das zu Abbildungen geeignete zuweilen durch mehrfache Zeichnungen, Grundrisse, Seiten-
ansichten ꝛc. darzustellen gesucht. Im Text ward das allgemein
Ansprechende, am Schluß eines jeden Paragraphen dagegen die
specielle Erläuterung der Gegenstände mittelst Notenschrift mit-

getheilt, so daß dem Leser anheim gegeben blieb, letztere eben=
falls zu beachten, oder zu überschlagen.

Die zu erstreben gesuchte Vielseitigkeit des Inhalts gab mir
Hoffnung, daß wohl für jeden Leser etwas Ansprechendes in
dieser Schrift zu finden sein möchte, und sie erfreute sich denn
auch wirklich einer überraschend günstigen Aufnahme, und wurde
in den mir bekannt gewordenen 35 Recensionen günstig beurtheilt
und empfohlen.*)

Selbst Sr. Majestät der König Friedrich August und sein
königlicher Bruder, der so weise und gelehrte damalige Prinz
Johann sprachen sich höchst günstig und zum ferneren Forschen

---

*) Zur näheren Charakteristik des Preußler'schen Werkes erscheint hier
die Mittheilung einiger Recensionen unerläßlich. Professor Hasse sagte (Leip=
ziger politische Zeitung 1841 Nr. 91): Bilder aus dem heidnischen Gau bietet
der kenntnißreiche, um Gemeinwohl und Volksbildung durch Schrift und That
verdiente Verfasser dar; er hat in diesen Blättern einen großen Reichthum
von culturgeschichtlichen, mytho= und archäologischen, sprachlichen, geographi=
schen und anderen Nachrichten aus eigener Forschung mit seltener Belesenheit
fleißig zusammengestellt und der Hauptzweck ist, ohne systematische Strenge
die Kenntniß der vaterländischen Vorzeit, des Spiegels der Jetztzeit, durch
eine populäre Darstellung unter den gebildeten Ständen zu verbreiten.
Wolfgang Menzel in Stuttgart bemerkte (Literaturblatt zum Morgenblatt
1841 Nr. 53): „Der Verfasser, der sich schon so viel Verdienst um Volksauf=
klärung und Verbreitung nützlicher Werke außerhalb des Gelehrtenkreises er=
worben hat, bezweckt auch diesmal das größere Publikum auf den Werth und
das Interesse deutscher Alterthümer aufmerksam zu machen; wir empfehlen
dieses nützliche und angenehme Buch allen unsern Lesern und wünschen über=
haupt, daß die umsichtigen und patriotischen Bemühungen des Verfassers ge=
bührend gewürdigt und mit Erfolg gekrönt würden." — Des Professor Pölitz
Urtheil („Jahrbücher der Geschichte" 1841 Bd. IV.) lautet: „Mit Freuden
sehen wir, wie der Verfasser seinen Landsleuten das verschlossene Buch ihrer
Umgebungen nach der Vergangenheit zu aufschließt und an bekannten Gegen=
ständen ihnen die Spuren nachweist, die sie zu den längst vergangenen Zeiten
zurückführen. Es ist eine gesunde kräftige erhebende Lectüre, die er bietet,
und solche braucht das Volk in halberschlafften, halbüberreizten Zuständen,
welche die Zeit begleiten." — Der Oberbibliothekar von Fallenstein sagt
(„Beilage zur Abendzeitung" 1843 Nr. 37, Blätter für Literatur): „Der als
Volksschriftsteller (im wahren Sinne des Worts) rühmlichst bekannte Verfasser
hat seine Aufgabe, mehr Liebe zur vaterländischen Geschichte anzuregen und
dem historischen Wissen mehr Freunde zu gewinnen, trefflich gelöst. Es giebt
wenig Schriftsteller, die es wie Preußler verstehen, dem Volke Interesse für
seinen „Hort" — die Geschichte des Vaterlandes — einzuflößen."
                                                    Anmerkung des Herausgebers.

und Wirken ermuthigend darüber aus. Des Letzteren, auf das Specielle eingehendes, eigenhändiges Schreiben vom 1. April 1841 lautete: Mein Herr Rentamtmann, Ihrem Wunsche gemäß erlaube ich mir erst jetzt, nachdem ich Ihre Blicke in die Vorzeit durchlaufen habe, Ew. Wohlgeboren meinen Dank dafür aus- zusprechen, und kann nicht umhin, dabei der Idee und dem Plane des Werkes, die Alterthumskunde und Geschichte des Vaterlandes einem weiteren Kreise von Gebildeten zugänglich und genießbar zu machen, meine volle Anerkennung zukommen zu lassen. Auch die Form des Ganzen, und namentlich die Trennung zwischen Text und Noten, scheint mir dem Zwecke entsprechend zu sein. In dem ich Ew. Wohlgeboren rühmlichem Bestreben (auch die Gründung von Volksbibliotheken 2c.) die Massen der Halbgebil- deten von der verderblichen Zeitungs- und Romanleserei zu einer nützlichen und ihren Verhältnissen entsprechenden Lectüre zu führen ferner glücklichen Erfolg wünsche, verharre ich mit der aufrich- tigsten Hochachtung 2c. — Später ward meine Schrift mehr und mehr als ein Hauptwerk über sächsische Alterthümer anerkannt, übrigens vielfach selbst in russischen und polnischen Werken an- geführt, auch stellenweise in andern Schriften abgedruckt.

Zu dem vielen Erfreulichen, was mir das hier geschilderte Bestreben für Geschichte und Alterthumskunde brachte, gehört auch ein Ehrenerweis; es wurde mir von der Oberlausitzischen Gesell- schaft der Wissenschaften zu Görlitz in Anerkennung der ihr gewidmeten Jubelschrift, die in Silber geprägte Stiftungs- medaille überreicht.

Sechster Abschnitt.
Rentbeamtenzeit.

Zweite Abtheilung.
Wirken für Gewerbfleiß=Erhöhung und andere gemeinnützige Zwecke.
1830—1835.

Die Stadtbibliothek-Gründung.

Noch schien die Beschäftigung mit den dienstlichen Geschäften und dem eben erwähnten literarischen Wirken meinem Thätigkeits= sinne nicht zu genügen, sondern ich wünschte seit der Erlangung eines festen Wohnsitzes auch bei praktischen, gemeinnützigen Zwecken mitzuwirken. Mehrere Versuche blieben ohne Erfolg, so z. B. das Bemühen, eine Wittwen= und Waisen=Pensionskasse für Beamte zu gründen, wozu sich jedoch nur zwei dafür begeisterte Personen zur Theilnahme einfanden: ein verschuldeter, später removirter Advocat, der Director oder Cassirer werden, und ein Calculator, der sich durch Berechnungsentwürfe und Revisionen dabei auch Etwas verdienen wollte.

Im Jahre 1826 trat ich der durch den Superintendenten Goldammer begründeten Zweig=Bibelgesellschaft zur Vertheilung von Bibeln an Arme als Secretair bei. Der Verein fand viel Beifall und von den dabei gemachten erfreulichen Erfahrungen sei nur als ein Beispiel erwähnt, daß ein armer Landmann einst einige sauer erworbene Groschen im Voraus überbrachte, um des baldigen Empfanges eines Exemplars der eben wiederum vom Hauptcomité zu verschreibenden Bibeln gewiß zu sein. Nach dem Eintritte eines neuen, sehr thätigen und sehr verdient gewordenen Superintendenten, Dr. Hering, ward meine Function von die= sem mit besorgt; in späterer Zeit aber nahm ich an dem von Letzterem gegründeten Zweigvereine der Gustav=Adolph=Stiftung

mit vielem Eifer längere Jahre als Comité=Mitglied Theil. Bald
bot 'sich mir mehr Gelegenheit zu gemeinnütziger Mitwir=
kung dar.

In der auf der Stadtbibliothek aufbewahrten Stadtchronik
ist aufgeführt, daß erstere 1828 vom Dr. Reiniger und mir
gegründet worden sei; dies verhält sich folgendermaßen: Bei der
geselligen Unterhaltung mit dem geistreichen Dr. Emil Reiniger
kam oft auch das Gespräch auf einen meiner Lieblingsgegen=
stände, nämlich auf Verbreitung nützlicher Lectüre und auf den
sehr gefühlten Mangel einer öffentlichen Bibliothek im Orte, und
wir beschlossen demgemäß die Gründung einer solchen. Reiniger
suchte seiner lebhaften Art gemäß mehr durch mündliche Auffor=
derung, ich aber, bereits mit dem Bibliothekwesen genügend ver=
traut, mehr durch schriftliche und praktische Thätigkeit für Ein=
richtung der Anstalt zu wirken, so daß sie bald ins Leben trat.
Sie ward zuerst zu einer Schulbibliothek für Lehrer und Schüler
bestimmt, jedoch zugleich mit Rücksichtnahme auf den gewerblichen
Bürgerstand, dessen Fortbildung sich, wie bald näher erwähnt
werden soll, als ein immer dringenderes Bedürfniß der Zeit
herausstellte. Nach einem von mir entworfenen Plane und durch
freiwillige Geld= und Bücherbeiträge von anderen Literatur=
freunden, mit denen wir damals einen Bibliothekverein bildeten,
unterstützt, ward sie im October 1828 eröffnet und bald mit mehr
als 100 Büchern versehen. Da jener Mitstifter, wie immer
wiederum für etwas Neues beeifert, sich bald von aller Theil=
nahme an der Anstalt zurückzog, indem ihn die Gründung eines
Musikvereins völlig in Anspruch nahm und mit dem Reiz der
Neuheit auch die Mitglieder jenes erwähnten Bibliothekvereins
sich mehr und mehr verminderten, derselbe sich daher bald auf=
löste, so nahm ich mich der Aufsicht und Fortführung der Biblio=
thek allein an.

Sie wurde 1832 in einer von mir eingeladenen Versamm=
lung der Bibliothekfreunde auf meinen Antrag zur Stadtbiblio=
thek erhoben, um ihr, bisher nur Privatanstalt, ein festeres An=
halten mit zu hoffender Unterstützung Seitens des Stadtrathes
zu gewähren und zugleich meine Idee einer wahren Bürger=
bibliothek mehr und mehr zu verwirklichen. Nach meinem Vor=
schlage ward ferner bestimmt, daß die beiden obersten Beamten
der Stadt, der Superintendent und der Bürgermeister nebst einem

besonders mit der realistischen und gewerblichen Literatur ver=
trauten dritten Mitglied das Directorium der Anstalt — oder
den Bibliothek=Vorstand — bilden solle, und ich ward zugleich als
jenes drittes Mitglied gewählt. Da jedoch beide erste Mitglieder
wegen ihren anderweitigen Geschäften sich mit der Bibliothek
nicht befassen konnten und mir völlig freie Hand ließen, so blieb
die gesammte Leitung mir stets anheim gegeben und ich hatte
daher nur mit dem Bibliothekar zu verkehren, nachdem eine an=
dere Einrichtung, daß Commissions=Mitglieder bei dem Verleihen
der Bücher und der Vorzeigung der Sammlungen mitwirken
sollten, sich nicht bewährte. Statt der, das Bibliothekariat in
der ersten Zeit abwechselnd und unentgeltlich versehenden Lehrer
ward später nur einer derselben als Bibliothekar fest angestellt,
damit er desto besser mit der Bibliothek in steter Vertrautheit
bleiben und mehr für ihre Ordnung sorgen könne. Er ward
dafür durch ein kleines Honorar von der Stadt entschädigt, die
auch die anderen unumgänglich nöthigen Ausgaben übernahm.

Solche Bürgerbibliotheken nach meiner Idee für Jugend=, Gewerb=
und allgemeine Volksbildung sollen — im Gegensatz zu den früher nur allein
vorhandenen, von den Bürgern oft kaum gekannten, wenigstens nicht benutz=
baren Gelehrten=Bibliotheken — den Bürgern Gelegenheit geben, ihre Fort=
bildung in gewerblicher wie in allgemeiner Hinsicht zu fördern und zwar
durch unentgeltlich zu erlangende Bücher, da sie solche selten anderswo ent=
leihen, noch weniger sich selbst anschaffen können.

Außer den nöthigen Schriften über Jugendbildung für Lehrer wie für
die älteren Schüler und schon aus der Schule entlassene junge Leute be=
darf es

Werke über die Gewerbswissenschaften, über Naturkunde, Mathematik,
Aesthetik und andere Grund= und Hilfswissenschaften und sodann:

Schriften über allgemeine Bildung in jeglicher Hinsicht, z. B. historisch=
geographische Werke, zumal über das Vaterland, populär staatswissenschaft=
liche, hauswirthschaftliche, moralische, lebensphilosophische, diätetische Werke,
ebenso zur Unterhaltung eine Auswahl der besten deutschen Dichter und bil=
dender ernster wie humoristischer Erzählungen mit Ausschluß von Romanen,
für welche die Leihbibliotheken bereits Sorge tragen. Da sich keine Gelehrten=
Bibliothek im Orte befand, so ward bei jener Bürgerbibliothek auch den
Werken über die gelehrten Berufswissenschaften, insofern sie unentgeltlich zu
erlangen waren, ein Platz angewiesen. Alles dies ist in meinen später zu
erwähnenden Schriften über Gewerbbildung und Bibliothekwesen näher ge=
schildert, worin auch ein für solche Bibliotheken sehr geeignetes, auch auswärts
gebilligtes System der Bücheraufstellung mitgetheilt ist.

Nach diesen Grundsätzen ward die gedachte Anstalt errichtet
und geleitet. Bereits 1828, als solche volksthümliche Bibliothe=

ten noch nirgends bestanden, ward von mir darüber in Zeit=
schriften berichtet und 1833 eine kleine Schrift über dieselbe unter
dem Titel: „Nachricht von der gegründeten Stadtbiblio=
thek in Großenhain" in Druck gegeben, wovon 1836 und
1841 neue Auflagen nöthig wurden, wie auch zur 25jährigen
Jubelfeier 1853 die 5. Auflage erschien unter dem Titel: „Die
Stadtbibliothek zu Großenhain, erste vaterländische
Bürgerbibliothek", wovon, sowie von der 6. Auflage 1865
später noch die Rede sein wird. Durch vielfache Vertheilung der
ersten Auflagen dieser Beschreibung glückte es mir, auch von
auswärts Geld= und Büchergeschenke, wie Sammlungsgegenstände
für die Bibliothek zu erlangen, und mehrere befreundete Gelehrte
und Buchhändler, sowie auch einige sächsische Minister und Räthe
(von Lindenau, von Nostitz rc.) gewährten zahlreiche Bücher=
sendungen. Nächst den von mir auf Kosten der Sonntagsschule
angeschafften Schriften zur Fortbildung der Lehrer wie der
Schüler, wurden zur Unterhaltung für letztere, um sie von nach=
theiliger Lectüre abzuhalten auch sorgfältig ausgewählte Volks=
und Jugendschriften zu erlangen gesucht, wodurch die Bibliothek
steten Zuwachs erhielt. Ebenso wurden die für den Gewerbe=
verein angeschafften gewerblichen Bücher und Zeitschriften nach
der Circulation an die Bibliothek abgegeben. Noch fehlte es aber
der Bibliothek an allgemein belehrenden und unterhaltenden
Schriften für den gebildeten Bürgerstand und da dieselbe über=
haupt keinen Fond zur Bücheranschaffung besaß, so ward von
mir zu deren Gunsten 1834 ein Lesezirkel solcher Schriften
gegründet und fortwährend geleitet, wodurch die Bibliothek jähr=
lich auf 40—50 solcher nützlicher Werke (Biographien, Reisen,
historische, naturhistorische und belletristische Schriften) nach been=
digter Circulation erhielt. Ebenso wurden auch von dem schon
oben erwähnten, von mir geleiteten Journal=Lesezirkel geeig=
nete Zeitschriften an die Bibliothek abgegeben. Solcher Mittel
bedurfte es, um bald einen reichen Schatz von Büchern aus fast
allen Wissenschaften aufzustellen. Ebenso gelang es mir ferner
mit vieler Mühe, die Anstalt nach und nach durch mancherlei, mit
solchen Bibliotheken sehr rathsam zu verbindenden historischen,
naturhistorischen, physikalischen, technischen und anderen Samm=
lungen zu vermehren, so z. B. durch eine von dem Oberbergamte
in Freiberg sehr billig erlangte reichhaltige Sammlung der tech=

nisch benutzbaren Mineralien. Zur Vervollständigung gab ich
von meinen alterthümlichen und andern Sammlungen Doubletten
an die Bibliothek ab, ebenso auch einige mittelalterliche Hand=
schriften, besonders einige auf die Stadt sich beziehende interes=
sante Urkunden. Letztere gelten als eine Seltenheit, da wegen
mehrerer Stadtbrände im Archive solche nicht mehr vorhan=
den sind.

Die in der Bürgerschule aufgestellte, der Stadt zur Ehre
und Zierde gereichende Bibliothek, wegen der damit verbundenen
Sammlungen gleichsam ein kleines Museum, besitzt jetzt über
3000 Bände belehrende und unterhaltende Schriften, welche fleißig
benutzt werden, indem die Zahl der jährlich entliehenen Bücher
meist über 2000 beträgt. Die Oeffnung der Bibliothek findet zu
einer für die Gewerbtreibenden sehr geeigneten Zeit allsonntäg=
lich von 11—12 Uhr und im Winterhalbjahr auch von 2—3 Uhr
statt. Der Bibliothekar hat alljährlich eine Revision der gesamm=
ten Bibliothek vorzunehmen und außer dem Verleihkataloge,
wobei ihn ein mitangestellter Gehilfe unterstützt, den chronolo=
gischen Katalog aller erlangten Bücher zu führen, wogegen als
Standorts=Katalog die systematische Aufführung der Bücher ꝛc.
die gedruckten Bibliothekbeschreibungen dienen, welchen auch das
zu beachtende Bibliothek=Regulativ wegen vorschriftmäßiger Ent=
leihung der Bücher beigefügt ist. In Folge eines auf mein
Gesuch erlangten Regierungszuschusses zum Druck der 4. Auflage
der Bibliothek=Beschreibung (1847) wurden nach Anordnung des
Ministeriums 100 Exemplare derselben an fast sämmtliche Städte
Sachsens zur Anregung möglichster Nacheiferung vertheilt, und
gleiches erfolgte mit 50 Exemplaren der 5. Auflage (1853). In
Naumann's Serapeum, Zeitschrift für Bibliothekwissenschaft
1846, ward ihre Einrichtung als Muster einer Bürger= und
Volksbibliothek mitgetheilt. Die zahlreichen, günstigen Recen=
sionen sind angeführt in den Schriften: Ueber Bibliotheken
H. I. S. 17. Dorfbibliothek S. 46. Der Historiker von Lede=
bur in Berlin erklärte im Repertorium der historischen Literatur
Deutschlands 1840 bei Anzeige der Schrift: Dies ist die erste
wirkliche Bürgerbibliothek, und Bibliothekar Petzholdt in
Dresden rieth in seinem „Anzeiger für Bibliothekwissen=
schaft" (1844): Möge Großenhains Beispiel nicht un=
beachtet gelassen werden! Dies Letztere ist auch in so

manchen Orten und zwar meist mit gleicher Einrichtung geschehen. In Folge meiner öftern öffentlichen Hinweisungen auf das Gelingen der hiesigen Anstalt fehlte es auch nicht bis ins höhere Alter an Gesuchen um Berathung wegen auswärts zu gründender, gleicher Anstalten, denen ich bereitwilligst und meist nebst beigefügten Büchergeschenken zu desto größerer Aufmunterung möglichst zu entsprechen suchte.

Gründung der gewerblichen Sonntagsschule.

Noch galt es damals einer andern Aufgabe meines Lebensberufs, obschon ebenfalls nur als Lieblings- oder Privatbeschäftigung, nämlich dem Streben für Förderung des vaterländischen Gewerbfleißes. Sowie man überhaupt seit dem Freiheitskriege das deutsche Vaterland zu erheben und zu erstarken suchte, wie dies sich schon durch die Gründung von Vereinen für die vaterländische Geschichte ergab, so war dies insbesondere in Hinsicht des vaterländischen Gewerbwesens dringend erforderlich, um nicht vom Auslande überflügelt zu werden, weshalb auch später der Anschluß an den Zollverein erfolgte. Das durch die Landestheilung so sehr geschwächte Sachsen hatte ganz vorzüglich nöthig, seinen bereits rühmlich bekannten Gewerbfleiß mehr und mehr zu erhöhen und so faßte man in der Mitte der zwanziger Jahre den Entschluß, durch höhere Ausbildung der Gewerbtreibenden, durch Lehrinstitute, Vereine 2c. dafür zu wirken. Ganz zufällig und ungeahnt kam ich dazu, bei diesen Bestrebungen eine kleine Rolle zu spielen. Mit zwei Freunden — dem schon erwähnten Dr. Reiniger und dem später durch national-ökonomische Schriften bekannt gewordenen Fabrikbesitzer Dr. Bodener — trat ich im März 1828 an die Spitze eines für den Ort und die Umgegend zu errichtenden Zweigvereins des von dem Hammer-Inspector Hasse in Schneeberg gegründeten „Polytechnischen Cassenvereins für Sachsen" zur Begünstigung des vaterländischen Gewerbbetriebs durch Errichtung von Fortbildungsanstalten, Prämien-Ausstellungen 2c. Es kam bald eine genügende Anzahl Mitglieder zu jenem Zweigvereine zusammen, bei welchem ich zum geschäftsführenden Vorsteher gewählt ward und die Angelegenheit blieb mehr und mehr meiner Leitung überlassen. Da ich von Jugend auf den gewerblichen Bürgerstand vor Augen

gehabt hatte, auch in meinem Berufe mit demselben in vielfache
Beziehung gekommen war, so konnte ich umsomehr mich diesem
Auftrage mit Liebe und Eifer unterziehen, zumal da auch der
stete Wunsch, durch gemeinnütziges Wirken mich gern thätig zu
erweisen, mich dazu antrieb. Damals ward mir nach und nach
immer klarer, daß ich neben meinen Berufsgeschäften noch für ein
anderes Lebensziel bestimmt sein möchte, nämlich zu jenem Wirken
für Erhöhung des Gewerbfleißes und für die dazu mit füh-
rende, gesteigerte Jugend= und Volksbildung; überhaupt für
allgemeine Bildung. Den Untergrund bildete Herder's, eine
gleichmäßige Ausbildung aller Kräfte und Anlagen des Menschen
fordernde und deshalb längst von mir liebgewonnene Humanitäts-
oder Menschheitsveredelungs-Lehre. Dies erfüllte mehr und mehr
meine Seele und ich bildete mir ein dem entsprechendes System
aus, welches allen meinen Bildungsschriften zur Grundlage dient.
Da jedoch jener Verein, gehemmt durch den von einflußreichern
Chemnitzer Fabrikanten fast gleichzeitig gegründeten Industrie-
Verein für Sachsen, sich nicht zum vollen Leben erheben konnte,
so gelang es mir, die Geldbeiträge der Mitglieder jenes Zweig=
vereins zur Gründung einer Sonntagsschule zur Fortbildung für
Handwerkslehrlinge und Gesellen, die mir zum obigen Zweck als
besonders dringend erforderlich schien, bewilligt zu erhalten und
diese ward mit Anfang des Jahres 1830 von mir eröffnet. Mit
den Bedürfnissen des Gewerbwesens immer näher vertraut ge=
worden, ergab sich der folgende von mir entworfene und mehr
und mehr verbesserte Plan als den nöthigen Erfordernissen ent=
sprechend:

Es war eine allgemeine Erfahrung, daß zahlreiche Lehrlinge einen nur
mangelhaften Schulunterricht erlangten, oder daß derselbe, wenn auch genü=
genber benutzt, doch leicht wieder vergessen wurde, sodaß in damaliger Zeit
mancher Geselle und Meister nicht lesen und schreiben konnte. Daher diente
die Anstalt 1) als Nach= oder allgemeine Sonntagsschule zur Nachhülfe und
Fortübung in den nöthigsten Schulkenntnissen, im Rechnen, Schreiben ꝛc.,
vorzüglich diente sie aber 2) als gewerbliche Sonntagsschule (Elementar=
Gewerbschule) zur Aneignung der den Gewerbbetrieb begünstigenden Kenntnisse
und Fertigkeiten. Da wurden höheres Rechnen, Geometrie, freies Hand= sowie
technisches Zeichnen nach Vorlegeblättern und nach der Natur (nach Holz= und
Gypsmodellen), Modelliren ꝛc., Uebungen in gewerblichen Aufsätzen aller Art ꝛc.
getrieben, wobei zur Förderung des Unterrichts es an irgend dazu dienenden Modellen, Blättern und anderen Lehrmitteln nicht fehlte. Zur Be=
lebung des an sich sehr wenig ansprechenden geometrischen Unterrichts ließ

ich einen noch wenig bekannten stereometrischen Apparat von hohlen blechernen Kugeln, Würfeln ꝛc. fertigen, durch deren Raumausmessung mit Sand
und Vergleich mit der vorherigen theoretischen Berechnung dieser Körper sich
der praktische Beweis der Richtigkeit der Letzteren ergeben mußte. Zuweilen
erfolgten auch physikalisch-chemische Vorträge mit Experimenten, wofern sich
geeignete Lehrer dazu ermitteln ließen, welche aber wie überhaupt in Pro-
vinzialstädten nur selten zu erlangen waren. Es wurden auch zuweilen Vorträge über Vaterlandsgeschichte, Gesundheitskunde und dergl. gehalten, und
wenn im Orte wissenschaftliche Sehenswürdigkeiten ausgestellt wurden, so
vermittelte ich den billigen, auch wohl unentgeltlichen Eintritt der Sonntagsschüler. In späterer Zeit ließ ich auch Unterricht im Gesange ertheilen, um
statt der so oft abgeschmackten Gesellenlieder einem edlen und harmonischen Volks-
gesange Bahn brechen zu helfen, bis die später errichtete Liedertafel genügend
dafür sorgte.

Der Unterricht erfolgte Sonntags Vor- und Nachmittags
und an mehreren Wochentagen in späten Abendstunden, wo die
Lehrlinge von der Arbeit befreit waren. Obschon einiger Zwang
zum regelmäßigen Schulbesuche sehr rathsam erschien, so ließ sich
derselbe aus Mangel an gesetzlichen Bestimmungen Seiten der
Landesbehörden dennoch nicht ausführen. Nach vielartigen, miß-
lungenen Versuchen in dieser Hinsicht, wozu die Lehrherrn zu
wenig die Hand boten und wobei es auch dem Gewerbverein
nicht dauernd einzuwirken gelang, kam ich immer wieder darauf
zurück, es dem freien Willen der Schüler zu überlassen und die
Anstalt gleich einem öffentlichen Gastmahle denen darzubieten,
welche davon freiwillig Gebrauch machen wollten, und so fanden
sich denn auch immer mit Eifer und Fleiß erfüllte Schüler dazu
ein, eben weil nicht Zwang, sondern das eigene Streben nach
Fortbildung der Beweggrund ihres Kommens war. Da die Anmeldungen dazu bei mir stattfanden, so nahm ich gern die Gelegenheit wahr, die jungen Leute auf die Nothwendigkeit fleißiger
Fortbildung hinzuweisen. Die fleißigen Schüler wurden nach
zuweilen erfolgenden Prüfungen, welche in Fertigung von Probe-
arbeiten, weniger in, für solche Anstalten nicht sehr geeigneten,
mündlichen Examen bestanden, durch Belobungszeugnisse des
Schulvorstandes oder der Kreisdirection, sowie durch Bücher,
Reißzeuge und ähnliche Prämien für ihre Geschicklichkeit und
Ausdauer erfreut. Da der Name „Schule“ die Gesellen wenig
ansprach, sie überhaupt aus falscher Ehrsucht nicht gleichzeitig
mit den Lehrlingen den Unterricht genießen wollten und sich
deshalb verhältnißmäßig nur wenige einfanden, so ward die

Anstalt auch „Fortbildungsanstalt für junge Gewerb=
treibende" genannt.

Zur Unterhaltung der Anstalt wurden außer den viertel=
jährlichen, nur aus wenigen Groschen bestehenden, Beiträgen der
Schüler — mit Befreiung der ganz armen davon — von meh=
reren Innungen und einigen Gönnern der Anstalt jährliche Bei=
träge und ebenso von der Stadt ein Zuschuß gewährt; auch
gelang es mir von der Staatsregierung einen bei steigendem
Gedeihen der Anstalt ansehnlich erhöhten Zuschuß zu erlangen.
Dadurch ward es bei möglichster Sparsamkeit ausführbar die
Anstalt ohne alle Unterbrechung, selbst in den Jahren der poli=
tischen Aufregung 1848 und 1849 mit günstigem Erfolge fort=
zuführen, so daß sie 1855 ein sehr erfreuliches Stiftungsfest und
ich als ihr Vorstand zugleich eines meiner 25jährigen Jubiläen
feiern konnte.

Von constitutionellen Formen eingenommen, hatte ich den
Versuch unternommen, die Anstalt durch mehrere Vorsteher und
Ausschußmitglieder leiten zu lassen, was sich jedoch als unprak=
tisch erwies. Nicht nur die damit verbundene Schwierigkeit, jene
meist mit der Sache wenig vertrauten und zum Theil mit geringem
Eifer erfüllten Mitglieder zusammen zu bringen, sondern auch
der Umstand, daß die nach Erfahrung und reiflicher Ueberlegung
von mir aufgestellten Vorschläge stets ohne Widerspruch ange=
nommen wurden, veranlaßten mich, die Leitung allein zu über=
nehmen. Es ist auch eine allgemeine Erfahrung, daß einem
mit Liebe und Eifer beseelten Vorsteher die alleinige Leitung
solcher Anstalten gewöhnlich weit besser gelingt, als wenn der=
selbe von einer Anzahl Mitglieder darin beengt wird. Ich pflegte
ohnehin bei neuen Einrichtungen mit Lehrern und anderen darüber
urtheilsfähigen Personen vorher zu sprechen, um mich desto mehr
der Zweckmäßigkeit derselben zu vergewissern und unterließ nicht
mit verdienten Vorstehern gleicher auswärtiger Schulen z B. dem
um die erzgebirgischen Sonntagsschulen und Gewerbevereine sehr
verdienten Köselitz in Annaberg in öfterem Briefwechsel zu ver=
bleiben. Zudem fehlte es auch nicht an genügender Controle,
da die Anstalt nicht nur unter Aufsicht der Local= sondern auch
unter der städtischen Schul=Inspection stand, und von dieser, die
von mir alljährlich einzureichenden Rechenschaftsberichte über alle
Verhältnisse der Schule an die betreffende Kreisdirection einzu=

senden waren. Die Schule wurde gewöhnlich von 100—150, zuweilen auch mehr Schülern besucht, im Ganzen bis Ende des Jahres 1867 von 2356 Schülern, von denen so manche dem Leiter derselben ihren Dank für die ihnen dadurch dargebotene und möglichst benutzte Gelegenheit zur Fortbildung mündlich und schriftlich aussprachen. Dies war die erfreulichste Belohnung für die auf das Institut verwandte Mühe. Mit diesen gewerb= lichen Schulen sind nicht die sogenannten allgemeinen Sonntags= schulen zum Nachholen des Schulunterrichts im Schreiben und Rechnen für junge Leute, wie sie in mehreren Nachbarstaaten, z. B. in Baiern (mit gesetzlichem Zwange), in Preußen sich finden, zu verwechseln. Von den erst seit 1830 in's Leben getretenen gewerblichen Sonntagsschulen mit vollständigem Unterrichte ist die Großenhainer, wenn nicht die erste, doch eine der ersten im deutschen Vaterlande. Da ich von ihrem Fortgange und ihrer inneren vervollkommneten Einrichtung in größeren und kleineren Schriften, wie in zahlreichen Aufsätzen vielgelesener Zeitungen Nachrichten gab, war sie nicht nur schon in den dreißiger Jahren in weiten Kreisen bekannt, sondern wurde auch die Veranlassung, daß man in Sachsen wie in anderen deutschen Staaten ähnliche Anstalten zu so erfreulichen Zwecken und zwar meistens nach der beschriebenen Einrichtung und den demnach entworfenen Gesetzen zu gründen und bei schon bestehenden, die von mir gemachten Erfahrungen mit anzuwenden, beeifert war, weshalb ich auch nicht selten dabei um Berathung ersucht ward. Noch sei die Bemerkung erlaubt, daß es in größeren Orten leichter wird, gemeinnützige Anstalten ins Leben zu rufen, als in kleinern, weil in jenen zu milden Zwecken leicht ebensoviel Thaler unterzeichnet werden, als in mittleren oder kleinern Orten Groschen. Wie ich nach 40jähriger Leitung von der Sonntagsschule zurücktrat, wird sich weiter hier ergeben.

Gründung des Gewerbvereins.

Es bedurfte aber auch einer Anstalt zur Fortbildung der schon selbstständigen gewerbtreibenden Bürger, und zu diesem Zwecke ward von mir im Jahre 1832 zur Gründung eines Gewerbvereins, ebenfalls eines der ersten Deutschlands und nach einem von mir vorgelegten Plane, aufgefordert, welcher noch in demselben Jahre vorbereitet, mit Anfang des Jahres

1833 ins Leben trat und nicht minder die Förderung des vaterländischen Gewerbfleißes zum Zwecke hatte. Es galt insbesondere
der Verbreitung dazu führender Kenntnisse in Hinsicht der gewerblichen Fächer selbst, wie der dazu erforderlichen mechanischen,
physikalischen, chemischen, artistischen und anderen Hülfswissenschaften. Es galt ferner neue Erfindungen und Entdeckungen,
auf diesem Gebiete zu verbreiten, und zu diesem Zweck wurden Vorträge und Besprechungen in halbmonatlich während des Winter-
halbjahres stattfindenden Abendversammlungen gehalten. Der
Verein besaß drei im Vorsitz wechselnde Vorsteher, wovon einem
die specielle Leitung überlassen blieb, und 6 Ausschußmitglieder
zu besonderem Mitwirken bei den Vorträgen. Der geringe Mit-
glieder-Beitrag diente zugleich zur Unterhaltung eines gewerblichen Lesezirkels, dessen gelesene Schriften, wie schon erwähnt,
ebenso wie die der Sonntagsschule an die Stadtbibliothek abgegeben wurden, welche dagegen jenen beiden Anstalten ihr Besitz-
thum zur beliebigen Benutzung darbot, so daß dieselben sich
gleichsam ergänzten, und ein erfreuliches Dreiblatt zu Gunsten
des Gewerbwesens bildeten. Der Verein bestand aus 50—80
Mitgliedern, und es nahmen auch Lehrer, Aerzte, Juristen Antheil, wogegen das Wegbleiben der Fabrikbesitzer, welche, wenn
auch nicht davon Gewinn ziehen, doch ohne ihre Fabrikgeheimnisse
verrathen zu müssen, zu anderer Belehrung viel beitragen konnten,
sehr zu bedauern war.

Nur bis 1837 konnte ich als vom Anfange an gewählter,
leitender Vorsteher verbleiben, da mannichfache Nebengeschäfte
(Auszahlungen bei der Eisenbahn, schriftstellerische Arbeiten ꝛc.)
zu wenig Zeit dazu übrig ließen, dies hinderte mich aber nicht
fortwährend für den Verein zu wirken, zuweilen auch durch kleine
Druckschriften zu erneutem Eifer anzuregen, und den für mich
als leitenden Vorsteher eintretenden, für die Sache sehr beeiferten Amts-Maurermeister Müller möglichst zu unterstützen,
welcher dagegen mir auch gern bei meinen anderweitigen
Anstalten hülfreich Hand leistete. Wegen des Mangels an Mitgliedern, welche zu interessanten Vorträgen geeignet und geneigt
waren, war es für die Vorsteher stets eine der schwierigsten
Aufgaben, für die in den Versammlungen zu verhandelnden und
möglichst allgemein ansprechenden Gegenstände Sorge zu tragen,
damit es in denselben nicht an Unterhaltungsstoff fehle. In

den Versammlungen wurden zuerst die von andern Vereinen oder
sonst an mich eingegangenen Schriften und Bücher gewerbwissen=
schaftlicher Tendenz vorgelegt, worauf kurze freie Vorträge über
gewerbliche Gegenstände, auch wohl Vorzeigung von physikalischen
und anderen Experimenten, von Modellen, Zeichnungen ꝛc. und
sodann Besprechungen darüber erfolgten; war Mangel daran,
so wurden geeignete Bruchstücke aus Journalen oder andern
Schriften vorgelesen, und den Schluß bildeten gewöhnlich vor=
getragene humoristische Aufsätze, so daß die Mitglieder die Ver=
sammlung in der Regel sehr befriedigt verließen. In der ersten
Zeit des Bestehens des Vereins hatten sich freilich Manche über
dessen Zweck getäuscht, indem sie hofften Geheimmittel für ihr
Fach zu erfahren, die sie nächster Tage verwerthen könnten. Es
liegt in der Natur der Sache, daß, wenn sich auch für manche
Gewerbe zuweilen bald anzuwendende neue Erfindungen und
Entdeckungen ergeben, doch der Hauptzweck darin besteht, die
Gewerbtreibenden auf die neueste Literatur und deren Lectüre
und zugleich auf die wahre Fortbildung in ihrem Fache, durch
Nachdenken und eigene Versuche, also überhaupt zum Fortgehen
mit der Zeit hinzuweisen und zu ermuthigen. Dieß ist es, was
der Verein bezweckte.

Gleichwie in Bezug auf die Sonntagsschule, so ward auch
über das günstige Gedeihen dieses Vereins von mir in öffent=
lichen Blättern wie in Schriften nicht nur Nachricht ertheilt,
sondern auch mit gleichen Vereinen im In= und Auslande ein
öfterer Briefwechsel gepflogen, um gegenseitige Nachrichten aus=
zutauschen, Jahresberichte und andere Schriften zu erlangen,
wodurch wiederum neue Materialien zu den Versammlungsvor=
trägen gewonnen wurden.

Es war wie bei den früher genannten Anstalten derselbe
Fall, daß der Verein, wenn nicht der erste, doch einer der ersten
solchen Zwecks, nicht nur in Sachsen, sondern wohl überhaupt
in Deutschland und zwar nicht anderen nachgebildet, sondern ein
selbstständig entworfener war. Er zeichnete sich vor vielen mit=
gliederreichen, ähnlichen Vereinen durch dargebotene mannichfache
Unterhaltung und andere rathsame Einrichtungen aus. Auch
dieser Verein ward die Veranlassung zur Gründung zahlreicher
anderer, von denen nicht selten auch die für den hiesigen bear=
beiteten Gesetze angenommen wurden. Zahlreiche Ehrenmitglied=

Diplome gingen von diesen Vereinen für mich ein und bewiesen nicht minder die Zufriedenheit mit meinen Bestrebungen.

Seit 1843 wurden auch alljährlich Stiftungsfeste mit Theilnahme der Frauen, die doch auch gern wissen wollten, was ihre Männer im Vereine vornähmen, veranstaltet, bei welchen zuerst belehrende, dann launige Vorträge und darauf Vorzeigungen von Experimenten stattfanden, wobei es aber auch an Gesängen, heitern Toasten, festlichen Aufzügen, Transparents und sonst Erfreulichem nicht fehlte, zuweilen verband man auch damit Ausstellungen von Gewerbsproducten ꝛc.

Ungeachtet gewährter zahlreicher belehrender und erheiternder Stunden und mancher andern Verdienste z. B. die auf Antrag des Vereins zum Vortheile der Stadt erfolgte Einrichtung eines wöchentlichen Getraidemarktes, die Veranstaltung von Ausstellungen ꝛc. gelang es dennoch nicht, ihn dauernd zu erhalten. In den Jahren der politischen Aufregung 1848 und 1849 suchten eingedrungene, fremdartige Elemente den ursprünglichen Zweck des Vereins — industrielle Belehrung und gemüthliche Unterhaltung — zu verdrängen, um ihn zu politischen Absichten zu benutzen, und so wurden denn die Versammlungen eingestellt. Dem damaligen sehr eifrigen Vorsteher gelang es nur die treugebliebenen Mitglieder zu einem bis 1860 fortgeführten Leseverein zusammenzuhalten. Des Vereins wurde jedoch noch öfters dankbar gedacht und während seines langjährigen Bestehens hat die ausgestreute Saat wohl manche Früchte getragen. Im Jahre 1860 ward nicht ohne Anregung von mir, da ich die Fortsetzung des ältern Gewerbvereins sehnlichst wünschte, ein neuer gegründet, der mit frischen, jugendlichen Kräften ausgerüstet, bald erfreulich gedieh und durch den sehr eifrigen und dazu sehr befähigten Vorsteher Dr. Meng nach und nach zu günstigen Erfolgen gelangte. Obgleich erstes Ehrenmitglied, mußte ich doch wegen meines Alters auf den Besuch der abendlichen Versammlungen Verzicht leisten.

Einige andere 1835 und später in Zeitschriften und im Briefwechsel mit auswärtigen Vereinen von mir vorgeschlagene neue Einrichtungen zu Gunsten des sächsischen Gewerbstandes gelangten nicht zur Ausführung, so z. B. die Vereinigung der sächsischen Gewerbvereine zu einem Bunde zur gemeinschaftlichen Anschaffung und Circulation gewerbwissenschaftlicher Werke, Modelle, neuer Erfindungen ꝛc. wozu die einzelnen Vereine

für sich nicht genügende Mittel besitzen, sowie zu übrigem gemein=
schaftlichen Wirken. (Näheres: Bürgerhalle B. II. 94.) Ein gleicher
Fall war es mit dem Vorschlage, Wanderbureaux in großen
Städten zu errichten, wohin Meister wegen benöthigter Gesellen
und solche wegen gewünschter Arbeitserlangung sich wenden konnten
und wodurch das unnöthige Herumwandern nach Arbeit zu ver=
meiden wäre; doch so sehr der Vorschlag in mehreren Vereinen
gebilligt ward, so scheiterte er und zwar ohne Zweifel durch Ein=
wirkung der Herbergsväter, welche dadurch Nachtheil zu erleiden
fürchteten. (Vergl. Bürgerhalle B. I. S. 87 und Bausteine II.
S. 175.) In neuester Zeit sind beide Gegenstände wiederum zur
Sprache gekommen, und bei dem guten Zwecke läßt sich auch
ein günstiger Erfolg erwarten.

Weitere Versuche zu gleichen Zwecken.

Außer jener kleinen Schrift über Stadt=Bibliotheken ward
von mir eine gleiche mit dem Titel: „Nachricht von der
Einrichtung und dem Fortgange der Sonntagsschule
und des Gewerbevereins zu Großenhain 1832" heraus=
gegeben. Der Minister=Präsident von Lindenau, der mich
früher bei dem Gesuch um eine Unterstützung der Sonntagsschule
sehr wohlwollend aufgenommen hatte, dankte unter dem 13.
December 1832 auf jene ihm überreichte kleine Schrift, und be=
merkte zugleich: „Ich habe Ihre neue Mittheilung mit um so
größerem Interesse durchgesehen, als dadurch der günstige Erfolg
Ihrer patriotischen Bemühungen auf das Schönste und Befrie=
digendste beurkundet wird. Daß sich in diesem Sinne und in der
von Ihnen ausgesprochenen Modalität Sonntagsschulen und
Gewerbvereine über das ganze Land ausbreiten mögen, das
wünsche ich lebhaft, da hiermit vorzugsweise das Gemeinwohl
befördert werden wird. Ich werde nicht unterlassen, Ihre Be=
strebungen zur Allerhöchsten Kenntniß zu bringen 2c." — Eben
so gütig äußerte sich derselbe unterm 23. März 1833 über die
Bibliothekbeschreibung: „Ew. Wohlgeboren haben mich wahrhaft
verpflichtet durch die neue Mittheilung. Gewiß ist die Anlegung
einer solchen Bibliothek ein höchst gemeinnütziges Unternehmen,
von dem ich wünsche, daß es in vielen Orten Nachahmung finden
möge. Wie es Ihnen aber möglich geworden ist, in kurzer Zeit

11*

und mit kleinen Mitteln eine so schöne und zweckmäßige Büchersammlung zusammenzubringen, das ist Gegenstand meiner Bewunderung." — Der Präsident der Königlichen Landes-Direction,
später Minister von Wietersheim, bat in einem anerkennenden
Schreiben um eine Anzahl jener Druckschriften, um solche den
im Lande bestehenden Anstalten dieser Art mitzutheilen.

Dies war also der Beginn des praktischen Strebens für
Gewerbfleiß-Erhöhung, und jene kleine Schrift darüber betraf
auch nur den Erfolg des ersten Versuchs. Dagegen ward ich
zu eigentlicher Schriftstellerei in diesem Fache ganz unvermuthet
durch einen besondern Umstand veranlaßt. Ich hatte damals in
der „Sachsenzeitung" einen bereits theilweise gedruckten Aufsatz
über Sonntagsschulen und Gewerbvereine 2c. geliefert, und da
derselbe zu ausführlich ward, so wurde ich vom Verleger aufgefordert, eine besondere Schrift darüber herauszugeben, worauf
jener Aufsatz unvollendet abgebrochen ward. Ich beschloß den
Plan dieser Schrift auf alle zu Gunsten des Gewerbfleißes rathsame Gegenstände auszudehnen. Noch vor Ende des Jahres
1833 erschien diese Schrift unter dem Titel:

„Andeutungen über Sonntags- und Gewerb-
Schulen, Bibliotheken, Vereine und andere Förderungsmittel des vaterländischen Gewerbfleißes und der Volksbildung im Allgemeinen".
Leipzig 1834.

Nach einer Einleitung über die nöthige Hebung des Gewerbstandes überhaupt, betraf diese Arbeit 1) die Ausbildung der jungen Gewerbtreibenden durch allgemeine und gewerbliche Sonntagsschulen, technische
Bildungsanstalten, wie ähnliche für die besonderen gewerblichen Fächer; 2) die
Fortbildung der selbstständigen Gewerbtreibenden durch Gewerbvereine, Bibliotheken, Vorlesungen, Preisaufgaben, Volksschriften u. s. w.;
3) Mitwirkung durch den Schul- und akademischen Unterricht;
Gründung höherer Bürger- und besonders noch fehlender Realschulen; Trennung des theologischen vom pädagogischen Studium; akademische Prüfungen
der Schulamts-Candidaten, mit besonderer Rücksicht auf Mathematik und
Naturkunde, als den gewerblichen Grundwissenschaften (da es an Personen
mit solchen Kenntnissen in den Mittelstädten so sehr fehlt), cameralistische
Facultäten; 4) Aus- und Fortbildung auf dem Lande: Sonntagsschulen, Lesezirkel; endlich 5) das Ideal eines Landesvereins zur
Förderung der Volksbildung 2c. Es waren somit meist alle Förderungsmittel für Gewerb- und allgemeine Volksbildung darin angedeutet,
welche in späteren Schriften noch weiter ausgeführt wurden. Es ist mir
noch ein Räthsel, wie sich dies so schnell in meinem Geiste ausgebildet hatte.

Aus Büchern war es nicht entnommen, denn über jene Gegenftände war eben noch nichts gefchrieben; auch hatte ich wenig über Pädagogik gelefen. Es ward mir gleichfam durch höhern Einfluß wie in die Feder dictirt.

Zugleich wurde auf die günftigen Refultate der obengedachten von mir geleiteten und näher gefchilderten Anftalten hingewiefen und fomit die Theorie durch die Praxis beftätigt.

Ich fchloß mit dem Wunfche, daß diefe, aus möglichfter Beachtung des täglichen Lebens und Wirkens hervorgegangene und wiederum demfelben geltende Vorfchläge, wenn auch nur zum Theil für zweckdienlich erkannt, demgemäß in Ausführung gebracht, oder, wenn dies nicht der Fall wäre, doch wenigftens Andere dadurch veranlaßt werden möchten, durch geeignetere Mittel zu jener Gewerbfleißerhöhung, wie zur allgemeinen Volks= bildung und Veredelung möglichft anzuregen und dadurch den Zweck der Schrift herbeizuführen; nämlich Bürgerglück und Vaterlandswohl! — Die Schrift war die erfte über folche Bildungsmittel, und erfreute fich daher eines überrafchenden Beifalls. Sie fprach auch bei den Bürgern fehr an, weil frei= lich zur Mißbilligung der Philologen es gerügt ward, daß damals allgemein, und wohl jetzt noch hier und da in den obern Bürgerfchulclaffen die zum Studiren beftimmten Schüler durch den vorzugsweife viel Zeit beanfpruchenden Unterricht in den claffifchen Sprachen befonders begünftigt wurden, wäh= rend für den Gewerbbetrieb beftimmte Schüler dadurch ver= nachläffigt und die für diefe überhaupt fo nöthigen Realkenntniffe zu wenig beachtet blieben. Damit aber die fich dem rationellen Landbau, dem Handel, dem Bau=, Berg=, Forft= und Fabrikwefen widmenden jungen Leute nicht ferner nöthig hätten, zur Vorbil= dung mittelft Aneignung einiger höherer Kenntniffe als die Bürger= fchule darbietet, die faft ausfchließlich nur alte Sprachen treibenden Gymnafien zu befuchen, fo ward auf Errichtung von damals noch gänzlich in Sachfen, wie faft überall fehlenden Real= fchulen mit naturkundlichem und mathematifchem Unterricht, neuer Sprach= und Gefchichtskunde 2c. angetragen. Ich ftützte mich dabei auf Herder's Ausspruch: „Die Welt braucht hundert tüchtige Leute und einen Philofophen; hundert Stellen, wo Realwiffenfchaften unentbehrlich find, eine, wo eine gelehrte und grammatifche Kenntniß des alten Roms gefordert wird."

Ein Brief des Minifters von Lindenau eröffnete die Reihe der deshalb erhaltenen und zu immer weiterem Fortfchreiten er= muthigenden Zufchriften.

Er schrieb unterm 18. Februar 1834: „Ew. Hochwohl=
geboren Zuschrift vom 15. dieses nebst Beilage hat mir in mehr=
facher Beziehung wahre Freude gemacht und ich eile, Ihnen
meinen verbindlichsten Dank dafür zu sagen. Einmal gewähren
Sie damit einen neuen Beleg Ihrer seltenen und ausgezeichneten
Thätigkeit, da es kaum begreiflich ist, wie Sie bei einem
beschäftigten Berufsleben auch als Schriftsteller so viel zu leisten
vermögen; dann aber ist es mir auch eine sehr erfreuliche Er=
scheinung, zu sehen, wie Ew. Hochwohlgeboren in Ihren Bemü=
hungen für das Wohl der Gesammtheit und namentlich der ge=
werbtreibenden Classen, unermüdet verharren. Es ist ein schöner
und segensreicher Wirkungskreis, den Sie sich damit erwählt ha=
ben, der zum Gelingen noch viele gemeinsame Anstrengungen
erfordert und wo Ihre kräftigen Worte gewiß nicht auf unfrucht=
baren Boden fallen werden."

Durch die vom Buchhändler als Honorar erhaltene sehr
bedeutende Anzahl Freiexemplare war es mir möglich, Behörden,
Vereine und einzelne Gelehrte im In= und Auslande, welche für
Gewerbbildung wirkten, damit zu versehen, sodaß mein Streben
zu immer mehr verbreiteter öffentlicher Kenntniß gelangte. Ebenso
ward ich auch durch die mir bekannt gewordenen 14 und zwar
sehr günstigen (Förderungsmittel der Volkswohlfahrt S. 233
verzeichneten) Recensionen freudig überrascht.*)

*) In der Zeitschrift: „Das Vaterland" von den Professoren Bülau
und Weiske (1834 Nr. 17) sagt der Erstere: „Die Reichhaltigkeit des
Schriftchens und der begeisternde Eifer, der sich in der Behandlung des vielartigen Stoffs kundthut, sind überzeugende Beweise des glühenden Patriotismus seines Verfassers. Er hat es erkannt, daß die Lebensbedingung alles
Besserwerdens in dem Geiste des Volkes beruht und daß in einer Förderung
der Volksbildung der edelste Liberalismus sich bethätigt. Möge die
Schrift die Aufnahme finden, auf die ihr Inhalt so vollgültige Ansprüche
giebt und mögen ihre Ideen die Theilnahme erregen, die zu ihrer Verwirk-
lichung erforderlich wird. Der Verfasser macht weniger Anforderungen an
den Staat als an den Privateifer." — In dem „Neuen Lausitzer Magazin" (Görlitz, 1834 Heft I. S. 110—113) heißt es: „In doppelter Hinsicht ist uns dieses Buch lehrreich und beachtenswerth erschienen. Mögen wir
uns nämlich auch für andere Zweige der Thätigkeit entschieden haben, als
für die, auf deren Förderung es zunächst berechnet ist, so wird doch schon der
Verfasser selbst, der uns unwillkührlich ein Bild seines Strebens, wir
möchten sagen seines wahren geistigen Seins aufstellt, ungemein anziehen.
Von Jugend auf wenig begünstigt, hat er sich bei einem vielbewegten Leben
einen Schatz der vielseitigsten Kenntnisse mit einem so richtigen Blicke für

Die Bausteine.

Da jene Schrift, welche sowohl zur Errichtung der geschil=
derten Anstalten, als zur Beachtung verwandter angeratherer
Gegenstände Veranlassung gab, in wenig Monaten vergriffen
war, so mußte dies umsomehr ermuthigen, zugleich auf bringende
Veranlassung des Verlegers an die sofortige Bearbeitung einer
zweiten Auflage Hand anzulegen. Sie erfolgte nach einem weit
umfassenderen Plane und mit näherem Eingehen auf die Bil=
dungsanstalten aller gewerblichen Fächer, von den niedrigsten bis
zu den höchsten; ebenso galt es den mannichfaltigen Vereinen
für die verschiedenen Gewerbszweige wie anderen Förderungs=
mitteln derselben. Zu diesem Zwecke wurden nicht nur die
neuesten Schriften und Journale über alle Fächer eifrig studirt,
sondern es ward auch mit den Vorständen solcher Institute wie
mit einzelnen, mit dem Gegenstande vertrauten Personen in weit=
läufigen Briefwechsel getreten, um der neuen Ausgabe durch
Schilderung der nähern Verhältnisse gleicher auswärtiger An=
stalten möglichste Vollkommenheit zu verleihen.

Der Großherzoglich Badische Minister Winter sandte mir
selbst die Gesetze der verschiedenartigen Fortbildungsschulen im
Großherzogthum Baden sogleich zu, als sie im Drucke erschienen
waren. Ebenso erlangte ich vollständige Uebersichten derartiger
Fortbildungsanstalten in Preußen, Böhmen, Bayern, Württem=
berg rc. Soviel als möglich wurde in der Schrift nach der
Theorie stets auch die Praxis besprochen, nämlich wie der Gegen=
stand bereits versucht und ausgeführt worden sei. Konnte Man=
ches auch nur als Idee aufgestellt werden, so trat doch zur
großen Freude in den nächsten Jahrzehnten Vieles davon ins
Leben und bewährte sich auf überraschende Art. Manches daraus
Entnommene ward in neuen Schriften auch als neue Idee ge=
rühmt, während es längst von mir besprochen war. Es war
dies für mich jedoch gleichgültig, wenn es nur guten Erfolg hatte.
Begreiflicher Weise ward zugleich auf mehr Beachtung der gewerb=
lichen Hülfswissenschaften, Naturgeschichte, Physik und Chemie,
Mathematik, Mechanik und dergleichen mit Rücksicht genommen,

das, was dem Volke wahrhaft Noth thut und Nutzen bringt, erworben, daß
der Freund der Wissenschaft sowohl, als der Geschäftsmann ihn gern hören
und zu Rathe ziehen wird." Anmerkung des Herausgebers.

auch das so unerläßliche Selbststudium jungen Männern dringend angerathen und allwärts die empfehlungswertheste Literatur angeführt. Die Schrift erschien unter demselben Titel wie die erste Auflage 1835 in 3 Bänden, jedoch mit dem kurzen Nebentitel: „Bausteine", unter welchem sie bekannt und genannt ward. Band I. behandelt die Ausbildung der Jugend mittelst der Bürger= und Realschulen, mit dem schon erwähnten nähern Eingehen auf pädagogisch=realistische Candidaturen rc. Die Sonntags= und verschiedenartigen Gewerbschulen; Band II.: die Ausbildung junger Land= und Forstwirthe, Gärtner, Bergleute, Techniker, Fabrikanten, Handwerker, Kaufleute, Cameralisten rc. mittelst Lehranstalten aller Art, und Errichtung cameralistischer Facultäten rc. Band III.: die Fortbildung der Gewerbtreibenden, mittelst Vorlesungen, Vereine, Bibliotheken, Gewerbmuseen, Ausstellungen, populär wissenschaftlicher Schriften, Rathertheilung an Gewerbtreibende durch Civil=Ingenieure (Techniker) und ebenfalls noch fehlende Cameral=Consulenten und dergleichen mehr. Bei Schilderung aller dieser Anstalten, insofern solche schon bestanden, ward deren Einrichtung, Frequenz, Lehrerzahl, Unterhaltungskosten und ähnliche historisch=statistische Notizen von zahlreichen Orten beigefügt, so daß sich eine sehr vollständige Uebersicht derselben in Bezug auf ganz Deutschland, in manchen Fällen aber auch anderer Länder ergab.

In dem Vorworte gedachte ich des gefahrdrohenden künftigen Verhältnisses, wofern der gewerbliche Mittelstand durch das Fabrikwesen mehr und mehr verdrängt werden und es folglich nur Reiche und Arme geben würde, daß dieser Gefahr aber nur durch eben jene Hebung des Mittelstandes mit fabrikmäßiger Association und anderen Mitteln, verbunden mit geistiger und sittlicher Veredelung, vorzubeugen sein möchte.

Dies war meine Ansicht, doch mehrere befreundete Gelehrte (z. B. der bekannte Publicist Rüder in Leipzig, der Präsident von Strombeck u. a. m.) meinten, daß der vorgeschlagene Weg höchstens in kleinen Kreisen auf einige Zeit nützen würde, da bei der so verbreiteten Verdorbenheit in höhern wie niedern Kreisen dem Uebel nicht abgeholfen werden könne, sondern nach steigend unheimlichem Zustande des Volks eine gewaltsame gleichmäßige Gütervertheilung nach sich ziehen, diese aber das Uebel auch nicht heilen, sondern immer wieder von Zeit zu Zeit gleiche traurige

Perioden zur Folge haben würde. — Diese etwas pessimistische Ansicht konnte mich jedoch nicht muthlos machen und von meinem Streben abbringen, da ja doch wohl noch Hoffnung vorhanden ist, bei jenem allgemeinen Mitwirken, einen, die Höhern und Niedern, die Reichen und Armen, zum Besten der ganzen Nation vermittelnden tüchtigen und kräftigen gewerblichen Bürgerstand fort zu erhalten.

Auch von dieser Auflage wurde eine bedeutende Anzahl Freiexemplare nach und nach vertheilt und besonders diejenigen Anstalten und gütigen Freunde damit versehen, die mich durch Materialien dabei unterstützt hatten. Die Aufnahme der Schrift war eine noch bei Weitem erfreulichere, als die der ersten Auflage, und es sprachen sich die geachtetsten Männer höchst günstig darüber aus. *)

Ungeahnt und höchst überraschend war das öffentliche Urtheil, womit die königl. preußische Provinzial-Regierung

---

*) Der bekannte National-Schriftsteller Forstrath Zschokke in Aarau schrieb über diese Preußler'sche Schrift unterm 30. September 1836: „Glücklich wer im Leben zum Bau allgemeiner Glückseligkeit, der nie vollendet wird, auch nur einige tüchtige Bausteine beitragen kann, wie Sie. — Non omnis moritur! Empfangen Sie mit dem Ausdrucke meiner Dankbarkeit ec." — Der allberühmte freisinnige Bisthumsvicar von Wessenberg in Constanz beehrte mich mit folgendem Urtheile: „Der Geist und die Tendenz Ihrer Bausteine hat mich ungemein angesprochen, und unsre beiderseitigen Ansichten von der Nothwendigkeit einer eigenen höheren Berufsbildung der so zahlreichen Gewerbstände stimmen sehr zusammen. Ich freue mich herzlich der bedeutenden Fortschritte, welche das Volksschulwesen seit einigen Jahren in Sachsen gemacht hat, und die schönen Aussichten, die sich deshalb für eine noch bessere Zukunft öffnen. Empfangen Sie meine innigsten Glückwünsche für Ihre thätige Mitwirkung zu diesem herrlichen Zwecke. Was könnte unserer Bemühung würdiger sein als Menschenveredelung ec." — Der Minister des Innern Hans Georg von Carlowitz schrieb am 25. Juli 1835: „Ew. Wohlgeboren und ich verfolgen ein Ziel, Sie durch überwiegende Sachkenntniß, ich durch äußere Mittel, wie sie meine dienstliche Stellung darbietet. Wir wollen uns also gegenseitig recht oft nahe treten. Finden Sie, daß Etwas für unsre gemeinsamen Zwecke durch mich geschehen könnte, so rathen Sie mir freundlichst, was ich zu thun habe, und ebenso sagen Sie es mir, wenn Sie bemerken sollten, daß die in die Hand des Ministeriums gelegten Mittel hier und da nicht auf die nützlichste Weise angewendet werden. Bedürfen Sie zu letzterem Uebersichten, welche Ihnen etwa noch fehlen, so bezeichnen Sie mir selbige und ich werde sie Ihnen jederzeit so vollständig mittheilen, als ich sie besitze. Mit der hochachtungsvollsten Gesinnung ec." Anmerkung des Herausgebers.

zu Liegnitz in ihrem Amtsblatte (1836 Nr. 3) die Bausteine
als empfehlenswerth bezeichnet und mit den Worten schloß:
„Diejenigen, welche an dem Emporkommen der Gewerbsamkeit
thätigen Antheil nehmen, insbesondere die Vorsteher der Gewerb=
vereine, machen wir auf diese beachtenswerthen Schriften auf=
merksam."

Die „Bausteine" wurden nicht nur theilweise zu Vorlesun=
gen in Gewerbvereinen, sondern auch zu seitenlangen Auszügen
in Zeit= und anderen Schriften benutzt und in fast allen Werken
über Gewerbbildung sich darauf bezogen. Sie gaben nicht min=
der, wie die früheren kleinen Schriften, zu Gründung darin ge=
schilderter Schulen und Vereine wie verwandter Anstalten Ver=
anlassung. Die auf zwei Füßen — Theorie und Praxis —
stehende Schrift hatte somit manchen erfreulichen Erfolg, und,
wie schon erwähnt, vieles nur als Idee und Vorschlag Mitge=
theilte ward in den darauf folgenden Jahrzehnten zur Ausfüh=
rung gebracht. Ein erfreulicher Lohn meiner Bestrebung!

Dieses theoretische und praktische Streben in Bezug auf
gewerbliche Fortbildung', wie meine übrige Wirksamkeit in und
außer dem Amte, hatten mir übrigens eine mich eben so ehrende
als überraschende Auszeichnung gebracht, denn Sr. Majestät
König Anton und der Prinz=Mitregent Friedrich August von
Sachsen beglückten mich bereits 1833 (den 7. Juni) mit dem
Ritterkreuz des Civilverdienst=Ordens, was damals einen um
so höheren Werth hatte, als die Ordensverleihungen noch nicht
so allgewöhnlich waren, wie in späteren Jahrzehnten, und eine
solche wohl auch das erste Mal an einen untern Beamten wegen
seiner Bestrebungen zu Hebung des Gewerbfleißes im Bürger=
stande und der Volksbildung erfolgte und zwar wie es im Decret
wörtlich lautete: „in Anerkennung des durch Jhre rühm=
liche Thätigkeit für gemeinnützige Zwecke sich erwor=
benen Verdienstes." Eben deshalb erregte diese Auszeichnung
zugleich allgemeine und freudige Theilnahme, sodaß sie vielfach
und selbst in Volkskalendern erwähnt ward, es auch nicht an
zahlreichen Beglückwünschungen aus der Nähe und Ferne fehlte.
Was dieser Auszeichnung noch besonders einen hohen Werth
verlieh, war eine Mittheilung des Minister=Präsidenten von Lin=
denau, worin er bemerkte: „Seit Jahren haben Ew. Wohlgeboren
sich um das Gemeinwesen auf so vielfache Art verdient gemacht,

daß sich der gesammte Ordensrath freute, eine öffentliche Anerkennung dieses Verdienstes beantragen zu können."

Den Orden trug ich, obschon er mir, was dankbar zu erwähnen ist, oft den Eintritt zu Festlichkeiten erleichterte, nur selten. Diese Auszeichnung aber, sowie die günstige Aufnahme meiner Schriften ermuthigte mich zum eifrigen Fortschreiten auf der erwähnten Bahn und so wendete ich mich mit immer erhöhtem Eifer der Förderung eines für Volks- und Vaterlandswohl nicht minder einflußreichen Gegenstandes, der Jugend- und allgemeinen Volksbildung zu, wie dieß die folgende Abtheilung erweisen wird.

Siebenter Abschnitt.
Rentbeamtenzeit.
Dritte Abtheilung.
Amtliches und Familienleben; Bestrebungen für Jugend- und Volksbildung.

Politische Verhältnisse.
1830 und folgende Jahre.

Bevor zum weiteren literarischen Wirken dieser Periode übergegangen werden kann, bedarf es in Hinsicht der damaligen dienstlichen, wie politischen und Familien-Verhältnisse, da sie mit jenem in nahem Zusammenhange und unter gegenseitigem Einflusse stehen, einiger Erwähnung.

Die französische Revolution im Juli 1830, durch welche der Bruder Ludwigs des XVIII. König Karl X. nach England zu flüchten genöthigt wurde und der Herzog von Orleans, Philipp, den Thron bestieg, erstreckte sich in ihren Folgen bekanntlich auch auf das sonst so ruhige und keiner solchen Aufregung für fähig gehaltene Sachsen, da hier, obschon dessen Regierung für eine der weisesten und gerechtesten galt, doch immer auch manche Mängel

hervortraten, die nach dem Vorgange anderer Staaten eine con=
stitutionelle Verfassung wünschen ließen. In Folge der Unruhen
in größeren Städten im September jenes Jahres ward von dem
bejahrten König Anton dem Gütigen sein ältester Neffe, der
Prinz Friedrich August, zum Mitregenten angenommen, und von
beiden, unter Mitwirkung des edlen und einsichtsvollen Staats=
ministers von Lindenau, eine mit den Landständen festzustellende
Constitution zugesagt, die auch Anfang September 1832 ins
Leben trat. Stets für das Fortschreiten in jeder Hinsicht beeifert,
begrüßte ich mit Freude eine solche Staatsverfassung, wodurch
mancher einseitigen Richtung im Staatsleben vorgebeugt ward,
und dem Regenten immer noch ein weiter Wirkungskreis zur
Förderung des Gerechten und Guten verblieb. Auch die Staats=
diener erhielten durch dieselbe eine mehr gesicherte Stellung,
indem die Anstellungs= und Absetzungs=Verhältnisse der Beamten,
sowie deren Gehalte genau festgestellt, und früherer Willkür in
dieser Hinsicht vorgebeugt wurde. Ebenso wurde die früher mehr
auf Gunst beruhende Pensionsgewährung der Beamten gesetzlich
bestimmt, so daß also auch mich Nahrungs= und Alterssorgen
weniger als früher beunruhigten, und ich frohen Gemüths und
freien Geistes so manches Rathsame unternehmen und durch=
führen konnte.

Auch in den Mittelstädten gab es zu jener Zeit Unruhen,
die jedoch weniger wegen politischer Tendenzen, als vielmehr aus
Unzufriedenheit mit den fast ohne alle Controle und daher sehr
oft ungerecht und verschwenderisch handelnden Stadträthen und
ihren Kämmerern entstanden. Ein solcher Kämmerer gab wegen
allgemeiner Mißstimmung gegen ihn, und nach erfolgten Straßen=
excessen seine Stelle auf, und zog weg. Von demselben, dem
der Stadtrath völlig freie Hand ließ, ward es als stadtbekannt
erzählt, daß er zu unterschreibende Quittungen gewöhnlich ver=
deckte, damit der Geldempfänger die Angabe der Geldsumme
nicht nachsehen konnte. Wer sich dieß nicht gefallen ließ, erhielt
später keine Arbeit. So wurden ferner unverhältnißmäßig große
Massen von Baumaterialien von demselben verschrieben und
ohne alle Untersuchung von einem befreundeten, mit der
Bauaufsicht beauftragten Rathsherrn bestätigt, während viel=
leicht kaum das Drittel oder Viertel wirklich verbraucht worden
war. Jener erstere, welcher, da seine Pferde eben nichts zu thun

hatten, einst für Schnee aus der Stadt zu fahren, 800 Thaler
erhielt, leistete später alle städtischen Fuhren mit eigenen
Pferden, und als die Bürgervorsteher deshalb wegen Unterschleifs
dabei, sich beschwerten, übernahm erst seine Frau, dann sein
Kutscher, die ohne alle Aufsicht Seiten des Raths erfolgenden
Fuhren. Und solche fast unglaubliche Dinge kamen so vielfach
vor, daß dadurch Unzufriedenheit erregt werden mußte. Da
ich mich für die neue Ordnung der Dinge interessirte, und, obschon
nicht Bürger, dennoch zu mancher verbesserten städtischen Einrichtung mit zu wirken, und die neuerwählten Commun-Repräsentanten durch gewünschte Berathung möglichst zu unterstützen
suchte, so war natürlich die Partei des alten Rathes ungünstig
gegen mich gesinnt. Sie verlor jedoch bald ihren Einfluß, wogegen ich wegen eben dieses Fortgehens mit der Zeit, und der,
zu Gunsten der Gewerbtreibenden gegründeten Institute bei der
Bürgerschaft mehr und mehr Einfluß gewann. In die bei Beginn der städtischen Unruhen durch freiwilligen Zusammentritt
der Bürger gebildete Communalgarde trat ich sogleich als zweiter Adjutant ein, wobei ich mich besonders der mich mehr, als
der Waffendienst ansprechenden schriftlichen Dienstleistungen unterzog, bis ich ein Jahr darauf, da nach der neuen Organisation
derselben meine Beihülfe nicht mehr erforderlich war, wiederum
austrat.

Auf das damals sehr im Argen liegende Schulwesen suchte
ich zwar durch Aufsätze im Wochenblatt 2c. aufmerksam zu machen,
erzielte jedoch keinen Erfolg. Es bestand nämlich hier nur eine
in 4 Classen getheilte Knabenschule, in deren erster Classe die
zum Studiren bestimmten Patricier-Söhne und Pensionäre des
Rectors im Lateinischen so begünstigt wurden, daß sie auf den
Landesschulen gut bestanden. Die hiesige Schule genoß deshalb
einigen Ruf, jedoch mit Unrecht, da die bei weitem größere Anzahl der übrigen Schüler benachtheiligt wurde. Um das Mädchen-
Schulwesen kümmerte man sich noch weniger; große und kleine
Mädchen besuchten gemeinschaftlich zwei für sich bestehende Sammel-
schulen, was wohl Ursache zu Rügen gab. — Die Hebung des
städtischen Schulwesens, sowie desjenigen auf dem Lande, wo es noch
Wander-Schullehrer gab, die kaum eine Schlafstelle hatten und
allwöchentlich von einem Bauer zum anderen zogen, um beköstigt
zu werden und in deren Wohnstuben Schule zu halten, gelang

erst dem dafür mit Liebe und Eifer erfüllten, 1832 eintretenden
neuen Superintendent Dr. Hering, zu dessen Wahl durch meinen
Einfluß auf die neuen Commun-Repräsentanten mittelbar beizutragen mir gelang. Dieser rastlos thätige Freund bewirkte
auch in seiner Ephorie nach und nach den Bau von 50 neuen
Schulhäusern und den Neubau, oder doch die Herstellung von
12 Kirchen, er hielt auch die 1848 zu weit gehenden democratischen
Gelüste unter seinen Untergebenen nieder, und ließ ebensowenig
die später Mode gewordene Frömmelei und das pietistische Sec-
tenwesen aufkommen.

Um mich nach Kräften meinem Wohnorte nützlich zu erweisen,
machte ich im Jahre 1831 sowohl in Eingaben an den Stadtrath,
wie auch durch Aufsätze im Wochenblatte auf die noch völlig
fehlende und zumal von der damals errichteten Communalgarde
bei dem nächtlichen Patrouilliren vermißte Straßenbeleuchtung
aufmerksam und brachte 1834 die Gründung einer so höchst einflußreichen Sparkasse zur Sprache, welche Institute aber, ungeachtet wiederholter Anträge, erst nach mehreren Jahren zur Ausführung kamen. Als man bei dem Jubiläum der Uebergabe
der Augsburg'schen Confession 1830 ein Fest für die Schuljugend
vergessen hatte, wie überhaupt solche hier nie stattfanden, brachte
ich es bei der Schulinspection dahin, daß ein solches noch nachträglich veranstaltet ward, wozu ich ein einfaches Kinderlied zum
Singen verfaßte und vertheilte, auch sonst mit zur Freude dazu bei-
trug, daß Hunderten von Kindern und deren Angehörigen ein
fröhlicher Tag bereitet und dem so wichtigen Jubiläum damit
eine desto längere Erinnerung gesichert wurde.

Meine Theilnahme an neuen Einrichtungen im Staate und
Wohnorte ward zwar bald durch das vermehrte Streben für
Gewerbfleißerhöhung verdrängt, hatte aber den Vortheil, daß
ich dadurch mit den Staats- und städtischen Einrichtungen näher
bekannt geworden war, und daher auch mit weit klarerem Blicke
als sonst mich in Schriften darüber äußern konnte. So wie die
Mitwirkung für das städtische Wohl mir die Geneigtheit der
Bürger erwarb, so begünstigte dies wiederum die lebhaftere
Theilnahme derselben an den von mir gegründeten Instituten,
so daß ich, ohne Bürger zu sein, dennoch nach dem Sprach-
gebrauch als ein Mann bei der Stadt galt, und bei manchen
Berathungen über gemeinnützige Gegenstände mit hinzugezogen

warb. So gelang es mir auch 1831 den unrathſamen Verkauf eines Theils des Stadtzwingers für einen Spottpreis an einen, deshalb freilich auf mich ſehr erbitterten Privatmann rückgängig zu machen. Sonderbarer Weiſe wiederholte ſich über 20 Jahre ſpäter daſſelbe Spiel, indem mein Schwiegerſohn Dr. Battmann, als Mitglied der Stadtverordneten, — ohne von meinem gleichen früheren Wirken Kenntniß zu haben — den wiederum in Antrag gekommenen Verkauf deſſelben Grundſtücks verhinderte, wodurch es möglich ward, auf demſelben in neuerer Zeit zu aller Stadt-bewohner Freude, Anlagen zu Spaziergängen herzuſtellen.

Statiſtiſcher Verein.

Die neue Staatseinrichtung bedurfte ſtatiſtiſcher Nachrichten vom Vaterlande, und es ward daher auf Wunſch der Regierung von einem ihrer Beamten, dem Ober-Landfeldmeſſer, Kammerrath von Schlieben, ein „Verein für vaterländiſche Statiſtik" gegründet, für welchen in den einzelnen Bezirken Zweigvereine thätig ſein ſollten. Bei einer zahlreichen Verſammlung zur Be-gründung ſolcher für die Aemter Hain und Moritzburg 1831, wozu ich eingeladen worden war, wählte man mich als Director des für das Amt Hain beſtimmten Vereins, welcher Obliegenheit ich mich gern und nach Kräften unterzog. Freilich war es auch eine ſehr ſchwierige Aufgabe, genaue Nachrichten über die ver-ſchiedenartigen Gegenſtände der Statiſtik nur auf Privatwegen und durch Gefälligkeit der dazu aufgeforderten Gutsbeſitzer und Pächter, Ortsrichter, Förſter, Schullehrer ꝛc. zu erlangen, was oft erſt nach mehrmaliger Erinnerung gelang. Da aber, als der Reiz der Neuheit ſich verlor, die Angaben nicht ſelten ver-weigert, oder doch unrichtig gewährt wurden, weil man fürchtete, daß dadurch eine Steuererhöhung beabſichtigt werde, ſo ſah die Regierung ſich nach einigen Jahren genöthigt, die Sache ſelbſt in die Hand zu nehmen, und mittelſt eines ſtatiſtiſchen Bureaus im Miniſterium des Innern die Behörden zu ſolchen Eingaben zu veranlaſſen; ſo daß ſich meine Aufgabe erledigte. — Mehrere Jahre hindurch wurden damals auch für die Geſellſchaft für Natur- und Heilkunde in Dresden ähnliche Tabellen über die jährlichen klimatiſchen Verhältniſſe in mehrern Gegenden des Amtes durch Förſter und Oeconomen von mir geſammelt und eingereicht.

So ward ich für ähnliche Zwecke vielfach in Anspruch genommen,
und wenn es in meinen Kräften stand, leistete ich diesen Anforderungen willig Genüge, wofür aber auch der Dank nicht ausblieb. Auch in anderer Hinsicht suchte ich zu nützen, z. B. durch
Eingaben an die Ministerien in Hinsicht des beabsichtigten Preß-
gesetzes zu Gunsten von Selbstverlag der Bildungsanstalten, ebenso
wegen der armen Frauen freizugebenden Schneiderei von Frauen-
bekleidungen, wofür ich auch später durch anonyme Journalauf-
sätze zu wirken suchte und dadurch die löblichen Schneiderinnungen
sehr in den Harnisch brachte. Letztere Angelegenheit wurde in
neuester Zeit durch das Gewerbgesetz 1864 erledigt. Ferner
beantragte ich Maßregeln zur Landesverschönerung nach dem
Systeme des mir befreundet gewordenen Baurath Vorherr in
München, worüber in der Jugendbildung II. 73. 114. Näheres
mitgetheilt ist.

Amtliche und Familien-Verhältnisse.

Meine Amtsverhältnisse blieben sich damals im Wesentlichen
gleich, nur daß wegen der beginnenden Trennung der Justiz von
der Verwaltung, manches bisher vom Justizamtmann allein,
oder mit dem Rentamtmann gemeinschaftlich Besorgte nun Letzterem allein zugewiesen ward. —

Als beim Herannahen der Cholera im Herbst 1831 von
Sachsen ein militairischer Cordon gezogen, und auf der Grenze
bei dem preußischen Orte Elsterwerda das gegen 3 Stunden von
Großenhain entfernte Pfeif-Vorwerk zu einer Contumazanstalt
für die aus Preußen kommenden Reisenden eingerichtet wurde,
so übertrug man nächst dem Amtshauptmann von Wolf mir
ebenfalls deren Aufsicht und Verwaltung. Zum Glück fanden
sich nicht Cholerakranke ein, und schon zu Anfang des neuen
Jahres wurde die Anstalt wiederum aufgehoben, und wie bei
der Einrichtung derselben Hunderte von dazu erforderlichen
Geräthschaften der manigfaltigsten Art von mir anzuschaffen
waren, so mußten sie auch wieder an Ort und Stelle von mir
auctionsweise verkauft werden. Allerdings war mir diese Auf-
sichtsführung wegen der leicht möglichen Ansteckung nicht eben
erfreulich. Der Himmel behütete damals Sachsen vor der Epidemie, obschon sie sich bereits rings herum verbreitet hatte; es

lag vielleicht mit darin, daß die Einwohner Sachsens sich durch
den Grenzcordon gesichert fühlten und jene Furcht nicht überhand
nahm, welche sonst so oft die Krankheit erst herbeiführt. —

Eine andere Sorge kam jetzt über mich. Mein Vater, welcher seit längerer Zeit mehr und mehr in seinen Vermögens-
verhältniffen zurückgekommen war, mußte die früheren Geschäfte
aufgeben und durch Holzhandel und andere Speculationen das
Nöthige zu verdienen suchen. Leider war im Jahre 1836 seine
Lage so traurig, daß ich ihn völlig zu unterhalten hatte. Schon
vorher aber war Einschränkung bei mir nöthig gewesen, um bei
der emporwachsenden Familie, die sich noch um zwei Töchter,
Laura und Rosa, vermehrt hatte, mit dem Gehalte auszukommen,
und obschon bei mir und meiner treuen Gattin es keine Frage
war, daß dem Vater jedenfalls diese Unterstützung zu gewähren
sei, so waren wir doch in Besorgniß, wie wir es längere Zeit
würden ausführen können. In dieser Sorge wies mir der
Allgütige einen Rettungsweg zu, der nicht zu ahnen war. Eben
damals erregten die für das Staats- und Volksleben höchst einflußreichen, bereits in England und Amerika in Anwendung
gekommenen Eisenbahnen die allgemeine Aufmerksamkeit. In
Deutschland und zuerst in Sachsen ging man auf Anregung des
amerikanischen Consul List und durch das Bemühen des Kaufmann Harkort in Leipzig und einiger anderer Geldmänner auf
die Idee ein, auf Actien eine Leipzig-Dresdner Bahn anzulegen,
deren Bau auch nach übergenügender Actien-Unterzeichnung begonnen ward, und sich jetzt bereits der Elbgegend näherte. Da
brachte mir ein Brief des diesen Bau leitenden Ober-Ingenieurs,
des Wasserbau-Director Hauptmann Kunz, eine freudige Ueberraschung. Er hatte mich bei gemeinschaftlichen Dienstgeschäften
kennen gelernt, und fragte bei mir an, ob ich die Caffirer-
Geschäfte bei dem beginnenden Baue der Eisenbahn von der
Elbe bis zum Tunnel bei Oberau gegen eine jährliche Entschädigung von mehrern hundert Thalern übernehmen wolle, in
welchem Falle er mich der Direction vorschlagen würde. Wer
war glücklicher als ich, über diesen Brief. Zwar ergaben sich
noch einige Schwierigkeiten, allein sie wurden bald beseitigt;
es bedurfte nämlich der Erlaubniß des Finanz-Ministeriums, die
aber zu meiner Freude bereitwilligst ertheilt ward. Alle Sonnabende

waren nun auf zwei Bauplätzen 3—8000 Thaler, theils in
größeren, theils in kleineren Summen auszuzahlen, welches
letztere die Sache zwar sehr erschwerte, doch ohne bedeutende Verluste
ausgeführt wurde. In den dritthalb Jahren des Baues gingen
eine halbe Million durch meine Hände, und nach Beendigung
desselben erfreute mich die Direction durch ein sehr ehrenvolles
Zeugniß über meine pünktliche Geschäftsführung. Da ungeachtet
der Fuhrlöhne und dergleichen Ausgaben immer noch eine be=
deutende Summe von jener Entschädigung übrig blieb, so konnte
also auch dem Vater alle nöthige Unterstützung gewährt werden,
bis derselbe nach längerem Krankenlager im Jahre 1841 seinen
Leiden entnommen ward. Es möchte doch wohl hier ein höherer
Einfluß erkannt werden, denn wie hätte ich ohne diesen Neben=
verdienst der kindlichen Pflicht so genügen können! Dieser Vor=
fall ermuthigte mich, lebenslang auf Gottes Hülfe zu hoffen,
wenn ähnliche Bedrängniß eintrat. Ueberhaupt habe ich in
dieser Hinsicht noch so manche fast wunderbare Erfahrung ge=
macht und oft ungeahnt Hülfe aus Noth und Sorge erlangt.
Durch unvorhergesehene Ausgaben ging die Baarschaft zuweilen
recht sehr zur Neige, doch würde ich auch bei dem dringendsten
Geldbedarf aus der mir anvertrauten Rentamtskasse um keinen
Preis einen Pfennig darlehnsweise entnommen, sondern eher
bei Fremden Hülfe gesucht haben, da jenes der sehr gewöhn=
liche Anfang zum Verfall eines Cassenbeamten ist. Beträfe es
auch nur die geringste Summe, so müßte nicht nur eine unver=
hofft zu erwartende Cassen=Revision jede Minute mit der Furcht
erfüllen, daß das Deficit entdeckt werden könnte, sondern, da es
gewöhnlich nicht so bald möglich wird, das Entlehnte nach Wunsch
und Willen zu ersetzen, so geht das Entlehnen dann meist weiter,
indem von Neuem, und in immer größeren Posten Geldsummen
der Casse entnommen werden, bis das Unheil hereinbricht. Daher
warnte ich auch in meinen Schriften Jeden, dem irgend fremde
Gelder anvertraut sind, vor den ersten Schritten, weil solche
nach und nach zum Verfall und Unglück führen. — Dankbar er=
kenne ich, daß ein gütiges Geschick mir, wie erwähnt, fast stets
bei dringendem Bedarfe während meiner ganzen Amtsverwaltung
die benöthigte Hülfe sandte, so z. B. durch nicht erwartete Grati=
ficationen vom Finanz=Ministerium für außergewöhnliche Geschäfte,
rückständiges Honorar und ähnliche ungewöhnliche Aushülfe,

wenn die Sorge stieg, und ein Ausweg sich nicht zeigen wollte. Es gemahnte mich und meine an Freud und Leid theilnehmende Gattin fast an Jung-Stilling's merkwürdige Erfahrungen, der in seinem festem Gottvertrauen stets sicher war, in der Noth jedesmal Geld zu erlangen. Wir hatten also hohe Ursache, Gott für unsre Führung zu preisen. Erhöhte sich die Einnahme auch nach und nach um etwas, so wollte sie — ungeachtet die nöthige Anschaffung von Büchern und Sammlungsgegenständen, sowie der Aufwand bei mehreren Reisen, meist durch die erlangten Honorare gedeckt ward — bei der steigenden Theuerung aller Lebensbedürfnisse nicht immer genügend ausreichen, wenn auch in jeder Hinsicht mit möglichster Sparsamkeit hausgehalten und das Leben nach einfacher bürgerlicher Weise wie früher fortgesetzt ward. Niemals ein Feinschmecker, genügte mir eine einfache, kräftige und zugleich für die ganze Familie bereitete Hausmannskost; ebenso war mein Aufwand auswärts nicht bedeutend, da ich nicht Karte spielte und ebenso aus Neigung wie nöthiger strenger Diät wegen Vollblütigkeit, mich mit ein- fachen Genüssen (einfachem Bier, Milch, Wasser) begnügte. Wein genoß ich nur selten und bescheiden, ebenso wie es statt der selten gerauchten Cigarren bei der angewöhnten Pfeife Tabak verblieb, die ich gern auf meinen alltäglichen Spaziergängen in den späteren Nachmittagsstunden rauchte. Bei dieser Gelegen- heit, von Geschäftsgedanken befreit, fielen mir oft Pläne zu schriftstellerischen oder gemeinnützigen Zwecken, wie zu kleineren Gedichten und humoristischen Versuchen bei, und zahlreiche frohe Stunden wurden dabei verlebt. Jene dabei erfaßten Ideen und Vorsätze wurden wegen meines nicht sehr treuen Gedächtnisses ins Taschenbuch, oder auf ein Blatt Papier flüchtig angemerkt, bis sich zu Hause zu deren weiteren Ausführung genügende Zeit fand.

Bei mir mußte Alles einen nützlichen Zweck haben und ich war unzufrieden, wenn ich nicht von früh bis Abends thätig sein konnte, weßhalb, und zugleich meines unruhigen Blutes wegen, ich auch bei nöthigen Besuchen im Orte, selbst bei meinen Kin- dern, kaum zum Niedersetzen bewegt werden konnte. Von aus- wärtigen Besuchen bei Verwandten und den besten Freunden kehrte ich so schnell als möglich, ja oft früher als ich erwartet wurde, zurück und wendete mich dann mit um so erhöhtem Eifer

12*

ben gewohnten Beschäftigungen zu. — Zu den „Kleidernarren",
wie einige Freunde einst scherzhaft meinten, gehörte ich nicht,
vielmehr war meine Familie mit meiner häuslichen Garderobe
nicht immer zufrieden; auch blickte ich nicht gern in den Spiegel,
eine natürliche Abneigung, wie sie auch von Herder bekannt ist. —
Kleine Reisen mit den Kindern galten als unsere größten Lust=
barkeiten, obschon uns auch Spaziergänge mit denselben genügten.
Die Winterabende wurden von meiner Familie in der Regel nur
im häuslichen Kreise zugebracht, und wie die muntere Mutter
mit ihnen sich vergnügte und überhaupt sich der Kindererziehung
und dem Wirthschaftssache mit größtem Eifer und mit Sorgfalt
annahm, ward bereits oben erwähnt. Zur Erholung nach der
von früh bis Abends angestrengten geistigen Beschäftigung wur=
den von mir auch gesellige Zirkel gern besucht und selbst dies
hatte für mich manchen wissenschaftlichen Nutzen, denn ich suchte
mich mit gebildeten Männern zu unterhalten, und dann nicht
selten Ideen, die ich in Schriften behandeln wollte, zur Sprache
zu bringen, jedoch ohne diese Absicht zu verrathen, wodurch meine
Ansichten nicht selten berichtigt und weiter ausgebildet wurden.
Meine und meiner Frau gleichen streng sittlichen und religiösen
Ansichten, wie die übrigen bei der Kindererziehung angewendeten
pädagogischen Grundsätze und gemachten Erfahrungen sind meist
in den weiterhin zu besprechenden Werken (Förderungsmittel
der Volkswohlfahrt, Jugendbildung 2c.) erwähnt, obschon in
Hinsicht mancher geäußerten Vorschläge, der menschlichen Un=
vollkommenheit wegen, es bei der Praxis öfters nur bei dem
guten Willen verblieb, wie ich gern zugestehe. Ueberzeugt, den
Kindern keine Reichthümer hinterlassen zu können, und daß Bil=
dung und Geschicklichkeit die beste Mitgabe für's Leben sei, wur=
den sie zur Aneignung aller, ihnen irgend nützlichen Kenntnisse
und Fertigkeiten angehalten, unter andern auch zur Musik, zum
Zeichnen und Malen, so daß unser Wohnzimmer nach und nach
mit Aquarell= und Oelgemälden der Töchter verziert ward. Auch
ward auf Kirchenbesuch gesehen, wenn nicht zu befürchtende Er=
kältung davon abhielt, wofür dann das Lesen in der Bibel, in den
Stunden der Andacht oder in einem ähnlichen geistreichen,
religiös=moralischen Erbauungsbuche ohne frömmelnde Färbung
stattfand, um nicht den heilbringenden religiösen Lehren entfrem=
det, sondern immer von Neuem dafür erwärmt zu werden.

Später traten mehrere der erwachsenen Töchter, da sie nicht alle beisammen zu Hause bleiben konnten, bei Verwandten und Freunden als Gehülfinnen in die Wirthschaft ein, wie dessen weiterhin zu gedenken sein wird. Um sie an das von uns und zumal von meiner Gattin gern geübte Wohlthun zu gewöhnen, war es von uns nicht nur gern gesehen, wenn sie Bedürftigen etwas von ihren Ersparnissen gewährten, sondern wir ließen dieselben auch mehrere Jahre hintereinander vor Weihnachten Kleidungsstücke und Puppensachen fertigen, welche sie nebst nicht mehr benütztem Spielzeug am heiligen Abende an zahlreiche arme Kinder, zur Freude für beide Theile, vertheilen konnten. — Sonderbar war es, daß ich gerade an einem solchen Weihnachtsabende, nachdem ich nach meinen Kräften Aermeren Gaben gespendet, von einem mir damals unbekannten jungen Manne, Frieblein in Leipzig, welcher meine Bildungsschriften gelesen hatte, sowohl Bücher für die Familie, als auch einiges Geld zur beliebigen Vertheilung an Arme zum Geschenk erhielt, und ebenso empfing ich aus gleicher Ursache von einem mir vorher ebenfalls unbekannten Buchhändler Reimann in Coburg 50 Exemplare von Franklin's Goldbriefen zur Vertheilung an Sonntagsschüler. Das waren sehr fröhliche Weihnachten!

In jener Zeit unternahm ich auch mehrere Reisen, so außer den schon erwähnten in die Oberlausitz 2c. (zu alterthümlichen Zwecken 1829 und 1839 2c.) auch nach Berlin 1833 und Prag 1835 sowohl zur Erholung, als zum Besuche von Museen und gewerblichen Bildungsanstalten, wobei ich in ersterem Orte mehrere interessante Bekanntschaften machte, so z. B. mit den Directoren jener Anstalten: Beuth, Klöben 2c. den Sammlungs-Inspectoren Lebezow, von Ledebur 2c.

Ueberraschten mich schon die höchst umfassenden Sammlungen der vaterländischen (germanischen, slavischen), wie der römisch-griechischen Antikenkabinette, so noch mehr die nie geahnte Reichhaltigkeit der ägyptischen Alterthümer, wo dem Beschauer gleichsam eine ihm fremde Welt mit eigenthümlichen Sitten und Gebräuchen aufgeschlossen wird. In solchen reichhaltigen Antikensammlungen alter Nationen läßt sich erst deren Culturgeschichte genügend studiren. Außer zahlreichen Papyrusrollen mit Hieroglyphen und andern Schriftarten, Mumien und Sarkophagen gab es Massen von Alterthümern aller Art, von dem künstlich geschnittenen Ringstein und andern Schmucken bis zu den einfachsten Geräthen. Sehr interessant war mir ferner die Reiseapotheke der ägyptischen Königin Thutia, die Perücke eines Priesters, das ebenfalls in einem Grabe gefundene Modell eines Schiffes, worauf ein Ver-

storbener auf dem Nil seiner Ruhestätte zugeführt wurde ꝛc. Genug, wie
möchte hier auch nur das Seltenste und Ueberraschendste erwähnt werden
können, man muß es selbst zu beschauen suchen! Außer dieser Sammlung
wurden noch mannichfache andere, sowie das von Beuth geleitete berühmte
Gewerb=Institut, die Gewerbschule und sonst Beachtenswerthes besucht. — In
Prag lernte ich außer andern Gelehrten auch den Ritter Hanka kennen, der
mir die Merkwürdigkeiten der Universitäts=Bibliothek und darunter die von
ihm entdeckte Königinhofer Handschrift mit Gedichten aus der heidnischen
Zeit vorzeigte; ferner das National=Museum der böhmischen Stände, wo aber
die heidnischen Alterthümer noch wenig vertreten waren. Bei dem dortigen
Landesgewerbverein erfreute ich mich ebenfalls einer günstigen Aufnahme und
der Hinweisung auf gewerblich Beachtenswerthes.

Bei den öfteren Besuchen Dresdens galt es der fortgesetzten
Beschauung der wissenschaftlichen Sammlungen und dem Ver-
trautbleiben mit den Königlichen Bibliothekaren, Ebert, Falkenstein, Klemm ꝛc., den Museen=Directoren Schulz, Hasse,
Chalybäus, Hettner, Gräße, Kraukling, mit den Hof-
räthen Böttiger, Kind, Reichenbach, Th. Winkler und
anderen befreundeten Gelehrten in damaliger Zeit, um den im
Wohnorte zu wenig literarische Unterhaltung findenden Geist
immer wiederum durch neue Anschauungen und eingetauschte
Ansichten und Ideen zu erfrischen und wach zu erhalten.

Ich besuchte 1837 auch die Versammlung der deutschen
Landwirthe in Dresden. Da ich aber auf einen Vortrag über
auf dem Lande zu gründende Sonntagsschulen und Lesevereine
aus Zeitmangel Verzicht leistete, so wurde derselbe als Aufsatz
in dem Berichte über diese Versammlung abgedruckt.

Es ist Pflicht jedes denkenden Mannes, von Zeit zu Zeit
seine Laufbahn in jeder Hinsicht zu prüfen, und Ergebnisse daraus
zu ziehen, um seine Schritte auf den ferneren Lebensweg zu
leiten. Dies veranlaßte mich, außer der Fortführung von Tagebüchern nach erwähnter Art, vom Jahre 1824 an auch zwei-
jährige Uebersichten meines literarischen Lebens und Wirkens
zu fertigen.

Die Volksbildung.

Im Jahre 1836 wendete ich mich dem Studium der allseitigen Volksbildung zu. Ich wurde in diesem Entschlusse umsomehr bestärkt, als es Pflicht schien, auch darauf zu sehen, daß
die materiellen Interessen nicht zu sehr die geistig=sittlichen be-
herrschen möchten, wie denn auch Professor Pölitz in einer

Recension der Bausteine davor warnte und der Minister des
Innern, später des Cultus, Hans Georg von Carlowitz, mir
rieth, für letztere möglichst mitzuwirken. Derselbe schrieb unterm
25. Juli 1835: „Sie erwerben sich durch Ihre vielseitige, gemein=
nützige Thätigkeit ein großes Verdienst um unser Land, ein blei=
bendes durch Ihre Schriften, die umsomehr Werth haben und
Eingang finden müssen, als sie von einem Manne kommen, wel=
cher den lebendigsten Eifer mit einer gereiften Praxis verbindet;
doppelt aber wird Ihr Verdienst werden, wenn Sie auch noch
dafür wirken können, daß, während unser lebhaftes und geleh=
riges Volk in der Bildung für materielle Zwecke fortschreitet,
nicht die sittlichen zurückgehen.“

Was mich aber besonders zu einem neuen Werke anregte,
waren Herder's treffliche „Ideen zur Philosophie der Geschichte
der Menschheit“ und seine „Humanitätsbriefe“, die ich damals
gelesen und wieder gelesen hatte. Ich gerieth in wahren Enthu=
siasmus über diese treffliche Humanitäts = oder Menschheits=
veredelungslehre; es drängte mich, weiter über diesen Gegenstand,
als die eigentliche wahre Lebensphilosophie, nachzudenken, aber
auch zugleich die Schriften von Franklin, Zschocke, Krug,
Heinroth, Julien und Anderen über Lebensweisheit, Volks=
bildung und Volkswohl nachzulesen, auch gleichzeitig die neuesten
und geschätztesten pädagogischen, staatswissenschaftlichen und an=
deren dabei in Frage kommenden Doctrinen zu beachten und mit
meinen Erfahrungen und bereits gesammelten Collectaneen zu
vergleichen. — So entstand nach und nach ein Werk, welches
unter dem Titel erschien: „Förderungsmittel der Volks=
wohlfahrt, in Bezug auf Wissenschaft, Kunst und Leben. Haus=
und Handbuch für Jeden, welcher für sein und Anderer Wohl
zu wirken wünscht.“ Band I. in 2 Abtheilungen, Leipzig 1836.

Nach Herder's trefflichen Ideen suchte ich darauf hinzuwei=
sen, daß die einseitige Ausbildung des Menschen hauptsächlich
der Grund aller Uebel sei, welche ihm allein zur Last fallen, also
die Ursache des unklugen und unmoralischen Benehmens, des
Verfalls in Thorheit, Sinnlichkeit, Leidenschaft, Hoffarth, Hab=
sucht, Betrug und andere Uebel, wodurch er sich den bösen Mäch=
ten ergiebt. Der Schlüssel zum höhern, weisen Leben, zur Hu=
manität bestehe dagegen in der Einung aller Sphären der
menschlichen Thätigkeit zum harmonischen Ganzen. Die

zu wenig hervortretenden Kräfte und Anlagen des Menschen
müßten zu vermehren und zu erstarken, die zu sehr vorherrschen=
den dagegen zu mildern und zurück zu drängen gesucht werden.
Es müssen der Körper wie der Geist, der Verstand wie das
Gemüth, das Geschäft wie die Erholung und so alle nöthigen
Rücksichten gleichmäßig beachtet werden, um zur geistigen und
körperlichen Gesundheit zu führen. Es muß ferner als Endzweck
Alles auf die höchsten Ideen des Menschen bezogen werden; auf
das Erkennen der Wahrheit mittelst der Wissenschaft, auf Er=
höhung des Geschmacks und Gefühls für das Schöne in Natur
und Kunst und auf das Streben nach dem Sittlich=Guten im
eifrigen Ausführen des rechten edlen Willens im Schaffen und
Wirken und nicht nur für sich, sondern auch für Andere, in ächter
Nächstenliebe und dies Alles zugleich mit gottvertrauendem Blick
auf das Jenseits gepaart. Diese wahre Lebensweisheit, ver=
bunden mit ächter Lebensklugheit, welche die besten und immer
nur edle Mittel zur Ausführung wählt, führe nebst rastloser ver=
ständiger Thätigkeit allein zur wahren Zufriedenheit und, was
dem eigentlich gleich ist, zu Glück und Heil.

Diese humane, also allgemein menschliche, gleichsam ency=
klopädische Ausbildung — verschieden von der einseitigen huma=
nistischen, womit die Philologen die Bildung mittelst der alten
Sprachen bezeichnen — hatte mir schon längst vorgeschwebt, da auch
ich auf ein gleiches, Alles umfassendes Wissen und Wirken hin=
zustreben suchte, weshalb mich auch jene Herder'sche Lehre so tief
ergriff. Ich bemühte mich daher bei Abfassung dieser Schrift,
klar zu zeigen, auf was Alles zu sehen und auf welche Art es
im wirklichen thätigen Leben auszuführen sei, wobei die ency=
klopädische Literaturkunde mir sehr zu statten kam, da ich zugleich
die Angabe aller der Schriften hinzufügte, welche bei näherem
Eingehen auf diese Ideen sich am besten bewährten. Die erste
Abtheilung der Schrift behandelte nach Beachtung des zu erstre=
benden physischen Wohls, die Sphären der Kirche, des Staats,
des Berufsgeschäfts und des Hauses; bei letzterem mit Rücksicht
auf das Familienleben. Bei der Berücksichtigung des Staates
galt es auch, die Wichtigkeit des Cameralstudiums, insbesondere
der damals noch zu wenig beachteten National= oder Volkswirth=
schaft, wie der noch weniger in das Auge gefaßten und selbst
jetzt noch wenig verbreiteten Communal= und Gemeindewirthschaft,

näher zu erläutern. Ebenso gedachte ich wieder der vom Bau=
rath Vorherr ausgebildeten Landesverschönerung, wovon Ju=
gendbildung II. und Bausteine II. Näheres erwähnt ist. Nicht
minder wurde besonders eines der Hauptmittel der Volkswohl=
fahrt gedacht, des vorleuchtenden Beispiels der höheren
Stände, überhaupt der höher Gebildeten in Fortbildung und
Gemeinnützigkeit, in Sitte und Religiosität, in Sparsamkeit und
anderem Rühmlichen, was unbezweifelt mehr wirkt, als Buch
und Gesetzblatt. Dann wies ich auf strenges und zeitiges An=
halten der Jugend zu allem Guten hin und theilte einige An=
sichten in Hinsicht des Fortschreitens des Menschengeschlechts mit,
wovon einige Andeutungen hier folgen mögen.

Die Geschichte zeigt ein allmäliges Fortschreiten der Mensch=
heit, obschon oft auf Schlangenwegen und mit scheinbaren Rück=
schritten, denn bei dem Verfall gebildeter Staaten flüchteten sich
gewöhnlich die edlen Elemente (Wissenschaft, Kunst, Sitte, Reli=
gion 2c.) in andere, noch uncultivirte Gegenden und riefen dort
erhöhte Bildung hervor. Die Cultur scheint nach und nach alle
Länder der Erde zu durchwandern; sie ging von Asien aus, dem
Europa folgte, wo nach der Blüthe Griechenlands und Roms
auch die germanischen Nationen durch höhere Cultur beglückt
wurden, welche, bei ihrer geistig=gemüthlichen Höhe, ihrer Emsig=
keit und Wanderlust recht eigentlich geeignet sind, die Fackel der
Aufklärung in andere Länder zu tragen.

Ich schloß die erste Abtheilung der Schrift mit den Worten
Herder's: „Das ist mein Glaube, laßt uns hoffen und handeln!"
Die zweite Abtheilung beschreibt die allgemeinen Förderungsmittel
höherer Bildung und deren lebenspraktische Ausführung. Es ist
dabei die Rede von den Mitteln zur Lebensweisheit, von dem
Entwerfen von Lebensplänen, von der Haltung möglichst voll=
ständiger Tagebücher 2c.; vor Allem aber wird betont die bringende
Hinweisung auf die ersten Erfordernisse der Veredelung: Selbst=
erkenntniß und Selbstbildung, mit Beziehung auf Franklin's
Tugendtabelle und ähnliche Hülfsmittel, welchen dann die Selbst=
beherrschung folgen müsse. Der Mensch ist aber in der Regel
„seines Glückes Schmied", wenn er bei seinem rastlosen,
verständigen und sittlichen Handeln das feste Vertrauen zur
göttlichen Macht zu Hülfe nimmt. In diesem Sinne ist auch der
Ausspruch zu deuten: „Hilf dir selber, so wird Gott dir helfen!"

Zugleich ward der Blick auf die so manigfachen, beispielweise
aufgeführten edlen Freuden des Lebens und die möglichste An=
eignung eines beglückenden, humanen und humoristischen Gemüths
hingewiesen.

Bald nach der Erscheinung des Buches, gingen erfreuliche
Aeußerungen darüber ein, so z. B. unter andern von meinem
höchsten Vorgesetzten, dem Finanz=Minister von Zeschau. Dieser
erwiederte auf Einsendung eines Exemplars unterm 6. Juli 1836:
„Der darin behandelte Gegenstand ist zu wichtig, als daß der=
selbe nicht auch meine volle Aufmerksamkeit in Anspruch nehmen
sollte, und ich werde Ihnen daher sehr verbunden sein, wenn
Sie mich seiner Zeit in den Besitz der zweiten Abtheilung setzen
wollten. Ihr Bemühen wird allgemein als ein sehr verdienst=
liches bezeichnet." — Der Geheime Kirchen= und Schulrath
Dr. Schulze in Dresden schrieb unterm 19. Juli 1836: „Ihre
Förderungsmittel aufmerksam zu lesen, muß ich freilich Stunden
ruhigerer Muße, als mir so eben vergönnt sind, vorbehalten;
indessen habe ich das Werk doch so weit durchgesehen, daß ich
dessen Tendenz und Inhalt als höchst achtungs= und beachtens=
werth erkennen muß. Insbesondere erheischt die aufgeklärte
Gesinnung und die edle Begeisterung, womit Sie über Religion
und Kirche, über Beförderung ächter Religiosität, Sittlichkeit 2c.
im Lichte des reinen Christenthums, sowie von wahrer Huma=
nität und Humanitätsbildung sprechen, meine hochachtungsvollste
Anerkennung. Daß letztere auch von gewichtigeren Männern
gezollt wird, ist die feste Ueberzeugung." Und so ähnlich lau=
teten noch zahlreiche Zuschriften. Um zu ersehen, wie die Schrift
von jungen Männern aufgenommen wurde, sandte ich ein Frei=
Exemplar einem sehr in Achtung stehenden akademischen Studenten=
Verein für lausitzische Geschichte in Breslau (meist Lausitzer
Landsleute), welches viel Beifall fand, so daß ich veranlaßt
ward, mit dem Vereine ferner und bis zu seiner Auflösung 1848
in sehr erfreulicher Verbindung zu bleiben.*)

---

*) In der „Allgemeinen Schulzeitung vom Oberhofprediger Dr. Zim=
mermann in Darmstadt" (1836 Nr. 181) heißt es: „Recensenten ist lange
keine Schrift vorgekommen, die so einwirkend auf das Leben, so durchgängig
nur vom praktischen Standpunkte erfassend und dabei so reich an nützlichen,
zum Theil überraschenden Bemerkungen und literarischen Notizen sein dürfte,
.   ch wird sie allen Schulmännern, denen an einer

Abgesehen von diesen ehrenhaften Beurtheilungen gewährte die Bearbeitung der Förderungsmittel mir noch ei nen Haupt= vortheil, indem ich selbst auf jene gleichmäßige Ausbildung des Menschen immer näher hingewiesen und, dem alten Spruche Docendo discimus, gemäß, — durch Lehren selbst belehrt ward. Es war bei der Schrift über Jugendbildung derselbe Fall; die einzelnen Grundsätze mußten tief überdacht und geprüft werden, und so konnte es, wo von dem Lebensplan, der Selbstprüfung und dem vielseitigen gemeinnützigen Wirken die Rede ist, nicht ohne eigene Belehrung und vorgenommene gute Vorsätze ab= gehen, obschon auch hier nicht selten die Ausführung hinter dem guten Willen zurück blieb.

Da sich bald ergab, daß der Plan dieses Werkes, welches Pölitz als eine Culturpolitik bezeichnete, zu weit angelegt war, so fand ich mich bewogen, die schon begonnene Fortsetzung, nämlich die specielle Behandlung der intellectuellen, ästhetischen und moralischen Bildung, mit Angabe der Schulen, Vereine und anderer Förderungsmittel derselben, bei Seite zu legen. Es würde mich Jahre hindurch beschäftigt und eine Menge Bände gefüllt haben, worauf der Verleger schwerlich eingegangen sein würde, zumal da die Schrift, ungeachtet aller Anempfehlung in den Beurtheilungen, weniger Absatz fand, als die Bau= steine. — Sie hatte nur die höhere Bildung, nicht zugleich materielle Vortheile, wie jene, nämlich einen gewinnreichen Gewerb= betrieb, zum Zwecke. Daher wählte ich aus dem reichen Mate= riale nur zwei, mir am einflußreichsten erscheinende Abtheilungen

fortschreitenden Bildung ihrer selbst und der ihnen Anvertrauten etwas liegt, sehr willkommen und ein umsichtiger und treuer Führer auf dem Pfade ihres amtlichen Berufs sein.'' — Literarisches Wochenblatt für Volkslehrer in Kirche und Schule, von Archidiakonus Dr. Hergang (Grimma 1837. Nr. 55.) Nach einleitenden Worten heißt es: „Jede der Abtheilungen ist mit einer Klarheit und Gründlichkeit zersetzt, die nichts zu wünschen übrig läßt, und den Freun= den der Literatur sind gute, reiche Quellen angezeigt. Der Pädagog lese nur §. 4, welcher sich über Gymnastik verbreitet, und er wird sich über die Aus= einandersetzung wirklich freuen 2c. §. 21, S. 150 spricht vom Haus= und Familienwesen und theilt dies in örtliches, physisches, geschäftlich=ökonomisches und häuslich=geselliges. Hier theilt der Verfasser wie ein guter Hausvater aus dem Schatz seiner Wissenschaft viel Treffliches und Köstliches mit. Auf solche Weise liefert der geschätzte Verfasser, der wohl überschaut, was dem Staate, der Kirche, dem Hause wahrhaft frommen kann, ein treffliches Ganze 2c.'' Anmerkung des Herausgebers.

aus, die Jugendbildung und das Bibliothekwesen wovon ich zunächst der ersteren, meine Muße widmete, zumal da ein aus früherer Zeit mir befreundeter Leipziger Buchhändler (Roſt, Beſitzer der Hinrichs' ſchen Handlung) ſich bereits von freien Stücken zum Verlag einer Jugendſchrift von mir erboten hatte.

Die Jugendbildung.

Des Volkes höhere Bildung und Veredelung muß von der ſorgfältigen Erziehung der Jugend aus= gehen, denn von der Verbeſſerung der Erwachſenen iſt wenig zu erwarten, während jene eine der wichtigſten Stützen des Volkswohls iſt. Um aber genügenden Einfluß zu äußern, muß Erziehung und Unterricht Hand in Hand gehen. Beides darf auch nicht ſchon mit der Schulentlaſſung beendet, ſondern muß möglichſt bis zur Mündigkeit fortgeſetzt werden; ſoll doch das ganze Leben eine ſtete Fortbildung ſein. Darauf war das von mir nach und nach entworfene Syſtem der Jugendbildung berechnet, welches ich ebenfalls auf Herder's Humanitätslehre mit all= ſeitiger und gleichmäßiger Ausbildung aller Anlagen und Kräfte ſtützte. Sowie meinen andern Bildungsſchriften, wurden auch dieſer folgende nöthige Erforderniſſe anzueignen geſucht: encyklo= pädiſch, alſo alle irgend zu beachtende Verhältniſſe mit in den Kreis der Beſprechung ziehend; literariſch, Angaben der empfoh= lenſten Schriften darüber; populär, oder allgemein verſtändlich; praktiſch, auf das Leben und Wirken anwendbar, und endlich human, der Herder'ſchen Humanitätslehre entſprechend. Weit entfernt, ein pädagogiſches Handbuch für Lehrer ſchreiben zu wollen, war meine Abſicht mehr darauf gerichtet, die Eltern und andere mit der Beaufſichtigung der Jugend in näherer Beziehung ſtehende Perſonen auf die vorzüglichſten Grundſätze und Vor= ſchläge der Erziehung und des Unterrichts näher hinzuweiſen, um dabei einflußreich mit eingreifen zu können. Ich benutzte die Gelegenheit, auch den Erwachſenen ſelbſt manches Rathſame mitzutheilen, welches erſt in der Fortſetzung des vorigen Werkes beabſichtigt ward, ſo daß alſo das Hauptſächlichſte davon nicht verloren ging, wie denn überhaupt dieſe Schrift zugleich einen Auszug aus jenen Förderungsmitteln mit enthält, und denen wohl genügen möchte, welche jenes ausführliche Werk nicht bei der Hand, oder nicht genügende Zeit haben, es durchzustudiren. Die Schrift erschien unter dem Titel:

Ueber Jugendbildung, zumal häusliche Erziehung.

„Unterrichtsanstalten, Berufswahl, Nacherziehung und Nachschulen. Eltern, Lehr= und Dienstherren, sowie Orts= behörden, Schulvorständen, Gewerbs= und Wohlthätigkeitsvereinen gewidmet." Heft I—III mit dem Nebentitel: „Ueber Erziehung im Hause der Eltern, mit Rücksicht auf deren mustergeben= des Leben und auf Bücherwahl für eine Haus= und Handbiblio= thek" Leipzig 1837—38 Heft I behandelte zuerst allgemeine Grund= sätze, Herder's Humanitätslehre (wie schon ausführlicher bei den Förderungsmitteln erwähnt); ferner, das mustergebende Beispiel aller derer, die mit der Jugend in näheren Verhältnissen stehen; das Vorbauen gegen Ausschreitungen der Kinder nach genauer Beachtung ihrer Neigungen und Leidenschaften; beachtungswerthe pädagogische Literatur. Darauf ward die physische Bildung behandelt, mit Hinweis auf Diät, auf Maß und Ziel halten in Allem und Jedem; auf Turnen, populäre Medizin und Mittel zur Rettung in plötzlicher Lebensgefahr. Zum Schlusse wurde hingewiesen auf die ohne Medizin curirenden billigen drei großen Aerzte: Luft, Wasser und Bewegung, und auf anderes zum Theil selbst Erprobtes, oder mittelst Lectüre, wie eigenes Nachforschen und Nachdenken als nützlich Erkanntes.

Heft II betraf zuerst die intellectuelle wissenschaftliche Bildung mit einem System aller Wissenschaften. Es erfolgte zugleich ein näheres Eingehen auf die einzelnen Fächer, in wieweit sie für die Jugend, aber auch für Erwachsene anwendbar und rathsam erscheinen, wobei auf die Naturkunde, auf Sammlungen, physicalische und chemische Experimente, auf erhebende Betrach= tungen des unermeßlichen Sternenzeltes hingewiesen ward; ferner auf den hohen Nutzen der historisch=geographischen Wissenschaften, auf die so unentbehrliche Vaterlandskunde und Geschichte zur Erregung höherer Vaterlandsliebe, auf sorgfältig auszuwählende unterhaltende und zugleich belehrende Reisebeschreibungen, und die besonders zur eigenen Veredelung mit einwirkende Lectüre von guten Biographien, ebenso auf den Genuß schöner Dichtungen und so Anderes. Um aber die Masse der Literatur zu bewäl= tigen, ward in einem mitgetheilten Lese=Plane vorgeschlagen, was insbesondere, und wie gelesen werden solle. Hierauf folgte

die ästhetische Bildung zur Erregung des Gefühls für das
Schöne und zugleich zur Gemüthsheiterkeit. Dann folgte eine
von mir aufgestellte systematische Schilderung aller Künste, außer
den bekannten schönen Künsten (Dicht=, Ton= und Schauspielkunst,
Maler=, Bildhauer= und Baukunst ꝛc.), auch die lebenspraktischen,
das Schöne mit dem Nützlichen, Angenehmen und sonst zweck=
mäßig vereinigenden lebenspraktischen Verschönerungskünsten, z. B.
Geräth= und Gebäude=Verzierung, Landesverschönerung und
Gartenbaukunst, Anordnung geschmackvoller und erfreulicher Feste
und öffentlicher Auszüge, schönes Tanzen, Schauturnen, veredelter
Volksgesang und so Anderes mehr; ferner Spiele aller Art zur
Geistes=Erheiterung, Körper=Bewegung und sonstige heitere Unter=
haltung in edlem Stoffe und geschmackvoller Form; wogegen nur
zum Geldgewinn betriebenes Kartenspiel den Gewerben zugewiesen
ward. Eben dadurch, daß der Geschmack am Schönen mehr und
mehr in das Volk dringt, kann dieses gehoben, für anständige
und geschmackvolle Volksfeste und andere Vergnügungen empfänglich
gemacht, zu Heiterkeit und edlem Frohsinn geleitet werden. —
Zum Schluß ward auf das Schöne und Erhabene der Natur
mit ihren, auch den Minderbemittelten dargebotenen unerschöpf=
lichen reinen Freuden hingewiesen.

Heft III behandelte in der ersten Hälfte die moralisch=
religiöse, die Gemüths= und Willensbildung, wobei es zuerst
den Selbstpflichten nebst der von Zeit zu Zeit, wie der physischen,
so auch vorzunehmenden moralischen Prüfung der Kinder, und
der pädagogisch=moralischen Heilkunde galt. Dabei konnte des
edlen Franklin's Beispiel nicht unerwähnt bleiben, wie es
ihm gelang, mit Hülfe einer fortgeführten Tabelle der 13 Haupt=
tugenden, nach und nach die entgegengesetzten Fehler abzulegen,
und sich dadurch zu einer seltenen Sittenreinheit emporzuschwingen.
Der Mensch ist, wie schon gedacht, meist seines Glückes Schmied,
Schöpfer seines Himmels oder seiner Hölle in seinem Innern
und an ihm liegt es, ein Engel oder ein Teufel für sich und
zugleich für Andere zu sein und die Früchte dafür zu genießen.
Er muß sich bei wirklichen oder nur oft eingebildeten ungünstigen
Schicksalen mit Umsicht und Muth über dieselben zu erheben
suchen, damit ihn das böse Prinzip nicht herabzieht. Die wahre,
die geistige Freiheit besteht nur im Freisein von Lastern und
Untugenden; wer sich davon erhebt, der ist der wahrhaft freie,

glückliche Mensch. — Es erscheint allerdings räthselhaft, wie
das Verhältniß einer göttlichen Leitung des Menschen neben dessen
freiem Willen besteht, doch ergiebt sich aus Franklin's Bio=
graphie und anderer Denker Schriften manche ansprechende
Vereinigung deshalb. Es kann z. B. nicht sein, daß das Maß
des Glücks oder Unglücks, das Schicksal des Menschen, völlig
vorausbestimmt sei, wornach er zur Maschine bestimmt und all'
die viele Mühe der Selbstbildung und Veredelung überflüssig
wäre, wenn auch ein Voraussehen des Allwissenden nicht zu
läugnen ist. Es liegt vielmehr in des Menschen Macht sich sein
Loos selbst zu bereiten, obschon er, ohne jedoch letzterer Eintrag
zu thun, wohl mit einer gewissen Mission ins Leben tritt und
eine höhere Macht über ihn waltet, die ihn mit Anlagen und
Kräften ausstattete, ihn auch in besonderen Fällen schützt und
leitet und seiner Werke Gedeihen fördert. Es scheint, daß das
Naturell und das sonst von der Gottheit ihm Bestimmte gleich=
sam die Werfte sei, der Einschuß aber das, was der Mensch
nach eigener Selbstbestimmung hinzufügt. Wird der Einschuß
der Werfte gleichmäßig sorgfältig ausgewählt und das Weber=
schiffchen fleißig und in rechter Art in Bewegung erhalten, jedes
zerrissene Fädchen geknüpft, jedes Knötchen und anderes Unrechte
sogleich sorgsam beseitigt, so wird auch die Webe des Schau=
meisters scharfen Blick getrost erwarten können und den gebüh=
renden Lohn bringen.

In Bezug auf die Franklin'sche Tabelle sei erwähnt, daß
ich auch auf andere Art bemüht war Fehler abzulegen; dieselben
wurden durch einzelne Buchstaben auf einem Papier verzeichnet
und unter oft zu Gesicht kommende Papiere gelegt, oder auch
vor meinem Schreibtische befestigt, so daß sie mir oft in Erinne=
rung kamen, — wie dies schon früher kurz erwähnt ward. Die
dann folgende systematische Uebersicht aller Pflichten umfaßt
außer der gegen uns selbst, die gegen den Nächsten in jeder
Hinsicht, nicht nur mittelst Wohlthätigkeit, sondern auch durch
beförderte Bildung, Zurechtweisung, Abhalten von Abwegen,
soweit es der Einfluß erlaubt. Ferner die Pflichten gegen Staat
und Commune 2c. Bei den religiösen Pflichten ward auf das
Walten eines gottesfürchtigen Sinnes in Haus und Familie ver=
wiesen. „Insbesondere" heißt es Seite 137 — „aber erscheint
es für die Hausfrau und Mutter als eine fast noch dringendere

Pflicht (als für den Hausvater) in diesem religiösen Sinne mitzuwirken, die Kinder schon in des Lebens Morgen zu Gott und
zur Tugend zu führen, aber auch die übrigen unter ihrer Aufsicht
stehenden Hausgenossen nicht allein zu einem geschäftigen und
rechtlichen, sondern auch rein sittlichen und frommen Sinne durch
Wort und Beispiel nach allen Kräften anzuleiten." Uebrigens
war mit erwähnt, daß man die christliche Religion nicht im steten
dunklen Gewande der Trauer, sondern als eine freudige, beruhigende,
die Menschheit von falschen Ansichten befreiende betrachten möge.
Ferner, daß die wahre Religiosität nicht aus Gewohnheit oder
der Nachbarn wegen erfolgendem Kirchenbesuche, oder aus Beten
in Zeit der Sorge und Noth bestehe, — womit man die Sache
gewöhnlich abgethan glaubt, — aber auch ebensowenig aus stetem
Beten, Kopfhängen und bigotter Anfeindung Andersgläubiger.
Mit Vermeidung alles, ohnedieß unergiebigen Grübelns über
religiöse Geheimnisse, müsse sich die Religiosität vielmehr neben
festem ausdauernden Gottvertrauen und der Zuversicht eines
anderen Lebens auch zugleich durch ein tägliches streng rechtliches
und sittliches Wirken und Handeln bethätigen. Es ward zugleich
auch darauf aufmerksam gemacht, in Schule und Haus die Jugend
besonders klar und eindringlich und immer wiederholt darauf
hinzuweisen, daß man — was Unzählige nicht beachten — doch
ja alle Handlungen vorher genau prüfen und das Unrechte zu
thun vermeiden möge, indem doch alles, auch noch so verborgene
Unrecht, zeitiger oder später an den Tag kommen, und der
Weltgerechtigkeit wegen gebüßt, wenigstens lebenslang bereut
werden müsse, wenn es nicht wieder gut zu machen sei, indem
das Gewissen doch endlich aufwache, oder sich sonst eine Strafe,
wenigstens Verachtung Seiten Anderer ergebe, wenn auch der
Arm des weltlichen Richters nicht dabei eingreifen könne oder
wolle. Warum also erst ungerecht, unsittlich handeln, wenn es
zu nichts nutzt, und warum — selbst bei scheinbar geringem Vergehen — sich Angst und Aerger bereiten? Es sei daher nicht nur
nicht lebensweise, sondern auch, bei aller vielleicht dabei angewendeten Pfiffigkeit und Verschmitztheit, dennoch höchst unklug und
kurzsichtig, sich nicht mit angestrengter Willenskraft vom Bösen
entfernt zu halten. Es wurde schließlich auch der oft nur leisen
Mahnungen des Gewissens, wodurch ein guter Engel zu uns zu
sprechen scheint, gedacht, die man zu unserm Wohle nie über-

hören dürfe, vielmehr sorgsam beachten müsse. Der aufmerksame Beobachter seiner selbst wird gewiß oft gefunden haben, wie solche leise Mahnungen uns noch zur rechten Zeit warnten. — Der letzte Abschnitt betraf die Gesammtbildung des Menschen, nämlich sich durch alle schon angedeuteten Mittel zu immer höherer Veredelung und Vervollkommnung zu erheben und dadurch zur wahren Freiheit zu gelangen. Diese aber — verschieden von der, wie sie die politischen Parteien sich denken — besteht in dem sich Freimachen und Freierhalten von tadelnswerthen Neigungen und Leidenschaften, in dem steten Streben nach Weisheit und Tugend, die sich immer auch, oder vielmehr, erst nach dieser Erlangung mit einem heitern, humoristischen Sinne verbinden läßt. Mittelst dieser Gesammt-bildung wird es gelingen einen gesunden, kräftigen Körper, einen klaren, kenntnißreichen Geist, ein streng sittlich-religiöses, charakter-kräftiges Gemüth zu erstreben, ebenso eine emsige und umsichtige, sich stets fortbildende und zugleich geschickte, thätige und haus-hälterische Geschäftsbetreibung und endlich eine an schönen Künsten Gefallen findende, die Lebensfreuden heiter genießende humo-ristische Gemüthlichkeit zu gewinnen. Es ist hier viel verlangt, der Mensch vermag aber auch bei ernstlichem und beharrlichem Willen unendlich viel zu leisten. Wie viel gelingt nicht den tapfern Heerführern, den eifrigen Gelehrten, den unermüdlichen Gewerbmännern ꝛc. und warum sollte jenes nicht auszuführen sein, um so mehr, als es das wahre Lebensglück und Heil ver-bürgt? Noch wurde in der Schrift des so beglückenden humo-ristischen Sinnes gedacht, welcher Unmuth und Langeweile so leicht vertreibt. Der zu erstrebende Humor ist die glückliche Ver-bindung von Ernst und Scherz, von Wissenschaftlichkeit, Kunst-sinnigkeit und sittenreiner, mit scherzhafter Laune gepaarter Gemüthlichkeit in rechter erfreuender Abwechselung. Besitzt man aber auch nicht die Gabe der Humoristik, so würde auch schon das Gefallenfinden an humoristischen Schriften und Gesprächen die mißmuthigen und hypochondrischen Gedanken zu verscheuchen vermögen und sich und Anderen durch derartige Unterhaltung manche frohe Stunde bereiten.*)

---

*) Ueber diese Preusler'sche Schrift erschienen die günstigsten Urtheile, deren einige hier folgen mögen. Der bekannte freisinnige Seminardirector Diesterweg in Berlin schrieb unterm 26. October 1836: „Ich verdanke der Schrift Stunden der Belehrung und Erquickung. In Allem weht der Geist

Da mich viele günstige Recensionen ermuthigten, weiter auf der betretenen Bahn fortzugehen, so erfolgte im nächsten Jahr **Heft IV dieser Schrift** unter dem Nebentitel:

„**Ueber Erziehungs= und Unterrichtsanstalten beson**=

---

wahrer Menschenliebe, und Ew. Wohlgeboren erfassen die Zeit und ihre be= wegenden Factoren mit einer solchen Vielseitigkeit, daß man den dargebotenen Reichthum bewundert. Möchte Ihnen darum auch die gerechte, wenn auch nicht erstrebte, doch belebende Anerkennung zu Theil und Ihnen der Genuß werden, die Saat, die Sie säen, Wurzel schlagen und einer einstigen Ernte entgegenreifen zu sehen. Alle wahren und tieferen Menschen wirken für nach= folgende Geschlechter im Glauben an die ewige Wahrheit rc."

Der Seminardirector **Schweizer** in Weimar sagte in seinem „**Maga**= **zin für Volksschullehrer**" (Band X. Heft 2): „Bei der Fluth von Büchern über Jugendbildung und von den vielen, die das schon längst Ge= sagte im neuen Gewande wieder zu Tage befördern, gewährt es dem Jugend= freunde einen wahrhaft seligen Genuß, wenn er unerwartet auf ein Werk stößt, das sich durch seinen Inhalt über viele seines Gleichen erhebt, Gold= körner in silbernen Schalen darbietet, und in dem Leser eine edle Begeisterung für die gute Sache hervorbringt. Eine solche Freude ward Referenten zu Theil, als ihm diese Schrift zur Anzeige zugeschickt wurde. Lange ist ihm in Schriften dieser Art kein so wahrhaft erhebender Genuß geworden, als durch die Lectüre obiger Schrift. Was man oft in bänderreichen Werken mühsam heraus= stellen muß, findet man hier auf wenig Bogen klar und verständlich ausge= führt rc. — Wenn wir Schriften über Jugendbildung lesen, die von einem Manne herrühren, der entweder Professor der Pädagogik ist, oder sonst ein Lehramt bekleidet, so können wir uns oft des Gedankens nicht erwehren, als habe dieser geschrieben, um sich vor dem Publikum als solcher zu zeigen; wenn aber Herr **Preußler**, der ein Amt bekleidet, das nur auf leibliche Zwecke gerichtet ist, sich mit der wichtigsten Angelegenheit, der Jugendbildung beschäf= tigt, so müssen wir glauben, daß ein für die Sache begeisterter Mann hier spricht, der aus eblem Triebe der Menschheit zu nützen, seine Einsichten und Erfahrungen zum Heil der Welt mittheilt. Um uns nicht den Vorwurf der Uebertreibung zu zeihen, fordern wir unsre Leser auf, die Schrift selbst zu lesen und zu studiren."

In **Pölitz, Jahrbücher der Geschichte und Politik** (1839 im Januar) heißt es: „Der Verfasser, dessen unermüdeter Eifer für Humanität und Menschenwohl ihm längst die hohe Theilnahme und Achtung aller Gleich= gesinnten gesichert hat, fährt rüstig fort, die Benutzung zweckmäßiger Bildungs= und Veredelungsmittel für alle Stände des Volks zu empfehlen und nützliche Anleitung zu geben rc." — Am Schlusse heißt es: „Der Verfasser ist reich belohnt, wenn auch nur hier und da das friedliche Glück, die häusliche Tugend einer Familie durch seine Schriften befestiget, einer Gemeinde ein gutes Bei= spiel gegeben, ein strebender Jüngling zum Guten erzogen wird. In solchen Werken ist Segen!"

Anmerk. des Herausgebers.

Die Jugendbildung.

195

bers Volks-, höhere Bürgerschulen und Realschulen, Kinder-Beschäf-
tigungs- und Besserungs-Anstalten." Leipzig 1839. (142 Seiten),
in welchem alle Gattungen dieser Anstalten nach Zweck, Lehr-
plan und übriger Einrichtung, sowie rathsame Vereine für
manche derselben und sonstige Förderungsmittel geschildert werden,
zugleich mit Angabe schon bestehender derartiger Anstalten und
der Literatur darüber versehen. Besonders ward auf die damals
fast noch allwärts fehlenden Realschulen und deren Nothwendigkeit in der Jetztzeit hingewiesen. Ebenso ward aller Erziehung
und Unterricht verbindender Anstalten, der Kinder-Bewahr-An-
stalten, der Industrie- und Arbeitsschulen ꝛc. und der zu deren
Leitung erforderlichen Frauen- und anderen Vereine wie der
Anstalten für die verwahrloste und die geistig und körperlich-
gebrechliche Jugend genügend gedacht, für welche ich leider nichts
thun, nur auf Einrichtung solcher Rettungsanstalten bringend
hinweisen konnte. Ebenso ward auf die wissenschaftliche, sittlich-
religiöse und ästhetische Bildung dabei Rücksicht genommen, und
das möglichst gemeinschaftliche Mitwirken von Haus und Schule,
sowie das der Regierung und Privatvereine besprochen. Die
Schrift schloß mit den anregenden Worten: „Jede derartige Veranstaltung Seiten des Staats, der Commune oder Vereine gemeinnütziger Art, wie jede edle That einzelner Menschenfreunde zu
gleichem wohlthätigen Zwecke wird uns als ermuthigendes Beispiel gelten und die bekannten Worte unseres erhabenen Religions-
stifters immer von Neuem in das Gedächtniß zurückrufen:
„Thuet desgleichen!"
    Auch diese Fortsetzung ward nicht minder günstig aufgenommen,
und z. B. von der Königlichen Kreisdirection zu Leipzig in
deren Kreisblatte 1839 Nr. 147 vom Kreisdirector (spätern Minister)
von Falkenstein amtlich empfohlen, und nicht minder ihrer
in vielen Recensionen auf nur erfreuliche Weise gedacht.*)

------

*) Rheinische Blätter für Erziehung und Unterricht vom
Seminardirector Diesterweg" (1839. Bd. X. Heft III.) Ueber alle 4 Hefte:
„Die ausführlichen Titel bezeichnen den Inhalt dieser Schriften, aber sie
deuten nur schwach ihren erfreulichen Reichthum an. Man findet nämlich in
ihnen — man kann dreist behaupten — über alle Gegenstände, auf welchen
Volksbildung und Volkswohlfahrt beruht, Ansichten, Rathschläge und Winke.
Dem lehrreichen Texte sind zahllose nicht minder lehrreiche Anmerkungen,
Auszüge und literarische Hinweisungen beigefügt. Man kann nicht umhin,
über den Fleiß und die Belesenheit des Verfassers zu erstaunen. Die Schrif-
13*

Das V. und letzte Heft des Werkes erschien unter dem Nebentitel:

„Ueber Nacherziehung und Nachschulen, in Bezug auf die bereits aus der Schule entlassene, gereiftere Jugend; ein noch wenig beachteter, für das Volkswohl hochwichtiger Gegenstand." Leipzig 1842. (167 Seiten. 10 Gr.)

Das ganze Leben muß ein Erziehen und Lernen, ein Fortbilden sein, am allerwenigsten aber ist beides mit der Confirmation und dem meist zugleich mit dieser erfolgenden Schulabgange beendigt, sondern es sollte wenigstens noch bis zum Mündigwerden fortgesetzt werden. Ich schilderte erst die allgemeinen Mittel; das gute Beispiel Anderer, als die beste Lehre, sowie das Anleiten, Berathen und Vorbauen Seiten der Eltern, Lehr- und Dienstherren, wie anderer Vorgesetzten; dann die besondern Bildungsrichtungen, das Anhalten zum lebenspraktischen Benehmen überhaupt, zum physischen Wohlsein, zur geistigen Fortbildung, zum moralisch-religiösen Leben, zur Kunst und frohsinnigen Erheiterung und zum geschäftsgeschickten und wirthschaftlichen Wirken, insbesondere da nur in einer solchen allseitigen und gleichmäßigen Bildung das Wohl und Heil der Menschen erblickt werden kann. Darauf folgten die Rücksichten auf besondere Lebensverhältnisse der Dienstleute, Lehrlinge, Gesellen, wie höhergebildeter junger Männer verschiedener Fächer; dann die Schilderung der nöthigen Nachschulen und ähnlicher Fortbildungsanstalten; endlich die übrige Mitwirkung durch den Staat, und wohlthätige Vereine, sowie durch die Jugend selbst und die mit

---

ten sind über die mannichfaltigen Gegenstände, die sie besprechen, als eine Encyklopädie zu betrachten. Herr Rentamtmann Preusker ist ein encyklopädisch-gebildeter, Alles, was Volkswohlfahrt, äußerliche, wie innerliche, betrifft, umfassender, ihre Förderung begünstigender Patriot. Allgemeines Wohlwollen erfüllt ihn; auf die Praxis ist sein ganzes Streben gerichtet; er möchte, wie Henri quatre, jedem Landmann Sonntags ein Huhn auf den Tisch setzen, sein Herz mit Gemeinsinn durchdringen, seinen Geist mit nützlichen Kenntnissen erfüllen, und alle die Anstalten und Einrichtungen getroffen sehen, die dazu mitwirken. Seine Schriften verdienen daher eine Stelle in allen für Lehrer und das Volk errichteten Bibliotheken. Aus den Quellen können diese nicht schöpfen. Darum mögen diese, die Resultate eines bewundernswürdigen Sammlerfleißes und, was mehr ist, verständige Anordnung und Zusammenstellung und wichtigere Zuthaten aus dem eigenen Geist dankbar begrüßen!" Anmerkung des Herausgebers.

ihr in Verkehr stehenden einzelnen Mitbürger. Dabei wurde die
Idee eines gewiß fruchtreichen Berathungsvereins aufgestellt, wo
junge Leute ohne theilnehmende Verwandte in rathbedürftigen
Lebensverhältnissen aller Art von erfahrenen Männern berathen
werden sollten, z. B. wegen Fortbildung, Geschäftswechsel, Eta=
blirung zc. so auch bei juristischen Fragen und bei sonstigen
Zweifeln und Verlegenheiten. Eine Idee, deren Realisirung
hoffentlich noch bevorsteht. „Prüfet Alles, und das Gute be=
haltet," sagt Paulus.

Unleugbar ist es, daß grad in der lebensfrohsten, aber auch
zugleich gefahrdrohendsten Periode, von der Schulentlassung bis
zum Mündigwerden, unzählige Jünglinge und Jungfrauen unter=
gehen, die bei besserer Aufsicht und Leitung, bei mehr Rücksicht
auf sie seiten der Eltern, Lehr= und Dienstherren, überhaupt ihrer
Vorgesetzten, gerettet werden könnten. Doch wie selten bekümmern
sich Lehrherren um ihre Lehrlinge, Dienstherren um ihre Dienst=
leute, wenn sie nur in geschäftlicher Hinsicht brauchbar sind,
und das Erforderliche leisten. Ebenso ist es bei Gesellen und
Gehülfen und anderen jungen Leuten der Fall, deren Vorgesetzte
sie immer auch noch als Pfleglinge in Hinsicht auf Sitte und
Tugend betrachten, auf wenigstens zuweilen erfolgenden Kirchen=
besuch sehen, auch ihre Beschäftigung und ihren Umgang in der
freien Zeit nicht völlig unbeachtet lassen sollten. Nicht minder
geziemt es den Obrigkeiten und überhaupt Jedem, der mit jungen
Leuten in Berührung kommt, und irgend dabei günstigen Ein=
fluß zu äußern vermag, dazu kräftig mit zu wirken. Wie könnten
durch dies Alles nicht unzählige junge Leute vom Untergange
gerettet und ihrem Wohl und Glücke zugeführt werden. — Auch
wegen dieses Versuchs erfolgten wiederum sehr erfreuliche Zu=
schriften, z. B. von dem Minister von Lindenau, dem Ober=
appellationsgerichts=Präsidenten Geheimrath von Langenn
(dem sehr gerühmten frühern Erzieher des sächsischen Prinzen
Albert) und Anderen mehr. Letzterer erwähnt unter andern:
„Ew. Wohlgeboren haben sich durch Ihre Schriften ein unzweifel=
haftes Verdienst um die Volksbildung erworben, und ich wünsche
nichts mehr, als daß Sie fort und fort die Früchte Ihres gemein=
nützigen literarischen Bemühens ernten mögen!" — Eben der=
selbe hatte bereits in Hinsicht der ersten Hefte unterm 20. October
1838 bemerkt: „Mit wahrhafter Freude habe ich das mir über=

sandte Buch in die Hand genommen, mich an so vielem einfach und trefflich Hingestellten ergötzt, und die Umsicht bewundert, mit der Ew. Wohlgeboren einen so reichen Literaturschatz ausgebeutet und praktisch gemacht haben. Alles Erziehen ist ein Entwickeln (nach meiner Ansicht); Entwickeln aber heißt (in dieser Beziehung) alle in dem Menschen liegende Anlagen und Kräfte, geistige wie körperliche, zur naturgemäßen Thätigkeit rufen und fördern. Ich sehe, daß auch Sie von diesem Grundsatze ausgehen. Oft ist hierin unendlich gefehlt worden; man hat hineingebildet, statt heraus oder auszubilden ꝛc. Darum haben auch Ew. Wohlgeboren das Verdienst, auf die rechte Bahn zu weisen, und überhaupt diese einfache, aber darum große Aufgabe der Jugendbildung den Leuten vor die Augen zu stellen ꝛc. Wie sehr freue ich mich, zu hören, daß Sie sich wohlbefinden. Möge Ihnen Gott noch lange Kraft und frohen Muth erhalten." *)

---

*) Das „Pädagogische Literaturblatt der Preußischen Volksschulzeitung" (1842 Nr. 8) sagt über diese Preußler'sche Schrift: „Wer die rastlose Thätigkeit des Verfassers für Jugendbildung, namentlich für Nacherziehung der aus der Schule entlassenen Zöglinge, aus den vier ersten Theilen erkennt, der wird sich freuen, hier den Schlußstein eines gediegenen Werkes zu finden. Des Materials ist so viel, der befruchtenden Ideen sind so manche vorhanden, daß die Jetztzeit für's Erste genug zu thun hat, es aufzunehmen und aufzufassen. Realisirt wird Vieles in 100 Jahren noch nicht sein, aber Dank Allen, die wie der Verfasser, das gute Ziel beharrlich verfolgen und fort und fort Bresche schießen; endlich siegt das Wahre und Gute. Der Verfasser, ein Mann des Lebens, bringt die alte Zeit mit der jetzigen in Vergleich, stimmt zwar nicht ein in die Klage über Verschlechterung der Sitten, sieht aber dennoch in dem industriellen und merkantilischen Fortschritte Bedingungen, die leicht die unteren Classen, trotz der Schulbildung, mit Verwilderung und Verarmung bedrohen. Der Damm gegen solche Lebensrichtung ist nicht durch den Schulunterricht bis zum 14. Jahre des Kindesalters zu setzen, sondern durch die Forterziehung der entlassenen Zöglinge. Mehr und mehr stimmen die Pädagogen darin überein."

„Mayer's pädagogische Revue" (Stuttgart 1842 September S. 296): „Es ist recht dankenswerth, daß nicht nur Lehrer und Theologen, sondern auch verständige Geschäftsmänner von Zeit zu Zeit über Erziehung, Unterricht und Schulwesen einmal ihre Meinung sagen. Herr Rentamtmann Preußler ist vor Vielen dazu berufen. Er hat ein Herz für das Volk, den Kopf auf dem rechten Flecke und Augen darin, und dann ist er weder ein Kopfhänger noch ein Philister. So erklärt er sich nicht nur dafür, daß die jungen Leute schwimmen, Schlittschuhlaufen, tanzen und turnen lernen, auch das Reiten sollte nach ihm — und mit Recht — Jeder lernen, der es vermag, und ebenso das Fechten, weil dem Manne die Waffe in die Hand ge-

Meiner Hinweisung auf die dringende Nothwendigkeit des verbesserten Bürgerschulwesens und die Einrichtung von mehr Realschulen ward schon gedacht und ich ermüdete nicht, die Sache immer wiederum zur Sprache zu bringen, mich auch an desfallsigen Petitionen an
den Landtag zu betheiligen. Endlich wurde der Zweck erreicht, indem
Dresden erst mit einer und bald darauf mit einer zweiten Realschule, deren Bedürfniß man mehr und mehr empfand, versehen
ward. In der Schulzeitung 1854 Nr. 1. erwähnt der Canzlei-
rath Zschille: „Der um das Realschulwesen verdiente Dr. Beger
hat die erfolgte Anbahnung Preußlers für Errichtung der von
Tag zu Tag unentbehrlicher gewordenen Realschulen zu mehreren-
malen öffentlich gerühmt."

Nicht minder sowohl in Journal-Aufsätzen, wie in Eingaben an die höchsten Behörden wiederholte ich ferner den
Antrag auf eine ebenso dringend erforderliche akademisch-
pädagogische Candidatur oder wenigstens eine akademische
Prüfungs-Commission jener Lehrer, welche sich dem Bürger-
und Realschulfache widmen wollen, in Hinsicht der dazu erforderlichen Wissenschaftsfächer. Meine Ansichten fanden auch
bei dem sächsischen Ministerium des Cultus und öffentlichen
Unterrichts geneigtes Gehör, und sowie schon der Minister von
Carlowitz sich darüber günstig aussprach, so erwähnte auch
später sein Nachfolger, Minister von Wietersheim brieflich
vom 11. November 1840. „Ihre Ideen über Prüfungen zu
höheren Schulämtern, haben das Ministerium schon lange beschäftigt und der Gegenstand ist vor Kurzem wieder in Angriff
genommen worden." — Doch erst nach einem Jahrzehnt ward

---

bührt ꝛc." Herr Preußler thut sehr wohl, daß er sich mit seinen Ansichten
und Vorschlägen an die Masse der Gebildeten wendet, an die Eltern, die
Lehr- und Dienstherren, die Ortsbehörden, die Schulvorstände, die Gewerb-
und Wohlthätigkeitsvereine, weil von diesen in der That zunächst die Hülfe
kommen muß. Die rechte Hülfe ist die Selbsthülfe. Indeß wäre es zu
bedauern, wenn die Gelehrten und die mit der Schulverwaltung betrauten
höhern Behörden von dem Buche nicht auch Kenntniß nehmen wollten. Herr
Preußler muß das heutige Leben in ausgezeichneter Weise kennen, er betrachtet
es von allen Seiten und ist unerschöpflich an Verbesserungsvorschlägen, die,
wie es mir scheint, wenigstens bei gutem Willen ausführbar wären und von
denen manche längst ausgeführt sein sollten. Bücher, wie sie Herr Preußler
schreibt, machen ihren Urheber um die Nation verdient."
Anmerkung des Herausgebers.

die Genehmigung zur akademischen Prüfung in realistischen Fächern
ertheilt, auch in dem Realschulgeset von 1860 die Anstellung von
akademisch-gebildeten Oberlehrern für jene Fächer von der gedachten Prüfung abhängig gemacht. Es fehlte also für mein Bestreben
für jene beiden Gegenstände nicht an günstigem Erfolge und
Anerkennung.

Für die Jugend der ärmeren Classen gelang es mir im
Jahre 1838 die Gründung eines Frauenvereins zur Errichtung
und Fortführung einer Kinderbewahranstalt (in der Jugendbildung Heft IV. beschrieben) zu bewirken, woran auch meine
Gattin möglichst Antheil nahm. In dieser Anstalt wurden noch
nicht schulfähige Kinder armer, auf Tagarbeit gehender Eltern
nicht nur für eine sehr geringe Bezahlung mit einfacher Kost
versehen, sondern von einer sorgsamen Wartefrau zu geeigneten Arbeiten und erheiternden Spielen angeleitet. Es fehlte
bei der Gründung nicht an Aergerniß und Anfeindung. Den
Tag nach der Hauptversammlung, wobei bereits die Vorsteherinnen
gewählt und andere nöthige Beschlüsse gefaßt waren, erhielt ich
berechneter Weise während einer Stunde sieben Briefe von
Gelehrten und Kaufleuten, die den Austritt ihrer Frauen
ankündigten. Man hatte sich aus Mißgunst, daß ich wiederum eine Anstalt gründen wollte (obgleich ich vorher öffentlich Andere vergeblich aufgefordert hatte) dazu vereinigt
und suchte nun auf jede Art mich zur Widerrufung des Planes
zu veranlassen, doch vergeblich. Grad wegen jener Anfeindung
traten mehrere einflußreiche Männer mit in den Verein, der bald
gedieh und reiche Früchte trug, wobei die erste Vorsteherin,
Frau Amtshauptmann von Wolf, sowie Frau Kaufmann Röting
mit Liebe und Eifer kräftig einwirkten. Die Anstalt bestand
leider nur bis zu dem politisch aufgeregten Jahre 1848, doch
gelang es den Vorsteherinnen des Frauenvereins einige Jahre
später, da die Aeltern armer Kinder nicht viel Lust zur Benutzung
einer Bewahranstalt zeigten, dafür eine Arbeitsschule für arme
Mädchen zum Erlernen von Stricken, Nähen ꝛc. zu gründen,
die sich auch bisher als nützlich bewährte. In dieser Zeit kam
ich auch mit dem sehr frommen Pastor Roller in Lausa bei
Königsbrück, dessen Originalität in Kügelgens Jugenderinnerungen
(1869) geschildert ist, in Berührung. Er forderte mich auf eine
sonntägliche Kinderkirche zu errichten, was ich natürlich ablehnte,

ba ich in meiner Stellung weder dazu geeignet noch geneigt war und auch die 6—7 religiösen Unterrichtsstunden, welche in Verlauf einer Woche den Kindern geboten werden, für genügend hielt. Meine Schriften über Jugendbildung waren nun geschlossen, die Saat also ausgestreut, und wenn die Ernte eine erfreuliche war, so danke ich es nur den Segnungen einer höheren Hand. — Aus Anlaß meiner Bemühungen für die Stadt Großenhain erfreute mich diese am 21. September 1840 bei Gelegenheit der Einweihung eines neuen Schulgebäudes, in welchem auch die Sonntagsschule und die Stadtbibliothek ihre Locale fanden, durch die Ertheilung „des Ehrenbürgerrechts" mittelst geschmackvollen Diploms. Ungefähr zu gleicher Zeit veranstalteten Mitglieder des Gewerbvereins und andere gütige Freunde auf ihre Kosten die Lithographirung meines Portraits, dem ich — da man meine Handschrift dazu wünschte, den, die Grundfesten der Volkswohlfahrt andeutenden Wahlspruch beifügte: „Nur bei Herrschaft des Lichts und Rechts gedeiht Lebensglück — Volkswohl — Menschheitsveredelung!"

Achter Abschnitt.
Rentbeamtenzeit.
Vierte Abtheilung.
Bestrebungen für Volksbibliotheken u. humoristische Versuche.
1840—1844.

Humoristische Versuche.

Man sollte wohl meinen, daß ich schon durch die geschilderten amtlichen und Privatarbeiten genügend beschäftigt gewesen wäre; allein dennoch fand ich immer noch Zeit zur Erheiterung in geselligen Zirkeln und im Ergehen in der freien Natur, wie zur humoristischen Lectüre und selbst zur Abfassung launiger, scherz-

hafter Aufsätze und kleiner Dichtungen. Es bedurfte der Abwechselung, und das Gemüth wollte auch nicht leer ausgehen.
Der schon erwähnte Göthe'sche Rath, möglichst täglich sich einige
künst- und frohsinnige Unterhaltung zu verschaffen, ward, soweit
es ausführbar, gern beachtet.

Von den eigenen humoristischen Versuchen ist hier
besonders auf zwei derselben aufmerksam zu machen, da sie beide
in weiteren Kreisen bekannt, und als ansprechende Parabeln und
Allegorien günstig erwähnt wurden, in welcher Darstellungsweise
ich mich bisher noch nicht öffentlich und überhaupt nur in kleinen
Gedichten, in Familien- oder sonst engen Kreisen versucht hatte,
da ich auf Dichtertalent keinen Anspruch machen konnte. Zuerst
der Herderolith. Mittheilung in Ernst und Scherz für Natur-
und Gewerbs-Freunde und solche, die es nicht sind. Vortrag
1836 im Annaberger Gewerbvereine, dessen damaligem Stiftungsfeste ich mit beiwohnte. Es ward darin Herders Idee der
Humanitäts- oder Menschenveredelungslehre als ein kostbarer,
krystallisirter und opalisirender Edelstein geschildert, welcher seinem
Besitzer das schönste, reinste Erdenglück verleihe, aber freilich nur
von denen aufgefunden werde, welche sich die sämmtlichen Erfordernisse zur Aneignung einer allseitigen harmonischen Bildung,
weises Denken und Handeln u. s. w. nach Herder's Anforderungen
erworben hätten; daher der Name Herderolith, auf deutsch Herder-
stein. Es war eine, aus einer ägyptischen Papyrusrolle entnommene, kurz gefaßte symbolische Characteristik jener Lehre Herders,
welcher (bekanntlich Oberhofprediger in Weimar) bezeichnet ward
als Oberpriester des Osiris und Hierophant, am Hofe des edlen
und lebensweisen, die größten Gelehrten und Künstler um sich
versammelnden Sesostris II. aus der Bimarischen Seitenlinie der
Sassaniden-Ptolemäer (Sachsen-Weimar), dessen in alle cultivirten
Länder helle Strahlen verbreitenden Pharaonensitz Theben am
Ilm'schen Nilarme deshalb noch jetzt mit hohem Rechte gepriesen
werde. Nach der mineralogischen Beschreibung jenes als Stein
der Weisen geltenden, den Besitzer allseitig beglückenden, jedoch
nur von dem lebensweisen Manne aufzufindenden Edelsteins,
ward gezeigt, was der Eine und der Andere unter Lebensweisheit
verstehe und daß nur die Aneignung jener unter dem Edelstein
begriffenen allseitigen Bildung nach der schon oben bei den Förderungsmitteln der Volkswohlfahrt und in der Jugendbildung

erwähnten Herder'schen Humanitätslehre zum Zwecke führe. Man
sollte kaum glauben, daß der Herderolith in einer namhaften
Universitäts-Bibliothek unter den mineralogischen Schriften auf=
gestellt ward.*)

Die Schrift wurde in mehreren Zeitblättern auszugs=
weise, in dreien derselben vollständig mitgetheilt, welche hier
um so mehr namhaft zu machen sind, als die Schrift selbst
längst vergriffen ist; nämlich in: „Weingarb's Literaturzeitung
für Volksschulwesen, Weimar 1837. III. Quartal S. 171 ff. —
Meyer's (sonst Andreä) National=Kalender der deutschen Bundes=
staaten, 1838, S. 74 ff. — Zeitschrift für Gewerbgeist, vom
Böhmischen Gewerbverein in Prag, 1838. — So wie Herder
wegen jener Humanitätslehre, so wurden auch andere als Lieb=
lingsschriftsteller von mir hochverehrt, z. B. Göthe vor allen,

***

*) In der „Abendzeitung" 1836, Beilage Nr. 98, sagt Pastor Traut=
schold über diese Schrift: „Je seltener jetzt die allegorische Form des Vor=
trags, die nur bei dem Zusammenwirken von philosophischem und praktischem
Geiste gedeiht, angewendet wird, destomehr mußte der Annaberger Gewerbe=
verein durch diese sinnreiche Lobrede auf die Humanität, als den preiswür=
digen Stein der Weisen, überrascht, desto angenehmer dadurch unterhalten
und erhoben werden. Höchst ergötzlich ist die literarische Einleitung in Bezug
auf Herder als Sachwalter der Humanität, wohlgewählt die mineralogische
Beschreibung der angeblichen Krystallpyramide, treffend der Nachweis aller,
zur Auffindung erforderlichen, aber vereinzelt unzureichenden Eigenschaften.
Der rednerischen Schönheiten hat die Vorlesung viele, doch noch weit höher
anzuschlagen ist jedoch die Reinheit, mit welcher sich jenes Juwel selbst, der
ächte Herderolith, in der Schilderung und Würdigung desselben abspiegelt."—
„Zeitschrift für Landwirthschaftliche und Gewerbvereine in
Thüringen" (Rudolstadt 1837): „Der Verfasser, der als Mitglied mehrerer
alterthumsforschender Vereine rühmlichst bekannt geworden ist, tritt hier als
Mineralog, und, wie es scheint, als Edelstein=Inspector auf. Er schil=
dert nämlich einen Edelstein und fügt die Angabe hinzu, daß er seinem Be=
sitzer das reinste Glück gewähre; nur dem wahren Lebensweisen könne es
gelingen, ihn sich zuzueignen, dem Menschen, dessen Anlagen, Kräfte und Aus=
bildung sich zu einem harmonischen Ganzen vereinigen. So ergötzt sich der
Verfasser geistreich, voller Witz und Laune, bis es sich zuletzt ergiebt, daß er
den ächten Stein der Weisen unter dem Herderolith verstehe, der Weisheit,
Tugend, Religiosität, Humanität, Lebensvirtuosität und damit zugleich die
volle Beglückungskraft für den Menschen umschließe, auch selbst bekennt, daß
er Scherz mit Ernst, Dichtung mit Wahrheit verbunden, kurz eine moralische
Fabel gegeben habe, in der Ueberzeugung, daß sie mehr, als die unumwunden
mitgetheilte Lehre ansprechen und wirken werde."
Anmerkung des Herausgebers.

dann Franklin, Zschokke und andere edle Vorbilder in Lebens=
weisheit, wie vielseitiger Kenntniß und Thätigkeit und zugleich
gemeinnützigen Schaffens und Wirkens.

Dem Herberolith folgte das kleine Schriftchen:
„Der Gewerbgeist im hermetisch verschlossenen
Glase, 1838", welches das Muster eines gebildeten und fleißigen
Gewerbsmannes darstellt. Der Aufsatz ward bei einem Stiftungs=
feste des Gewerbvereins zu Großenhain im December 1838 vor=
getragen, und ich gab vor, in einem mit vorgezeigten, nun leider
leeren Gläschen einen kleinen Gewerbgeist dieser Art, welche die
bekannte Leuchs'sche Kunsthandlung in Nürnberg zum Verkauf
fertige, besessen zu haben, der als Vorbild alles das in seiner
Miniatur=Werkstatt thue, was für jeden wackren Gewerbsmann
rathsam erscheine, welcher z. B. emsig arbeite, aber auch lese,
und überhaupt seinen Besitzer auf alles vorzunehmende Nützliche
und Gute, Edle und Schöne aufmerksam mache, wie dies bei=
spielsweise erläutert ward. Im Besitz desselben sei mir daher
so Manches zu Gunsten des Gewerbfleißes gelungen, was ich
eben blos ihm verdanke; da aber seine 3 mal 3 Jahre schuldige
Dienstbarkeit nun abgelaufen und er wiederum verschwunden
wäre, so sei es nunmehr mit meiner Weisheit aus, und ich sähe
mich daher genöthigt, die Leitung des Gewerbevereins niederzu=
legen — wie dies eben damals erfolgte, obschon ich auch später
als Ausschußmitglied noch an demselben nicht minder thätigen
Antheil nahm. Es ward weiter in der Schrift geschildert, wie
der kleine Geist, indem er bald dies, bald jenes Handwerk trieb,
sich stets sehr verständig, geschickt und rechtlich benahm; wie er
dabei neue technische, chemische und andere Erfindungen sorgfältig
prüfe, und, wenn sie sich als probat ergaben, eifrig anwendete,
so wie er sich auch bemühte, nur gute Materialien zu erlangen,
durch ächte dauerhafte, und zugleich billige Arbeit die Käufer
zu bewahren u. s. w. wie das Gegentheil im täglichen Leben
nur zu oft zu bemerken sei, und man sich ihn daher wohl zum
Muster nehmen möchte. So z. B. rieth er den Bäckern auf
chemischen Grundsätzen beruhende Hefenbereitung, sowie gewissen=
haftes, richtiges Gewicht an und erwähnte als warnendes Bei=
spiel, daß im Mittelalter die Bäcker an manchen Orten bei zu
leicht befundenem Gewicht mit einem Ohre an die Ladenthür
genagelt worden seien. Schneidern empfahl er Beachtung anatomisch=

ästhetischer Grundsätze und hat vielleicht zu der Idee der Gründung der dieß beachtenden Schneiderakademie in Dresden Veranlassung gegeben, zugleich ermahnte er sie zuvielerhaltenen Stoff
ehrlich zurückzugeben und nicht in die Hölle (hinter den Ofen)
zu werfen, um nicht etwa mit der wirklichen Hölle in Beziehung
zu kommen.

Auch dieser scherzhafte Aufsatz fand vielen Beifall, ward in
Zeitschriften günstig recensirt, in mehreren auszugsweise mitge-
theilt und sogar in 4 solchen vollständig abgedruckt, nämlich im
Gewerbeblatt für Sachsen, Chemnitz 1839. Nr. 4 und 5. —
Maltens neuste Weltkunde, Aarau 1839. Theil V. — Weißenseer
Unterhaltungsblatt 1839, Mai. — Mittheilungen für Ge-
werbe und Handel vom Böhmischen Gewerbeverein 1840. Prag,
Band III. Heft III.

Der Minister von Lindenau schrieb darüber unter andern:
„Mit lebhaftem Interesse habe ich die lehrreiche Schilderung
Ihres idealisirten Gewerbemannes gelesen; möchte es deren in
der Wirklichkeit geben; daß dies geschehe, tragen Ew. Hochwohlgeboren treu das Ihrige bei." —

Noch wurden andere humoristische Aufsätze in Journalen
veröffentlicht, so z. B. „Halt!" Nachtgedanken von Karl von
Löbenau (dies von Löbau entnommen) in der constitutionellen
Bürgerzeitung 40—50. 1838.

Ich schrieb in scherzhafter Weise über die Eingriffe der
Neuzeit in die Rechte der guten alten. Z. B. über die Schädigung
der alten allopathischen Praxis und ihren von den Apothekern
gern gesehenen großen Bullen mit 10 Ingredienzien, wovon sich
die Krankheit ja doch die ihr beliebige auswählen kann, durch
die neue Methode der Homöopathie, welche die Kranken mit wenig
Tropfen einer Ingredienz abspeist; ebenso durch die Wasser- und
Natur-Heilkunde und ähnliche den älteren Aerzten das Brod ver-
kümmernde Methoden. So auch: Humoristische Blätter von
K. von Löbenau, in der Abendzeitung 1838 November und
December, worin manche Eigenthümlichkeiten einzelner Stände
auf scherzhafte Weise besprochen, so z. B. die üble Gewohnheit
vieler Beamten, ihren Namen unter Ausfertigungen möglichst
undeutlich zu schreiben, gleich als wenn alle Welt ihn schon
wissen müsse. So sollen z. B. bei dem Einen, neun zusammen-
hängende schiefe Striche seinen Namen Müller bedeuten u. s. w.

Ich schrieb auch zuweilen kleine Gedichte für gesellige Kreise und für die Familie, auch ein größeres in idyllischer Form zur goldnen Hochzeit der Schwiegereltern: Das Löwe'sche Haus (nebst einer dessen Ansicht darstellenden Vignette).

Grad damals war ich in meinem ganzen Leben am meisten beschäftigt. Während die Schrift über die Jugendbildung noch nicht vollendet war, und bereits das sogleich zu besprechende Volksbibliothekwesen zu bearbeiten begonnen wurde, ergab sich zugleich die schon oben erwähnte Nothwendigkeit, die schwierige Sichtung der vorhandenen zahlreichen Materialien über die vaterländische Alterthumskunde und Culturgeschichte, sowie ich neue Nachgrabungen und Reisen zu eigener genauer Unter-suchung vornehmen mußte, um die Herausgabe der schon besprochenen „Blicke in die vaterländische Vorzeit" nicht länger zu verschieben. Es gab also damals 1838—1841 außer der Hauptsache, den vielseitigen Amtsgeschäften, sowie den er-wähnten damals übernommenen bedeutenden wöchentlichen Aus-zahlungen bei dem Eisenbahnbaue, gleichzeitig jene drei ver-schiedenen literarischen Bestrebungen, daher zuweilen auch gleich-zeitig drei Correcturbogen verschiedenartiger Schriften durchzusehen. Nebenbei galt es der Fortführung der von mir geleiteten An-stalten und dem Fortgehen mit der neusten Literatur im Allge-meinen, sowie vielseitiger Correspondenz und dennoch blieb zu-weilen selbst noch einige Muße zu jenen ernst= wie scherzhaften Aufsätzen übrig. Diese Beschäftigungen neben der Amtsführung und die Beachtung nicht nur der Verhältnisse und Bedürfnisse der Jetztzeit, sondern auch des als deren Spiegel geltenden Alterthums hatten den großen Vortheil, mich vor Einseitigkeit zu bewahren. Jene Zeit aber war wegen dieser angestrengten Thätigkeit zugleich eine der glücklichsten Perioden meines Lebens. Lautet doch der Ausspruch eines alten Weisen: „Für Arbeit nur verkaufen die Götter uns das Glück!"

Was mich aber zu diesen Leistungen befähigte war doch wohl außer der durch meiner Aeltern Beispiel erregten Thätig-keit und Beharrlichkeit im Verfolg meiner Pläne, der gute Wille mich selbst zu bilden, wie zugleich Anderen zu nützen, um sie ebenfalls zum Genuß höherer Bildung zu leiten. Es bedurfte dazu einer von früh Morgens bis spät Abends dauernden Geistes-thätigkeit, eines auf Selbstkenntniß und Selbstbewußtsein beruhen-

den planmäßigen Handelns mit stetem Vorausdenken des Vorzunehmenden, und sorgfältiger zweckmäßiger Benutzung jeder
Stunde, selbst jeder Minute; es galt, wie man sagt: die Zeit auskaufen.
Die Anwendung der Zeit und die darauf zu vertheilende Arbeit
ward gern im Voraus berechnet und gewöhnlich schon des Morgens das, den Tag über Vorzunehmende bereit gelegt und von
dem Nothwendigen das Unverschiebbare zuerst gewählt. Ich wies
jedem Geschäft seine Zeit, jeder Schrift ihren bestimmten Bewah-
rungsort an, beachtete Ordnung und Pünktlichkeit in Allem und
Jedem, ohne pedantisch darauf zu bestehen, wenn rathsame Ab-
änderung erforderlich schien. Vorzunehmende Arbeiten wurden
meist erst skizzirt, und wenn die Zeit es erlaubte, nach und nach
mehrmals überdacht, bevor ihre Ausführung erfolgte, die Tages-
arbeiten aber gewöhnlich vorher auf einem zur Hand gelegten
Zettel verzeichnet, um nichts zu versehen. Uebrigens pflegte ich
stets ein Taschenbuch zu Notizen bei mir zu führen; kleine Zettel
mit Erinnerungsworten an bald zu besorgende wichtige Sachen
wurden auch wohl in die Tabakdose gelegt; denn der Augen
wegen hatte ich mir in spätern Jahren auf Rath des Arztes
das Schnupfen etwas angewöhnt, jedoch ohne es sehr bemerken
zu lassen. Nichts ohne Noth zu verschieben, da so oft ungeahnte
Hindernisse eintreten, war ein stets geübter Grundsatz von mir,
der reiche Früchte trug. Dabei kam mir die besonders in der
Buchhändlerperiode angeeignete flüchtige Handschrift zu Gute,
so daß ich in wenig Minuten ganze Seiten zu liefern vermochte.
Bei meinen Arbeiten störte mich auch in der Amtsstube das
Gespräch der Anwesenden mit einander nicht; ja ich schrieb oft
fort, während ich mit darauf hörte, auch wohl mit sprach, und
sonderbar war es, daß mir da nicht selten das Gefertigte besser
gelungen war, weil vielleicht meine geistigen Kräfte desto mehr
angestrengt wurden. Nicht nur jener Grundsatz, nichts ohne Noth
zu verschieben, sondern auch die mir inwohnende Ungeduld, Alles
bald zu beseitigen, und die Furcht, das Vorgenommene sonst
vielleicht nicht beendigen zu können, veranlaßte mich zu schneller
Arbeit und daher auch zu dem erwähnten flüchtigen Schreiben.
Der durch die Illustrirte Zeitung so bekannt gewordene Hand-
schriften-Deuter, Privatgelehrter Adolph Henze in Leipzig, welcher
meine Handschrift (die er nicht vorher kannte und die ihm anonym zugeschickt worden war), als die eines Polyhistor bezeichnete, bemerkte

wegen der flüchtigen Schriftzüge zugleich, daß die Buchstaben auf eine
merkwürdige Art hintereinander her wären, gleichsam alles wissen
wollten und zu spät zu kommen fürchteten; — wie richtig! Es
rührte dies mit von meinem Temperament her, dessen hier
noch zugleich zu gedenken ist. Die mit dem jugendlichen, sangui=
nischen Temperament verbundene, allerdings allzurege Phantasie
spiegelte die Zukunft nicht selten zu glänzend und hoffnungsreich
oder im Gegensatz zu schwarz, zu entmuthigend vor, wogegen
sich in der Wirklichkeit gewöhnlich die Mitte von beiden ergab;
sie befähigte mich aber auch zugleich bei meinen schriftstellerischen
Versuchen zu manchen erfolgreichen Ideen, zu manchen für die
Zukunft berechneten Plänen, wie man denn auch in Schriften
der Gegenwart oft etwas vorauseilen muß. Die im Mannes=
alter mehr und mehr bemerklich gewordene cholerische Beigabe
des Temperaments, mit seiner zuweilen auch heftige Aufregung
veranlassenden Vollblütigkeit, befähigte dagegen, nebst der im
Militärdienst gewöhnten Pünktlichkeit und Ausdauer, zu rastloser
Thätigkeit und fester, beharrlicher Erstrebung und nicht selten
auch Erlangung des vorgesteckten Zieles, und mit ihm mancher
Freude. Selbst in den höheren Jahren wollte sich noch nicht
ein genügend ruhiges Blut einfinden, der Geist vielmehr immer
gern noch etwas Neues erstreben und zwar ohne Ruhe und Rast.
Es fehlte mir, wie bereits erwähnt, an Geduld, und so hätten
auch auf alle meine Briefe die Antworten stets schon mit der
ersten Post ankommen mögen. Ich hielt es übrigens mehr mit
dem Schreiben als mündlichen Verhandlungen, zumal wenn es
einen nicht erfreulichen Gegenstand betraf. Bei meiner Voll=
blütigkeit und lebhaften Phantasie war mein leicht erregbares
Gemüth bei angenehmen, besonders aber bei unangenehmen Er=
eignissen nicht selten so aufgeregt, daß ich sie tagelang nicht aus
dem Gedächtnisse brachte, wenn ich nicht ein sehr wirksames
Mittel dagegen anwendete. Ich schrieb nämlich die mich beherr=
schenden Ansichten und Gefühle, Pläne und Vorsätze in das Tage=
buch oder auch auf einzelne Blättchen, und so bald diese bei
Seite gelegt waren, trat plötzlich Ruhe ein, und ich konnte mich
nun wiederum mit etwas anderen beschäftigen. Bei Aerger und
Unzufriedenheit mit Anderen wurden nicht selten heftige Briefe
geschrieben, jedoch in der Regel und zwar meist durch freund=
liches Zureden meines guten Genius, meiner Gattin, nicht oder

wenigſtens ſehr gemildert abgeſendet, und das oft zu ſehr auf-
geregte, zumal in ſittlicher Beziehung ſehr empfindliche Gemüth
ward erſt dadurch beruhigt, und konnte ſich wiederum angenehmeren
Gegenſtänden zuwenden.

Ich theilte nicht gern vorgenommene Pläne Andern mit, da
ſie dann faſt ſtets ſcheiterten, dieß war auch der Fall, wenn
einige Eitelkeit dabei eine Rolle ſpielte. Im Voraus angekündigte Bücher und Aufſätze unterblieben faſt ſtets, ſo daß ich mich
mehr und mehr fürchtete von zukünftigen Arbeiten und anderem
Vorhaben irgend zu ſprechen. Hatte doch ein Göthe ſelbſt den
nämlichen Aberglauben, daß die Mittheilung eines ihm am Herzen
liegenden Gegenſtandes deſſen Ausführung hindern könnte, und
daß mit dem ausgeſprochenen Geheimniß böſe Mächte ihr Spiel
trieben. Ebenſo vermied ich es geliebter Perſonen oder erfreulicher Verhältniſſe zu lobend zu gedenken, da die Erfahrung mich
gelehrt, daß nur zu oft dann Verluſt, oder doch Aenderung der
Verhältniſſe eintrat.

Der Himmel ſorgte übrigens dafür, mich nicht übermüthig
werden zu laſſen, und wenn ich ja die Flügel etwa erheben wollte,
ſo fand ſich nur zu bald mancherlei Sorge und Noth, ſodaß ich
gern ruhig und beſcheiden meinen Weg fortging. Sobald ich
nur irgend in den eitlen Wahn gerieth, bei Briefen, Geſprächen
und ſonſtigen Verhältniſſen recht klug und weiſe gehandelt zu
haben, ſo war es in der Regel der entgegengeſetzte Fall und es
mißglückte, wogegen der Erfolg von dem, was ich mit beſchei-
denem Sinne und geringer Erwartung dachte, beſprach, fertigte,
und ſonſt unternahm, faſt ſtets günſtig ausfiel, und nicht ſelten
meine Hoffnungen weit übertraf. Es iſt die Weltlehre: „Hoffahrt
kommt vor dem Falle!" Stets möchte es daher wohl rathſam
ſein, ſelbſt wenn etwas Beabſichtigtes auch gut zu gehen ſcheint,
immer noch einiges Mißtrauen zu hegen, damit, wenn es noch
mißglückt, uns dies nicht zu ſehr überraſcht, oder bei dem erfolgten
Gelingen, die Freude deſto größer iſt. Dagegen muß man auch,
wenn Etwas übel zu gehen ſcheint, ſich dennoch das Vertrauen
auf Gott zu bewahren ſuchen, der ſo leicht Alles zum
Beſten zu wenden vermag, ſo daß oft, wenn man ſich in das
Befürchtete ergeben hat, es deſto eher beſeitigt oder doch gemildert wird. Bei fleißiger Beobachtung meiner Laufbahn hat ſich
dies gar oft klar ergeben, nur fehlte es nicht ſelten an dauern-

14

dem Festhalten bei solchen guten Lehren, und obschon ich die in
Band III der Jugendbildung aufgestellten Grundsätze auch selbst
auszuführen den festesten Vorsatz hatte, so wollten Theorie und
Praxis dennoch nicht immer gleichen Schritt halten. Ueberhaupt
war ich stets in einer strengen Schule; bei dem unbedeutendsten
Abweichen vom eigentlichen rechten Wege, bei dem geringsten
Ungehörigen aus Uebereilung in Folge meines etwas ungedul=
bigen Temperaments, selbst bei bloßen unrechten flüchtigen Gedanken,
folgte bei mir nicht selten sogleich die Strafe auf dem Fuße
nach, und es mußte möglichst wieder gut gemacht werden, um
mich der durch das Geringste leicht gestörten Gemüthsruhe wieder
erfreuen zu können. Das Sprichwort: „Wen man lieb hat, züchtigt
man", könnte wohl vielleicht hier anwendbar sein, doch hat mir
der Allgütige aber auch manche Irrung, manches Unrecht nach=
gesehen! Daß ein, auf dem beglückenden Unsterblichkeitsglauben
beruhendes treues Gottvertrauen und inniges Gebet uns noch
aus größter Noth und Gefahr zu retten vermag, habe ich oft
erfahren und behaupte dieß als meine feste Ueberzeugung, wenn
auch Andere meinen, daß es ohnedem wohl auch so gekommen
sein würde. Ergiebt sich auch nicht sogleich ein günstiger Einfluß
des Vertrauens und Hinwendens zu des Höchsten Macht, so
wird schon die Ergebung in dessen Willen erhebend und beruhigend
sein, die nicht selten später noch, wenn auch auf andere Art,
das Gewünschte unerwartet vermittelt. Ich habe es fast täglich
erfahren, daß ruhig Erwartetes, aber nicht sehnlich Begehrtes,
auf überraschende Art zu rechter Zeit eintrat. — Nicht im Mindesten
zu einer frömmelnden, bigotten Richtung hinneigend, wovon mich
meine Schriften, wie mein beobachtetes Leben wohl völlig frei
sprechen, halte ich dennoch fest an der Ansicht von dem Walten
einer göttlichen Gerechtigkeit schon auf Erden, mit Belohnung
des Guten, wenigstens im Innern, durch beglückende Gefühle,
wie mit dem Bestrafen böswilliger Thaten, wenn auch nicht durch
weltliche Richter, so doch durch das endlich erwachende Gewissen,
wie schon bei Besprechung des dritten Heftes der Jugendbildung
bereits angedeutet ist.

Gutenberg und Franklin.

Das Volksbibliothekwesen war es, welchem ich damals
ebenfalls meine Aufmerksamkeit zuwendete, denn wahre Aufklä=

rung des Volks läßt sich durch Verbreitung vorsichtig ausge=
wählter Bücher am kräftigsten befördern und dieselbe ist recht
eigentlich eine dringend nöthige Art der Heidenbekehrung neuester
Zeit. Sollen die Wissenschaften ihren Zweck erfüllen, so müssen
sie in das Leben übergetragen werden; dies wird durch Abfassung
populärer, allgemein verständlicher Schriften und deren leichte
Erlangung mittelst Volksbibliotheken ermöglicht. Der Bürger=
stand, wie der leselustige Landmann, muß vom Lesen der aus
Leihbibliotheken und von deren Herumträgern erlangten Ritter=
und Räubergeschichten und anderen schalen und schlüpfrigen,
überhaupt von aller, für ihn ungeeigneter Leserei abgezogen und
dagegen mit vorsichtig ausgewählter, nützlicher und zugleich auch
unterhaltender Lectüre versehen werden, die man ihnen auf be=
queme Art, und wenn nicht ganz unentgeltlich, so doch möglichst
billig darbietet, wie das schon 1828 bei Gründung der Großen=
hainer Stadtbibliothek und bei bald darauf erfolgter Errichtung
einiger solcher Lesezirkel auf dem Lande meine Absicht gewesen
war. Es mußten daher Stadt= und Dorfbibliotheken sowie Lese=
zirkel zu diesem Zwecke allwärts angeregt und zugleich auf die
nothwendige Herausgabe guter Volksschriften aufmerksam gemacht
werden, worauf ich bereits in der ersten Auflage der Bausteine
hingewiesen hatte. Da jedoch dieser Gegenstand nicht in der
zweiten aufgenommen werden konnte, so drängte es mich, durch
besondere Schriften auch fernerhin in weitern Kreisen zu wirken.
Die Herausgabe guter Volksschriften jedoch andern überlassend
und nur dazu auffordernd, hielt ich es für besondere Pflicht,
für eine immer weiter verbreitete Gründung von Volksbiblio=
theken und Lesezirkeln zu sprechen und zu diesem Behufe
und zur Erleichterung der Nachfolge ihre ganze Einrichtung
und Fortführung klar und praktisch zu schildern. Die nahe
Beachtung des Bibliothekwesens schon seit meiner Jugendzeit
und der Besuch solcher auswärts auf Reisen und Märschen,
sowie die praktische Erfahrung bei Leitung der Stadtbibliothek
und verschiedener Lesezirkel, verbunden mit fleißiger Literatur=
benutzung, ließen es mich wagen, damit mehr und mehr vor die
Oeffentlichkeit zu treten und selbst ein größeres Werk darüber
herauszugeben. Vorher aber bot mir das 1840 gefeierte vier=
hundertjährige Buchdruckerjubiläum eine gute Gelegenheit dar,
auch ein Scherflein dazu beizutragen durch die kleine Schrift:

14*

„Gutenberg und Franklin; eine Festgabe zugleich mit
Antrag auf Gründung von Stadt= und Dorfbibliotheken."
Leipzig 1840. —

An Gutenbergs Erfindung, Franklins Errichtung der ersten
Volksbibliothek anknüpfend und beider Verdienste schildernd, rieth
ich das Fest durch Gründung von solchen, zugleich kurzgeschilderten
Volksbibliotheken zu verherrlichen, und durch Verbreitung nütz=
licher und erfreulicher Schriften das „Vorwärts" in rechter,
weiser Art zu begünstigen und dadurch zugleich nach Herder's
Wunsch, eine immer weiter bringende Humanitätsbildung zur
Veredelung der Menschen zu verbreiten. Dann würden die das
Jubelfest des Jahres 1940 Feiernden mit Freuden auf das von
1810 zurückschauen. Auf dem lithographirten Titel waren die
mit der Schrift in Verbindung stehenden Beziehungen bildlich
dargestellt. Als eine wahre Festgabe ward sie von mir und
dem humanen und gemeinnützigen Verleger (Weinedel in Leipzig)
einer jeden Stadt Deutschlands, wo sich eine Buchhandlung befand
(gegen 360), in einem Exemplare gratis zugesandt. In Folge
dieser Versendung der Schrift, in welcher zugleich um Spenden
geeigneter Volksschriften zur Vertheilung an neu zu gründende
Volksbibliotheken ersucht worden war, gingen von mehrern Buch=
handlungen unentgeldliche Büchersendungen ein, die auch in
kleinen Städten und Dörfern in der Nähe dazu angewendet
wurden.

An dem zu Johanni 1840 in Deutschland allgemein und
besonders glänzend in Leipzig gefeierten Buchdrucker=Jubi=
läum nahm ich zu innigen Antheil, als daß ich demselben hätte
fern bleiben können. Den ersten Festtag betheiligte ich mich an
dem Zuge der Buchhändler, Buchdrucker ꝛc. nach dem Marktplatz
zur Festfeier, sowie an dem Festmahle und den zweiten ward
mir eine ganz besondere Ehre erwiesen. Bei der Uebergabe
eines in der Festhalle von der Buchbinder=Innung dem Comité
dargebrachten Festalbum's zur Einzeichnung der Festtheilnehmer
ward ich, auf Antrag des Historikers Gretschel, als ein an=
wesender Volksschriftsteller, wie er meinte, veranlaßt, meinen
Namen zuerst einzuzeichnen. Den dritten Tag unternahm ich
einen Abstecher nach Halle, um wegen der unter der Feder befind=
lichen „Blicke in die Vorzeit" die überaus reiche Sammlung des
dasigen Alterthums=Vereins und manches mir Neue durch Güte

des Secretair Dr. Förstemann zu beschauen. Die Rückreise erfolgte über Merseburg mit seinen nochmals beschauten Alter= thümern und über Dürrenberg, in dessen Umgegend ich von meinem dortigen Schwager, Apotheker Brückner, zu den Ueber= resten von uralten Heidenwällen, vielleicht zum Theil bis zur Hunnenschlacht hinaufreichend, geleitet ward. Die davon ent= nommenen Notizen wurden nebst anderen später dem Leipziger Alterthumsvereine überlassen.

Meine Festschrift hatte sich sehr beistimmender Recensionen zu erfreuen; ebenso gingen günstige briefliche Aeußerungen vom Minister von Lindenau, Oberhofprediger von Ammon und Andern ein, worin der sehr geeigneten Zusammenstellung Guten= berg's und Franklin's mit Beifall gedacht ward.

Bürger=Bibliotheken.

Gleichzeitig ward die Hauptschrift bearbeitet, und unter dem Titel:

„Ueber öffentliche Vereins= und Privat=Biblio= theken sowie andere Sammlungen, Lesezirkel ꝛc. mit Rücksicht auf den Bürgerstand," Leipzig, 1840 in 2 Bänden, heraus= gegeben, wovon Band I. über Stadtbibliotheken für den Bürger= stand, deren Gründung, Einrichtung, systematische Bücheraufstellung, Cataloge ꝛc. handelte. Ein neues ausführliches Wissenschaften= system zur Bücheraufstellung mit Angabe der empfehlenswerthesten Literatur erforderte ebensoviel Anstrengung, als es Freude brachte, da solches Classificiren und Systematisiren meine Lieblingsneigung befriedigte. Bei der Bücheraufführung wurde auf alle Fächer, sowohl zur Bildung des Bürgers, als zur allgemeinen wie Fach= bildung Rücksicht genommen. Band II. dagegen betraf die Vereins= und Privat=Bibliotheken, die wissenschaftlichen Sammlungen, die Lesezirkel und verwandte Gegenstände. Da nun der Einzelne sich meist nur wenig besonders benöthigte Bücher anzuschaffen vermag, Leihbibliotheken aber solche nicht führen, so bedarf es leicht benutzbarer öffentlicher Bibliotheken und billiger Lesezirkel; ebenso aber auch wissenschaftlicher und Kunstsammlungen zu all= gemeiner Anschauung. Es wurden weiter die Landes=, Kreis=, Schul=, sowie die Vereins= und Privat=Bibliotheken nach ihren verschiedenartigen Bedürfnissen geschildert; ebenso die Regiments=

Hospital= und Gefängniß=Büchersammlungen, wie die anderer
geeigneter Anstalten, ferner die Leih= und die Wanderbibliotheken,
die Lesezirkel verschiedenartiger Zwecke und ihre bis ins Einzelne
erfolgte Einrichtung, mit Hinweisung auf zahlreiche rathsame
Schriften zur Aufstellung in denselben. Bei den Privat=Biblio=
theken ward auch auf die Privatarchive und handschriftlichen
Sammlungen und deren Einrichtung, über das Entnehmen von
Auszügen aus gelesenen Schriften ꝛc. hingewiesen. Nicht minder
wurden die Landes= und Bezirks=Museen, die Privatsammlungen ꝛc.
behandelt, und manche zweckmäßige Vorschläge gethan, so z. B.
statt gleichartige Gegenstände in Landes=Museen in Menge auf=
zuhäufen, die Doubletten an Provinzial= oder bedeutendere
städtische Museen und höhere Lehranstalten abzugeben, um eine
desto größere Anzahl Beschauer zu belehren und zu erfreuen, die
selten oder nie. jene ersteren besuchen können, wogegen die letzteren
Anstalten ihre besonders merkwürdigen, oder nur einzig vorhan=
denen Seltenheiten an erstere zu überlassen hätten, wo sie mehr
an rechter Stelle sind, da die Landesmuseen stets das Ausge=
zeichnetste besitzen sollten. Ferner wurden bei den Museen auch
die damals noch nicht zur Sprache gekommenen Gewerbs=Museen
mit eingereiht, deren vielfacher Nutzen längst schon zu ihrer
Errichtung hätte Veranlassung geben sollen, und die man in
einigen Städten Deutschlands erst Jahrzehnte später zu gründen
begann. Auch theilte ich meine Ansichten über Volksschriften=
Herausgabe und Verbreitung und verwandte Gegenstände mit,
so z. B. über literarische Nachweise=Anstalten, in denen Literatoren,
welchen in größeren Städten zahlreiche Bibliotheken und Jour=
nalistica zu Gebote stehen, entfernten Personen ohne solche Lite=
raturmittel vielleicht gewünschte Angaben von Schriften und
Auszügen daraus, Recensionen ꝛc. gegen ein billiges Honorar
als literarische Correspondenten mittheilen könnten; — ein wohl
der Beachtung werther, und noch nicht ausgeführter Vorschlag
und so noch andere prüfungswerthe Ideen. Meistens standen
mir nur eigene Anschauung, praktische Erfahrung und Versuche
zur Seite, da jene Schrift die erste über diese Gegenstände war,
wogegen es an Schriften über Gelehrten=Bibliotheken nicht fehlte.
Besonders befähigte mich dazu nicht nur das von Jugend an
erfolgte Fortgehen mit der neuesten Literatur, sondern auch die
in der Buchhändlerzeit und während des Universitätsbesuchs

erworbenen encyklopädifchen Kenntniffe und ebenfo der eifrige
Befuch von Bibliothefen und Mufeen, ohne welches alles jene
Schrift nicht verfaßt werden, nicht gedeihen konnte. Es war wie
bei anderen Schriften Alles auf die allfeitige Bildung und Ver=
edelung der Menfchen berechnet, und überall war das Gewonnene
für das praftifche Leben und Wirken maßgebend, nach dem
Grundfaße für das Leben zu lernen und zu lefen, was uns und
Andern nußt und frommt. Die Schrift fand nicht minder eine
günftige Aufnahme und die darin ausgefprochenen Rathfchläge
wurden um fo mehr anerfannt, als die praftifche Ausführbarfeit
derfelben durch die Leitung der Stadtbibliothef, vielfacher Lefe=
zirfel und andere felbft erprobte Verfuche genügend erwiefen
werden fonnte. Die geachtetften Bibliothefare und andere fach=
fundige Gelehrte erflärten fich brieflich fehr beiftimmend darüber.

Der Oberbibliothefar, Hofrath Falfenftein in Dresden
urtheilte unterm 30. Juli 1839 darüber folgendermaßen: „Sie
haben durch diefe gediegene und ebenfo zeitgemäße als nützliche
Schrift eine längft gefühlte Lücke in unfrer Literatur auf eine
höchft glückliche Art und mit wahrhaft bibliothefarifchem Berufe
ausgefüllt. Das find Goldförner 2c. Welch fchöne Zeit, wenn
bereinft die fleinfte Provinzialftadt ihre eigene Bücherfammlung
hat, und fowohl der fchlichte Bürger, als der einfache Landmann
den innern Drang nach Selbftbildung und Selbftvervollfommnung
fühlt. Wohl dem, der wie Sie durch Schrift, Wort und Bei=
fpiel das Gute überall anzuwenden verfteht 2c." Dr. Klemm
erflärte fie für eine fchätzbare Bereicherung der Literatur, worüber
aber auch nicht jeder Gelehrte fchreiben fönne, da es wenig
Gelegenheit zu folcher Erfahrung gäbe. — Ebenfo erfreulich
fprachen fich die Bibliothefare Bechftein in Meiningen, Peß=
holdt in Dresden und andere Fachgenoffen aus.

Auch der König Friedrich Auguft und fein fürftlicher
Bruder, der damalige Prinz Johann, äußerten fich fehr erfreulich
über die Schrift, welche beide mich auch wegen fchon früher
überreichter Schriften, durch mehrere Handfchreiben erfreut hatten.
Auch die Königlich Sächfifche Leipziger Kreis=Direction und die
des erzgebirgifch=voigtländifchen Kreifes empfahlen das Werf
amtlich in ihren Kreisblättern. Der föniglich preußifche Minifter
des Cultus und öffentlichen Unterrichts von Altenftein, ver=
theilte im Auguft 1839 zahlreiche Exemplare der Schrift an

sämmtliche Provinzial-Regierungen, mit dem Auftrage, durch die Landräthe auf dieselbe aufmerksam zu machen, um sie den Magistraten ihrer Kreise zu empfehlen. *)

Dorf-Bibliotheken und Lesezirkel.

Die Einrichtung billiger Lesezirkel auf dem Lande war längst ein sehnlicher Wunsch von mir gewesen, doch mehrere Versuche (1829—1834) wollten nicht genügend gedeihen. Da verfiel ich später (1839) auf eine leicht ausführbare Idee einer

---

*) Professor Hasse sagt über diese Schrift in der Leipziger Zeitung (1839 Nr. 218): „Ein um Volksbildung und Förderung gemeinnütziger Zwecke durch Schrift und That verdienter Mann hat soeben einen interessanten Gegenstand zuerst behandelt, der zugleich von praktischer Wichtigkeit ist. Durch solche Bibliotheken kann dem verderblichen Lesen schaler oder schlüpfriger Romane Einhalt gethan werden. Der Herr Verfasser hat in seiner Schrift alle Bildungsrichtungen, für die allgemeine, wie für die Berufsbildung in populärer und in wissenschaftlicher Auffassung vor Augen gehabt und man erkennt an seinen Vorschlägen und Anweisungen, daß er die Einsicht und Erfahrung besitzt, inwiefern hier Theorie und Praxis zusammen wirken können und sollen ꝛc." — Professor Bülau in den „Jahrbüchern für Geschichte und Politik" (1840 Heft I.) sagt darüber: „Gewiß ist es eine sehr glückliche Idee des Verfassers, die Errichtung von Stadtbibliotheken für den Bürgerstand zu empfehlen und ihre Ausführung durch zweckmäßige, auf Erfahrung gegründete Rathschläge zu unterstützen ꝛc." Er schließt: „Wissen wir doch, welche Wirkung das rechte Buch zur rechten Zeit in die rechte Hand gegeben, hatte, wie oft eine Stunde gediegener Lectüre eine Epoche für das Leben bezeichnet, einer fruchtbaren Idee, einem rettenden Entschlusse zum Durchbruche verhalf." — Wolfgang Menzel sagt im „Morgenblatt" (1839 Literaturblatt Nr. 15): „Der Verfasser bringt einen Gegenstand zur Sprache, der Beachtung verdient. Seine Ansichten sind sehr richtig und praktisch. Auch der Plan ist vollständig und gut angelegt. Er giebt der Reihe nach alle Rubriken, für die man zunächst Sorge tragen müsse, verzeichnet in guter Zahl Hauptschriften aus allen betreffenden Fächern ꝛc. — Einsichtsvolle Stadtmagistrate, patriotische Literaturfreunde, Associationen, wißbegierige Bürger könnten in der That aus kleinen Anfängen und mit nicht überspannten Mitteln der kommenden Generation einen Schatz hinterlassen, der sich fruchtbringend erweisen würde."

Der Naturforscher Oken sagt in seiner „Isis" (1840 Heft IV.): „Wir haben das erste Heft dieser ungemein reichhaltigen und ganz eigenthümlichen Studien schon nach Verdienst angezeigt und die Wichtigkeit desselben für Behörden, Bildungsanstalten, literarische und Gewerbvereine, wie überhaupt jeden Wissenschaftsfreund hervorgehoben. Es ist wirklich merkwürdig, wie gründlich sich der Verfasser in dieses Fach hineinstudirt hat und wie er an

Wanderbibliothek. In 12 benachbarten Dörfern nahmen z. B. in jedem 12 Leser drei Jahre lang an einer solchen Theil, und zahlten dafür alljährlich ⅓ Thaler ein; jedes Dorf erhält all-vierteljährlich 12 Bücher, sobaß jeder Leser allwöchentlich eins bekommt und dieselben in 12 Wochen bei allen Lesern gewechselt haben, wonach sie in der letzten freien Woche des Quartals an ein andres Dorf abzugeben sind. Pfarrer oder Schullehrer besorgen die Circulation im Orte, und das Ganze wird von einem Director geleitet, welcher den Erkauf der Bücher und deren Vertheilung an die 12 Orte besorgt, sowie die Reihenfolge derselben in Hin-sicht der Circulation bestimmt und sich überhaupt der Aufsichts-führung über letztere und sonstigen Besorgungen, und zwar ebenfalls wie jene Ortsbibliothekare, unentgeldlich unterzieht. So wie die Leser in jedem Dorfe einen Kreis bilden, und einer an den andern das für die Woche erhaltene Buch an deren Ende abgiebt, so bilden die 12 Dörfer einen größeren Kreis, in welchem jene Circulation der Bücher reihum erfolgt. Da von den Lesern nach und nach 144 Thaler eingehen, und die zu wählenden Volks-schriften meist sehr billig sind, so lassen sich nicht nur die zuerst sogleich anzuschaffenden 144 bald decken, sondern von dem übrig bleibenden Bestande noch zahlreiche ähnliche Schriften erkaufen, so daß später statt eines Buches deren zwei an den Leser aus-gegeben werden können. Die Zahl der 12 Leser in einem Orte muß stets festgehalten werden, weil die ganze Einrichtung darauf beruht, und wären mehr Leselustige, so müßten entweder 12 andere zu einem zweiten Cirkel sich zusammenfinden, oder wenigere sich an ein anderes Dorf anschließen, wo deren zu der Zahl 12 noch fehlten. Die in Umlauf gewesenen Bücher werden, insofern sie nicht zu sehr beschädigt sind, nach den drei Jahren an die dabei betheiligt gewesenen Dorfschaften abgegeben, um zur Grundlage zu errichtender Kirchspiel-Bibliotheken zu dienen. Der Buchhändler muß allerdings mit der Bezahlung sich gedulden, bis nach und nach der pränumerando zu entrichtende Lesebei-trag eingeht. Da wegen des beispiellos geringen Beitrags

---

Alles denkt, was nur irgend dabei vortheilhaft sein kann. Er macht aus diesem Gegenstande eine ganze Welt und ist darin zu Hause, als wenn er ewig darin gelebt hätte. Möchte er auch die Freude erleben, diese Welt wirk-lich erschaffen zu sehen. Gewiß sind seine Vorschläge beherzigenswerth."

Anmerkung des Herausgebers.

von zwei Pfennigen für ein Buch an genügender Theilnahme
und überhaupt am Gelingen des Plans nicht zu zweifeln war,
so ließ ich diesen Plan 1839 unter der Aufschrift:
„Ueber zu errichtende Lesezirkel für Dorfgemeinden",
mit beispielweiser Angabe guter, belehrender und unterhal=
tender Volksschriften (auf 4 Octavseiten) drucken, und vertheilte
ihn nicht nur an Geistliche und Lehrer der Umgegend, sondern
versandte ihn auch an befreundete Personen und Vereine im
In= und Auslande, und er fand solchen Anklang, daß er in vier
Schul= und andern Zeitschriften völlig, in zahlreichen andern
auszugsweise abgedruckt, und zur baldigen Ausführung angele=
gentlichst empfohlen ward. Eine solche Idee war noch nicht
veröffentlicht worden, und die bisher bestehende Bücherverbreitung
in England und in manchen deutschen Orten war weder so billig, noch
so leicht ausführbarer Art. Es sollte aber nicht nur jeder Stadt,
sondern auch jedem Dorfe, wenigstens jedem Kirchspiele eine Ehre
sein, eine solche, wenn auch noch so kleine vom Ortsgeistlichen
oder Lehrer beaufsichtigte Büchersammlung für Belehrung und
Unterhaltung zu besitzen.

Ich selbst aber, um mit gutem Beispiel voran zu gehen,
gründete damals 1839 eine solche dreijährige, später auf 4 Jahre
verlängerte Wanderbibliothek in 16 umliegenden Orten, wobei
ich wegen billig erlangter Schriften bald zwei derselben an jeden
Leser ausgeben lassen, und bei hinreichendem Cassenbestand nach
beendigter Circulation (1843) noch eine Anzahl solcher erkaufen
und zugleich mit an die theilnehmenden Ortschaften vertheilen
konnte. Es wurden sowohl populäre, öconomische und hauswirth=
schaftliche, historische und andere belehrende, als auch unterhal=
tende Volksschriften (Erzählungen von Nieritz, Horn, Zschokke ꝛc.
Volkskalender und dergleichen) dazu angeschafft, und darunter
auch gute ältere von Salzmann, Hebel ꝛc. welche ebenfalls viel
Anklang fanden. Die günstigen Resultate und so manche An=
erkennung für die Sorgfalt und Mühe dabei entschädigten für
viele Unannehmlichkeiten wegen nicht immer richtig erfolgter Cir=
culation. Das Hauptziel war dadurch erreicht, es war der Beweis
gegeben, daß solche Wanderbibliotheken eben so nützlich und ein=
flußreich als ausführbar sind. Uebrigens wurden nicht nur an
mehreren jener Orte von Pfarrern und Lehrern später gleiche
Wanderbibliotheken fortgesetzt, sondern auch anderwärts an zahl=

reichen Orten solche gegründet, wobei ich durch Berathung gern mit zu wirken suchte. Meine Vorschläge und Erfahrungen konnte ich also mit gutem Gewissen in folgender kleinen Schrift zur Nachfolge empfehlen:

„Die Dorf-Bibliothek; Lesezirkel, Gemeinde- und Wander-Bibliotheken auf dem Lande und in kleinen Städten." Leipzig 1843 (74 Seiten), in welcher §. 1 die Nützlichkeit und Nothwendigkeit der Volksbibliotheken besprochen, §. 2 die Zweifel dagegen widerlegt, und §. 3 die praktisch ausführbare Einrichtung derselben behandelt ward. §. 4 galt den Kirchspiel-Bibliotheken, §. 5 den Dorflesezirkeln und §. 6 den Wanderbibliotheken nebst Kostenberechnung und Listenschemata, §. 7 theilte ein ausführliches Verzeichniß der rathsamsten neusten Schriften aus allen dabei zu beachtenden Wissenschaftsfächern mit. Es ward ferner nebenbei §. 8 auf so wünschenswerthe ländliche Sonntagsschulen und rathsame Abendunterhaltungsvereine der erwachsenen Landleute, sowie auf die nöthige Anleitung der Dorfjugend zu anständigen ländlichen Vergnügungen des Sonntags hingewiesen, und insbesondere der Gewinn jener Leseanstalten für das Leben besprochen, und daß das schriftliche Wort lebendig werden, die Bücherweisheit in Kopf und Herz bringen und beides die erworbenen Kenntnisse in das praktische Leben übertragen müsse.

Auch diese kleine Schrift ward günstig aufgenommen und nicht nur ganze Seiten, sondern selbst ganze §§ aus derselben in Journalen und anderen Schriften abgedruckt.*)

Uebrige Mitwirkung für nützliche Bücherverbreitung.

So wie in jener Hauptschrift, wurde aber auch in zahlreichen Journalaufsätzen für Gründung anderer Büchersammlungen zur Belehrung und Unterhaltung z. B. für Gesellen und Lehrlinge, für Dienstleute, für Kranke in Hospitälern, ebenso für Gefäng-

---

*) Professor Biedermann sagt in seiner „Monatsschrift für Literatur und öffentliches Leben" (1843. X) über die Preußker'sche Arbeit: „Der Verfasser, Volksfreund im wahrsten und edelsten Sinne des Worts, giebt hier Anregung zu Gründung und Fortführung von Kirchspiels- und Gemeindebibliotheken. Er hat des Interessanten viel gegeben und was für die gute Sache am meisten spricht, Alles sind Erfahrungsätze, nicht Ideale rc. §. 7. Bücherwahl, giebt Beweis, wie schon §. 6, von des Verfassers großer

nisse, für Regiments= und Bataillons-Bibliotheken ꝛc. gesprochen
und überdem in Eingaben an· Behörden solche beantragt. Es
blieb dies nicht ohne günstigen Einfluß, indem manche solche
Bibliothek gegründet, und z. B. Seiten der sächsischen Regie=
rung den Justizämtern die Erlaubniß zur Errichtung solcher
Büchersammlungen für Gefangene ertheilt wurde. Besonders
aber erfolgte in zahlreichen Orten die Gründung von Bürger=
wie von Dorf=Wanderbibliotheken. — Der Oberhofprediger
Dr. von Ammon lud mich damals zu einem Besuche ein,
wobei er sich sehr günstig über mein Wirken auf diesem Felde
aussprach.

Durch mein Streben für Volksbildung und insbesondere für
Volksbibliotheken kam ich mit zahlreichen Gelehrten in Berüh=
rung, die später als Demokraten, Deutsch=Katholiken oder sehr
freidenkende Geistliche ꝛc. auftraten, und jene Bücherverbreitung
als ein sehr wirksames Mittel zu ihren Zwecken betrachteten.
So schrieb unter andern der Gründer der sogenannten Licht=
freunde und freien Gemeinden, der deshalb seines Amtes ent=
setzte Pastor Uhlig in Magdeburg im September 1843 uner=
wartet an mich, daß er meine ebengelesene Dorfbibliothek aus
der Hand lege und ¼ Hundert davon verschrieben habe, da diese
Angelegenheit in einer nächstens stattfindenden Versammlung der
protestantischen Freunde berathen werden solle: „Wollen Sie, —
fuhr er fort — nicht selbst leibhaftig und münlich nach Köthen
kommen? Es ist wohl möglich, daß Sie es nicht wollen, denn
jene wollen allerdings mehr als Bücher verbreiten; sie wollen
am Reiche Gottes frisch, frei, vernünftig bauen. Ich kenne zwar
Ihre religiösen Ansichten nicht, werde mich aber jedenfalls für
Ihren Verbündeten halten, denn Licht ist ebensowohl Ihr Ruf
als der meine, und Ihr Herz schlägt warm für das Volk ꝛc." —
Natürlich lehnte ich die Einladung ab, da meine religiösen und
politischen Ansichten zuweit von denen jener Männer abwichen,
denen ich auf ihren den Protestantismus gefährdenden Bahnen
nicht folgen mochte.

Belesenheit auf diesem Felde der Literatur, insbesondere dadurch, daß er so
manche ewige und immer frische, der Gegenwart leider ziemlich fremd gewor=
bene Schrift ans Licht zieht, z. B. die herrlichen Salzmann'schen. Mit Wärme
und Dringlichkeit bespricht er §. 8 den Gewinn der Bibliotheken für das
Leben."   Anmerkung des Herausgebers.

Wie überhaupt auch die besten Zwecke nicht ohne Anfeindung bleiben, so erhoben sich auch hier und da Stimmen, welche mein Schreiben und Wirken für Volksbibliotheken als nachtheilig tadelten, mich aus Mißgunst anfeindeten oder wenigstens meine Pläne als zuweit ausgedehnt, die Literaturangaben als zu über=häuft mißbilligten, obschon meine Ideen leicht auch vereinfacht ausgeführt, und die Bücher wohl besser ausgewählt werden können, wenn viele genannt sind. Manchen waren meine Pläne nicht fromm genug. Von einzelnen solcher excentrischen Geistlichen und selbst von einzelnen Conferenzen ward mein Streben beson=ders gemißbilligt, indem die Landleute noch nicht reif zu der Benutzung von Volksschriften wären, auch deren Lesen vom Kirchenbesuch und der Bibellectüre abhielte; allein es sollte ja eben durch jenes Mittel der durch die alle Dörfer begehenden Bücherboten der städtischen Leihbibliothekare schon allwärts ver=breiteten Leserei schaler und schlüpfriger Romane 2c. entgegen=gewirkt werden. Ich versäumte aber auch nicht dagegen sehr nachdrücklich aufzutreten, so z. B. in der sächsischen Kirchenzei=tung 1841, im Anzeiger der Deutschen und anderen Schriften, und es fehlte auch nicht an Gesinnungsgenossen, welche mein Wirken rechtfertigten. Professor Hasse erklärte (Leipziger Zei=tung 1843. Nr. 262.): „Preusker war der Erste, welcher auf die so einflußreichen Volksbibliotheken aufmerksam machte;" — und so lauteten auch andere Urtheile:

„Wohl Niemand hat sich in Deutschland mehr bemüht, durch Anlegung von Volksbibliotheken 2c. allgemeine Volksbildung zu fördern, als der Verfasser," — hieß es in dem „Schleswig=Holsteinischen Schulblatte" 1843. S. 178. — und Zschokke schrieb unterm 29. Mai 1847 in Bezug auf die 4. Auflage der Stadtbibliothek: „Glück und herzlichen Dank Ihnen, Sie immer für das Volkswohl rüstiger Geist, für die neue Frucht Ihres gemeinnützigen Lebens und Strebens! Könnte ich es über mein Herz bringen, ich möchte Sie fast beneiden u. s. w." Er er=wähnte dann unter andern, daß auch in der Schweiz des Ver=fassers Schriften Gutes fördern helfen; man habe in den meisten Städten und Dörfern der protestantischen Cantone, Stadt= und Dorf=Bibliotheken und Lesezirkel errichtet, und schließt mit den Worten: „Da habe ich theils von Ihren Schriften hergegeben, theils diese empfohlen."

Meine Mission in Beziehung auf solche Bibliotheken möchte wohl wenigstens theilweise erfüllt sein, obschon in zahlreichen Gegenden Deutschlands dafür noch unendlich viel zu thun ist, und wozu vielleicht auch diese Schrift noch Veranlassung und Ermuthigung darbietet. Mein Bemühen gab leider auch zu betrügerischen Schwindeleien Veranlassung. So verbreitete z. B. ein Buchhandlungs-Commis angeblich im Auftrage eines Vereins für Bücherverbreitung eine kleine Schrift, in welcher Buchhändler und Volksbildungsfreunde um Abgabe von Büchern und Geld an ihn zur Gründung von Volksbibliotheken gebeten wurden, ohne daß die Mitglieder und der Ort des Vereins genannt ward. Natürlich wollte er die Geschenke zu seinem Nutzen verwenden, und nahm es deshalb sehr übel, als ich in meinen Schriften vor diesem Schwindel warnte.

Wegen jenes Bestrebens zumal für Bibliotheken und weil meine Bücher meist von der Hinrichs'schen Buchhandlung verlegt wurden, hatte ich auch einen Beinamen erhalten. Als einer meiner Enkel, der Buchhändler-Lehrling Ludwig Battmann (1861) gegen einen Leipziger Buchhändler meiner, als seines Großvaters gedachte, erwiederte dieser: „Das ist ja der Hinrichs'sche Biblio-theken-Preußker, der wird gewöhnlich von uns Leipziger Buch-händlern und anderwärts mit diesem Namen bezeichnet." Noch eines anderen Beinamens hatte ich mich zu erfreuen. Die mir von näher befreundeten Gewerbvereinen bei Festen zuweilen dar-gebrachten Toaste begannen nicht selten: „Dem Gewerbvereins-Vater ꝛc." Meine Töchter meinten deshalb: „Da sind wir ja unverhofft zu einer Menge Brüder gekommen, hatten wir doch schon von Kindheit auf gern einige Brüder zu besitzen gewünscht."

Es fehlte übrigens auch nicht an einem besonderen Ehren-erweise für meine Bestrebungen. Da der Königlich Preußische Minister von Altenstein meine Schrift über Stadtbibliotheken wie schon erwähnt, sehr gebilligt, und dieselbe amtlich empfohlen hatte, so reihte sich jenem freudigen Ergebnisse auch ein Ehren-geschenk an, nämlich die unter dem 4. Mai 1840 vom König von Preußen Friedrich Wilhelm III. erfolgte Verleihung der Königlich Preußischen großen goldenen Verdienstmedaille für Wissenschaft und Künste.

Der mir von dem Allgütigen gewährte Höhepunkt meines literarischen und gemeinnützigen Strebens, und mit ihm manche

Ehre und Freude, war nun erreicht, und es ging vom Jahre 1844 an wiederum allmälig abwärts, wie die nächsten Abtheilungen zeigen werden.

- - -

Neunter Abschnitt.
Rentbeamtenzeit.
Vierte Abtheilung.
Berg ab! Literarische Nachzügler.
1845—1847.

- - -

Der Sophien-Ducaten.

Mit dem Jahre 1844, als die genannten Hauptwerke über Jugend- und Volksbildung, nebst den schon oben erwähnten Blicken in die Vorzeit, beendigt waren, war eigentlich meine schriftstellerische Periode geschlossen und nur noch einige kleine Producte — gleichsam Nachzügler — erschienen nachträglich. Ich war nun schon nahe an die sechziger Jahre gelangt, und außerdem zogen auch andere Verhältnisse mich mehr und mehr von neuer Schriftenbearbeitung ab. Mit dem Jahre 1844 begann sich bereits ein unheimlicher revolutionärer Geist zu regen und auch der zu diesem letzteren sich insgeheim mehr und mehr hinneigende, von dem katholischen Pfarrer Ronge in Schlesien hervorgerufene Deutschkatholicismus trat damals auf und ward an vielen Orten fast als ein neues Evangelium aufgenommen. — Ein Theil der minder gebildeten Bewohner Leipzigs betheiligte sich bei dem, im August 1845 von dem Demokraten Robert Blum, damaligen Theater-Secretair und Vorstand der Deutsch-Katholiken angeregten Demonstration gegen den als Begünstiger des Ultramontanismus und Jesuitismus verläumdeten Prinzen Johann, der doch durch die Anstellung eines eifrigen Protestanten, des

spätern Geheimen Raths und Ober=Appellationspräsidenten von
Langenn, als Erzieher seiner Söhne, dem unbeschränkter Geschichts=
unterricht erlaubt war, das Gegentheil und auch auf andere
Art die Falschheit solcher Beschuldigungen erwiesen hatte und
dem in Gerechtigkeit und tiefer Gesetzkenntniß, in Weisheit und
Humanität überhaupt, wohl kein anderer Fürst gleichzustellen sein
möchte. Diese Demonstration sollte ein Versuch sein, ob das
sächsische Volk bereits zur Revolution reif sei und es ergab sich
dies besonders in jener Stadt, von wo auch die demokratische
Propaganda in Sachsen ausging, die bald in allen andern Städten
ihre öffentlichen und geheimen Anhänger fand, und durch die
Turn= und Gesangvereine, sowie durch immer offenkundigeres
Auftreten demokratischer Vereine und Zeitblätter zumal das
minder gebildete Volk zu unterwühlen suchte, wie sich dies weiter=
hin ergeben wird. Da war allerdings humane Fortbildung und
Veredelung nicht mehr Gegenstand der allgemeinen Theilnahme,
vielmehr wurden dieselben von jenen feindseligen Elementen für
hinderlich gehalten, und bespöttelt. Unter solchen Verhältnissen
erschienen außer der 4. und 5. Auflage der Stadtbibliothek=
beschreibung (1844 und 1847) nur noch die folgenden drei letzten
meiner Schriften, und zwar zuerst:

„Der Sophien=Ducaten, oder des Tischlers Walther
Lehrjahre; eine Erzählung.“ Leipzig 1845.

Da die im fünften Hefte der Jugendbildung geschilderte
Weiterbildung nach der Schulentlassung in ihrer systematischen
Form mehr für Eltern und Lehrmeister, welche Gesellen und
Lehrlinge zu beaufsichtigen haben, als für letztere selbst geeignet
schien, so suchte ich die Zweckmäßigkeit und Ausführbarkeit der
angerathenen Fortbildung durch eine Erzählung erfreulicher, wie
unangenehmer Vorfälle während der Lehrzeit eines armen Jüng=
lings in praktischer Anwendung zu erweisen. Unter dem Gewerb=
stande aufgewachsen und auch in meinem Amte mit ihm vertraut ge=
blieben, besonders aber durch die Sonntagsschule und den Gewerb=
verein in das wirkliche Leben der gewerbtreibenden Classe näher
eingedrungen, konnte ich auf die nöthigen Erfordernisse wie die
Mängel derselben genügend hinweisen. Die durch einen, jedoch
nur als Nebensache betrachteten romantischen Faden festgehaltene
Schilderung beginnt mit des armen verwaisten Knaben schwieriger
Berufswahl, und führt ihn erst zu einem tadelnswerthen, dann

zu einem trefflichen, musterhaften Lehrmeister. Sie zeigt, wie er
in schwierigen Lagen und an manche Abwege gelangend, sich
dennoch der Fortbildung und sittlichen Veredlung zuwendet, und
wie er endlich, kurz vor dem Lossprechen, als der für verloren
gehaltene Sohn des letzten Meisters mittelst eines, auf sonderbare
Weise wiederum an ihn gelangten Sophien=Ducatens erkannt
wird; — wie solche Geldstücke mit dem bekannten Motto: „Wohl
dem, der Freude an seinen Kindern erlebt" früher in Familien,
z. B. auch in der meinigen, fort erbten. Dazwischen wurden
zahlreiche belehrende Kapitel, z. B. über Naturbetrachtung,
Kunstgenuß, rathsame Lectüre und andere Bildungsmittel, aber
auch manches Unterhaltende beigefügt, z. B. Lehrlings=Los=
sprechungs=Ceremonien in früherer Zeit, Gesellen=Gespräche in
verschiedenen Mundarten, launige Briefe eines heitern Kameraden
und dergl. um desto mehr zum Fortlesen anzuregen. Einige
Kapitel davon wurden von mir vorher gleichsam zur Probe im
Gewerbvereine vorgelesen und sprachen sehr an; darunter auch
die Tischler=Lossprechungsrede, in dessen Folge ich auch um
Fertigung einer gleichen für die Böttcher=Innung ersucht ward.
Ich wollte die Schrift erst anonym herausgeben; allein sowie der
Verleger dagegen war, so auch mancher Freund.

Meine Idee war eigentlich noch gleiche Schilderungen des
Gesellen= und des Meister=Lebens folgen zu lassen, wozu auch
Manches im Voraus angemerkt ward; doch unterblieb es, da die
Zeitläufe nicht günstig schienen, und ich später die Lust dazu ver=
loren hatte.

Die Schrift von 15 Bogen Stärke kostete im Ladenpreise
nur ½ Thaler, wie es überhaupt stets die Hauptbedingung beim
Eingehen der Contracte mit meinen Verlegern war, die billigsten
Preise zu stellen, so daß in der Regel der Bogen nur 1 Ngr.
höchstens kostete, als das Hauptmittel, die Bücher in viele Hände
zu bringen, da der Preis bei deren Wahl und Ankauf meist eine
wichtige Rolle spielt. So kostete z. B. die Dorfbibliothek nur
4 Ngr. Gutenberg und Franklin 6 Ngr., die einzelnen Hefte der
Jugendbildung 6, 8, 10 Ngr., wobei die Humanität der Verlags=
handlung (der Hinrichs'schen Buchhandlung in Leipzig) sehr an=
zuerkennen ist. Auf das Honorar ward nie gesehen, und keine
Zeile wegen eines solchen geschrieben, indem vielmehr der innere
Drang, Anderen Nützliches und Angenehmes mitzutheilen, die

Ursache meiner schriftstellerischen Thätigkeit war. Uebrigens war das Honorar schon deshalb sehr gering, weil ich stets die Ueber=lassung zahlreicher Freiexemplare zur Bedingung machte, um gütigen Freunden, sowie Vereinen und Bildungsanstalten, ein Geschenk darbringen zu können, was nicht selten durch Ueber=sendung anderer Schriften erwiedert wurde, die ich meist der Stadtbibliothek überließ. —

Von den darüber erlangten sehr erfreulichen brieflichen Urtheilen sei nur einiger kurz gedacht. — So z. B. erwiederte Ischokke sogleich nach Empfang des noch nicht völlig durchgelesenen Buchs: „Haben Sie auch vom Handwerks=neid gesprochen? — Denken Sie nur, ich selbst ward beim Lesen des Titels beinahe von dieser häßlichen Untugend befallen, denn Sie haben mir in mein Handwerk gegriffen." — (Er gedenkt dabei seiner, der meinigen ähnlichen Schrift: „Meister Jordan" 2c.) Weiter heißt es: „Sei dem, wie ihm wolle, ich freue mich, mit Ihnen gleiche Ideen gehabt zu haben und ganz unver=muthet der College eines Mannes zu werden, den von Herzen liebt und ehrt: Ihr — Ischokke. —

Oberbibliothekar Dr. Klemm's Urtheil lautet: „Ich bin Ihnen sehr dankbar für die Mittheilung des Sophien=Ducatens, der ein Thema betrifft, das mich außerordentlich interessirt und dessen derartige Bearbeitung gewiß überaus segensreich wirkt. Was mich, nach allerdings nur rascher Durchsicht besonders angesprochen hat, ist namentlich Folgendes: 1) daß Sie das Stre=ben nach Selbstständigkeit, welche das Handwerk gewährt, so umständlich herausgehoben haben und dem schimmernden Fabrik= und Bedientenberufe in seiner ganzen Würde gegenüberstellen; 2) daß Sie ferner dem Gehorsam eine Ehrenstelle gönnen (S. 37); 3) gegen den Spott eine Schutzwehr gewähren (S. 38); 4) daß Sie ferner die jungen Leute auf das Vertrauen auf die gerechte Sache, auf eine waltende Vorsehung, auf dem praktischen Wege hinweisen und vor falschen theologischen Lehren warnen. Die Religion der Ehre und Pflicht, des Muthes und der sittlichen Würde, kann nicht genug unter dem eigentlichen Volke ver=breitet werden. — Kurzum, ich könnte noch viel anführen, namentlich auch die alter Sitte gegebene Ehre, was mich überaus angesprochen hat. Ich glaube diese Schrift wird bald heimisch in den Kreisen des Volks werden und gar gute Früchte tragen 2c."

Besonders ward ich durch die Zuschrift eines geachteten auswärtigen Buchbindermeisters überrascht, welcher ohne Veranlassung von mir sich freu=dig über die Schrift aussprach, und sie ganz für das Volk geschrieben und den Styl als getroffen erklärte. Er habe sie an Gesellen und Lehrlinge zum Lesen ausgegeben, wo sie aus einer Hand in die andere gegangen wäre und allseitig sehr gefallen habe, und er würde übrigens für möglichste Verbreitung des Buches wirken. Gleiches versicherten Meister und Gesellen in mei=nem Wohnorte.

Somit hatte die Schrift bei Gelehrten wie bei den Hand=werkern Billigung gefunden, und ich konnte mich dabei beruhigen, daß in der allgemeinen Schulzeitung sie in sofern gemißbilligt ward, als zu viel Belehrendes mit hineingelegt worden sei, indem man dem Titel nach einen Volksroman erwartet hatte; der Zweck war doch hauptsächlich vielseitige Belehrung, und der romantische Faden die Nebensache. Zschokke schrieb darüber sehr beruhigend im Januar 1846: „Laßen Sie sich durch günstige und ungünstige Kritiken alter und junger Literaten nicht leiten. Ansicht und Geschmack sind verschieden, aber das beste Buch ist, welches das meiste Gute bewirkt. Ich habe von meinen Volksschriften noch nie eine kritische Beurtheilung gesehen; aber ich wäre meinen Weg gegangen, wenn man mir auch einen andern gezeigt hätte, der für Andere vielleicht beſſer gewesen sein würde. Leben Sie wohl, werden Sie nicht müde in Ihrem schönen, nützlichen Wir= kungskreise. Gott verleihe Ihnen noch lange dazu Kraft 2c."*)

Als eine besondere Empfehlung möchte es wohl gelten, daß Paragraphen der Schrift (z. B. §. 2 Berufswahl, §. 29 Lehr= lingslosſprechen, Wanderlied 2c.) als Musterſtücke in „Sartorius Lebensspiegel, ein Lesebuch für Haus und Schule, Abthei=

---

*) Die „Illustrirte Zeitung" (Leipzig 1845, Nr. 104) schreibt über den Sophienducaten: „Männer, die sich als Volksfreunde durch Wort und That bewährt haben, die über Sonntagsschulen, Gewerbvereine, Volksbiblio= theken und andere bildende Anstalten geschrieben, verdienen ebensowohl, als die Geſetzgeber in die Herzen der Völker geschrieben zu werden, da sie so viel zur sittlichen Würde, zur Menschenveredelung der niedern und tiefern Claſſen der Geſellſchaft beitragen. Ein gutes Wort fällt nie auf steinigen Boden, das scheint der Wahlspruch eines Mannes zu sein, deſſen neueſtes Buch soeben er= schienen ist. Es ist der durch seine Schriften vortheilhaft bekannte Preußler, der unermüdlich in dem schönen Beſtreben für die Erziehung und Fortbildung des Volkes, uns jetzt mit dem Sophien=Ducaten beschenkt hat. Es ist eine Erzählung der Lebensjahre des Tischlers Walter, von seinem Eintritt in die Lehrjahre an. Wir finden in diesem Buche nicht nur ein nützliches anspre= chendes Gemälde der Lehr= und Wanderjahre, sondern auch auf eine sinnige Weise hineingeflochtene kurze Abriſſe aus dem Bereiche der Naturwiſſenſchaf= ten, aus der Geschichte, Poeſie 2c., so daß das Buch nicht nur dem Gewerb= ſtande zur Belehrung und Erheiterung zu empfehlen ist, sondern auch dem Gebildeten manche Stunde angenehm verkürzen kann, indem er sich mit dem freilich veralteten, aber doch noch beſtehenden Gebrauche beim Eintritt und der Losſprechung von Lehrlingen, sowie mit dem Geſellendiſput in verſchie= benen Mundarten bekannt machen kann. Für Volksbibliotheken würde dieß Werkchen am zweckmäßigſten sein, da ihm dadurch die größtmöglichſte Ver= breitung unter dem Volke gesichert würde."

Anmerkung des Herausgebers.

lung III., „das Buch der Menschen" 1846, aufgenommen
wurden. Das am Schluſſe des Buches mitgetheilte Wander=
lied für Geſellen, welches auf Beachtung alles Rathſamen in
der Fremde hinwies, und ſich ebenfalls vielſeitiger günſtiger Auf=
nahme erfreute, ward nicht nur von mir in zahlreichen beſonderen
Abdrücken an junge Handwerker vertheilt, ſondern auch auf Anderer
Koſten wiederholt abgedruckt, abgehenden Geſellen auf die Wander=
ſchaft mitgegeben, und, wie ſolche nach ihrer Rückkehr erzählten,
wurde es ebenſo wie in Sachſen, auch am Rhein, in Oeſtreich,
Ungarn, und anderwärts nach einer bekannten, beliebten Weiſe
öfters in Geſellenkreiſen geſungen.

Geſellen - Wanderlied.

(Mel.: Vom hoh'n Olymp herab u. ſ. w.)

Friſch auf zur Hand den Wanderſtab genommen;
Hinaus mit muth'gem, frohem Sinn!
Des Aufbruchs Stunde, Brüder! iſt gekommen
Und mit Geſang zieh'n wir dahin.
Singet, ihr Brüder, aus freudiger Bruſt,
Wandert mit Weisheit und wandert mit Luſt!
Singet u. ſ. w. (vom Chor wiederholt.)

Hinaus, hinaus in Frühlings-Wonnemorgen,
Er ſpendet Blüthen unſ'rem Pfad;
Der Weih'geſang der Lerche ſcheucht die Sorgen
Und Leben haucht die grüne Saat!
Singet u. ſ. w.

Kommt, laßt uns ſpäh'n, was nützlich ward erfunden
In Süd und Norden, weit und breit,
Eh' unſer Lenz mit ſeiner Kraft entſchwunden,
Eh' uns enteilt der Jugend Zeit!
Singet u. ſ. w.

Erſteigt die Höh'n, von da herabzuſchauen
Auf Gottes ſchönes Erbenrund;
Durchſtreift der Thäler blumenreiche Auen,
Mit Bach und Mühl' im Felſengrund!
Singet u. ſ. w.

Seht Burgen dort, der grauen Vorzeit Reſte,
Die Zeugen tapfrer That und Kraft,
Und hier die Pracht der modiſchen Paläſte,
Und was der Kunſtſinn Neues ſchafft.
Singet u. ſ. w.

Beschaut des Handels reiche Stapelplätze,
Fabriken, wo es dampft und schallt,
Des Bergmann's Schacht und unterird'sche Schätze,
Des weiten Hafens Mastenwald!
Singet u. s. w.

Hin lasset uns zu den Museen wallen,
Wer nach dem Quell des Wissens strebt,
Hin, wo die Kunst in hohen Tempelhallen
Durch Ton und Bild den Geist belebt!
Singet u. s. w.

Forscht fleißig nach der Völker regem Leben,
Nach Sitt' und Brauch, nach Sprach' und Sinn;
Nur dann erschließt sich uns ihr Wirken, Streben,
Nur dann ist Wandern uns Gewinn.
Singet u. s. w.

Und haltet stets das Handwerk hoch in Ehren,
In Fleiß und Fortschritt stets voran;
Dem Meisterstand einst würdig angehören,
Sei Ziel dem jungen Wandersmann!
Singet u. s. w.

Doch munt'rer Wandersmann so flink, so heiter,
Bewahre deinen frohen Sinn;
Erwähle dir zum treuesten Begleiter
Ein reines Herz! Wohlan, zieh' hin!
Singet u. s. w.

Und denk zurück an deine treuen Lieben,
Dir nahe durch manch theures Band,
Die in der trauten Heimath dir verblieben,
An sie denk' in dem fernen Land!
Singet u. s. w.

Hast du erspäht, zu deinem Wohl und Heile,
Der Menschen Thun und fandest du,
Daß in der Heimath besser es sich weile,
So wand're frisch der Heimath zu!
Singet, ihr Brüder, aus freudiger Brust,
Wandert mit Weisheit und wandert mit Lust!

Dorf- und Stadt-Chroniken.

Von dem vielfachen Nutzen zweckmäßig verfaßter Ortschroniken — wovon mich eine meines Geburtsortes schon als Schul-
knaben zum historischen Studium angeregt hatte — längst überzeugt,

und für die Fortführung einer solchen von Großenhain, die der
Bürgermeister Chladenius der hiesigen Stadtbibliothek übergeben
hatte, möglichst mit besorgt, hatte ich bereits in einem Abschnitte
der Schrift über Stadtbibliotheken auch darin aufzubewahrende
Stadt=Chroniken erwähnt, und eine besondere Schrift darüber
in Aussicht gestellt. Obschon öfters und von manchen Seiten
daran erinnert, wollte sich immer nicht Zeit dazu finden, bis
eine dazu bringend auffordernde Zuschrift eines mir vorher
unbekannten Schweizer Gelehrten, des Appellationsrichters Schindel
in Mollis bei Glarus mich veranlaßte, ohne weiteres Hand daran
zu legen. Zugleich wurden von auswärts her Nachrichten über
von manchen Regierungen angeordnete Führung von Ortschroniken
zu erlangen gesucht, und der Gegenstand nach Nutzen und Ein=
richtung, nach Stoff und Form, sorgfältig geschildert. Die Liebe
zum Vaterlande steigert sich wie schon oben erwähnt besonders
durch eine genaue Kenntniß seiner Geschichte, und diese erlangt
nur dadurch hohe Vollkommenheit und hohes Interesse, jemehr
sie sich auf die einzelne Provinzial= und Ortsgeschichte stützt,
und insbesondere wird dadurch die so ansprechende Culturgeschichte
reiche Materialien gewinnen, welcher, als eigentlicher Volks=
geschichte ein nicht minder großer Werth, als der politischen zu=
zugestehen ist. Es ward daher die möglichste Vollständigkeit und
zwar die Beachtung der folgenden Abtheilungen gefordert.

1) Physisch=statistische Verhältnisse der Ortslage (Natur=
beschaffenheit, Bewohnung und Bebauung des Orts, nach ihren
Veränderungen.) 2) die wechselnden politischen Verhältnisse
(Landes= und Orts=Herrschaft, Gemeindewesen, nämlich Ver=
fassung, Verwaltung und Haushalt), Gerichts= und Sicherheits=
sowie Wohlfahrtspflege; ferner 3) die industriellen Zustände
(Gewerbsförderungsmittel, und Gewerbbetrieb aller Art); 4) cul=
turhistorische Verhältnisse (Kirchen= und Schulwesen; Anstalten
für Wissenschaft und Kunst, und sonstige Bildungsverhältnisse;
Sitten und Gebräuche nach ihren Zuständen und ihrem Wechsel;
seltene Feste 2c.); endlich 5) übrige Verhältnisse, z. B. zufällige
Ortsereignisse, Kriegsvorfälle, theure Zeiten 2c.; 6) biographische
Notizen, z. B. Auszeichnung und anderes Denkwürdige von ein=
zelnen Personen, wie verdienter Geschlechter, wodurch die Chronik
gleichsam eine Familiengeschichte des Orts mit bilden könnte,
an welcher noch die spätesten Enkel sich erfreuen würden, ebenso

7) eine Abtheilung zu Nachträgen zu früheren Jahren, wofern
bei diesen nicht genug Raum zum Nachtragen vorhanden wäre.

Es ward zugleich gewünscht, alle Zustände und Vorfälle
möglichst nach Ursache und Wirkung zu erläutern. Ein besonderer
Band sollte zu näherer Darstellung des Aufgeführten nachfolgen,
und zwar mittelst bildlicher, wie gedruckter und geschriebener
Beilagen; so z. B. auch Protocolle, Verordnungsabschriften, und
dergleichen über ältere und neue Verträge und Einrichtungen
öffentlichen Zwecks zum Nachschlagen für den Fall, daß die Ori=
ginale verloren gingen. — Beamte, Geistliche und Lehrer sollten
sich der Chronikführung annehmen, und die Obrigkeit dabei durch
Mittheilung von solchen Nachweisungen und Abschriften 2c.
möglichst mit wirken. Um diese Vorschläge noch mehr zu beleben,
wurden in der Schrift von Zuständen und Vorfällen in Hinsicht
jener Abtheilungen Beispiele in geeigneten Abfassungen und zum
Theil aus dem Leben gegriffen, mit hinzu gefügt, welche zugleich
zur baldigen Handanlegung zu solchen nützlichen Geschichtswerken
anregen sollten. Ich wies ferner darauf hin, wie man außer
dem Nutzen, den die gesammelten Notizen für die beste gründ=
lichere Bearbeitung einer Vaterlandsgeschichte gewähren, sich
auch manche rathsame Lehre daraus entnehmen könne, indem z. B.
die Ortsvorstände daraus ersehen würden, wie und wodurch des
Ortes Wohlstand, Handel, Gewerbe, Sitten sich früher hoben
oder sanken, und dies mithin für die Folgezeit beachtet werden
könne; — abgesehen von manchen materiellen Vortheilen, z. B.
durch Beseitigung von Streitigkeiten mittelst aufgemerkter Rechts=
verhältnisse, Abgaben früherer Zeit, und dergleichen mehr. Die
Schrift erschien unter dem Titel:

„Stadt= und Dorf=Jahrbücher; Orts=Chroniken"
zur Förderung der Vaterlandsgeschichte und eines regen Sinnes
für des Ortes Gedeihen. (Leipzig 1846). Bald gingen sehr er=
freuliche Aeußerungen darüber ein: — so z. B. schrieb der Ober=
bibliothekar Dr. Falkenstein: „Es ist dies Büchlein wieder
ein schönes grünendes Blatt in dem Kranze Ihres Verdienstes,
den Sie sich durch so viele ächte Volksbücher und so manche
gemeinnützigen Vorschläge und Einrichtungen für das Beste unseres
Vaterlandes erworben haben. Mögen Ihre gewichtigen und inhalt=
schweren Worte nicht unbenutzt verhallen! Ich habe Ihre früheren
Schriften an den Magistrat meiner Vaterstadt Solothurn geschickt,

und zur Nacheiferung in meinem schönen Vaterlande aufgefordert;
man hat es wohlwollend und dankbar aufgenommen, und mir
den sehr angenehmen Auftrag ertheilt, Ihnen, als dem Verfasser,
in Solothurns Bürger Namen den verbindlichsten Dank auszu=
sprechen 2c." — Der Geheime Archivar Bauer in Darmstadt
schrieb als Secretair des Hessen=Darmstädtischen Geschichts= und
Alterthumsvereins, im Januar 1848: „Ihre Anweisung zur An=
fertigung und Fortführung von Ortschroniken 2c. ist nicht allein
von Seiten des Vereins, den betreffenden Mitgliedern bekannt
gemacht, sondern auch dem Großherzoglichen Oberconsistorium
von mir vorgelegt worden, mit der Bitte an den Referenten,
geeignete Verfügungen an die Herren Geistlichen in diesem
Betreff erlassen zu wollen. Auf diese Weise fällt gar manches
Saatkorn auf fruchtbaren Boden und wird gute Früchte
tragen." —

Mein sehnlichster Wunsch bleibt es, daß für jenen so wichtigen
Gegenstand, wofür noch allwärts so viel zu thun ist, besonders
von jungen Männern kräftig gewirkt werden, und daß es bald
dahin kommen möchte, daß nicht nur jeder Ort seine Bibliothek,
sondern auch seine (in letzterer mit aufbewahrte) Ortschronik
besitze; es könnte ihm nur zu Nutzen gereichen. Eine bereits
vorbereitete Fortsetzung dieser Schrift, mit Anleitung zur Führung
von Tagebüchern, sowie mit Aufzählung sämmtlicher historischer
Quellen und dergleichen, unterblieb wegen Bearbeitung folgender
Schrift:

„Die Bürgerhalle."

Ungeachtet der sich immer bedenklicher gestaltenden Zeiten
fand sich dennoch ein Verleger zu einer ebenfalls längst beab=
sichtigten Schrift, da sie dem gewerblichen Bürgerstande galt
und gewissermaßen ein Auszug oder auch eine Fortsetzung der
Bausteine war. Diese letztere 3 Bände starke Schrift war für
viele gewerbtreibende Bürger theils zu theuer, theils zu aus=
führlich, zumal da sie auch andere Gewerbsfächer betraf, und
so wünschte man das, für jene besonders Brauchbare in einer
kleinen Schrift zusammengefaßt zu erhalten; zu dem hatte ich
seit Herausgabe der Bausteine (1835) zahlreiche neue Erfah=
rungen und Beobachtungen gesammelt und dies mit dieser neuen

Schrift verschmolzen, die in den Jahren 1847—1849 unter dem Titel erschien:

„**Bürgerhalle; Anstalten und Einrichtungen zu gewerblicher wie allgemeiner Fortbildung des Bürger-standes;**" 1847—1849. 3 Hefte mit dem Göthe'schen Motto: „Wer ist das würdigste Glied des Staats? — Ein wackerer Bürger; unter jeglicher Form bleibt er der edelste Stoff." — Heft I. schilderte in gedrängter Kürze die nöthige allgemeine wie die gewerbliche Fortbildung des Bürgerstandes und insbesondere die Anstalten (Sonntags- und andere Fortbildungsschulen). Heft II. die Gesellen-, Lese- und Unterhaltungsvereine, Gewerbbiblio-theken ꝛc. Heft III. die Stadtbibliotheken für den Bürgerstand und andere Volksbibliotheken, Lesezirkel, Bürger- und Bildungs-vereine und dergleichen. Die Schrift sollte zugleich als Antwort auf Anfragen wegen Einrichtung solcher Institute dienen, wie deren seit zwei Jahrzehnten und fortwährend aus fast allen Gegenden Deutschlands noch an mich ergingen, indem ich mich dann ohne lange briefliche Erläuterung sogleich auf jene Schrift beziehen konnte. Auch sie erlangte sehr erfreuliche Beurtheilungen. Der damalige, durch die neuen Zeitverhältnisse auf seinen hohen Posten gelangte, das Jahr darauf wieder in seine vorigen Ver-hältnisse als Fabrikbesitzer zurückgetretene Finanzminister Georgi erwiederte unterm 7. Mai 1848: „Ihre patriotischen Bestrebungen für Volksbildung, deren einflußreichste Mittel zur dauernden Beförderung der Lage der arbeitenden Classen und zur Heilung unsrer kranken gesellschaftlichen Verhältnisse sind mir längst recht wohl bekannt. Ich danke Ihnen für Ihr letztes Werk und freue mich, es zu lesen ꝛc." — Das war also eine ebenfalls günstige Stimme der damals am Ruder befindlichen Partei, unter wel-cher sich überhaupt zahlreiche Personen befanden, die meine früheren Schriften und Bestrebungen sehr gebilligt und selbst für Gleiches mit gesorgt hatten, denen ich aber später nicht weit genug vorwärts ging; ich mochte aber um so weniger ihnen auf ihrem politischen Pfade folgen, als ich überhaupt die Politik gern Andern überlassend, denselben unmöglich für den rechten, volksthümlichen halten konnte, da nicht Aufstände und Revolutionen, sondern nur Reformen zur Volkswohlfahrt zu führen vermögen.

Die Schrift ward ferner von mehrern einflußreichen Landes-Gewerbvereinen (dem Hessen-Darmstädtischen, Hannöver'schen ꝛc.)

in ihren Zeitschriften den zu ihnen gehörigen Localvereinen
empfohlen. —

Kam auch die Schrift wie schon erwähnt, wegen der Zeitverhältnisse etwas zu spät, um den gewünschten Nutzen stiften
zu können, so beruhigte mich doch das Bewußtsein nach Kräften
so viel als möglich für das allgemeine Beste gewirkt zu
haben. Es geht den Schriftstellern wie dem Sämann; er säet
aus, und muß das Gedeihen einer höhern Leitung überlassen
und wohl ihm, wenn auch nur Einiges auf guten fruchtbaren
Boden fiel.

Fortgesetztes praktisches Wirken für Bildungszwecke.

In Hinsicht praktischer Wirksamkeit für gemeinnützige Zwecke
erfolgte die fortgesetzte Leitung der schon genannten Anstalten,
der Sonntagsschule und Stadtbibliothek, wie nicht minder die
rege Theilnahme am Gewerbvereine; doch wurde auch manches
Neue versucht. Von der ungenügenden Bildung der meisten
Copisten, Munbanten und anderen, bei Aemtern und Advocaten
sich der Schreiberei widmenden jungen Leuten überzeugt, ward
von mir 1842 eine Fortbildungsanstalt für solche zu gemein-
schaftlichem Unterrichte in deutscher Sprache und Styl, so wie
über Gegenstände des Canzleiwesens und andere, jungen Leuten
jenes Fachs, erforderlichen Belehrungen vermittelt, wobei zwei
für solche gute Zwecke beeiferte und mir nahe befreundete junge
Männer als Lehrer unentgeltlich mitwirkten, nämlich der auch für
den Gewerbverein sehr thätige Justizamts-Actuar Thomas, und
der Candidat Dr. Edwin Bauer (welcher letztere sich zwar dem
Deutsch-Katholicismus anschloß, bald aber, als dieser eine demokratische Richtung nahm, zurück trat und später als protestantischer
Pfarrer angestellt ward). Die specielle Leitung blieb dem von
den Mitgliedern gewählten Vorsteher überlassen. Diese Anstalt,
wofür es nicht an dankbarer Anerkennung fehlte, hielt sich jedoch
nur einige Jahre, hauptsächlich weil damals die jungen Leute
auf andere Ideen, und statt auf Fortbildung, auf Politik geleitet
wurden. (Näheres über solche Anstalten in der Bürgerhalle I.
S. 42.) Die beabsichtigte Gründung einer ähnlichen Fortbildungs-

ſchule für Handlungs=Lehrlinge ſcheiterte daran, daß die Lehr=
herren ihre Lehrlinge nicht in den dazu nöthigen Abendſtunden
entbehren wollten. Die meiſten waren ſehr ungehalten über ſolche
von mir vorgeſchlagene Neuerungen, bis 15 Jahre ſpäter die
Idee doch Beifall fand, deren Ausführung jedoch Andern über=
laſſen blieb.

Eine ähnliche Anſtalt, ein Fortbildungsverein für Hand=
werksgeſellen ward von mir 1844 gegründet. Bekannt iſt es,
wie ſelten Geſellen in ihrer Häuslichkeit zum Leſen und Schreiben
Platz und Gelegenheit finden; daher ward, als ſich eine genügende
Zahl Theilnehmer dazu gefunden hatte, ein ſolcher Geſellenverein
von mir gegründet, welcher ſich während der Sonntags Nach=
mittage in einem dazu ermittelten Locale zum beliebigen Leſen
und Schreiben verſammelte. Die ſpeciellen Beſorgungen blieben
zwar den von den Theilnehmern ſelbſt gewählten Vorſtehern über=
laſſen, doch fanden ſich zugleich und zwar abwechſend einige Gewerb=
vereinsmitglieder zur Leitung und Berathung, wie zur Ausgabe
der aus der Bibliothek entnommenen Bücher dabei ein; auch wurden
zuweilen kurze Vorträge gehalten, und die nöthigen Schreib=
materialien zu Notizen aus den geleſenen Schriften, wie zu Briefen
an Verwandte dargeboten. Die Anſtalt erhielt ſich ebenfalls nur
kurze Zeit, da auch deren Mitglieder ſich lieber den durch Frei=
heits= und Gleichheits=Ideen inſpirirten Geſang= und Turnver=
einen zuwendeten. Nach Beſeitigung der politiſchen Wirren, bildete
ſich 1849 wiederum ein ähnlicher, der Geſelligkeits=Verein, von
ſtrebſamen Geſellen zu gemeinſchaftlichem Unterricht und geſelliger
Unterhaltung gegründet, den ich mit Büchern aus der Bibliothek
verſah, auch ſonſt gern berieth, und bei deſſen jährlichen Stif=
tungsfeſten ich ſtets als Ehrenmitglied eingeladen und nicht ſelten
durch Vortrag meines Geſellenliedes erfreut wurde.

Meine ſchriftſtelleriſche Laufbahn war nun geſchloſſen und
wenn ich durch meine Schriften einigen Erfolg erzielt hatte, ſo
nahm ich dieß, eingedenk, daß ich nicht mir, ſondern einer höhern
Leitung die Befähigung zu meinem Wirken verdankte, zwar mit
Freude auf, an welcher auch meine Familie herzlich Theil nahm,
doch bald wurde nicht mehr Rückſicht darauf genommen und die
Aufmerkſamkeit andern Dingen zugewandt. Daß ich hingegen in mei=
nen Schriften der günſtigen Erfolge gedachte und dieſelben in meiner

Biographie erwähnte, geschah nur, um von meinem Leben und
Wirken Rechenschaft abzulegen und der Wahrheit die Ehre zu
geben.*)

Zehnter Abschnitt.
Beamtenzeit.
Fünfte Abtheilung.
Politische Aufregung; Familien=Freuden und Leiden;
Abgang vom Amte und Pensionirung.

Politische Verhältnisse.

Der gütige Leser wird es gewiß billigen, daß von dem
Aufstande in Sachsen in den Jahren 1848 und 1849 hier nur
einige Andeutungen folgen, um den Faden der Erzählung einiger=
maßen fortzuführen. Eine genaue Schilderung der damaligen
politischen Verhältnisse und Zustände gehört mehr in die allge=
meine Landesgeschichte, auf welche, sowie auf die unparteiischen
Schriften über die damaligen Vorfälle, die jüngeren Leser, die
jene Jahre nicht mit erlebten, verwiesen werden müssen. (Z. B.
auf Krause, der Aufstand in Dresden im Mai 1849, Montbé,

---

*) Es sei hier mit erwähnt, daß in dieser Zeit in verschiedenen Schriften
theils längere, theils kürzere Lebensskizzen unsers Preusker mitgetheilt wur=
den. So in der sächs. Schulzeitung von Edwin Bauer in Dresden 1842 Spt.
Nr. 87 S. 289 — 90, abgedruckt aus dem Großenhainer Kalender. In Dr.
Hergang's pädag. Real=Encyclopädie, Grimma 1844, Bd. II. S. 421—23, in
der 2. Aufl. von Pierer's Universal=Lexicon Altenburg 1844, Bd. 23 und in
der 9. Auflage vom Brockhaus'schen Conversations=Lexicon 1844, Bd. II,
später noch in Heindel's Gallerie berühmter Pädagogen, Jugend= und Volks=
schriftsteller 1850, Bd. II und in dessen Nachträgen.
Anmerkung des Herausgebers.

der Aufstand in Dresden (1850), Enthüllungen über die Mai=
unruhen in Dresden (Grimma 1849) und andere mehr.) Daß
ich mich dem Aufstande der demokratischen, sogenannten Fort=
schrittspartei, gegen die Regierung nicht anschloß, wird sich be=
reits aus der bisherigen Schilderung meines Charakters und
meiner Ansichten ergeben haben. Ließ sich dies mit meiner Stel=
lung als treuer königlicher Beamter, der von dem angestammten
Fürstenhause so vielfach begünstigt worden war, nicht vereinigen,
so war es auch meiner Ueberzeugung entgegen, weil überhaupt
ein gewaltsamer Aufruhr nie zum wahren, allgemeinen Wohle
führen wird, welches nur durch höhere Bildung des Volks und
durch besonnenes Streben nach Beseitigung von Mängeln in der
Staatsverwaltung auf gesetzlichem Wege zu erreichen ist. — Ohne
Neigung und Talent zum Volksredner, überhaupt nicht zum
Redner geeignet und auch schon in den 60er Jahren stehend,
konnte ich von Anfang an nur mit Bedauern den Ereignissen
folgen und, mich möglichst fern haltend, nur eine traurige Schluß=
scene befürchten.

*) Schon durch die Burschenschafts=Verbindungen ward die
Idee eines einheitlichen und freien Deutschlands hier und da im
Volke angeregt, von dem Aufruhr 1830 an, immer weiter ver=
breitet und besonders von 1844 an so weit ausgeführt, daß 1848
das Drama beginnen konnte, wozu die französische Revolution
im Februar dieses Jahres gleichsam die Loosung gab, durch
welche Ludwig Philipp zur Flucht nach England genöthigt und
nach kurzer Zeit es Napoleon III. möglich wurde, sich vom Prä=
sidenten der Republik zum Kaiser emporzuschwingen. Volks=
vereine, Volksredner und politische Zeitschriften verkündeten, daß
ohne allgemeines Stimmrecht bei Landtagswahlen, erhöhtem Ar=
beitslohn, Steuerherabsetzung und Anderem, sich ein Volk nicht
glücklich fühlen könne, und zahllose, bisher vergnügt und zufrie=
den gewesene Bürger wurden durch die Zusicherung jener zu er=
strebenden Wohlthaten mehr und mehr bewogen, sich der dafür
beeiferten Partei anzuschließen, sowie denn auch die Gesang=
und Turnvereine mit in den Zauberkreis gezogen wurden. (Ein

---

*) Der Leser vergesse nicht, daß er es mit einer Selbst=Biographie zu
thun hat, bei welcher der Herausgeber nicht nach Belieben streichen und än=
dern darf, daher auch eine Verantwortung über darin ausgesprochene politische
Ansichten und Meinungen nicht übernimmt.

damals erschienenes, sehr ergötzlich zu lesendes Handbüchlein für
Wühler, oder Anleitung ein Volksmann zu werden (Leipzig 1848)
wies auf die Mittel und die dabei einflußreichste Bartfaçon hin.)
In den Volksversammlungen kamen mancherlei sonderbare Anträge und Aeußerungen zur Sprache, so ward z. B. laut Leipziger Zeitung vom 1. Mai 1848 in einer von dem damals allerwärts herumreisenden Improvisator Dr. Langenschwarz gehaltenen Rede vor etwa 1000 Anwesenden zuerst betont, daß er seit
16 Jahren kein anderes Streben verfolgt habe, als dem Volke
ein nicht vom Schweiße triefendes Stück Brod zu verschaffen.
Er entschied sich mit der Versammlung für eine wohlfeile Regierung und erklärte, „wenn ein einfacher, redlicher König für
jährlich 1200, höchstens 1500 Thaler regieren wolle, würde er
sich zuerst vor ihm beugen.“ Dann verweilte er bei dem sehr
verlockend ausgemalten Bilde einer Arbeiterbank, in welcher Jeder
Geld (auch in den kleinsten Summen) verzinslich niederlegen
kann und aus der Jeder Geld portofrei zugeschickt bekommt,
welcher in unfrankirten Briefen dasselbe verlangt hat, ohne daß
man die geringste Garantie dafür fordert. Bezahlt er es nicht
wieder, so wird er vor ganz Deutschland gebrandmarkt. Aus den
Ersparnissen dieser Bank wird ein großartiges Speisehaus gegründet, in welchem man täglich für 8—10 Pfennige eine treffliche Suppe, ¼ Pfund schönes Rindfleisch und Gemüse erhält.
Seine Anträge wurden allgemein angenommen und ihm ein
sechsmaliges, fast einstimmiges „Lebehoch“ gebracht. Bei der
immer weiter greifenden Aufregung gaben die Regierungen nach,
wechselten ihre Minister und ließen ein von allen deutschen
Staaten beschicktes Parlament in Frankfurt am Main zur Berathung einer neuen Verfassung für Deutschland zusammentreten,
an dessen Spitze der Erzherzog Johann von Oesterreich als Reichs-
verweser berufen ward, welcher zu einem gütlichen Ausgleich der
Sache Hoffnung gab. Da es jedoch der demokratischen Partei
durch republikanische und andere sogenannte Fortschrittsvereine
bei dem, dem Volke gewährten allgemeinen Stimmrechte gelang,
eine Mehrzahl ihrer Gesinnungsgenossen in das Parlament gewählt zu sehen, so waren dessen Beschlüsse auch in ihrer Hand,
wogegen Anträge von anderer Seite ohne Erfolg blieben. Es
ward eine neue Reichsverfassung auf breitester demokratischer
Grundlage berathen und von der demokratischen Stimmenmehr-

heit und ohne die Fürsten dabei zu befragen, welche unter Bedingung ihrer Mitwirkung den Reichstag genehmigt hatten, zum
Beschluß erhoben. Wenn auch zuzugestehen ist, daß jene neue
Verfassung manche sehr zeit- und zweckgemäße Beschlüsse enthielt,
so war sie doch im Ganzen für die bei Seite geschobenen Fürsten
und die conservative Partei unannehmbar, zumal da sie nach
kurzer Zeit zur Republik führen konnte. Unter diesem Verhält=
nisse war es erklärlich, daß der König von Preußen die ohne
Bevollmächtigung der übrigen deutschen Fürsten ihm angetragene
deutsche Kaiserkrone ablehnte. Da nun überhaupt eine Verein=
barung des Parlaments mit den Fürsten nicht erfolgte, so lösete
sich dasselbe theils durch Abgang des Reichsverwesers und der
conservativen Mitglieder selbst auf, theils ward es von den Fürsten
durch Abberufung der Deputirten aufgelöset. Nun ging die
demokratische Mehrheit als Rumpfparlament nach Stuttgart,
ward aber dort bald zum Auseinandergehen genöthigt. Wegen
Nichtannahme der Reichsverfassung erhoben sich in den meisten
Staaten Aufstände, die jedoch durch Waffengewalt unterdrückt
wurden, wie z. B. in Wien, wo der von Frankfurt aus zur
Förderung der Revolution dahin geeilte sächsische Deputirte
Robert Blum, mit den Waffen in der Hand gefangen genommen
und erschossen ward. Wie weit sich damals die exaltirte Phan=
tasie junger Democraten verstieg, ergiebt sich aus einem Beispiel
aus der Schweiz, wo in einem Club solcher das Wiederaufstehen
des auf der Brigitten-Au bei Wien bestatteten Blum und dessen
Erscheinen mit einer Heeresmasse nicht blos gehofft, sondern ganz
bestimmt erwartet ward, wie mir von glaubwürdiger Seite mitge=
theilt worden ist.

In Sachsen wurde auf Drängen der Demokraten nicht nur
ein neues sehr freisinniges Ministerium eingesetzt, sondern auch das
allgemeine Stimmrecht bei der Wahl zu dem neuen Landtage
gewährt, wodurch jener Partei es mittelst Vereinen, Volks=
rednern und demokratischen Zeitschriften ebenfalls, wie bei der
Parlamentswahl gelang, eine große Stimmenmehrheit ihrer Gesin=
nungsgenossen in die zweite Kammer zu bringen, deren Unfähig=
keit zum wahren Wohle des Vaterlandes zu wirken, sich jedoch
bald ergab, indem bei den Verhandlungen derselben meist schroffe
und ungereimte Anträge und unverständige Reden erfolgten, wie
sich dieß aus der Schrift: Sündenregister des sächsischen Land=

tages 1849 (Grimma 1849), auf Landtagsmittheilungen beruhend,
übergenügend ergiebt. So erklärte z. B. ein Mitglied der Demo=
kratie: „Ich kenne zwar die Gründe der Regierung nicht, aber
ich mißbillige sie." Ein Anderes: „Das Volk will keine Weisheit,
weil es durch Weisheit zu Grunde gerichtet worden ist." Also
die Sachsen ein zu Grunde gerichtetes Volk! Von einem wird
die Religion eine, die Geburts=Aristokratie zusammenhaltende
noble Passion genannt und ein Anderer schlägt vor die Bürger=
meister Gemeindemeister zu nennen und will gern seinen Stadt=
rathstitel opfern. Mehrere verlangten, die Regierung sollte von
Oesterreich Genugthuung wegen Blum's Tod verlangen, wozu
freilich ein Heer von Hunderttausenden nöthig geworden wäre.
Und so noch viele ähnliche, kaum glaubliche Anträge. Es fehlte
nicht an beleidigenden Ausfällen auf das sehr liberale Ministe=
rium, auf den Beamtenstand, die Aristokratie und den Adel,
ja man wünschte selbst die königl. Civilliste zu beschränken.
Die wenigen conservativen Mitglieder, sehr gediegene und geschätzte
Männer, die treffliche und zeitgemäße Anträge stellten, wurden
mißachtet und ihnen nicht selten das Wort entzogen, während
den Demokraten nach Belieben und Lust zu sprechen vergönnt war.
Man nannte in der Kammer 1861 und 1869 und in historischen
Schriften diesen Landtag den Unverstands=Landtag. Da unge=
achtet der möglichsten Nachgiebigkeit der Regierung eine Ver=
einbarung mit den Kammern nicht möglich war, und diese auf
Annahme der Frankfurter Reichsverfassung bestand, so ward die=
selbe am 30. April aufgelöset und der König erklärte, daß er,
wie andere deutsche Fürsten dieselbe nicht als zum Heile des
Vaterlands führend, anerkennen könnte. Nun rüstete die Demo=
kratie zum offnen Aufstande, es wurden Zuzüge in den am meisten
aufgeregten, unterwühlten Städten vorbereitet und selbst Dresdner
Communalgardisten und andere Bürger wendeten sich der Auf=
standspartei zu, bis der ihnen eingeredete Wahn, das Volkswohl
dadurch zu fördern, schwand, indem die in den Kammern bereits
angekündigte rothe Republik immer näher trat, wodurch die
gerühmte Sachsen=Treue leider einen Riß erhielt, der später
durch Ergebenheits=Adressen kaum ausgeglichen werden konnte.
    Mit dem Barrikadenbau am 4. Mai begann die sogenannte
Dresdner Marterwoche und den nächsten Tag der blutige Straßen=
kampf, welcher durch die Zuzüge aus aufgeregten Städten immer

heftiger und Seiten der Aufrührer von dem vormaligen griechiſchen
Obriſten Heinze geleitet ward. Zugleich trat eine von den Auf=
ſtändiſchen gewählte, ſogenannte proviſoriſche Regierung auf, die
aus dem Abgeordneten Todt, dem Advocat Tſchirner von Bautzen,
dem Freiberger Kreisamtmann Heubner beſtand und durch den aus
der Ferne herbeigeeilten revolutionsſüchtigen Ruſſen Bakunin ver=
ſtärkt und ſelbſt beherrſcht ward. Da der größte Theil der ſächſ.
Armee, wegen des Kampfes des deutſchen Bundes gegen die Dänen
ſich noch in Holſtein befand, eilten einige preußiſche Regimenter der
ſächſ. Regierung zu Hilfe und vereint mit den im Lande befind=
lichen Truppen gelang es ihnen den Aufſtand zu überwältigen,
ſo daß am 8. Mai die Aufrührer und ihre Regierung die Flucht
ergriffen, in ſo weit ſie nicht gefangen genommen wurden. Während
den beiden erſtgenannten Regierungsmitgliedern die Flucht gelang,
wurden die beiden anderen auf derſelben ergriffen, wonach Heubner
einige Jahre in einer Strafanſtalt zubrachte, Bakunin aber an
Oeſterreich ausgeliefert ward. Gegen 400 Streiter waren als
Opfer gefallen (davon an 100 Seiten des Militairs und über
300 Seiten der Aufſtändiſchen), außerdem gab es eine noch größere
Anzahl Verwundete, und gegen 300 bewahrte man als Gefangene. —
Der König, welcher mit ſeiner Familie, um nicht den Inſulten
des aufgeregten Volkes ausgeſetzt zu ſein, beim Beginn des Kampfes
ſich auf den Königſtein begeben hatte, kehrte nach deſſen Beendi=
gung zurück, und Dresden erfreute ſich nach jenen traurigen
Tagen wiederum der Sicherheit und Ruhe.

Am Tage nach Beendigung des Aufſtandes beſuchte ich die
Reſidenz, um die zum Theil von revolutionären Baumeiſtern ſehr
feſt und vortheilhaft errichteten Barrikaden und die Zerſtörung
an den Häuſern anzuſehen. Beſonders beklagenswerth war der
von Frevlerhand bewirkte Brand des alten Opernhauſes, wodurch
zugleich ein Theil des Zwingers mit unerſetzbaren, ſchätzenswerthen
Naturalien=Sammlungen ein Raub der Flammen geworden war.
Die vorläufig in der Frauenkirche bewahrten Gefangenen trans=
portirte man truppweiſe zum Verhör und in die Gefängniſſe;
die Mehrzahl derſelben konnte ſich jedoch einer milden Verurthei=
lung erfreuen, da nur die Anführer und ſonſt beſonders
gravirte Demokraten eine härtere Strafe traf. Bei dem Auf=
ſtande hatten ſich als deſſen Anreger und Leiter beſonders zahl=
reich Advokaten, Schullehrer, Bürgermeiſter, Stadträthe und

Stadtverordnete, selbst einige Geistliche und höhere Justizbeamte betheiligt.

Auch in Großenhain gab es in diesem bewegten Jahre demo- kratische Volksversammlungen, Volksredner und politisch aufre- gende Zeitschriften und so manche Anfeindung königlich gesinnter Personen. Ein deutscher Verein, dem auch ich mich anschloß, hatte nicht lange Bestand, da er nicht gleiche günstige Zusagen, wie die Gegenpartei zu ertheilen vermochte. Zum Glück unter- blieb ein beabsichtigter Zuzug der Communalgarde nach Dresden und zwar nicht ohne einflußreiches Wirken Seiten des muthigen Commandanten, Ober-Deconomie-Commissar Füssel, sowie seines treuen Adjutanten, Actuar Thomas, und da am nächsten Tage ohnehin die Nachricht der Befreiung Dresdens anlangte, so war die Sache auch für unsere Stadt damit abgethan.

Zweier besonderer Vorfälle habe ich jedoch noch zu gedenken, wovon ich bei dem einen selbst, namentlich aber mein Schwiegersohn Dr. Vattmann betheiligt war, welcher wegen seines offenen Ent- gegentretens in dem Wochenblatte von der Oppositionspartei an- gefeindet ward. — Am 10. Nov. 1848 wurde von den Demo- kraten ein Straßen-Exceß zur Einschüchterung der sich ihnen nicht anschließenden Mehrzahl der Einwohner in Scene gesetzt, welcher erst nur einem allgemein mißliebigen Manne ohne poli- tische Bedeutung gelten sollte. Als die Nachricht davon in einem geselligen Zirkel, wo ich mich mit meiner Familie befand, bekannt wurde, legte man anfangs nicht großen Werth darauf. Jener Vorfall sollte jedoch nur die Einleitung sein und dann die Reihe mit Fenstereinwerfen und vielleicht noch Aergerem an andere schon voraus bestimmte, regierungsfreundliche Personen kommen. Bald vernahm ich, daß man vor Vattmann's Haus gezogen sei und da dieser eben abwesend war, eilte mein Schwiegersohn Leopold sofort hin, um die schon schlafenden Kinder aus dem, dem Fenster- einwerfen ausgesetzten Vorderzimmer zu entfernen. Als ich ohne Verzug mit meiner Tochter ihm folgte, erblickte ich eine wohl Hunderte betragende Masse Arbeiter, Gesellen, Lehrlinge vor dem Hause aufgestellt. Ohne Furcht, im Bewußtsein der Pflicht trat ich an die Hausthür und es schien, als ob man mich doch etwas respectire, da man mit einem Angriffe zögerte. Als jedoch die hinter der Fronte stehenden obern Leiter des Ganzen die Masse durch Zuruf zum Vordrängen anregten, so wendete ich mich an

den Anführer derselben, einen Handarbeiter, und suchte ihn durch
eindringliche Vorstellung und Versprechung eines, von ihm auch
später persönlich abgeholten Douceurs, von Ausführung des unheilvollen Vorsatzes und weiteren Schritten abzuhalten. Endlich
gelang es mir, ihn zum Wegzuge mit seinem Anhange zu bewegen
und ich ging, um ihn desto mehr zum Fortgehen anzuregen, mit
ihm Hand in Hand, gefolgt von der ganzen Masse, die Straße
hinauf, bis auf den Markt, wo sich inzwischen die Communalgarde
zum großen Theil versammelt hatte, und ich meinen Begleiter
verließ, ihm zuvor noch dringend anempfehlend, ebenfalls nach
Hause zu gehen, was er leider nicht befolgte und sich dadurch
einige Zeit Gefängnißstrafe zuzog. Die Bänglichkeit des überhaupt etwas charakterschwachen und von der Oppositionspartei
sehr eingeschüchterten Bürgermeisters, ward durch den schon
genannten, muthigen Commandanten der Communalgarde und
seinen Adjutanten beschwichtigt und als die Masse sich auf erfolgte
Aufforderung nicht zerstreute, sondern mit Steinen zu werfen
begann, so wurde sie durch einen Bajonett-Angriff bald zur
Flucht genöthigt und nach wenig Zeit waren die Straßen von
den Aufrührern gesäubert, deren oberste Leiter allerdings sehr
aufgebracht sein mochten, daß auf diese Art so zu sagen ein
Strich durch die Rechnung gemacht worden war. Es erfolgte
auch nicht wieder ein gleicher Versuch, wogegen man es an glän-
zenden Aufzügen nicht fehlen ließ, bei denen die Obern in vor-
dersten Reihen schritten und, obgleich der Orden spottend, sich
selbst mit bunten Bändern die Brust geschmückt hatten.

Durch einen zweiten Vorfall wurde ebenfalls ein Anschlag
der Aufstandspartei verhindert. Am Sonntage während der
Dresdner Maitage machten zwei von den, durch die sogenannte
provisorische Regierung aus allen Städten des Landes nach
Dresden beorderten, doch sich wenig beeilenden Zuzügen an der
unfern Großenhain liegenden Eisenbahn-Station Pristewitz halt.
Es waren theils Communalgardisten, theils andere Freischaaren,
die mit allerlei Waffen, auch Spießen und aufrecht gerichteten
Sensen versehen waren. Manche mit unheimlicher Physiognomie
und in sehr armseliger Bekleidung, mit großen leeren Taschen
und Säcken zur Seite, sahen sehr beutelustig aus. Mit den von
hiesiger Stadt nach Pristewitz eilenden Gesinnungsgenossen entwickelte sich bald ein lebendiger Verkehr. Von diesen durch jene

hoffnungsvollen Vaterlandsbefreier ermuthigt, ward nun, — wie ich selbst hörte — es offen ausgesprochen, daß es den Abend in unserer Stadt losgehen solle, wobei ihnen von jenen Fremden auch nöthigenfalls Hülfe zugesagt ward; doch diese begaben sich noch denselben Nachmittag, als sie von dem Einrücken der, dem König von Sachsen zu Hülfe eilenden preußischen Truppen in die Residenz hörten, nicht nach Großenhain, sondern sie marschirten seitwärts wieder in ihre Heimath zurück. Alle dem Fürstenhause getreuen Anwesenden waren durch jene Drohung in Furcht gesetzt worden, und auch ich eilte nach Hause, um möglichste Vorkeh= rungen zur Sicherheit der Königl. Casse und des sonst Erforder= lichen zu treffen. Doch der Spruch: „Wenn die Gefahr am größten, ist die Hilf' am nächsten" — bewahrheitete sich auch damals, denn bei meiner Rückkehr in die Stadt rückte bereits ganz ungeahnt ein preußisches Garde=Bataillon (Alexandriner) ein, welches wegen Beschädigung der Eisenbahn bei Riesa durch die Oppositionspartei, die Bahn verlassen und seinen Weg nach Dresden über Großenhain genommen hatte. Die hiesigen Demo= kraten waren über das Mißlingen ihres Planes zwar sehr ent= rüstet, doch vergeblich rief der Turnlehrer: „Turner heraus!" denn es mochte Niemand mit den preußischen Spitzkugeln in Collision kommen; die übrige Einwohnerschaft aber dankte Gott für die sonderbare und ungeahnte Errettung und bewirthete die über Nacht einquartirten Preußen aufs Beste. Die Demo= kraten wagten nun nicht mehr so keck aufzutreten, obwohl eine Anzahl derselben noch am nächsten Tage den gedachten Communal= garden=Commandanten auf das Rathhaus führte, um einen beab= sichtigten Zuzug nach Dresden zu Stande zu bringen, welcher jedoch unterbleiben mußte, da jener bei seiner Weigerung ver= harrte und auch die Vorsteher des Vaterlandsvereins sich nicht an die Spitze eines solchen zu stellen wagten, da die Nachrichten für ihre Partei immer ungünstiger lauteten und den Dienstag die völlige Besiegung der Aufständischen erfolgte. — In dem Hause eines eifrigen Demokraten war bereits eine geheime Waffen= kammer angelegt, in welcher Gewehre, Spieße, aufgerichtete Sensen ꝛc. gesammelt wurden, um bei einem Aufstande die Arbeiter bewaffnen zu können; da es jedoch glücklicherweise nicht so weit kam, wurde jene Kammer nach dem Sturze der demokratischen Partei wiederum heimlich geleert und die Waffen still beseitigt.

Wäre der Raum hier nicht zu beschränkt, so ließen sich manche Bemerkungen anknüpfen, zumal über den sehr verschieden= artigen Zweck bei Erregung des Aufstandes und dem ganz an= dern Erfolg. Wohl nur Wenige der Unzufriedenen erreichten ihr gewünschtes Ziel, vielmehr anstatt einträglicher Aemter, Straf= verfahren oder Flucht, statt verminderter Steuern doppelte zur Deckung der Aufstandskosten; die Lohnerhöhung oder vom Staate für die Arbeiter erbaute Fabriken blieben aus, sowie die ge= wünschte Republik. Die den Zuzügen folgenden herabgekommenen Subjecte mit leeren Säcken warteten vergeblich auf Theilung mit den Reichen; Andere nur tumultluftig, oder ohne zu wissen, was sie wollten, folgten den vielversprechenden Führern und sahen sich ebenfalls getäuscht. Es war eine politische Epidemie, die selbst sonst ruhige und verständige Bürger befiel, als sie die Glück verkündenden Zusicherungen der Volksredner vernahmen.

Wer aber mag die Hunderte von Opfern, die Getödteten und Blessirten, die Noth der Bestraften und Geflüchteten auf seine Seele nehmen?

Unbezweifelt konnte bei billigen, verständigen Forderungen der Unzufriedenen und dem milden Sinne der zur Abhülfe von Mängeln und Uebelständen sehr bereitwilligen Regierung eine ähnliche Vereinbarung, wie sie bei gleichen Zerwürfnissen 1830 stattfand, getroffen und daher so viele Opfer und dem Lande eine so beängstigende Aufregung mit Sorge und Noth allerwärts erspart und dem ruhigen, fleißigen Bürger seine frühere Zufriedenheit erhalten werden. Möge der Himmel unser Vaterland vor ähnlichem Unheil beschützen und die treue Fürstenliebe wiederum erstarken lassen, welche sonst unserm Sach= senlande zur Ehre gereichte! —

Ein neuer Landtag wurde nun wiederum mit Wahl nach allgemeinem Stimmrecht ausgeschrieben und man hätte wohl hoffen können, daß die Wähler eingesehen haben würden, welches Unheil sie durch die vorige Wahl dem Lande bereitet hatten, allein dennoch fanden sich auch zu jenem zahlreiche demokratische Ele= mente ein, durch welche es der Regierung schwer, ja oft unmög= lich wurde, mit ihnen die gehoffte Vereinbarung auszuführen, weshalb derselbe — der Widerstands=Landtag genannt — ebenfalls entlassen und ein neuer, nach früheren Wahlgesetzen einberufen werden mußte, mit welchem bald eine Einigung der Regierung

und Landſtände ſtattfand und geſetzliche Ordnung wiederum im
Lande heimiſch wurde. Dem Menſchen wird nicht alles Gewünſchte
auf einmal gewährt, daher ſollte man damals die Forderungen
nicht zu hoch ſpannen, ſondern das Gewünſchte, aber nicht Er=
langte dem ohnehin nicht raſtenden und ſtete Veränderungen und
Neuerungen herbeiführenden Zeitgeiſte überlaſſen, der ja auch
bereits in den letzten Decennien ſo manches früher Verſagte, ſelbſt
ein einiges Deutſchland und einen deutſchen Kaiſer ohne Volks=
aufſtände und Barrikaden herbeiführte.

Als nach einigen Monaten ſich die Gemüther mehr und mehr
beruhigt hatten und der Sinn für Kunſt und Wiſſenſchaft wie=
derum ſeinen früheren Boden gewann, ward am 28. Auguſt in
Dresden der 100jährige Geburtstag Göthe's unter zahlreicher
Betheiligung ſeiner Verehrer gefeiert. Zu den Letzteren gehörig,
konnte ich nicht unterlaſſen, mich auch zu dem Feſtactus einzu=
finden, wo der Hofrath Dr. Carus in trefflicher Rede des Ge=
feierten hohe und vielſeitige Verdienſte rühmte, während eine
zweite Rede keinen Anklang fand, dagegen die dritte, vom Hof=
rath Reichenbach gehalten, wiederum in glänzender Weiſe
Göthe's Beſtrebungen für Botanik beſprach. Die Theilnahme
an dem Feſtdiner — überhaupt zu ſolchen nicht geneigt — über=
ließ ich Andern und kehrte, erfreut über jenen geiſtigen Genuß,
zu den Meinen zurück.

Die Cholera.

Im folgenden Jahre, im Herbſt 1850, wurde Sachſen auf
andere Art, nämlich durch die eindringende Cholera, in Furcht
und Schrecken geſetzt. In Großenhain gab es während mehrerer
Wochen ſtets über Hundert Kranke und täglich mehr Todte, als
ſonſt die ganze Woche über. Es war kein Wunder, wenn man
für ſich und die Seinen in ſteter Angſt ſchwebte, da Perſonen,
mit denen man vorher noch geſprochen, den nächſten Tag, ſelbſt
die nächſte Stunde, ſchon dahingerafft waren. Mehr als die
Allopathie, erwies ſich die durch meinen Schwiegerſohn, Dr. Batt=
mann, im Orte vertretene Homöopathie von günſtigem Erfolg,
indem dadurch eine verhältnißmäßig große Anzahl Kranker ge=
rettet ward. Man behauptet, daß Furcht und Sorge die An=
ſteckungsfähigkeit jener Seuche erhöhe, und dies ſchien auch da=

mals der Fall zu sein, da man von mehreren Personen wußte,
daß sie nur aus Furcht der Krankheit erlagen. Da kam uner=
wartet zahlreiche Einquartirung in die Stadt und Umgegend,
indem wegen damaliger Differenz zwischen Oesterreich und Preu=
ßen ein sächsisches Armee=Corps an des letzteren Grenze zusam=
mengezogen ward. Sowie vom Tage des Einmarsches an die
Gemüther durch diesen neuen Gesprächs=Gegenstand von der
Krankheitsfurcht abgezogen wurden, schien auch die Epidemie
ihre Kraft verloren zu haben und so wie kein Soldat, so ward
seitdem auch kein Einwohner mehr von der Epidemie befallen,
und die noch kranken Personen genaßen, so daß in wenig Tagen
wiederum neues muthiges Leben in die Stadt zurückkehrte. Wie
bei dem frühern Auftreten der Cholera 1832 wahrscheinlich durch
den als Schutzmittel betrachteten Grenzcordon der Furcht und in
dessen Folge auch der Ansteckung vorgebeugt ward, ist bereits
erwähnt worden. — Noch gedenke ich eines sonderbaren Vorfalls.
In den breißiger Jahren wurde ein neuer Kirchhof eingeweiht,
auf welchem Niemand zuerst begraben sein wollte, und merkwür=
digerweise geschah es auch, daß, anstatt es sonst wöchentlich
wenigstens mehrere Leichen gab, zu allgemeiner Verwunderung
in den ersten beiden Wochen Niemand starb, bis später eine alte
Spittelfrau den Anfang machte.

Familienfreuden und Leiden.

Das Familienleben in der hier besprochenen Periode war
ein sehr bewegtes. Von den sechs Töchtern waren, da sie nicht
alle im väterlichen Hause bleiben konnten, mehrere als Gehülfin
der Hausfrau bei Verwandten oder anderen befreundeten Fami=
lien abwesend, und den Eltern konnte es wohl nicht verdacht
werden, wenn sie, ohne ihnen ein genügendes Erbtheil hinter=
lassen zu können, um deren ferneres Lebenswohl in Sorge waren.
Recht sonderbar muß es erscheinen, daß, als meine deshalb be=
sonders bekümmerte Frau im Anfange des December 1844, am
Todestage ihrer Mutter, in einem Erbauungsbuche gelesen hatte,
sie dabei auf den Gedanken gekommen war, wie diese bei ihrem
Entschlafen ihre Kinder versorgt gewußt hätte und daß sie selbst
wohl nicht so ruhig würde aus der Welt gehen können, da noch
keine ihrer Töchter verheirathet sei. Und was geschah? Am

nächsten Tage überraschte uns unsere zweite Tochter, Emilie, mit
der ganz unerwarteten, vertraulichen Mittheilung, daß der noch
nicht lange im Orte wohnhafte junge Arzt, Dr. Battmann, um
sie anhalten würde, mit welchem auch im September 1845 ihre
Verheirathung erfolgte. Die Liebe zur Musik und das gemein=
schaftliche Singen in den Musikverein=Concerten hatte sie zusam=
mengeführt. Einige Monate darnach ward die vierte Tochter,
Ida, welche einige Jahre in der Familie des uns nahe befreun=
deten Ober=Bibliothekar Hofrath Dr. Klemm in Dresden gelebt
hatte, bei dem Besuche einer Freundin in Altenberg mit dem
dasigen Markscheider (spätern Bergfactor) Nikolai bekannt, wel=
cher sie im August nächsten Jahres heimführte, wogegen die
währenddem mit dem Kaufmann Leopold verlobte dritte Toch=
ter, Mathilde, mit demselben im Januar 1847 verbunden ward.
Auch fand sich für die damals bei einer befreundeten Familie
im Erzgebirge weilende Tochter, Agnes, ebenfalls ein Bewerber,
der spätere Erbgerichtsbesitzer Deutz bei Saida, ein, mit welchem
sie im Mai 1848 vor den Traualtar trat. Bei allen Hochzeits=
festen ging es, obschon nicht hoch, doch sehr fröhlich her, zumal
an den Polterabenden wurden von den Freunden und Freun=
dinnen der Familie mancherlei Aufzüge und Verkleidungen ver=
anstaltet und ergötzliche Scherze vorgebracht, sodaß sie Stoff zur
lebenslänglichen Erinnerung darboten. Da bereits jede meiner
Töchter eine Bibel, die ja in keinem Hause fehlen sollte, besaß,
so ließ ich durch die jüngsten Töchter jeder Braut ein Gebetbuch
zum täglichen Gebrauche und als nicht minder in jeder Wirth=
schaft erforderlich, ein damals beliebtes Kochbuch überreichen.
So waren nun in 4 Jahren 4 Töchter an Männer von gutem
Ruf verheirathet; allein neben der Freude brachte die Ausstat=
tung auch manche Sorge, die jedoch später durch einige Erbschaft
gehoben ward. Die zwei jüngsten Töchter, Laura und Rosa,
unterstützten nach erfolgtem Austritte aus der Schule die Mutter
treulich in der Wirthschaftsführung.

Doch nach Schiller's Ausspruch ist mit des Geschickes Mäch=
ten kein ewg'er Bund zu flechten, denn dem irdischen Wechsel
gemäß folgt nur zu oft Leid auf Freude; dies hatten leider auch
wir damals zu erleben. Schon seit einigen Jahren war in Folge
der damals herrschenden Grippe meine Gattin nicht mehr die
muntere, lebensfrohe Hausfrau, welche Alle erheiterte, unzählige

Male des Tages Trepp auf Trepp ab eilte und stets sorgend und berathend den Töchtern ein erfreuliches Vorbild gewährte. Nach Verheirathung der ältesten Tochter, im Mai 1848, ward sie von einer ernsten Krankheit befallen, welche sich in Folge der nächsten Jahre immer lebensgefährlicher gestaltete. Sie bezog während der Sommerzeit meist eine Wohnung in angenehm ge= legenen Elbdörfern, wo ich sie wöchentlich mehrere Male besuchte; doch dieses sonst so wohlthätige Landleben, sowie die nach und nach angenommenen homöopathischen und allopathischen Aerzte in und außerhalb Sachsens konnten keine Hülfe verschaffen, und selbst eine Anfrage in mehreren Zeitungen, ob nicht ein Arzt die seltene und daher erst nach und nach erkannte, von der Leber ausgehende Krankheit bereits geheilt habe und daher Hülfe schaffen könne, blieb ohne Erfolg. Wie schmerzlich war es für mich, bei jeder Rückkehr von Geschäftsreisen, wie von Spazier= gängen, die stets gehegte Hoffnung auf erfolgte Besserung, die, wenn auch zuweilen scheinbar eingetreten, doch bald wieder schlim= mere Zustände zur Folge hatte, drei Jahre hindurch jedes Mal getäuscht und das geliebte Wesen so nach und nach verkümmern zu sehen. Die Kranke, sorgsam gepflegt von den beiden bei mir befindlichen Töchtern, zumal der bereits aus der Schule ent= lassenen ältern, Laura, sah mit gottvertrauender Ergebung ihrem Ableben entgegen. Sie hatte für alle Zurückbleibenden noch mög= lichst im Voraus gesorgt und ihr irdisches und ihr überirdisches Haus bestellt, als sie am 6. December 1851, erst 53 Jahre alt, sanft entschlief. Ich verlor in ihr eine treue, Freud und Sorge mit mir liebevoll theilende Gattin, welche mich während einer 30jährigen glücklichen Ehe so treulich unterstützt und durch ihr heiteres Temperament mir und der Familie manche frohe Stunde bereitet hatte. Die Kinder verloren die sorgsamste Mutter, die nur für sie lebte und für ihr Wohl wirkte, die ihnen ein Vor= bild, den Armen aber eine freundliche Wohlthäterin war, die derselben noch nach Jahren dankbar gedachten; die ganze Stadt nahm regen Antheil an dem Verlust und mit vollem Recht konnte sie vor ihrem Hinscheiden sagen, daß sie wohl keinen Feind habe.

So wie ich die günstige, so baldige und leichte Erlangung einer für mich geeigneten Gattin dem Einflusse meiner seligen Mutter gern zuschrieb, die meine Verheirathung schon bei Leb=

zeiten sehnlichst gewünscht hatte, so glaubte ich überhaupt die
Einwirkung vorausgegangener geliebter Seligen, bis sie vielleicht
nach und nach in immer weitere Ferne gelangt, durch ihnen nach=
folgende verwandte Seelen gleichsam dabei ersetzt, zum Wohl
ihrer geliebten Hinterlassenen annehmen zu können. Ich glaube
zahlreiche Beweise eines solchen Einflusses auf merkwürdige Art,
sowohl durch Abhaltung von Unrechtem und Nachtheiligem, als
durch sonderbare Begünstigung zur Erlangung von Gutem und
Erfreulichem, und insbesondere nach dem Ableben der Gattin
eine öftere innige Theilnahme derselben durch solche Einwirkun=
gen auf mich, die Kinder und Enkel, erlebt zu haben und sie
durch geistigen Einfluß auf die Gedanken der dabei betheiligten
Personen erklären zu können, oder verdanken wir diese Einwir=
kung vielleicht den Menschen beigegebenen guten Geistern oder
Schutzengeln? Und wäre diese Ansicht auch nur ein frommer
Wahn, so ist jenes Erlebte dennoch ein überirdischer Einfluß,
eine Führung von höherer Hand. Kurz vor dem Verscheiden der
Gattin sagte die Verklärte, daß sie die Familie umschweben
werde, wofern es ihr verstattet sei. Diesem Wunsche gedachte
ich in der Randumschrift des Leichensteines, welche auf der einen
Seite lautete: „Hab Dank für deine treue Liebe, für uns ge=
weihte Sorg' und Müh!" und auf der andern: „Umschwebe
schützend mich, die Kinder, Enkel und Alle die, so Deiner Liebe
werth!" Ich ließ goldne Sterne hinzufügen, da sie deren in
ihren letzten Stunden oft gedacht hatte.

Von dieser Zeit an verlor ich die Lust ferner in dem bis=
herigen, seit bald 30 Jahren mit Liebe und Eifer betriebenen
rentamtlichen Geschäften zu verbleiben, und da sich zugleich
manche Schwäche des Alters, zumal der Augen, immer bemerk=
barer machte, so hielt ich es für rathsam, sobald die zum Pen=
sionseintritt erforderlichen 40 Dienstjahre beendet sein würden,
um meine Entlassung von der Rentamtsverwaltung anzusuchen. —
Fast drei Jahre hindurch war wegen der steten Leiden der Mutter
in der Familie kein fröhlicher Tag verlebt, sondern stets nur in
Angst und Sorgen zugebracht worden, und ich, wie meine beiden
jüngsten unverheiratheten, mir abwechselnd die Wirthschaft füh=
renden Töchter bedurften nun wohl einer Zerstreuung und Er=
heiterung, weshalb wir drei nebst noch zwei sich anschließenden
verheiratheten Töchtern, Emilie und Ida, im Sommer 1852 eine

achttägige Erholungsreise über Halle und Naumburg nach Thü=
ringen bis Eisenach und dem Thüringer=Wald unternahmen, auf
welcher uns nicht die mindeste Unannehmlichkeit begegnete, wir
vielmehr durch ungetrübte Heiterkeit und Erfüllung aller billigen
Wünsche höchst erfreut wurden, sobaß wir uns gleichsam von
dem schützenden Geiste der Mutter begleitet glaubten und uns
dadurch beglückt fühlten. Ich ergötzte mich auf dieser Reise
wiederum an den herrlichen Bauwerken und andern alterthüm=
lichen Gegenständen in Merseburg, Naumburg, Erfurt, auf der
Wartburg 2c., ebenso an den reichhaltigen wissenschaftlichen und
Kunstsammlungen in Gotha, wo ich auch die Bekanntschaft mit
dem verdienten Hofrath Becker erneuern konnte. Besonders be=
glückte es mich, in des von mir hochverehrten Göthe's Wohnung
und Sammlungen zu gelangen, wo ich so Manches fand, was
er in seinen Schriften geschildert hatte und wodurch das Gelesene
von Neuem belebt ward. Auch Göthe's Gartenhaus, das
Schillerhaus und anderes Berühmte besichtigten wir und wur=
den dadurch lebhaft in die Zeit des weimarschen Musenhofes
versetzt.

Letzte Zeit der Amtsführung.

Hinsichtlich meiner Amtsführung kann nicht unerwähnt blei=
ben, daß ich nach der, im Jahre 1847 beendigten Ablösung der
Getreidezinsen und Frohndienste der Amtsunterthanen, von bie=
sen zwei Schreiben, oder nach dem neuen Modeausdruck Dank=
adressen erhielt, in denen sie anerkannten, daß ich in meiner
25jährigen rentamtlichen Stellung soweit es mit der Amtspflicht
verträglich gewesen sei, ihnen in Hinsicht ihrer Leistungen mannich=
fache Erleichterung gewährt, und wenn ein gesetzliches Einschrei=
ten bei Rückständen oder sonstigen Unterlassungen hätte erfolgen
können, sie dennoch von mir mit Milde an ihre Schuldigkeit
erinnert und mit Kosten verschont worden wären; daß ich ferner
ihnen manche Vorsprache gewährt, auch bei Zweifeln über die
Rechtmäßigkeit mancher Leistungen sie genügend berathen und
belehrt, ihnen dadurch Processe und Unkosten erspart hätte und
dergleichen mehr. Sie baten mich, ich möchte noch ferner ihr
Freund und Rathgeber bleiben. Die Schreiben waren von
sämmtlichen Ortsgerichten, Schöppen und Gemeindevorständen

der 44 zins= und frohnbienstpflichtigen Amts= und Patrimonial=
gerichts=Dörfer unterzeichnet und wurden in deren Auftrage mir
am 21. September 1848 von mehreren Amtslandrichtern und
Schöppen überreicht.

Ich suchte aber nicht nur den gedachten Ortsgemeinden mit
Rath und That, sondern auch den mir untergebenen Angestellten
durch Berathung, Vorsprache wegen Pension und Gratificationen
zu nützen, sowie wegen Ansatz möglichst billiger Holzpreise und
zumal reichliche Gewährung von unentgeltlichen Leseholzzetteln
und dergleichen mich der ärmeren Amtsunterthanen gegen die
dieselben gern beschränkenden Forstbeamten möglichst anzu=
nehmen.

Ueberhaupt möge man mich nicht für einen Ja=Herrn halten,
der alles, was höherstehende Mitbeauftragte im Forst= und Bau=
sache oder anderen dienstlichen Verhältnissen verlangten, ohne
Weiteres zugab, sondern ich ließ es oft bis zur Entscheidung
des Ministeriums der Finanzen kommen, und ich behielt nicht
selten Recht.

Als in den Jahren 1846 und 1847 bei Revisionen von
Rent= und Floßamts= wie anderer unter jener höchsten Behörde
stehenden Cassenbeamten sich zahlreiche Unterschleife und Verun=
treuungen gefunden hatten, ich aber mit Revisionen stets verschont
geblieben war, so bat ich selbst um eine solche, um gegen etwaige
falschen Verdachte gerechtfertigt da zu stehen. Endlich erfolgte
sie im Januar 1848, und es ergab sich Alles, Rechnungen, Cassen,
Archiv, Inventarium ꝛc. in gehöriger Ordnung, wie der revidi=
rende Commissionsrath Kühn mündlich und schriftlich erklärte,
und wie, nach seiner Aeußerung, zumal bei schon in Jahren vor=
gerückten Beamten ein solches allseitiges gründliches Eingehen
auf den Expeditionsdienst um so weniger zu erwarten sei. Er
versicherte, daß ich der erste Beamte gewesen sei, der ihn bei
seinem schwierigen Geschäfte freundlich empfangen, und ihm alles
Erforderliche sogleich bereitwilligst dargeboten, so daß er seinen
Beruf zum ersten Male mit Freuden ausgeführt habe, während
er von manchem anderen Beamten, aufgebracht über die Revision
und ihrer Sache unsicher, mit Unzufriedenheit und Aerger
empfangen und behandelt worden sei. In der Verordnung des
Finanz=Ministeriums vom 5. Februar 1848 hieß es: „Wenn nun
die bei der Revision vorgefundene gute Ordnung in der rent=

amtlichen Verwaltung überhaupt, wie in der Führung des Cassen-
und Rechnungswesens insbesondere zur Zufriedenheit des Ministerii
gereicht, so wird solches dem Rentamtmann Preußker hiermit zu
erkennen gegeben." — Ueberhaupt waren die von mir abgelegten
Rechnungen aller Geschäftszweige, unterstützt von einem geschickten
Rentschreiber, stets bis auf zuweilen einzelne unbedeutende Monita
völlig richtig, und nie habe ich einen Geldersatz zu leisten gehabt;
die Rechnungs-Revisoren waren über diese Richtigkeit fast ungehalten, denn wenn sich, wie mir einer fest versicherte, keine
Erinnerungen ergaben, so glaubten ihre Vorgesetzten, von der
sehr unrichtigen Ansicht befangen, daß keine Rechnung völlig
richtig sein könnte, daß die Meinigen nicht genau durchgegangen
sein müßten. Jene suchten sich nun dadurch zu helfen, daß sie
völlig Unbedeutendes, selbst erklärliche Schreibfehler monirten,
so daß das fehlende Pünktchen auf einem i gerügt ward, ich
daher aber immer eine leichte Beantwortung dieser Anfragen hatte.

Uebrigens gab es in den letzten Jahren der Amtsverwaltung
noch zahlreiche schwierige und langwierige Leistungen, z. B. die
Anlegung neuer, bänderreicher Grundzinsen-Bücher, so wie wöchentliche Auslohnungen und die Rechnungsablegung bei sehr bedeutenden Elbuferbauten; ferner die Ablösung aller rentamtlichen
Geldzinsen, wodurch, sowie durch andere frühere Ablösungen der
Frohndienste, Getreidezinsen re. die Rentamtsgeschäfte sehr vermindert, und fast nur auf das fiscalische Forst- und Bauwesen
beschränkt blieben, weshalb mit dem Jahre 1864 die Rentämter
überhaupt aufgelöset, und in Bezug auf die letzten Geschäfte,
durch andere Einrichtungen ersetzt wurden, so daß also auch diese
meine Stelle ein gleiches Loos traf, wie bei der früheren als
Regiments-Quartiermeister; deshalb wird man es auch in dieser
Schrift nicht überflüssig finden, daß ich einiges Nähere von beiden
Anstellungen erwähnt habe, da spätere Leser derselben sich meine
Beschäftigungen nicht so genügend würden vorstellen können,
wie es jedoch zur Beurtheilung meines Lebensganges erforderlich
sein möchte.

Privat-Beschäftigungen.

In Hinsicht der unausgesetzten Fortführung der von mir
gegründeten Anstalten ist der zur 25. Stiftungsfeier der Stadt-

bibliothek als Festschrift herausgegebenen 5. Auflage des Cataloges
derselben zu gedenken.   Auch nahm ich an der in Dresden im
August 1852 unter Vorsitz des damaligen Prinzen Johann er=
folgten Versammlung deutscher Geschichts= und Alterthumsforscher
Antheil, wodurch mir die Freude gewährt ward, zahlreiche der=
selben persönlich kennen zu lernen; so z. B. den durch die damals
besprochene und beschlossene Gründung des germanischen Mu=
seums in Nürnberg hochverdient gewordenen Freiherrn v. Auf=
feß, Landrath Lepsius und Andere — bei welcher Gelegenheit
ich auch mit an die prinzliche Festtafel gezogen ward.

Die Vermehrung der Sammlungen ward nicht versäumt,
von denen ich jedoch im Jahre 1853 die der vaterländischen
Alterthümer — bis auf eine Anzahl Doubletten — um doch
nicht ganz ohne solche zu sein — der Königlichen Antiken=Samm=
lung in Dresden überließ, nicht nur, weil es bei dem Beziehen
eines Privatlogis nach dem Amtsabgange an Platz gefehlt haben
würde, sondern hauptsächlich, damit sie nach meinem Ableben
nicht zersplittert, sondern zur Benutzung künftiger Forscher sicher
bewahrt werden möchte.   Diese Sammlung sollte nach dem Plane
des damaligen Directors jener Gallerie, des Geheimen Hofrath
Schulz, den Grund zu einem besondern germanischen Kabinette
bilden, dessen Ausführung nach des letzteren Ableben aber unter=
blieb; jedoch wurde bei dem desfallsigen Uebereinkommen mit
dem Ministerium des Innern — von dem später die Aufsicht über
sämmtliche wissenschaftliche und Kunstsammlungen des Königs
später an das Ministerium des Königlichen Hauses überging —
von jenem ersteren mittelst Verordnung vom 3. October 1853 die
Zusage ertheilt, „daß auf Zusammenhaltung der Bestandtheile
der Sammlung zur Sicherung des Andenkens an den Sammler
Bedacht genommen werden solle.“ Ich hoffe mit Zuversicht, daß
dieser Verordnung auch in Zukunft nachgekommen wird und sich
meine Nachkommen der von mir mit Liebe gesammelten Alter=
thümer erfreuen können.

Im September 1853 ward die von mir angesuchte Ent=
lassung vom Amte mit der gesetzlichen Pension nach 40jährigem
Militair= und Civil=Staatsdienst ausgesprochen und ich fühlte
mich ebenso glücklich, wie bei dessen Antritt, als ich am 1. De=
cember desselben Jahres nach gerichtlich erfolgter Uebergabe aller
Cassen, sowie des Archivs und des Inventariums ꝛc. an das, die

Geschäfte vorläufig mit übernehmende Meißner Rentamt, mit
erleichtertem Herzen in meine Privatwohnung übersiedelte und
nun, von allen dienstlichen Verhältnissen befreit, mich dem Ruhestande hingeben konnte. Ich hatte ja nun 40 Jahre ununter-
brochen die nöthige, stete sorgenvolle Verantwortlichkeit wegen
der Cassensicherheit und so verschiedenartiger Geschäftsführung
pflichtgetreu erfüllt, und so wie ich mittelst eines in mehreren
hundert Exemplaren abgezogenen, allen mit mir befreundeten
Vereinen und einzelnen geschätzten Personen zugesandten Druck-
blattes eines offenen Briefes diese Veränderung bekannt machte
und um ihr ferneres wohlwollendes Gedenken bat, so ward auch
mir von zahlreichen Freunden deshalb die freudigste Theilnahme
in Prosa und Versen zu erkennen gegeben und in mehrern Zeitschriften meines Abganges gedacht.

Elfter Abschnitt.

Ruhezeit vom Jahre 1854 an.

I. Abtheilung.

Die Selbst-Biographie; Ueberblick derselben und einzelne
Charakterzüge.

Biographie-Abfassung.

Die Ruhezeit war da, allein für mich ohne Ruhe und Rast,
denn daß mich meine von Jugend auf gewöhnte stete Thätigkeit
auch in diesem höheren Alter zu fortgesetztem, wenn auch mehr
und mehr beschränktem Wirken antrieb, wird sich bereits aus
dem früher Mitgetheilten folgern lassen. Während Weiteres über
die noch immer vielseitige Beschäftigung während jener Zeit, in
nächster Abtheilung erwähnt werden wird, soll es hier nur der
damaligen Hauptbeschäftigung gelten, — der Bearbeitung der
Selbst-Biographie. Es war längst mein Wunsch, durch eine

solche mir selbst, wie Anderen von meinem Leben und Streben
gleichsam Rechenschaft abzulegen und als ich nach dem Eintritte
der politischen Aufregung mein literarisches Wirken als geschlossen
ansehen mußte, so wendete ich schon damals die mir freibleibende
Zeit diesem Gegenstande zu, wobei mir die seit früher Jugend
(vom 12. Jahre an) mehr oder minder ausführlich geführten
Tagebücher, nebst ihren zahlreichen, zur weitern Erläuterung des
Angemerkten bildlichen und gedruckten Beilagen und die zahlreichen
Briefschaften, sowie andere handschriftliche und gedruckte Mate-
rialien, zur sichern Grundlage dienten. Nach mühsamer Ordnung
dieser Schriften ergaben sich folgende biographische Materialien-
Sammlungen: Außer 5 Bänden biographischer Original-Schriften
(Verordnungen, Zeugnisse, Diplome, Zuschriften von Fürsten,
Ministern und andern hervorragenden Personen) gab es 10 starke
Quartbände, mit mehrern Tausend wissenschaftlichen Briefen,
worüber bereits 1849 ein alphabetisches, so wie ein wissenschaftliches und geographisches Verzeichniß entworfen ward, sorgfältig
durchzugehen, ebenso noch 8 Bände mit Familien-Briefen, 16 Bände
mit Tagebüchern mit mancherlei Beilagen, wie nicht minder auf
mehr als 200 Recensionen über herausgegebene Schriften. Zugleich
mußten die vielen in der Biographie aufzunehmenden Gegenstände,
um ihre Masse zu überwältigen, mit kurzen Worten, und der
Angabe, wo sie sich finden, in gegen 100 Listen, theils nach
dem Stoffe, (wissenschaftliche, politische, gesellige, Geschäfts- und
Familien-Verhältnisse), theils nach Zeitfolge geordnet eingetragen
werden, so daß also bei der Abfassung der Biographie-Para-
graphen sogleich das dazu Nöthige zu ersehen und die verschiedenen Bände und Materialien herbei zu holen und nachzuschlagen
waren. Zugleich hatte das Gedächtniß dabei manche Lücke aus-
zufüllen und überhaupt über Alles eine gleichmäßige Controle
zu halten. Da gab es viel zu überlegen, zu prüfen, was für
die Biographie mehr oder minder geeignet, wie es zu stellen und
was sonst dabei zu beachten sei. Man wird daraus ersehen,
welche unsägliche Mühe und Arbeit die Abfassung von gegen
100 Paragraphen kostet, bei deren wiederholtem Nachlesen sehr
oft Weglassungen, Einschaltungen und andere Aenderungen nöthig
wurden, so daß so manche Seite des Manuscripts neu abzufassen, und wieder ins Reine zu schreiben war. — Einige Bände
wurden zwar bereits vorläufig 1851 und 1852 entworfen, die

Hauptarbeit aber beschäftigte mich von dem Eintritt in den Ruhe=
stand an bis Mitte 1856 also 2½ Jahr und zwar fast den
größten Theil des Tages von früh bis Mittag, so daß es bei
meiner Schreibfertigkeit und schon erwähnten leichten Ueberblickung
ganzer Seiten gelang, das Werk verhältnißmäßig schnell zu voll=
enden, ohne welche Vergünstigung wohl zahlreichere Jahre erfor=
derlich gewesen sein möchten. Was mich mit zu der Eile antrieb,
war die Befürchtung, daß bei Krankheit oder Ableben das Werk
unvollendet bleiben, und sich auch beim besten Willen Niemand
dazu finden würde, die weitere Abfassung desselben zu übernehmen.
Als die Vollendung der so umfangreichen Biographie, bei deren
Abfassung ich gleichsam die ganze Lebensbahn wiederum durch=
lebte, erfolgt war, hatte ich Gott für diese hohe Gunst zu
preisen, welche wohl selten gewährt wird. Gern gestehe ich
zu, daß ich weniger auf den ohnehin nicht als Hauptsache geltenden
Styl, als auf strenge Wahrheit und Treue der Darstellung
gesehen, und die Ueberzeugung habe, daß sich diese aus dem
Werke selbst genügend ergeben werde, wie auch diese unerläßliche
Eigenschaft von allen Freunden anerkannt ward, welchen ich
dieselbe zur Durchsicht mittheilte, und die mich in sehr verschie=
denen Lebensverhältnissen näher kennen gelernt hatten. Beiden
Exemplaren, dem mit nachträglichen Verbesserungen versehenen,
13 starke Quartbände füllenden Concept, sowie dem später mun=
birten Familien=Exemplar in 22 Bänden, welchem letzteren beson=
ders viele gedruckte und bildliche Beilagen, Briefe geschätzter
Personen, Titel und Bruchstücke der herausgegebenen Schriften
und Recensionen solcher beigefügt wurden, ward am Anfang das
Motto vorgesetzt:

„Da nach einem alten Spruch,
„Wenn das Ende gut gediehen,
„Alles gut, so sei dem Buch,
„Wie dem Leben, dies verliehen;
„Und des Himmels Fügung walte,
„Beider Schluß sich gut gestalte!"

Ueberblick der Lebensbahn.

Bei dem Ueberblick des ganzen Lebensweges scheint sich die
bereits oben angedeutete weise Führung durch eine höhere
Hand von Kindheit an nicht selten klar zu ergeben, oder doch

ahnen zu laſſen und es ſei mir vergönnt in Kürze darauf hin=
zuweiſen. Unzählige Kinder werden von ihren Eltern auf eine
ebene Bahn geleitet, da wird von dieſen für den Schul= und
Univerſitätsbeſuch oder die Lehrzeit, endlich für die Niederlaſſung
zum eigenen Geſchäfte mit häuslichem Heerde geſorgt, und das
Leben fließt, wenn auch nicht ohne Sorgen, doch in ſehr gleich=
mäßiger ebener Bahn dahin.   Wie ganz anders bei mir, der ich
meinen Weg erſt mühſam erſtreben mußte; aber eben durch dieſe
Schwierigkeiten erſtarkten meine geiſtigen Fähigkeiten deſto mehr
und wurden dadurch befähigt auch ſpätern Hinderniſſen eifrig
entgegen zu treten. — So Manches mußte erſt erlernt, beſchaut,
erduldet, oder ſonſt erfahren werden, ehe ich zum Eintritt in
eine neue Periode reif wurde; es mußte Manches angeeignet
werden, was erſt keinen Vortheil verſprach und ſich dennoch ſpäter
als höchſt erfolgreich erwies, und alle Erlebniſſe und Beſtrebungen
hatten unbezweifelt Einfluß auf Lebensbahn und Fortbildung.
Ich mußte erſt das gewerbliche, das literariſche, ſelbſt das mili=
täriſche Leben mit ſeiner ſtrengen Disciplin und ſo anderes
kennen lernen, ehe ich fähig wurde in ein Staatsamt einzutreten
und mich zugleich in ſchriftſtelleriſchem wie gemeinnützigem Wirken
mit erfreulichem Erfolge zu verſuchen. — Der erſte, vom Vater
verlangte Eintritt in ſein Handelsgeſchäft hatte das Gute, daß
dem, beim Austritt aus der Schule über ſeine Lebensbahn noch
nicht nachdenkenden Knaben erſt noch zu ernſterer Ueberlegung
darüber und zugleich zu mehr Erſtarkung des Körpers und thäti=
gerem Selbſtwirken Gelegenheit dargeboten ward, ebenſo zu einem,
bei dem Geſchäftsmanne mehr als bei dem Gelehrten gewöhnlichen
ſchnellen, practiſchen Eingreifen im thätigen Leben, welches mir
ſpäter ſehr zu ſtatten kam.   In Folge des vielen Leſens ſeit
früher Jugend, ergab ſich erſt die Neigung zu den Wiſſenſchaften,
die durch den Eintritt in das Lyceum mehr geregelt und zum
ernſteren Studium erhoben wurde.   Alle bis in's hohe Alter
gepflegten Neigungen, ſo wohl zur encyklopädiſchen Kenntniß und
insbeſondere zur Geſchichts= Alterthums= und Naturkunde, als zu
bildenden Vereinen, Leſecirkeln, und Bibliotheken, wie zu anderen
wiſſenſchaftlichen Sammlungen, zur Thätigkeit in ſolcher Hinſicht
überhaupt, wurzeln in jener frühen Jugendzeit.   Das Betreten
der wirklichen Gelehrtenbahn würde für mich unüberſteigliche
Schwierigkeiten gehabt haben, da ich mich einiger dazu erforder=

lichen Rednergabe und eines glücklichen Gedächtnisses zumal zu leichter Aneignung fremder Sprachen nicht erfreuen konnte. Durch den Buchhandel ward mein Bücherdurst gestillt und meine Neigung zu allseitigem Wissen, durch genaue Kenntniß der Literatur und ihrer Geschichte geregelt, welches beides später bei der schriftstellerischen Beschäftigung ebenso mannichfachen Nutzen gewährte, als die zugleich erlangte Erfahrung und kennen gelernte Vortheile, in Hinsicht des Drucks und der Versendung 2c. meiner kleinen Schriften und des durch Bekanntschaft mit zahlreichen Buchhändlern damals erleichterten portofreien Verkehrs mit auswärtigen Gelehrten und Vereinen, ohne welches schwerlich Alles so leicht ausführbar gewesen wäre. Für den Buchhandel oder überhaupt ein merkantilisches, gewerbliches Geschäft, wo auf den unbestimmten einzelnen Eingang der erworbenen Thaler und Groschen gewartet werden muß und es leicht zu Neid veranlassende Concurrenten giebt, würde ich nicht geeignet gewesen sein, indem mich dies in steter Besorgniß wegen genügenden Erwerbs erhalten haben würde; für mich paßte nur eine Anstellung im Staate mit bestimmter Einnahme. Die Jahre 1812 und 13 waren für mich besonders eine sehr ernste Schule des Lebens, wobei ich auch einsah, daß der bisherige wissenschaftliche Dilettantismus ungenügend sei, wofern er sich nicht zu nützlichen Zwecken zu erheben vermöge, und zumal ein nicht mit Liebe und Eifer betriebenes und nährendes Geschäft als Hauptzweck des Lebens damit verbunden sei. Und wie so plötzlich erschien ein Glücksstern, als die Sorge um einen Beruf aufs Höchste gestiegen war, in der Anstellung im Militairdienst, den ich früher nie geliebt, nie in Betracht gezogen hatte. Ich mußte mir erst noch Welt- und Menschenkenntniß und so manche Erfahrung erwerben, zugleich an einen geregelten, pünktlichen Geschäftsbetrieb gewöhnt, zu größerer Selbstständigkeit und Aneignung eines mehr und mehr gesteigerten, festen und beharrlichen, zur Vertheidigung seiner Rechte genügenden, muthigen Charakters geleitet werden, wodurch ich freilich auch zugleich ernster gestimmt, und mein früherer heiterer Sinn geschmälert ward. Ein glücklicher Umstand war es, daß sich der für mich wenig geeignete, von mir wenigstens nicht geliebte Waffendienst in den für mich passenderen schriftlichen Geschäftsbetrieb umwandelte, wodurch mir gleichsam der Weg zu einer Beamtenstelle im Verwaltungsfache gebahnt ward.

Außerdem gelang es mir auf jener Bahn den längst gehegten
Wunsch zu erfüllen, die Universität zu besuchen, und mich dadurch
mehr zu spätern schriftstellerischen Versuchen und andern nützlichen
Bestrebungen vorbereiten zu können; obschon ich jedoch im Anfang
durch eine ernste Mahnung durch Krankheit in Folge zu großer
Anstrengung, an Maß und Ziel halten, auch in Hinsicht des
Wissenschaftsbetriebes gewiesen ward. Man konnte meine Lebensbahn bis zum Eintritt in das Militair für die Lehr- und das
bewegte Militairleben bis zum Amtsantritt für meine Wanderjahre halten.

Die erlangte Rentamtsverwaltung war sonst so recht für
meinen gern thätigen, nicht blos in der Amtsstube, sondern auch
auswärts beschäftigten Geist, wie keine andere Anstellung geeignet
und wenn mir auch das Cassenwesen nicht angenehm war, so
mußte es als eine unvermeidliche Zugabe angesehen werden.
Mein erst nach langjährigem Herumwandern erlangter Wohnsitz
bot mir, wie schwerlich ein anderer, genügende Gelegenheit zu
meiner Privatthätigkeit, zu meinen alterthümlichen Forschungen,
wie zu meinem Wirken für Anstalten zu Gunsten der Gewerb- und
Volksbildung dar, eben weil dieselben grad da noch fehlten,
während andere, zumal größere, bereits manche solche Einrichtungen besitzende Orte, weniger den Thätigkeitssinn angeregt
haben würden. Uebrigens habe ich mich der Schriftstellerei nicht
zu zeitig zugewendet, und überhaupt bin ich auch zu einigen
andern Lebensverhältnissen etwas spät (doch nie zu spät) gekommen,
z. B. zum Lyceumbesuch im 17. Jahre, zum Lehrlingsstande im
19., zum Militair im 26., zum Universitätsbesuch im 31., zur
Schriftstellerei im .40. Jahr, wie letzteres bei Dinter und auch
bei zahlreichen Andern der Fall war. Ich hatte dadurch den
Vortheil mit schon gereifteren Ansichten und mancher Lebens-
erfahrung und zwar unerwartet und ungeahnt jenen Weg zu
betreten.

Man sagt oft: „Hätte ich meine Laufbahn selbst leiten
können, so würde ich sie angenehmer gestaltet haben." Allein dies
ist ein Irrthum; bei denselben Anlagen und Verhältnissen im
Aeußern, hätte sie nicht anders werden können, ebenso wie der
Leibesorganismus nach bestimmten Gesetzen sich ausgebildet. —
Wenn deshalb einer Leitung durch höhere Hand gedacht wird,
die mich zugleich auch aus mancher Noth und Gefahr auf über-

raschende Art errettete und von Irrwegen auf die rechte Bahn
leitete, so soll damit nicht gesagt sein, als verbleibe dem Menschen
nicht auch genügend Spielraum, nicht genügend Freiheit im
Handeln überlassen, denn so gut als Verstand und Willen zum
Guten hinzuleiten vermögen, ebenso auch zum unheilvollen Wege,
und des Wahlspruchs: „Jeder ist seines Glückes Schmied", sollte
man stets eingedenk sein, wobei es freilich sorgsamer Selbstkenntniß,
fester Selbstbeherrschung, und umsichtigen Beobachtens des Welt=
lebens bedarf, so wie zugleich jener schon gedachten Fortbildung
und Veredelung aller Anlagen und Kräfte, nebst allseitiger Pflicht=
erfüllung. Unter welchen Verhältnissen aber, und in wie weit
die höhere Hand eingreift, um zu leiten, zu warnen, zu retten,
und ob nicht vielleicht besonders bei dem, der seine Leidenschaften
zu bezähmen und dem Bessern sich zuzuwenden beeifert ist, oder
wie die Einwirkung auf unsere Gedanken erfolgt, ob vielleicht
durch gewährten höhern, geistigen Aufschwung und tiefern Ein=
blick des Begünstigten in die Verhältnisse — dies erscheint als
nie zu ergründendes Geheimniß, das dahin gestellt bleiben mag;
ebenso wie ich mich nie unfruchtbaren Grübeleien über religiöse
Zweifel und den unerforschlichen Zusammenhang von Gott, Natur
und Menschen hingegeben habe, sondern — gleich entfernt von
Gottes=Läugnern, wie von Kopfhängern und Dunkelmännern —
von Jugend auf den einfachen, geläuterten evangelischen so be=
seligenden Glauben mit seinem die Welt regierenden weisen und
gerechten göttlichen Wesen und seiner Unsterblichkeits=Idee ohne
alle specielle in das Einzelne eingehende Deutelei mir zu erhalten
gesucht habe. Durch stetes strengrechtliches und sittliches Handeln
im täglichen, praktischen Leben muß dieser Glaube bethätigt werden,
weil er nur dann als wahre Religiosität erscheinen kann. Man
befolge den Rath: „Bete und arbeite und sei fröhlich im Gemüth!"
wie dies schon oben angerathen. Genug, mir genügt die feste
Ueberzeugung, der weisen Leitung durch jene höhere Hand gewür=
digt worden zu sein, die mich zu innigster Verehrung verpflichtet
und mich zugleich veranlaßt, diese Zuversicht auf gleiche beseli=
gende Leitung und gleiche Errettung aus Noth und Gefahr auch
Andern dringend anzurathen.

Ueber das Heranbilden und Heranwachsen des Menschen
sagt der geistreiche Major v. Knebel, Göthe's Freund, als
90jähriger Greis: „Man wird bei genauer Beobachtung finden,

daß in dem Leben der meisten Menschen sich ein gewisser Plan
findet, der durch eigne Natur oder durch die Umstände, die sie
führen, ihnen gleichsam vorgezeichnet ist. Die Zustände ihres
Lebens mögen noch so abwechselnd und veränderlich sein, es
zeigt sich doch am Ende ein Ganzes, das unter sich eine gewisse
Uebereinstimmung merken läßt, die Hand eines bestimmten Schick-
sals, so verborgen sie auch wirken mag, zeigt sich genau, sie mag
durch äußere Wirkungen oder innere Regung bewegt sein, und
so verwickelt oft auch der Lauf ist, so blickt doch immer Grund
und Richtung hindurch ꝛc." — Dies erweist auch die vorliegende
Biographie. Jeder Mensch, wie er als ausgebildet vor uns steht,
ist das Product zweier Factoren, der angeborenen Individualität,
und dann der ersten Lebenseindrücke, der Erziehung, des Unterrichts und anderer auf ihn einwirkender äußerer Lebensverhältnisse.

Zuweilen fragten nahe Bekannte, die in früherer Zeit nicht
besondere Geisteskräfte an mir bemerkt hatten, wie ich denn fast
plötzlich zu Kenntnissen und zur Schriftstellerei gelangt sei, und
ich gestehe, es war mir selbst überraschend gekommen. So z. B.
stand das ganze System der Fortbildungsanstalten, des Bibliothekwesens, der Volksbildung überhaupt, gleichsam fix und fertig
bei Abfassung der ersten Auflage der Bausteine lebhaft vor mir
und wenn auch nach und nach weiter ausgebildet, blieb sich die
Grundidee dennoch gleich. Es schien Alles wie schon oben erwähnt,
in meinem Geiste schon vorbereitet und unbewußt bereits vorhanden zu sein, bis es durch eifriges Nachdenken nach und nach
zum Bewußtsein hervorgerufen ward, und die Idee mir so zu
sagen aus der Feder floß. Ferner bemerkte ich unzählige mal,
daß, wenn ich über einen Gegenstand etwas aufgesetzt, ich zehn
oder mehr Jahre vorher darüber ganz dasselbe und mit fast
gleichen Worten niedergeschrieben hatte; die Ansichten darüber
schienen also gleichsam mit meiner Seele verwachsen zu sein, so
daß ohne besondere einflußreiche Einwirkung von Außen sie sich
gleich blieben.

Frau von Pichler sagt in den „Denkwürdigkeiten
aus ihrem Leben." „Wenn mich irgend ein Gedanke ergriffen hatte, ging es wunderbar in meinem Innern zu. Ich
war mir keines eigentlichen Nachsinnens, keines Erfindens bewußt;

es war mir stets als läge das Ganze meines Planes oder Wirkens bereits fertig in meiner Seele, und es bedurfte nur des Deutlichermachens. Ich kann es nur mit der Wiederherstellung eines alten Bildes vergleichen, das schon vorhanden ist, und man hat es nur durch zweckmäßige Mittel aufzufrischen, damit es erkennbar wird; und wie erst die Hauptmotive anschaulich werden, dann die kleineren Formen hervortreten, und endlich das ganze Bild in seiner Zeichnung und Colorit vor uns steht rc." — Indem sie dann auf diese Erscheinung in Bezug auf Dichter, Musiker rc. eingeht, sucht sie zu zeigen, wie sich in deren Umgange keine besondere Geisteskraft habe erkennen lassen, und sie dennoch Ueberraschendes leisteten.

Aus dieser Biographie ergaben sich ganz andere Resultate, als aus der 1813 aufgesetzten, welche Professor Heinroth streng kritisirte und mich dadurch anregte, seinem Rathe möglichst zu genügen, nämlich daß eine Fortsetzung derselben nach 25 Jahren in weiten Kreisen ebenso interessiren möge, als die damalige meine Freunde. Wie dieser verehrte Mann über das Befolgen seines Rathes sich zufrieden aussprach, wird nachstehender Brief von ihm vom Jahre 1836 beweisen. Derselbe verdient es wohl, von jungen Männern beachtet zu werden, um daraus zu ersehen, wie rathsam es sei, sich nicht nur in schwierigen Lebensverhältnissen ebenfalls Rathschlägen wohlwollender und erfahrener Männer zuzuwenden, sondern diese, selbst wenn sie bittere Medizin scheinen, beharrlich auszuführen. Er schrieb: „Ihr Lebens und Bildungsweg ist mir einer der merkwürdigsten, die mir vorgekommen sind, und Sie bestätigen den Satz, daß es in allen Dingen besser ist, zu hoffen als zu verzweifeln, und ich erinnere mich sehr wohl, daß ich Ihnen dieses vor 23 Jahren öfters zu Gemüthe geführt habe. Damals hätten Sie nicht gedacht, noch Bücher herauszugeben, an deren Titel Ihr Name unter so vielen Prädicaten glänzt, fahren Sie auf alle Weise fort in ihrer gemeinnützigen, rühmlichen Wirksamkeit. Wenn es einen Zauberspiegel gäbe und wenn es Ihnen vergönnt gewesen wäre, in jenen früheren Jahren Ihres Druckes und Trübsinns in denselben zu blicken, Sie würden sich viele Sorgen und Kummer erspart haben. Mir selbst ist die Art, wie Sie sich durch Anstrengung und Beharrlichkeit empor

nicht blos geholfen, sondern auch geschwungen haben, ein Gegen=
stand der Bewunderung. Ihr Beispiel kann Allen, die an sich
selbst fast verzweifeln möchten, zum Troste und zur gedeihlichen Lehre
dienen. Und wenn Jemand das Recht, ja die Pflicht hat, solchen Be=
kümmerten zuzurufen: Verzage Keiner je, wenn in der schwarzen
Nacht der Hoffnung letzte Sterne schwinden ꝛc., so sind Sie es."
Heinroth blieb mir lebenslang gewogen und ihm verdanke ich viel!

Professor Krug zieht in seiner Selbst=Biographie (Urceus
Lebensweise, 1825) das Resultat, daß: 1) die Summe der
genossenen Freuden und erduldeten Leiden sich ziemlich gleich
gewesen wären, 2) daß oft Freuden aus Leiden, und Leiden aus
Freuden hervorgingen, und daß 3) beides zu seiner Entwickelung
und Ausbildung gedient habe. So sehr meine eigene Erfahrung
mit den letzten beiden Sätzen übereinstimmt, so schien es mir
doch, daß in meinem Leben die freudigen Tage die bei weiten
größere Anzahl gewesen wäre, und die unerfreulichen überwogen
hätten.

Uebrigens erscheint es Pflicht eines Jeden, sich der Erinne=
rung und des Nachhängens von Unangenehmem möglichst zu
enthalten, das Erfreuliche dagegen in immer erneuter, dankbarer
Erinnerung sich zu bewahren, wie es auch mein eifriges Bestre=
ben war. Geschieht dies zumal in höheren Jahren, in Hinsicht
fröhlicher jugendlicher Zeit, durch öftere Durchsicht der Tagebücher
und besonders bei Abfassung von Biographien und Lebensskizzen,
oder durch den Umgang mit heiteren und sittlichen, jugendlichen
Gemüthern, so lebt man sich gleichsam in die längst vergangene
Jugendzeit hinein und der Geist erkräftigt und verjüngt sich
daran.

Ausgebreiteter Briefwechsel.

Wie ausgedehnt mein Briefwechsel war, ergiebt sich aus
einem 1819 aufgenommenen Verzeichnisse, wonach derselbe mit
über neunthalbhundert Personen stattgefunden hat, nämlich mit
217 Lehrern und zwar mit 61 Lehrern an Volks=, Bürger=, Real=
und Sonntagsschulen, 33 an Seminarien, Gewerb= und ähnlichen
Fachschulen, 32 an Gymnasien, mit 61 Professoren, 30 Biblio=
thekaren, Archivaren, Museums=Directoren ꝛc. Ferner mit Theo=
logen, Medicinern, Juristen, Verwaltungsbeamten und Gewerb=

treibenden aller Fächer 2c., ebenso mit 8 fürstlichen Personen, 21 Ministern und 18 höhern Behörden. Ueberdies mit 87 Vereinen, nämlich 6 allgemein=wissenschaftlichen Zwecks, 11 pädagogischen und ähnlichen Bildungs = und Wohlfahrtsvereinen, 24 historisch= antiquarischen und statistischen, 6 naturhistorischen, camerali= stischen 2c. und 41 gewerblichen Vereinen — ohne hierbei des amtlichen und verwandtschaftlichen Briefwechsels zu gedenken.

Wie sehr ich mich durch einige Handschreiben unserer ver= ehrten sächsischen Fürsten beglückt fühlte, erwähnte ich schon in den früheren Abschnitten und gedenke hier mit großer Freude der Zuschriften eines Göthe, Humboldt, Ammon, Carus, Zschokke, Wessenberg, Wilhelm Grimm, v. d. Hagen 2c. Auch aus weiter Ferne, längs der Grenzprovinzen Deutschlands gingen erfreuliche Briefe ein, so z. B. um nur einiger zu geden= ken, erfuhr ich vom Realschuldirector Auerbach in Oldenburg die Gründung einer Realschule in Folge meiner Bausteine, wo= gegen vom Gymnasiallehrer Werner in Wahren im Mecklen= burgischen die dortige Gründung von Volksbibliotheken nach meiner Aufforderung, vom Domprediger Türk in Güstrow aber in Folge meiner Schriften die Gründung dortiger Sonntags=. schulen und Gewerbvereine mir mitgetheilt ward. Herr v. Hol= zendorf bei Berlin bat, von Zschokke auf mich verwiesen, um Auskunft wegen Volksbibliotheken=Errichtung und um eine gleiche der Landrath von Schwarzbach in Jauer, während mich der Landrath von Wolinsky in Posen um Nachricht über slavische Münzen ersuchte. Der Redacteur des Pilgrims, O=Hernal in Brünn, erwähnte, daß er in sein Journal ausgewählte Stellen aus meinen Schriften aufgenommen habe, um zu deren weiteren Verbreitung beizutragen, und der rühmlichst bekannte Pädagog Landammann Fellenberg in Hofwyl sendete mir unaufgefordert einige von seinen Schriften. Um auch gütiger Freunde im west= lichen Deutschland zu gedenken, sei noch der Schluß eines Briefes des Historikers Müller von Malten mitgetheilt: „Sie haben hier sehr viele Verehrer Ihres nützlichen und edlen Wirkens. Nicht allein der Geheime Staatsrath Dr. Knapp läßt Ihren hohen vaterländischen Verdiensten volle Gerechtigkeit widerfahren, auch der Legationsrath G. von Meyer in Frankfurt, der Re= gierungsrath Bärsch in Trier und mehrere andere ausgezeich= nete Männer aus den Rheinlanden haben mich wiederholt beauf tragt, Ew. Hochwohlgeboren im Namen Aller den Zoll des Dankes und der Anerkennung darzubringen, den Ihr Streben in einem so umfassenden Maße in Anspruch nehmen kann. Ich geselle meine verpflichtete Erkenntlichkeit für Ihr Wohlwollen und die Freundschaft, womit Sie mich beehren, den für mich so ehren= vollen Aufträgen dieser Männer der Wissenschaft bei 2c." Selbst ein armer katholischer Landschullehrer in dem in der Cultur noch sehr zurückstehenden südlichen Baiern, Peter Müller in Unterjach im bairischen Schwaben, der ungeachtet einer in jeder Hinsicht bedrängten Stellung unter seinen, mit meinen Schriften wohl nicht immer einverstandenen Obern sich zur Fort= bildung an mich wendete, bat um Berathung. Zuerst unterm 24. August 1847: „Ew. Wohlgeboren mit meinem Schreiben beschwerlich zu fallen, habe ich schon längere Zeit Anstand ge= nommen; allein die aus Ihren Schriften strahlende Menschenliebe giebt mir Muth, es zu unternehmen. Seit einem Jahre bin ich im Besitz Ihrer mir sehr werthen und kostbaren Schriften: För= derungsmittel, Bausteine, Jugendbildung, Stadtbibliotheken 2c. Durch Ihren Rath geweckt, lasse ich mir sorgfältiges Lesen der= selben sehr angelegen sein." — Er bat mich nun noch um Be= rathung wegen seiner Studien und schloß: „Diese und ähnliche Lücken liegen mir sehr am Herzen. Vielleicht in jenen in der Jugendbildung Heft III. von Ihnen ausgesprochenen Winken über Bildungs= und Lebenswege achtbarer Personen wäre mir gehol= fen 2c. Lassen Sie mir Güte und Gewogenheit angedeihen, denn ich liebe Sie von Herzen. Ihr Portrait besitze ich eben= falls. Zürnen Sie nicht auf Ihren Dankschuldigen 2c." — Und so lauteten auch spätere, zugleich seine nicht beneidenswerthe Lage schildernde Zuschriften.

Mitunter gingen aber auch sonderbare Zuschriften ein; bald sollte ich ein dickes Manuscript durchlesen und mein Urtheil darüber sagen, auch sogar für einen Verleger besorgt sein (was bekanntlich keine leichte Sache ist), bald sollte ich als Mitarbeiter an Journalen mit fernstehender Tendenz eintreten und statt des Honorars Exemplare erhalten und sie vertreiben, welches Alles abgelehnt wurde. Dies erfolgte auch als die durch ihre Bekannt= schaft mit Napoleon, ihren Aufenthalt in Wien während des Congresses und Anderes sehr bekannte, jedoch mir persönlich ganz fremde Gräfin Kielmannsegg, die in ihren späteren Jahren ein

stets verschlossenes Landhaus bewohnte und deren Leben in einem
Romane von Lubojazky geschildert ist, mir, weil sie meine Blicke
in die Vorzeit gelesen hatte, den abenteuerlichen Vorschlag machte,
mit ihr eine Reise zur Erforschung von Sagen von alten wendischen Königen und deren etwaigen Nachkommen in der Lausitz,
zu unternehmen. Ein anderesmal ward ich von einem Gold-
schmiedemeister in der Residenz alles Ernstes in mehreren Briefen
um Verbindung mit ihm zum Goldmachen dringend ersucht, in
welcher Kunst er schon einige Versuche gemacht haben wollte. Er
hatte wahrscheinlich den Anfang einer Recension des „Herderolith“ in einem sehr verbreiteten Blatte gelesen, nämlich: „Der
Stein der Weisen ist gefunden, der Rentamtmann Preusker hat
ihn entdeckt 2c.“ Meine nähere Hinweisung auf dieses Mineral
wollte jenen aber nicht ansprechen.

(Es mögen hier noch zwei Briefe von Preusker's treuem
Freunde Klemm folgen, dem durch langjährige persönliche Bekanntschaft und durch die ihm mitgetheilte ausführliche handschriftliche Selbstbiographie wohl ein richtiges Urtheil über Preusker zuzugestehen sein möchte. Er schreibt darin: „Ihr Leben stellt
sich mir als ein organisches Ganze dar, durch welches wie das
Mark in den Organismus das Streben nach möglichster Entwickelung der Kräfte und Anlagen geht, die mein Freund Preusker
von Jugend auf in sich fühlte 2c. Ihr Leben ist ein fortgesetztes
Streben nach Fortbildung und nach den dazu geeigneten Mitteln,
erfreulich in doppelter Hinsicht. Einmal, weil Sie durch dieses
Streben den Nebenmenschen nicht allein durch ein Beispiel genützt
haben, sondern auch, weil die dadurch entwickelte Thätigkeit so
mannichfachen praktischen Nutzen, Freude und Belehrung gewährte.
Die Vorsehung unterstützte dies Streben zweifach, durch gütige
Gewährung der Mittel und dann durch Anweisung des Ortes
und der Verhältnisse. Wer weiß, ob Sie, wenn Sie frühzeitig
in eine Stadt mit Fülle von geistigen Genüssen gekommen wären,
sich eben diesen hingebend, nicht weniger Sich aus Sich selbst
entwickelt hätten. Nehmen wir den Freund, wie er gereift und
fertig vor uns steht, so können wir uns nur freuen, daß er gerade
so ist. Seine Schattenseiten, Aengstlichkeit, Ungeduld und früher
zuweilen auch wohl ein zu geringes Selbstvertrauen, sind nicht

sowohl Fehler, als nothwendige Gegengewichte. Sie verunzieren ihn ebensowenig, als der Schatten ein Gemälde. Der geschriebene Lebenslauf ist, wie sein Vorbild, der erlebte. Es ist viel Kraftentwickelung, viel Leben, viel Drängen und Treiben darin. Dies macht ihn den Freunden interessant. Auch die Wahrheits= liebe, die sich überall offenbart, die milde Gesinnung, die wahre Frömmigkeit, mit dankbaren Gefühlen gegen die Gaben der Vor= sehung, wirken überaus wohlthätig auf den Leser." — In einem anderen Briefe des Genannten heißt es: „Es ist überhaupt höchst verdienstlich von Männern, denen die Vorsehung eine Stelle nützlicher und ersprießlicher Berufsthätigkeit anwies, den jüngeren und strebsamen Nachkommen Rechenschaft von der Mechanik ihrer Arbeiten geben. Sie ermuntern dadurch die Jüngeren zur Nach= ahmung, spornen den Eifer derselben an und zeigen ihnen, daß eine würdige Stellung im Leben, Kenntnisse und Tugend nur durch treue Ausdauer und Anstrengung errungen werden. Solche Lebensbilder und Lebensanschauungen, mit Ruhe und Wahrheits= liebe abgefaßt, dienen der Jugend als treue Freunde, welche warnen und ermahnen, anregen und trösten, aufmuntern und lehrreich und reichhaltig wirken."

Von dem letztgenannten Beurtheiler, Klemm, ward nach beendigtem Durchlesen der Biographie, nämlich der ausführlichen, handschriftlichen (nicht dieses Auszugs), darauf angetragen, der Königlichen Bibliothek ein abschriftliches Exemplar derselben zu überlassen, da er eine Biographie=Sammlung solcher Art anzu= legen bemüht sei. Er wiederholte den Antrag später mehrmals und bemerkte unterm 4. Januar 1853: „Bei der Abnahme des Sinnes für das Familienleben ist ein solches Asyl nothwendig. Welchen Werth wird Ihre Biographie in 100, 200, 300 Jahren haben; hätten wir daher recht viel derartige Lebensbilder." — Es bedurfte keiner langen Ueberlegung, um Preusker zu veran= lassen, diesem so freundlichen und ehrenvollen Antrage zu ent= sprechen, der zugleich dem Werke eine sicherere Aufbewahrung verspricht, als dies im Privatbesitz der Familie der Fall sein möchte. Da nun dieser letztere Grund ebenfalls sehr zu beachten und zu hoffen war, daß die Verwandten bei dem etwaigen Ver= lust ihrer Exemplare eine Abschrift davon erlangen könnten, so erfolgte die Abgabe eines vollständigen abschriftlichen Exemplars mit zahlreichen Beilagen in 16 Bänden im Jahre 1856.

Als ein sonderbarer Zufall muß es erscheinen, daß diese Biographie-Abschrift gerade in derselben literarischen Schatzkammer, dem Manuscriptensaale, aufgestellt ward, in welche Preußker, wie bereits im ersten Abschnitt näher erwähnt, 60 Jahre vorher als ein schüchterner Knabe einzutreten wagte, wo ihm durch Güte Engelhard's so zahlreiches literarisches Merkwürdige vorgezeigt wurde und dadurch in ihm die Neigung zu den Wissenschaften immer höher gesteigert wurde.

Nicht minder sonderbar erscheint es, daß fast zugleich mit der Biographie-Abgabe auch Preußker's Alterthums-Sammlung der, in demselben Japanischen Palais ausgestellten Königlichen Antiken-Sammlung überlassen ward, die er ebenfalls in seiner Knabenzeit durch den gefälligen Inspector Lipsius zum ersten Male sah, wodurch seine Neigung zur Alterthumskunde erweckt ward, die ihm lebenslang so manche Freude brachte. Wie hätte der Knabe ahnen können, daß er im höhern Alter in solche Beziehung zu diesen Museen gelangen würde, die er einst mit heiliger Scheu betrat, die jetzt die Anfangs- und die Endpunkte seines wissenschaftlichen Lebens umschließen!)

Der Herausgeber.

Zwölfter Abschnitt.

Ruhezeit vom Jahre 1854 an.

II. Abtheilung.

Beschränkte Fortsetzung des früheren Lebens; Erfreuliches und Unerfreuliches im Wechsel nach irdischer Art; die Preußker-Stiftung.

Eintritt in die Ruhezeit.

Wie glücklich fühlte ich mich, als ich am 1. December 1853 nebst meinen, mir die Wirthschaft führenden beiden jüngsten Töchtern nach gerichtlicher Uebergabe aller rentamtlichen Gegen-

ftände an meinen Nachfolger, in meine Privatwohnung überfiedeln
und meine Ruhezeit beginnen konnte, in der mir meine rege Phan-
tafie nun ein faft beneidenswerthes Loos vorfpiegelte. Im Befitze
eines, bei befcheidenen Anfprüchen ausreichenden Ruhegehaltes,
völlig unabhängiger Herr meiner Zeit, und ohne alle gefchäftliche
Verantwortung, fchien mir ein fteter wiffenfchaftlicher Genuß,
und ein übriges vergnügtes Leben bevor zu ftehen — allein den
irdifchen Unvollkommenheiten gemäß, geftaltete es fich doch etwas
anders. Nicht nur, daß fchon die erften Tage durch ein, beim
Umzuge zugezogenes Unwohlfein der einen Tochter geftört wurden,
fo wechfelten auch übrigens mit manchen Freuden gar oft Sorge
und Noth wegen Krankheit und anderen unerfreulichen Verhältniffen der Angehörigen, deren Wohl ja doch mein fehnlichfter
Wunfch, mein Glück war, fo wie ein fpäter zu erwähnendes
Fußübel und manche bei den hohen Jahren eintretenden Mängel
eine eben nicht willkommene Zugabe waren. Deffenungeachtet
würde ich es für undankbar halten, nicht auch diefe Zeit immer
noch als eine im Allgemeinen günftige anzuerkennen, die befonders
bei fteter nützlicher Befchäftigung noch zahlreiche vergnügte Stunden
gewährte. Die Lebensweife blieb faft diefelbe wie früher, nur
daß nach einem erfrifchenden Morgenfpaziergange in meinem mit
Bücher-Repofitorien, mit Schränken und Pappkäften angefüllten
Studierftübchen während des Vormittags nunmehr Privatarbeiten,
fchriftliche Ausarbeitungen ernfter wiffenfchaftlicher Art, belehrende
Lectüre, Einordnen der Sammlungen, und dergleichen vorgenommen
wurden, wogegen in den erften Nachmittagsftunden meift Zeitungs-
lectüre, Briefwechfel, und ähnliche zufällige Befchäftigungen erfolgten. Die fpätern Stunden benützte ich tagtäglich, und wenn nur
irgend ausführbar, auch in der rauhen Jahreszeit zum Ergehen
im Freien, die fpätere Abendzeit aber zum Befuche gefelliger
Zirkel. Der Genuß der frifchen Luft fchien, feit früher Jugend
daran gewöhnt, mir eine Lebensbedingung zu fein, ohne welche
bald Unwohlfein, oder doch Mißmuth eintrat. Dem Spazieren-
gehen glaube ich auch das faft ftete Gefundfein — ich war in
dem langen Leben nur einigemal bedeutend krank — zu verdanken,
zugleich aber auch meiner einfachen und geregelten Diät.

Nach Aufftellung der Sammlungen ward die damals bereits
begonnene Selbftbiographie mit Liebe und Eifer vorgenommen,
und in der Regel Vor- und Nachmittags daran gearbeitet, bis

sie Mitte des Jahres 1856 beendigt war. Ich, höchst beglückt
darüber, diese schwierige Leistung vollendet zu haben, nahm mir
vor, recht vergnügt zu leben, und öftere Reisen zu unternehmen,
wie deren bereits früher zu meinen verheiratheten Töchtern und
so auch im Jahr 1854 in die Oberlausitz erfolgt waren, wo ich
besonders in meiner Vaterstadt Löbau für die dasige Bibliothek
mehr Eifer zu erwecken suchte, die ich auch öfters mit Büchern
und andern wissenschaftlichen Sammlungsgegenständen versah,
um desto mehr zur Nachfolge in Hinsicht ihrer Vermehrung, sowie
zu deren Benutzung anzuregen. Da trat kaum einige Wochen
nach jenem Schlusse der Biographie statt des gehofften vergnügten
Lebens — wie dies so oft bei erwarteten Freuden geschieht —
plötzlich ein unangenehmes Leiden, ein sehr schmerzhaftes Fußübel, Flechtenkrankheit mit Krampfaderbruch ein, deren Entstehung
man hauptsächlich dem früheren steten Arbeiten an einem Steh-
pult, Schuld gab. Es schien fast, als habe die Krankheit
auf die Beendigung jener Leistung gewartet, und es wäre auch
sehr übel gewesen, wenn dieselbe nicht vorher vollendet war, da
bei der Bearbeitung derselben stetes Herbeiholen der nöthigen
Materialien und andere, mit der Krankheit sich nicht vertragende
Beschäftigung erforderlich ward. Ich, der ich allen Schulbesuch
hinter mir zu haben wähnte, ward dadurch von Neuem in eine
solche, in die Schule der Geduld gesandt. Geduld war überhaupt meines sanguinisch-cholerischen Temperaments wegen, nie
meine Sache, und ich erwartete daher mit Ungeduld, daß die
Krankheit schon nach einigen Tagen beseitigt sein sollte; aber
vergeblich; aus Tagen wurden Wochen, und aus diesen Monate,
aus diesen Jahre, und es blieb dabei. Zu großer Beruhigung
gestaltete sich das Uebel schon nach einigen Wochen etwas besser,
und erlaubte, wenn auch mit sehr wechselndem Zustande bald
schlimmer, bald besser, bald mit, bald ohne dauernden Schmerz,
die täglichen, obschon meist beschränkten Spaziergänge, wie die
übrige gewohnte Lebensweise fortzusetzen. Dabei mußte nun Beruhigung gefaßt werden, da solche, meist lebenslänglich verbleibende,
jedoch nicht gefährliche Uebel zu vertreiben, wegen Gefahr für
edlere Theile, nicht für rathsam gehalten wird, so daß nur mil-
dernde, homöopathische Mittel zuweilen angewendet wurden.
Vielleicht ist dieses dauernde Uebel als ein Zügel oder Gängel-
band zu betrachten, damit ich in dem bequemen Ruhestande nicht

übermüthig werde, wie es nach der Vollendung der Selbst-
Biographie der Fall zu sein schien, damit mich vielmehr immer
etwas an der Erde Mängel erinnere. Es sollte doch wohl, wie
gewiß alle unverschuldeten üblen Geschicke zu fernerer Fortbildung
in Hinsicht des Gemüthes dienen. Ich dachte dabei oft an
Göthe's Mutter, die in ihrem höheren Alter, wenn sie ungedul-
dig war, sich oft auszankte: „Ei, schäme dich, alte Räthin! Hast
gute Tage genug gehabt, und mußt, wenn die bösen kommen,
nun auch mit ihnen fürlieb nehmen, und kein übles Gesicht machen,
wenn der liebe Gott Dir ein Kreuz auflegt; willst Du immer
auf Rosen gehen und bist über's Ziel, über 70 Jahre, hinaus?"
und dann ward es gewöhnlich besser, weil sie selbst nicht mehr
so „garstig" war — wie sie selbst sagt. — Ich äußerte im
Scherz darüber zuweilen zu meinen Töchtern: „Der liebe Gott
hat wohl vorausgesehen, daß ich bei dem sorgenlosen bequemen
Leben ihn leicht vergessen und zu ausgelassen werden könnte, und
gesagt: „Warte! warte! ich will Dir doch ein Klötzchen ans Bein
hängen, damit Du fein bescheiden bleibst, und der Erde Mängel
nicht vergißt." Und dabei blieb es auch.

Freilich machten sich nach und nach auch andere Zeichen des
höheren Alters immer bemerkbarer, und insbesondere versetzte mich
die steigende Schwäche und Blödigkeit der Augen in immer größere Besorgniß, wobei sich freilich auch nichts anderes thun ließ,
als dem guten Gott dabei zu vertrauen, der mich so lange Zeit
gnädig beschützt und geleitet hatte.

Die wissenschaftlichen Sammlungen

Diese können hier nicht unerwähnt bleiben, da sie von Jugend auf gleichsam mit mir verwachsen sind, zu meiner Fortbildung mit beitrugen, und selbst Stoff zu einigen Schriften darboten. Früher schon stets beachtet und gepflegt, gewährten sie
in der Ruhezeit eine erfreuliche Beschäftigung. Mein lebensläng-
liches Streben nach solchen reichhaltigen Sammlungen war nun
erreicht, und bei mir traf recht eigentlich Göthe's Ausspruch ein:
„Was in der Jugend man wünscht, das hat man im Alter die
Fülle." Ich bedaure es aber auch gar oft, daß ich mir nicht
auch von Jugend an eine Sammlung currenter Münzen gewünscht
habe, weil dann sicherlich eine solche sich mit eingefunden haben, und

von mir und den Meinigen ebenfalls stets sehr freundlich ange=
schaut werden würde, aber es wollte sich in keiner meiner Lebens=
perioden Gelegenheit zur Anlegung einer derartigen Sammlung
finden.

Ich besaß daher nur:

I. **Literarische Sammlungen.** A. Bücher. Zahlreiche Werke über
die mich sehr ansprechende allgemeine Encyklopädie und Literaturkunde der
Wissenschaft; ferner über Pädagogik, Lebensphilosophie, deutsche Sprachkunde
der frühern wie der neuern Zeit, Cameralistik und Gewerbkunde, Natur=
geschichte und Naturlehre; besonders reichhaltig Biographien, Geschichte und
Alterthumskunde, nebst den übrigen historischen Hülfswissenschaften, zumal in
Bezug auf Deutschland und Sachsen. Aber auch für Werke der ersten deutschen
Dichter war gesorgt. — B. Handschriften, und zwar a) die biographischen,
außer den schon erwähnten Biographie=Exemplaren, die 5 Bände Original=
schriften mit Diplomen, Verordnungen, fürstlichen, ministeriellen und sonst wich=
tigen Briefen nebst schriftlichen, gedruckten und bildlichen Beilagen ꝛc. 2 Bände
ausgewählten Briefen (von jedem Correspondenten 1—2, wogegen die übri=
gen Briefe in die Biographien und sonst vertheilt wurden) und 1 Exemplar
aller meiner Schriften (29 Bände) nebst der denselben beigefügten Recen=
sionen (gedruckt oder abschriftlich); b) die schon erwähnten umfangreichen
Collectaneen, mit Auszügen, Notizen, bildlichen Darstellungen über fast alle
Wissenschaften, zumal über die vaterländische Geschichte und Alterthumskunde,
sowie eigene handschriftliche Arbeiten vielseitigen Inhalts. — C. Samm=
lung zur Schriftkunde, Proben der Sprach= und Schriftarten aller Zeiten
und Nationen in Originalen oder Copien, zumal Urkunden und andere
handschriftliche Ueberreste aus dem Mittelalter, nach den Jahrhunderten
geordnet, bis zur neuern Zeit, orientalische und sonst merkwürdige und seltene
Schriften; ferner seltene Drucke und Anderes zur Geschichte der Buchdrucker=
kunst. — D. Autographen=Sammlung, nämlich eigenhändige Hand=
schriften berühmter Deutscher aller Stände, zumal seit einem Jahrhundert,
gegen 4000, in 40 Fascikeln in groß Quart=Format. Sie zerfällt in drei
Hauptabtheilungen a) Dichter, in 10 Unterabtheilungen, eine den Weimar=
schen Musenhof betreffend; b) Gelehrte aller allgemeinen Bildungs= wie
sämmtlicher Fachwissenschaften in 14 dergl. c) Praktiker, nämlich lebensthä=
tige Personen, Fürsten, Minister, Militairs, politische, religiöse, pädagogische
und andere Reformatoren und Sprecher, berühmte Reisende, Künstler und
Gewerbtreibende, Lebensweise und Sonderlinge, in 16 Unterabtheilungen. Sie
wurden systematisch, nach den Wissenschaften, Berufsarten ꝛc. und dann theils
chronologisch, theils alphabetisch geordnet; bei den Meisten befindet sich auf
einem Zettel die biographische Skizze der betreffenden Person, bei manchen
auch das Portrait beigefügt; wo eigenhändige Schriften fehlen, ersetzten Fac=
similes die Lücken. Die Anlegung dieser Sammlung erfolgte bereits Anfangs
des Jahres 1806, als solche zuerst zur Sprache kamen; die Bekanntschaft mit
Buchhändlern, Journal=Redacteuren ꝛc. begünstigte dabei besonders, und das
Meiste ward als Geschenk oder im Tausch, weniger durch Kauf erlangt. Ab=

18

gesehen davon, daß manche dieser Handschriften von interessantem Inhalte
sind, sowie, daß sich von den Schriftzügen auf den Charakter des Schreiben=
den schließen läßt; was vom Privatgelehrten Commissionsrath Adolph Henze
in Leipzig durch seine außerordentliche Begabung erwiesen ward, dienen sie
zugleich als Erinnerungszeichen, als werthe Andenken an verdiente Männer,
und überdies — was mir als Hauptsache galt — als ein Leitfaden der ge=
sammten neuen deutschen Literatur=, Kunst= und Culturgeschichte. In der
Ruhezeit ward diese Sammlung besonders sehr gepflegt und wegen ihrer
Bedeutsamkeit und systematischen Einrichtung ward sie ausnahmsweise im
„Handbuch für Autographensammler" von Günther und Schulze,
Leipzig, 1856, näher geschildert, zu welchem Werke, worin ich als Nestor der
Autographensammler bezeichnet ward (ich sammelte ja auch seit 60 Jahren)
ich dem erstgenannten Herausgeber zahlreiche handschriftliche Notizen über
solche Sammlungen mittheilte, welcher dagegen, sowie Buchhändler Zeune in
Berlin, mich öfters mit Autographensendungen erfreute. Ebenso wurden
solche gesammelte Notizen dem schon genannten Adolph Henze für seine Hand=
schriften=Deutung 1862 mitgetheilt, da ich an seiner Kunst wegen zahl=
reichen Erfahrungen hinsichtlich ihres überraschenden Zutreffens regen An=
theil nahm.

Da solche Sammlungen in ihren Mappen gewöhnlich unbenutzt verblei=
ben und nur etwa darum ansuchenden Liebhabern vorgezeigt werden, so wies
ich in Günther's Organ für Handschriften=Sammler 1859 Nr. I. darauf hin,
sie mehr nutzbar zu machen und mehr der Oeffentlichkeit zu widmen, z. B. bei
festlichen Gelegenheiten ꝛc. und zeigte die Ausführbarkeit dieses Vorschlags,
indem ich bei einer Geburtstagsfeier des Königs meine Autographen sächsischer
Fürsten, Minister ꝛc. auf Tischen, unter Glastafeln gelegt, den Theilnehmern
zur Ansicht darbot, was auch mit Dank anerkannt wurde. — Unter der Auf=
schrift: „Ueber meine Autographen=Sammlung" theilte ich in derselben Zeit=
schrift das vollständige System, wie die übrige Einrichtung derselben mit.

II. **Naturhistorische.** A. Conchylien= und B. Mineralien=Samm=
lung (oryctognostische, geognostische), beide nur die hauptsächlichsten Gattun=
gen und Arten enthaltend, und zu einem belehrenden Ueberblick dieser Natur=
gegenstände genügend, nebst einigen physikalischen Apparaten aus der Jugend=
zeit, wogegen die in derselben angelegten Eier=, Holz= und anderen Samm=
lungen seitdem schon längst verschenkt und vertauscht waren.

III. **Historische Sammlungen.** A. Eine kleine, wenig kostspielige
Münzsammlung; nur eine Anzahl antiker mittelalterlicher, besonders sächsischer,
sowie orientalischer Münzen enthaltend, wozu mehrere Bracteatenfunde in der
Nähe meines Wohnortes viel beitrugen. In geographisch=chronologischer Folge
geordnet, dient sie zu einem Ueberblick der Münzkunde und zugleich zu einiger
Kenntniß der Wappen und Schriftzüge, Prägarten ꝛc., wie solche Sammlun=
gen in den „Blicken in die Vorzeit" Band III. S. 182 (bei Beschreibung
sächsischer Silberblechmünzen) für unbemittelte Liebhaber als ausreichend an=
gerathen wurden. B. Eine Sammlung von Urkundensiegel, Abbrücken
in Gyps, ebenfalls zur Schrift=, Wappen= und Costümkunde des Mittel=
alters dienend, sie enthält eine sehr vollständige Reihe der deutschen Kaiser,

sächsischer Fürsten und überdies die Siegel sächsischer Städte und geistlicher Stifte. Endlich C. die Alterthümer-Sammlung: Wappen und Werkzeuge, Schmucke, Gefäße und andere Geräthschaften von Kupfer (Bronze), Eisen, Stein, Thon ꝛc., zumal germanischen, zum Theil auch celtischen, slavischen und römischen Ursprungs.

Die, wie schon erwähnt, 1853 an die Königliche Antiken-Sammlung zu Dresden abgegebene und daselbst besonders aufgestellte Hauptsammlung bestand in ungefähr 600 Nummern, welche meist durch zahlreiche Nachgrabungen in der Nähe wie Ferne, viele aber auch durch Geschenk und Tausch von auswärts erlangt wurden und wovon zahlreiche Gegenstände in den „Blicken in die Vorzeit" beschrieben und abgebildet worden sind. Durch die bei jener Abgabe zurückbehaltenen Doubletten und zahlreiche neu erlangte Gegenstände, hat sich wiederum eine kleine Sammlung von einigen Hunderten solcher Alterthümer gebildet, welcher auch einige ägyptische Idole, wie mittelalterliche Gegenstände, alte Glasgemälde, chinesische Götzen und ähnliche Seltenheiten beigefügt wurden. Ich glaubte nach Abgabe jener Sammlung mit der Alterthumsforschung abgeschlossen zu haben, allein ich wurde immer wieder von derselben und ihren interessanten Ergebnissen in Beschlag genommen. Die schon erwähnten, mehrmals gedruckten und in weiten Kreisen vertheilten Aufforderungen, mich von alterthümlichen Funden vor deren Einschmelzen oder sonstigem Vernichten in Kenntniß zu setzen, hatten immer noch günstigen Erfolg. Man denke sich meine freudige Ueberraschung, als mich 1856 ein Kupferschmied zu sich bestellte und mir einen Korb voll bronzener Ringe, Lanzenspitzen, Celts, Sicheln und andere altgermanische Werkzeuge und Geräthe zum Kauf anbot, während ich sonst nur mühsam einige solche Gegenstände erlangt hatte. Sie waren bei Weißig, unfern Skassa und der Elbe (gegen 1½ Stunde von Großenhain) beim Ackern in einigen großen thönernen Gefäßen gefunden und zum Einschmelzen hierher gebracht worden. Dies war ein glücklicher Tag für mich! Der Fund ließ wegen dabei befindlichen zum Umgießen bestimmten Kupfermassen ꝛc. auf eine einstige germanische Metallschmelze schließen, welche Annahme zur Gewißheit wurde, weil ich fast gleichzeitig mehrere, noch näher nach Großenhain zu, auf Zschauitzer Feldern gefundene steinerne Gießformen erlangte, welche zum Gießen eben solcher gefundener Lanzenspitzen, Sicheln ꝛc. gedient haben mußten. Ich versäumte nicht, dies so äußerst seltene

18*

Ergebniß in mehreren dazu geeigneten Zeitschriften, z. B. in Heft X. der Mittheilungen der sächsischen Alterthumsvereine zu Dresden, zugleich mit dem Antrage auf eine so wünschenswerthe archäologische Geographie Sachsens nebst Karte 2c. und ebenso in der Zeitschrift „Sachsengrün" 1861 Nr. 11 mit Hinweisung auf Spuren früheren Kupferbergbaues in hiesiger Gegend, zur öffentlichen Kenntniß zu bringen. Erwähnte Auffindung erschien als ein sehr interessantes Ergebniß in Bezug auf die vaterländische Culturgeschichte der frühesten germanischen Zeit und weist auf ein reges Leben in unserer Elbgegend hin, was ich auch wegen andern ähnlichen Auffindungen bereits vermuthet hatte.

Eine gleiche Freude ward mir zu Theil, als sich im Jahre 1853 und 54 zwei bedeutende Funde mittelalterlicher Münzen von Silberblech (Bracteaten) meist von sächsischen Fürsten in und bei Großenhain ergaben, wovon ich eine bedeutende Anzahl erlangte. Doubletten davon, wie von jenen bronzenen, germanischen Alterthümern wurden theils vertauscht, theils an befreundete Vereine, Bibliotheken 2c. als Geschenk überlassen. Das Hauptsächlichste der zuletzt genannten Ueberreste aber ward meiner frühern, in der Antiken-Gallerie aufgestellten Alterthümer-Sammlung nachträglich beigegeben, wodurch dieselbe zu einer bedeutenden Sammlung germanischer Alterthümer anwuchs. Da es an einem gedruckten übersichtlichen Verzeichniß dieser in einem besondern Zimmer aufgestellten Sammlung noch fehlte, so ward ein solches von mir bearbeitet und unter dem Titel: „Uebersicht der, mit der Königlichen Antiken-Sammlung zu Dresden vereinigten Preusker'schen Sammlung vaterländischer Alterthümer, Großenhain 1856, 1½ Bogen mit 1 lithog. Tafel" in Druck gegeben, welche, sowie der Hauptcatalog der Gallerie, billig im Vorzimmer derselben zu erlangen ist. In Hinsicht neuer Auflagen dieser kleinen Schrift hat das Ministerium des Königlichen Hauses, laut Erlaß vom 9. Januar 1850 zu sorgen versprochen. Einige hundert Exemplare davon wurden jedoch befreundeten Personen, Bibliotheken, wie anderen Bildungsanstalten und Vereinen in und außerhalb Sachsens als Geschenk versandt und ebenso eine gleiche Zahl an sächsische Gymnasien und Schullehrer-Seminarien zur Vertheilung an dazu besonders geeignete Schüler abgegeben, um dadurch die Neigung zu gleicher vaterländischer Alterthumsforschung zu erwecken.

Uebrige wissenschaftliche sowie gemeinnützige Beschäftigungen.

Reichliche Beschäftigung gewährte die Fortführung und Beauf=
sichtigung der von mir gegründeten Anstalten. Besonders gab
die Sonntagsschule mir fast immer etwas zu thun, und die mir
vorbehaltene Annahme persönlicher Anmeldungen neuer Schüler
gab Veranlassung, zu fleißigem Schulbesuch zu ermuntern. Zum
25jährigen Stiftungstage der Sonntagsschule wurde von
mir Anfang Januar 1855 eine in derselben veranstaltete Schul=
feierlichkeit abgehalten, wobei, wie einer der dabei auftretenden
Redner, Superintendent Dr. Hering, erwähnte, zugleich für
mich, als den Gründer und Leiter der Anstalt, ein 25jähriges
Jubiläum verbunden sei. Zu dieser Feier gab ich eine kurze
Geschichte der Anstalt unter dem Titel: Historischer Ueber=
blick der gewerblichen Sonntagsschule zu Großenhain, Gedenk=
blatt zur Feier ihres 25jährigen Bestehens 2c., Großenhain 1855,
heraus, von welchem ich ebenfalls Exemplare an auswärtige
Sonntagsschulen versandte, um gleichsam wieder ein Lebenszeichen
zu geben, da der frühere Briefwechsel mit ihnen mehr und mehr
unterblieben war.

Ferner verursachte die Fortführung des ebenfalls schon ge=
dachten Lesezirkels belletristischer und literarischer Journale,
manches Unangenehme, bot aber auch die Annehmlichkeit dar,
Alles zuerst zu erlangen; ebenso hatte der schon geschilderte,
zu Gunsten der Stadtbibliothek gegründete Bücher=Lesezirkel die
Schwierigkeit, bei der jährlichen Auswahl der Schriften, die
wegen geringen Lesegeldes billig erlangt werden mußten, wenn
auch unmöglich Allen, doch der Mehrzahl der Leser Genüge zu
leisten.

Die 5. Auflage der Bibliothek=Beschreibung erschien als Fest=
schrift, worin das 25jährige Bestehen der Anstalt zur Sprache
gebracht wurde. Zu den Druckkosten gewährte das Cultusmini=
sterium einen Zuschuß, wogegen ich 50 Exemplare an andere
Städte vertheilte. Auf ein dem Könige Friedrich August
überreichtes Exemplar erfolgte ein Geschenk von 20 Thalern,
welches ich zum Ankauf einer kleinen Conchylien=Sammlung ver=
wendete, welche mit der in der Bibliothek schon vorhandenen ein
sehr ansprechendes Ganze bildete. Im Jahre 1860 ward ein

Nachtrag zu jener Bibliothek-Beschreibung und im Jahre 1864, wegen bedeutender Vermehrung der Bücher und Sammlungen, eine neue, 6. Auflage derselben erforderlich, deren Kosten meist von der Stadt übertragen wurden. Ich fand mich aber zuweilen auch zu anderen Aufsätzen veranlaßt, so z. B. in Folge eines an mich ergangenen Antrags des Bürgermeisters Müller in Chemnitz, wegen eines Beitrags zu dem von ihm zu Gunsten einer milden Stiftung herausgegebenen „Johannes-Album" (Chemnitz 1857 (S. 289 — 295) zu einer Abhandlung „Ueber Orts-Annalen und Tagebücher", worin ich diese beiden so wichtigen Gegenstände dem Publikum nochmals bringend an das Herz zu legen suchte.

Auch glückte es mir, das wahre mittelalterliche und seit den Stadtbränden gänzlich vergessene Großenhainer Stadtwappen in einem Urkundensiegel-Abdruck von auswärts zu erhalten, was umso erfreulicher war, als in neuerer Zeit, wahrscheinlich nach einem undeutlichen Abdruck des früheren ein völlig unrichtiges gebraucht ward. Von ersterem wurde von mir im Wochenblatte, wie im städtischen Kalender für 1866 Nachricht gegeben, auch zur künftigen Beachtung ein Abdruck dem Rathsarchiv und der Bibliothek überlassen, wonach der Stadtrath ein das alte Wappen getreulich darstellendes Siegel fertigen ließ.

Wie früher blieben mir die Schriften von und über Göthe, Schiller, Herder, Franklin, Zschokke, Humboldt, Carus, Schubert und andere ausgezeichnete vielseitig thätig gewesene und lebensweise Männer meine liebste Lectüre; um aber auch mit der neuern Literatur fortzugehen, las ich Werke neuerer, guter Schriftsteller, besonders mich stets ansprechende Biographien und Reisebeschreibungen, sowie zur Abwechselung launige, anregende Erzählungen und andere humoristische Schriften. Vor Allen aber waren Göthe, wegen seiner Universalität, und Franklin, als Musterbild lebensweisen und lebensthätigen, Bildung fördernden Wirkens, meine Lieblingsschriftsteller und Ideale.

Außerdem gewährte die Ausarbeitung mehrerer Auszüge aus der Selbst-Biographie eine erfreuliche Beschäftigung. Da nämlich nur zwei Exemplare derselben vorhanden waren, die sämmtlichen Kinder aber ein solches Andenken für sich zu erlangen wünschten, so bearbeitete ich in den Jahren 1857 und 1858 einen ausführlichen Auszug derselben in mehreren Bänden und ver-

theilte sie in mehreren Abschriften mit Exemplaren der heraus=
gegebenen kleinern, wie mit Bruchstücken der größern Schriften
unter dieselben und versah sie mit dem Titel: „Erlebnisse und
Bestrebungen eines Geschichts= und Volksbildungsfreundes."

Die fortwährende Beschäftigung, wozu bei noch verbleibender
Muße besonders die Handschriften=Sammlung mit aushelfen mußte,
war für mich sehr wohlthätig, da ich dabei mein Fußübel und
anderes Unangenehme meist vergaß und mich dadurch möglichst
zufrieden und heiter fühlte. Ich freute mich, daß ich fast jedes
Jahr noch eine kleine Schrift, oder wenigstens Aufsätze drucken
lassen konnte, um mit der literarischen Welt noch in einiger Be=
rührung zu bleiben. Jährlich besuchte ich auch gern mehrmals
die Residenz, um durch Gespräche mit befreundeten Gelehr=
ten und durch Besuch meiner dortigen wie anderer Sammlungen
mir neue literarische Belebung und reichen Stoff zu späterem
Nachdenken zu holen. Weitere Reisen mußten wegen meines
Fußleidens unterbleiben, selbst auch die zu meinen Kindern, welche
mich, sowie die zahlreichen Enkel, dagegen zuweilen mit ihrem
Besuche erfreuten.

Die höheren Jahre.

Auch diese Jahre, von denen man manchmal sagen möchte,
sie gefallen mir nicht, brachten mir manches Erfreuliche, so z. B.
ward ich an meinem 74. Geburtstage (1860) höchst angenehm
dadurch überrascht, daß mir das geschmackvoll verzierte Ehren=
bürger=Diplom meiner Vaterstadt Löbau durch drei von dort
abgeordnete Deputirte überreicht ward.

An einem früheren Geburtstage (1857), an welchem ich alle
meine Kinder um mich versammelt hatte, wurde mir die Freude
zu Theil, vom König Johann, der eben zu einer Revue in Gro=
ßenhain ankam, schon von Weitem mit den freundlichen Worten
begrüßt zu werden: „Ach sieh' da, mein Preusker, wie geht es?"
mich Andern als einen alten Bekannten vorstellend. Ebenso
erfolgte eine ähnliche Begrüßung bei einer gleichen Ankunft im
Jahre 1863, wo der König auf sein weiß gewordenes Haupt
und das meinige deutend, ausrief: „Alte Veteranen! meine Haare
sind auch weiß geworden, wie geht es? ꝛc." War ich doch dem=
selben und dem verewigten König Friedrich August schon seit

30 Jahren bekannt geworden, durch manches freundliche Hand=
schreiben, sowie stete Zuziehung zur Tafel bei deren Anwesenheit
im Orte beehrt worden.

In diesen Jahren kam auch der, von den Verwandten ge=
wünschte und auch von den schon erwähnten gütigen Freunden,
welche meine Selbst=Biographie gelesen hatten, bringend ange=
rathene Druck eines Biographie=Auszugs zur Sprache. Die mehrere
Jahre in Anspruch nehmende Bearbeitung eines solchen, für die
Oeffentlichkeit bestimmten Auszugs, verursachte manche Mühe,
gewährte aber auch zugleich eine erfreuliche Wiedererinnerung
an fröhliche Zeiten, wodurch sich der Geist immer von Neuem
anfrischte. Den Druck desselben habe ich jedoch der Zukunft über=
lassen, die Vervollkommnung des Manuscripts jedoch stets im
Auge behalten.

Der frühere mannichfache Briefwechsel hatte sich nach und
nach so vermindert, daß kaum in einem Monate so viel Briefe
eingingen, als in den vorherigen Jahrzehnten oft an einem Tage;
am öftersten fand er noch mit Pescheck statt, welcher jedoch 1861
mir durch den Tod entrissen ward, und dem man wegen seiner
Verdienste um den von ihm historisch erforschten und unzählige
Mal bestiegenen Oybin, auf diesem ein Denkmal setzte; dann mit
Klemm, der jedoch 1867 auch heimging, ferner mit einigen neuen
Freunden und mit meinem erblindeten Vetter Eichler in Mainz,
dessen ihn treulich pflegende Tochter deshalb von einer dortigen
Stiftung ein sehr ansehnliches Ehrengeschenk und den damit ver=
bundenen Namen einer „Rosenjungfrau" erhielt. — Uebrigens
gab es außer der Fortführung der hiesigen Anstalten noch immer
in diesen hohen Jahren auch nach auswärts manche Rathschläge
in Hinsicht zu gründender Fortbildungsanstalten zu ertheilen, oder
auch unaufgefordert solche freudig zu begrüßen, wobei gewöhnlich,
wie früher bei gleicher Veranlassung, Bücher und Sammlungs=
Doubletten zur weiteren Ermunterung beigefügt wurden, da es
oft der Fall ist, daß die Ortsbewohner sich dann mit desto mehr
Interesse solcher Anstalten annehmen, wenn sie sehen, daß diese
auch von auswärts geschätzt und begünstigt werden.

Bei meinem höhern Alter mußte ich fürchten, daß bei
so leicht eintretender plötzlicher Krankheit und bei schnellem Ableben
die von mir bisher fortgesetzte Leitung der Sonntagsschule und
der Stadtbibliothek wohl Stockung erleiden könne, da Niemand

Anderes so genau damit bekannt war, man mich vielmehr seit langen Jahren ungestört dabei allein hatte schalten und walten lassen. Deshalb wurde auf meinen Antrag im Jahre 1862 zu meinem Stellvertreter in Verhinderungsfällen bei der Bibliothek und Sonntagsschule der jedesmalige Schuldirector Seiten der Behörden ernannt. Ich konnte nun hoffen, das gedeihliche Bestehen jener Anstalten auch späterhin, wenn ich nicht mehr wirken kann, möglichst gesichert zu sehen. Eine wichtige Lebensregel ist es überhaupt, zeitig an den Rückzug zu denken und durch Vorkehrungen den Nachkommen Schwierigkeiten zu ersparen. Deshalb ward z. B. die noch im Besitz befindliche Sammlung germanischer Alterthümer zur Vervollständigung der schon in der Dresdner Antiken-Gallerie befindlichen letzterer zugesichert.

Aus derselben Ursache vertheilte ich auch eine Anzahl Bücher, sowie Abtheilungen der vielen Collectaneen mit Auszügen, Notizen rc., nebst zahlreichen Abbildungen über die sächsische und oberlausitzische Geschichts- und Alterthumskunde, so auch einen Theil des Briefwechsels, welcher schon längst zur einstigen Abgabe an die Bibliotheken zu Großenhain und Löbau nach meinem Ableben bestimmt war, um vielleicht späteren Geschichtsfreunden zu nützen, immer im Voraus an dieselben. Ich zögerte erst lange wegen des Zweifels, ob sich jene Collectaneen auch für Bibliotheken eignen würden, doch mein um Rath befragter Freund Klemm, der schon früher zu derartiger Aufbewahrung gerathen hatte, beruhigte mich darüber, indem er schrieb: „Diese Schriften sind ein schönes Beispiel des Fleißes und als solches können sie noch nach langen Jahren nützen. Der Himmel führt z. B. einen jungen Mann in die Bibliothek; er hat den Drang nach Belehrung und es ergeht ihm wie Ihnen; allein in seinem Kreise findet er keine Anleitung dazu, und da sieht er Ihre Hefte und fühlt sich ermuthigt; das Beispiel ist gewaltig. Er sieht nun, wie eine solche Sammlung in gehöriger Ordnung sich schafft. Sie glauben mir und wissen gleich mir wohl selbst, wie anregend solche Sachen auf junge Leute wirken. Dann können Ihre Collectaneen noch in später Zukunft segensreich sein."

Obwohl ich die frühere Lebensweise möglichst auch in diesen höhern Jahren fortsetzte, mußte doch nach und nach das Weggehen in den spätern Abendstunden unterbleiben; da aber auch das Lesen bei Licht nicht mehr ausführbar war, so wurde mir das Pianoforte eine Quelle der Erholung.

Der Tag wurde dann gewöhnlich zum Andenken an die un= vergeßliche Gattin, deren Grab ich bei den Morgenspaziergängen auch öfters besuchte und zugleich zur Erinnerung an andere schon vorangegangene theuere Verwandte durch das Spielen eines Verses des Lieblingsliedes der ersteren: „Wie sie so sanft ruh'n 2c." beschlossen.

Wenn ich zuweilen über die Beschwerden des Alters, zu= mal über mein Fußleiden klagte, so erinnerten mich die theil= nehmenden Töchter an das treffliche, viel Wahrheit enthaltende Gedicht des Chamisso: „Die Kreuzschau". Ein Pilger, wohl wissend, daß jedem Sterblichen ein Kreuz zu tragen auferlegt werde, beklagte sich, daß das seinige zu schwer sei. Eine höhere Hand versetzte ihn, so träumte er, in eine große Halle mit lauter Kreuzen und eine Stimme rief: „Wähle dir daraus!" Der Pilger fand aber alle und besonders ein goldenes als das schwerste. Als er am Ende der Reihe war und das letzte prüfte, bat er um dieses, weil es ihm am leichtesten, für ihn am passendsten erschien, und siehe da, als er es näher betrachtet, fand er, daß es das seinige war, was er dort abgelegt hatte. Er lud es auf sich und trugs nun sonder Klage.

Deutsche Nationalfeste (1863 und 1865) und der deutsche Bruderkrieg (1866).

Man hatte längst über die Unzulänglichkeit des Bundestages und den nicht festen Zusammenhalt der deutschen Fürsten geklagt und eine Einheit des deutschen Volkes und daher auch kräftigeres Auftreten desselben gegen das Ausland gewünscht. Man wähnte dieselbe durch veranstaltete Nationalfeste herbeizuführen. Schiller's Name und Verehrung, als einer der ersten deutschen Dichter, sollte das deutsche Volk zur Eintracht führen und es fehlte nicht an Schillerfesten mit einer Schiller=Lotterie im Gefolge, deren bedeutender Ueberschuß einer sehr erfreulichen Schiller=Stiftung überlassen ward, indem die Zinsen zur Unterstützung bedrängter Schriftsteller bestimmt wurden. Ferner veranstaltete man Schützen=, Turner= und Sängerfeste; die erstgenannten in den Jahren 1863 und 1865, wo die geübtesten Schützen Deutschlands und der

Schweiz sich in großer Zahl einfanden und wobei es hohe Preise zu erringen gab. 1863 im August fand in Leipzig ein großartiges Turnfest und im October das 50jährige Jubelfest der Schlacht bei Leipzig, 1865 aber in Dresden ein ebenso glänzendes Sängerfest statt, zu welchen über 20,000 Theilnehmer aus allen Gauen Deutschlands und wohl mehr als ebensoviel Zuschauer aus der Nähe und Ferne zuströmten. Die Feststädte hatten jede gegen 50 bis 60,000 Thlr. Zuschuß zu den enormen Kosten zu übertragen. Es wurde dabei eifrig geturnt, gesungen und getrunken, auch fehlte es nicht an Festessen, geistreichen Festreden und Fraternisirungen der für Deutschlands Einheit enthusiastisch begeisterten Jugend; so manche Brüderschaft ward geschlossen, auch wohl interessante Bekanntschaft angeknüpft und einige Tage höchst vergnügt verlebt, an die man sich später noch mit viel Vergnügen erinnerte. Phantasiereiche Personen hatten vielleicht vermuthet, daß bei einer Revolution alle jene jungen Männer aus ganz Deutschland herbeieilen, sich um Führer schaaren und dadurch eine einflußreiche Macht zur Einigung des Vaterlandes bilden würden; allein abgesehen von der Schwierigkeit und wohl völligen Unausführbarkeit dieser Idee, schwand dieselbe durch den 1866 so unerwartet eintretenden deutschen Bruderkrieg zwischen Preußen und den übrigen deutschen Staaten.

Die despotische Behandlung Schleswig-Holsteins, Seiten der Dänen führte 1865, wie schon 1849, zu einem Feldzuge der vereinigten österreichisch-preußischen Armee (nebst Sachsen und Hannoveranern) gegen erstere, welche dadurch aus den beiden Herzogthümern vertrieben wurden. Da jedoch die beiden Großmächte Deutschlands sich nicht über deren Oberherrschaft vereinigen konnten und Preußen dieselben schon längst an sich zu ziehen beabsichtigt hatte, so erklärte es 1866 Oesterreich und den mit diesen am Bundestage festhaltenden Staaten, nachdem es Oesterreichs Austritt aus Deutschland und die Unterwerfung der Mittelstaaten unter preußische Oberhoheit verlangt, aber nicht bewilligt erhalten hatte, unerwartet den Krieg und am 16. Juni erfolgte fast ungeahnt der Einmarsch einiger preußischer Armeecorps in Sachsen, während andere in die österreichischen Lande eindrangen. — Da das kleine sächsische Heer mit den Preußen sich nicht allein in den Kampf einlassen konnte, so zog sich König Johann

mit demselben nach Böhmen zurück, um sich mit dem österreichischen
Heere zu vereinigen. Dieses aber, durch den gleichzeitigen Krieg
mit Italien sehr geschwächt und unter völlig unfähigen Heer=
führern mit ungenügender Ausrüstung und mit zum Theil un=
getreuen, zum Feinde übergehenden ungarischen und italienischen
Truppen, vermochte allerdings der weit stärkeren und gutgeschul=
ten preußischen Armee unter einsichtsvollen und kriegsgeübten
Generalen und überdies mit neu erfundenen schnell zu ladenden
Zündnadelgewehren versehen, nicht Widerstand zu leisten und
wurde in den blutigen Schlachten bei Gitschin, Königgrätz 2c.
total geschlagen und zur Flucht genöthigt. Die sächsische Armee
unter dem muthigen Kronprinzen Albert benahm sich dabei so
tapfer, daß selbst die Preußen ihr diesen Ruhm zugestanden,
und deckten sogar die Oesterreicher noch auf der Flucht. Bei
dem Friedensschlusse zwischen Preußen und Oesterreich zu Prag
ward zwar das Fortbestehen Sachsens erlangt, jedoch mit man=
cher Beschränkung der Souveränität und der Nöthigung zu dem
beabsichtigten Norddeutschen Bunde unter Preußens Oberherrschaft
zu treten, wogegen Hannover, Nassau und Kurhessen von Preu=
ßen völlig in Besitz genommen und deren Fürsten zur Flucht
genöthigt wurden. Die, wie die Oesterreicher, ebenfalls ungenü=
gend ausgerüsteten und schlecht angeführten südbeutschen Armee=
Corps wurden von den Preußen ebenfalls geschlagen und zu
einer Contribution und der Zusicherung, im Kriegsfalle zu Preu=
ßen zu stehen, genöthigt. Es schien vom Geschick nun einmal
eine Aenderung von Deutschlands Verfassung bestimmt zu sein.
Bei meiner treuen Anhänglichkeit an König und Vaterland ver=
blieb ich auch während des Kriegs in größter Besorgniß, bis
der allgeliebte König Johann Anfang October wiederum in seine
Residenz unter großem Jubel der Bevölkerung einzog und dankte
dem Himmel, daß die erst befürchtete Annexion des Landes als
preußische Provinz nicht erfolgte.

Während des Kriegs, von dem Großenhain verhältniß=
mäßig wenig belästigt ward, traf jedoch unsere Familie ein harter
Schlag, indem mein, mit so klarem Verstande und humanem
Sinne begabter Schwiegersohn Dr. Battmann uns durch das
Nervenfieber entrissen ward; seinen Verlust bedauerte nicht nur
seine Wittwe und die 4 Söhne, sondern auch die Stadt und Um=
gegend, da er geschätzt und beliebt war und sich nicht nur als

geschickter Arzt, sondern auch durch einsichtsvolles Mitwirken
bei städtischen Angelegenheiten Verdienste erworben hatte.

Die Preußler-Stiftung.

Wie es den Landmann mit inniger Freude erfüllt, wenn er
draußen auf dem Felde seine Saat aufgehen, wachsen und ge=
deihen sieht, so erging es auch mir, wenn ich Gewerbvereine hier
und da kräftig emporkeimen, sich ausbreiten und wohl auch
manche reiche Frucht bringen sah. Geschah es nun, daß man
meiner noch gedachte und dem durch zahlreiche Begrüßungs=
Telegramme, sowie durch Zusendung von Diplomen Ausdruck
verlieh, so war ich ja zufrieden und ahnte nicht, daß mir noch
eine mich sehr ehrende Anerkennung zu Theil werden sollte.

Am Stiftungsfeste des Großenhainer Gewerbvereins im
November 1865 wurde von Dr. Meng die mit den Vorstands=
mitgliedern des Dresdner Gewerbvereins, Oberinspector Tauberth,
Dr. Renßsch und Schuldirector Clauß (welch' letzterer, durch
meine Schriften angeregt, eine abendliche Handwerkerschule in
Dresden gegründet und meiner bei Besuch auswärtiger Gewerb=
vereins=Versammlungen öfters gedacht hatte) bereits vorläufig
besprochene, auch von dem hiesigen Bürgerschullehrer Hofmann
sehr begünstigte Idee, ein bleibendes Andenken meiner Bestre=
bungen zu gründen, vorgetragen und erlangte allgemeinen Bei=
fall. Von dem hiesigen und dem Dresdner Vereine erfolgte nun,
jedoch zu umso größerer Ueberraschung vor mir völlig geheim
gehalten, das Weitere in der Sache.

Das von beiden Vereinen unterm 7. Februar 1866 erlassene,
von Dr. Meng und Dir. Clauß unterzeichnete, an alle sächsischen
Gewerbvereine abgesendete Circular begann folgendermaßen:

„In Großenhain lebt in einem Alter von 80 Jahren (geb. 22. Sept. 1786)
der emeritirte Rentamtmann, Ritter ꝛc. Preußler, der Vater der sächs.
Gewerbvereine, der Veranlasser und zum Theil auch Begründer vieler Sonn=
tagsschulen ꝛc.

Seit den zwanziger Jahren hat derselbe seine Kraft den Interessen der
Gewerbtreibenden gewidmet; mit unermüdlichem Fleiße und eiserner Ausdauer
und unterstützt durch reiches Wissen hat er durch Wort, Schrift und That
gestrebt, den Gewerbstand Sachsens zu heben. Wer sollte nicht seine Schrif=
ten kennen, die seinen Ruhm weit über Sachsens Grenzen hinausgetragen
haben? Wir erinnern nur an seine „Bausteine", seine „Bürgerhalle", seine
„Förderungsmittel der Volkswohlfahrt", seine „Volksbibliothek" ꝛc. ꝛc.

Um nun diesen Mann noch bei seinen Lebzeiten in würdiger Weise zu ehren und ihm zu zeigen, daß man bei dem Emporblühen der Gewerbevereine, der gewerblichen Bildungsanstalten und der gesammten vaterländischen Industrie den treuen Gärtner nicht vergessen hat, dessen unablässiges Mühen während der Jahre seiner Manneskraft zu ihrem Gedeihen wesentlich beigetragen hat, um ihm zu zeigen, daß man ihn heut noch ebenso hoch schätzt, als damals, wo jeder sich bildende Gewerbeverein ihm ein Ehren-Mitglieds-Diplom übersendete, haben die Gewerbevereine zu Großenhain und Dresden beschlossen, sich gemeinschaftlich an sämmtliche sächsische Gewerbevereine mit dem Ersuchen zu wenden,

einen Beitrag zu einer Preußler-Stiftung zu verwilligen.

In welcher Weise diese Stiftung einzurichten, ob eine Freistelle für einen befähigten, aber nicht bemittelten jungen Gewerbsmann an irgend einer gewerblichen Bildungsanstalt zu gründen sei oder dergl., das soll dem praktischen, auf das Wohl der Gewerbtreibenden gerichteten Sinne des Herrn Rentamtmann Preußler überlassen werden.

Und somit richten wir an den geehrten Bruderverein die herzliche Bitte, bis zum 20. d. M. sich zu erklären,

mit welchem Beitrage derselbe sich an der den ganzen sächsischen Gewerbestand ehrenden Preußler-Stiftung betheiligen wolle,

und ersuchen, die Erklärung 2c. an den Vorstand des Großenhainer Gewerbevereins zu adressiren."

Der Erfolg war ein sehr günstiger und da zahlreiche Vereine ihren Beitritt erklärten, so konnte die Stiftung als begründet angenommen und die Abfassung der Statuten derselben ausgeführt werden. Der Eingang derselben lautet:

„Mittels eines an die sämmtlichen Gewerbvereine des Königreichs Sachsen unterm 7. Februar 1866 erlassenen Circulars der Gewerbevereine zu Großenhain und Dresden wurden dieselben zu Beiträgen für eine Stiftung zu Gunsten junger Gewerbtreibender aufgefordert, welche zum Andenken an den seit 40 Jahren durch seine, auch außerhalb Sachsens rühmlichst anerkannten, so erfolgreichen Bestrebungen für Gründung und Fortführung von Gewerbvereinen, Sonntagsschulen, Lesevereinen, Volksbibliotheken 2c. und überhaupt für Gewerbfleiß und Volksbildung durch Schrift und That so verdient gewordenen, bereits im 80. Jahre stehenden Rentamtmann Preußler zu Großenhain, dessen Namen

„Preußler - Stiftung"

führen soll. Da sich eine bedeutende Anzahl jener Vereine sogleich zu Beiträgen bereit erklärte, so ward die Stiftung als begründet betrachtet, und indem dem Rentamtmann Preußler — vor dem zu dessen größerer Ueberraschung das Vorhaben bis zum Abschluß verborgen gehalten war — die Bestimmung des näheren Zweckes und der Einrichtung überlassen blieb und derselbe es für wünschenswerth erklärte, daß die Zinsen des Stiftungscapitals zu Stipendien für befähigte und strebsame, aber nicht bemittelte junge Gewerbtreibende gewährt würden, um ihnen den zu ihrer weiteren Ausbildung

gewünschten Besuch einer sächsischen technischen Anstalt oder höheren Gewerbschule zu erleichtern, so ward dies als Zweck der Stiftung aufgestellt und in
Bezug auf deren Verwaltung ebenfalls nach seinem Vorschlage Nachstehendes
festgesetzt.

Die Verwaltung dieser Stiftung erfolgt durch ein Comité oder einen
Verwaltungsrath, aus den Vorstehern dreier Gewerbvereine bestehend, und
zwar des zu Großenhain, zu Dresden und eines dritten (vorjetzt zu Löbau,
als Vaterstadt des Rentamtmann Preußler), welcher künftig von den drei
Mitgliedern des Comités aller drei Jahre neu gewählt wird, und welche
zuerstgenannten beiden Vereine alljährlich abwechselnd die Geschäftsführung
der Stiftung übernehmen. Diesem Comité kommt die Bestimmung, welche
Lehranstalten in Frage kommen dürfen, die Höhe des Stipendiums und die
Auswahl unter den Bewerbern um dasselbe, nach Stimmenmehrheit, sowie
die Besorgung der Geldgeschäfte, Erlaß von Circularen rc. zu. Dieses Ehren-
amt wird gratis verwaltet, excl. der unvermeidlichen baaren Auslagen an
Portis rc., welche von allen 3 Vereinen gemeinschaftlich übertragen werden.
Als Stiftungs-Curator ward der Stadtrath zu Großenhain bestimmt.

Die Höhe des Stipendiums oder vielleicht zwei zugleich gewährter, richtet sich nach den Zinsen des von den Gewerbvereinen
eingezahlten Capitals (Ostern 1868 — 900 Thaler); doch sind
aller 3 Jahre 10 Thlr. der Sonntagsschule zu Großenhain zu
Prämien für fleißige Schüler zu übergeben, und so noch andere
in den Statuten enthaltene Bestimmungen.

Am 22. April erfolgte die Stiftungsfeier, und zwar in dem
schön decorirten Rathhaus-Saale in einer sehr zahlreich besuchten
Festversammlung des Großenhainer Gewerbvereins, woran auch
die städtischen Behörden Theil nahmen, und wozu sich ebenfalls
Vorstände und andere Deputirte auswärtiger Gewerbvereine (von
Dresden, Chemnitz, Meißen, Riesa, Löbau u. s. w.) eingefunden
hatten. Sie begann mittelst einer geist- und gehaltreichen Wid-
mungsrede des um das Zustandekommen der Stiftung sehr verdienten Großenhainer Gewerbvereins-Vorstandes, Dr. Meng, welche
mit dem Zuruf Jubilate! schloß (es war nämlich an dem
ebenso benannten Sonntage), wornach in einer warmen trefflichen
Ansprache des Bürgermeisters Heerklotz an mich die erfreuliche
Mittheilung erfolgte, daß auch die Stadt Großenhain sich mit
einem Capitale an der Stiftung betheiligen werde. Nach dank-
barster Annahme und Anerkennung der Stiftung meinerseits erwähnte ich noch, daß meine Versuche zu nützen viel zu unbedeutend wären, um einer solchen ehrenvollen Auszeichnung würdig
zu sein, und daß ich leider in zu hohem Alter stehe, um sie durch
fortgesetzte Bestrebungen mir noch verdienen zu können. Darauf

warb die Stiftungsurkunde von den Vorständen der Gewerbvereine zu Großenhain, Dresden und Löbau, sodann von dem
Bürgermeister Heerkloß als Stiftungs-Curator und mir unterzeichnet.

Bei der darauf erfolgten Festtafel warb mir von den Vorstehern des Dresdner Gewerbevereins, Oberinspector Tauberth
und Director Clauß in dessen Auftrage ein geschmack- und
werthvoller, hoher silberner Pokal als Anerkennungs-Beweis
überreicht, und der Deputirte von Löbau, Cantor Klose theilte
mit, daß man daselbst als meiner Vaterstadt, um mein Andenken
auch dort zu erhalten, eine Preusker-Stiftung gegründet habe,
in Folge desselben die Zinsen des von der Stadt dazu gewährten
Capitals, alljährlich als Prämie an die Sonntagsschüler vertheilt werden sollen. Es fehlte übrigens nicht an zahlreichen
mir gewidmeten Toasten, wie auch zugleich des wachsenden
Gewerbfleißes in geist- und gemüthreicher Art und heiterem
Ausdrucke gedacht wurde, so daß sich das Fest zu einem wahrhaft fröhlichen Bürgerfeste gestaltete, an welches ich mich lebenslang mit hohem Vergnügen erinnern werde.

Mit dem Jahre 1867 trat die Stiftung in's Leben, indem
dem ersten Stipentiaten, einem, die Zittauer Gewerbschule besuchen-
den Maurergesellen von Ostern 1867—1868 bereits 36 Thaler
zur Fortsetzung seines Schulbesuchs gewährt werden konnten.
Obgleich nicht zum Comité gehörig, war ich dennoch bemüht,
bei meiner so langjährigen Erfahrung in Acten- und Cassenführung z. B. durch Entwerfung von Cirkularen, einer nöthigen
Geschäftsordnung u. s. w. den dirigirenden Verein mit Rath
und That zu unterstützen, und somit deren Geschäftsführung
zu erleichtern.

Die für mich so ehrenvolle Auszeichnung erhielt dadurch
einen besonderen Werth, als sie nicht, wie so manche andere nur
von einer oder wenigen Personen ausging, sondern von der Einwilligung so zahlreicher Vereine und bei deren Verhandlungen
deshalb wiederum von der Zustimmung von Tausenden ihrer
einzelnen Mitglieder abhing. Zudem ist diese Stiftung die erste
ihrer Art in Deutschland, die den sächsischen Gewerbvereinen
wohl zur Ehre und Freude gereicht. Möge sie ihrem Zwecke
gemäß Gutes wirken bis in die spätesten Zeiten.

Ungeachtet der freudigen Erinnerungen ſo mancher Ehren=
erweiſe und anderes Erfreuliches, ſo brachten die ſteigenden
Altersleiden dennoch ſo manche traurige Stunde; dem faſt ſtets
ſchmerzenden Fuße geſellten ſich zuweilen Schwindelanfälle und
Bruſtbeklemmung bei und das Ausgehen konnte nur einige Häuſer
weit erfolgen. Vor Allem war es die zunehmende Schwäche der
Augen, die kaum das Leſen größter gedruckter Schrift geſtattete,
die mich mit größter Beſorgniß für die Zukunft erfüllte. Dennoch
habe ich dem gütigen Himmel zu danken, daß ich noch nicht
ganz unthätig ſein muß und mich treuer, töchterlicher Pflege
erfreuen kann.

Weitere Begebniſſe. 1868.

An meinem 82. Geburtstage befiel mich eine nicht ungefähr=
liche Lungenkrankheit, die erſt nach 6 Wochen wich und wobei
die umſichtige Berathung des Dr. Meng, ſowie die ſorgfältige
Pflege ſehr wohlthätig wirkten. Durch die in ſo hohem Alter
ſeltene Geneſung von ſchwerer Krankheit wurde es mir recht
klar, daß der alte Gott, der mich auf meinem langen Lebens=
wege ſo oft errettete und beſchützte, noch lebt, wenn auch Frei=
geiſter neuerer Zeit dieſe Ueberzeugung für eine veraltete Idee
ausgeben und die Weltregierung nur einem magnetiſch=galvaniſchen
Mechanismus zuſchreiben wollen. Schon mehrere Monate vor
Ausbruch der Krankheit bemächtigte ſich meiner ein unerklärlicher
Mißmuth, eine Theilnahmloſigkeit, die mir bisher fremd war,
wogegen nach der Geneſung ſich wiederum Lebensluſt, heiterer
Sinn und zugleich erhöhtes Dankgefühl einfand. — An eben=
genanntem 82. Geburtstage überraſchte mich der hieſige Gewerbe=
verein mit einem ſchönen, vom Maler E. Waldau gefertigten
Gemälde, mich in meinem Arbeitszimmer, von meinen Samm=
lungen umgeben darſtellend, wobei auch mein kleiner Freund,
unſer frei herum fliegendes Canarienvögelchen, nicht vergeſſen
war. Hatte es doch, indem es ſich bei einem Beſuche des Malers
auf meinen Kopf ſetzte, dieſen auf die Idee eines ſolchen Genre=
bildes gebracht und ſomit die Veranlaſſung zu dem Gemälde
gegeben. — Der auf vielfachen Antrag für den Druck bearbeitete
Auszug der Biographie ward dieſes Jahr beendigt und mehr
und mehr vervollſtändigt. Der Druck erſcheint mir hauptſächlich

deßhalb sehr wünschenswerth, weil vielleicht durch diese Schrift
dahin gewirkt werden kann, daß die mir nicht, oder nicht vollständig gelungenen Bestrebungen für allgemeine Volksbildung
und daher für Volkswohl, noch von Anderen auszuführen gesucht
und somit noch einflußreiche Erfolge erzielt werden können.

Am Morgen des 83. Geburtstages 1869.

So wäre ich denn durch Gottes Gnade bis zu diesem
Tage gelangt, was so wenigen Sterblichen vergönnt ist und wie
sollte mein Herz nicht von innigsten Dankgefühlen für die unend-
liche Liebe und Güte erfüllt sein, die mir die göttliche Vorsehung
auf meinem so langen und seltsamen Lebenswege erwies. Wie
dankbar habe ich es nicht anzuerkennen, daß ich im kindlichen
Alter an der Hand treuer Aeltern glückliche Tage verlebte, daß
dann durch Unterricht und Lectüre ein wissenschaftlicher Sinn
in mir erweckt ward, der mich durch das ganze Leben begleitete,
wie dann im Buchhandlungsgeschäft, im Militärleben und im
Universitätsbesuche sich der Gesichtskreis mehr und mehr erweiterte und ein achtbarer Beamtenposten mir genügende Muße zu
wissenschaftlichen Beschäftigungen, dem Geiste mancherlei Gelegenheit darbot, sich auszubilden und dadurch sich auch Anderen
nützlich zu erweisen, wie mich zugleich aber auch ein glückliches
Familienleben erfreute. So wie Gott mir Geist und Gemüth
frisch erhalten möge, mag er auch die Meinen in seinen gnädigen
Schutz nehmen und auch ihre Lebensbahn so leiten, daß wir
uns einst Alle des beseligenden Zustandes zu erfreuen haben,
den der feste Gottes- und Unsterblichkeitsglaube uns hier schon
ahnen läßt. — Preis und Dank dem Herrn.

Dieser Tag ging in fröhlicher Art vorüber; einige Kinder,
Enkel und andere Verwandte von auswärts hatten sich dazu
eingefunden und die übrigen, sowie andere treue Freunde sprachen
ihre herzlichen Wünsche brieflich oder telegraphisch aus. Ebenso
wurde ich durch den, von einer Deputation des Gewerbvereins
dargebrachten Glückwunsch sehr erfreut. —

In meinem 83. Jahre besorgte ich noch die Leitung der
Sonntagsschule, welche, wie schon erwähnt, mancherlei Beschäf-
tigung darbot; so z. B. außer Annahme der sich meldenden
Sonntagsschüler und der Rücksicht auf den geordneten Fortgang

der Schule, war es besonders das Rechnungswesen und die Abfassung des an die königliche Kreisdirection mitzutheilenden Rechenschaftsberichtes, welches meine Thätigkeit in Anspruch nahm. Da ich jedoch wegen meines Fußübels die Sonntagsschule, wie doch so nöthig, nicht persönlich mit beaufsichtigen konnte, auch die leider steigende Blödigkeit der Augen die schriftliche Mitwirkung mehr und mehr erschwerte, so trat ich mit Schluß des Jahres 1869 von der 40jährigen Leitung derselben zurück, die von einem neuen Vorstande übernommen ward. Die Unannehmlichkeiten, welche bei einer solchen Leitung unausbleiblich sind, wurden reichlich durch die freudige Hoffnung überwogen, daß von den 2600 Besuchern der Schule wohl ein großer Theil davon Nutzen gehabt und in der Fortbildung gefördert worden ist, wie denn auch der Dank von so manchem nicht ausblieb.

Ferner war es die 1828 von mir mit gegründete und seitdem geleitete Stadtbibliothek, welche ebenfalls stete Aufsicht und Anordnung zu regelmäßigem Fortgange erforderte. So wie mir alles Schriftliche dabei oblag, so auch die Abfassung der gedruckten Kataloge, wovon 1864 die sechste Auflage und 1868 ein Nachtrag dazu erschien, wornach sie bereits über 3000 Bände, mehrere interessante (literarische, naturhistorische, technologische, antiquarische und andere) Sammlungen enthält. Um eine geregelte Verwaltung zu befördern, verfaßte ich in diesem Jahre ein Regulativ, welches der Stadtrath, als vorgesetzte Behörde genehmigte und führte noch so manches Rathsame aus, wobei mir der Bibliothekar, Herr Lehrer Gursch hilfreiche Hand leistete.

Stets schmerzte es mich, daß die Bibliothek keinen Fond zur Anschaffung von Büchern besaß und daß ich die Erlangung solcher besonders auf Kosten der Sonntagsschule, sowie durch den weiterhin zu erwähnenden Bücherlesezirkel ermöglichen mußte. Da nun aber durch meinen Rücktritt von der Sonntagsschulverwaltung eine solche Beachtung der Bibliothek leicht unterbleiben, auch jener Bücherlesezirkel vielleicht bald aufhören und sich schwerlich Jemand zu seiner Fortführung finden möchte, so sah ich mich in diesem Jahre zu einem dringenden Antrage an den Stadtrath genöthigt, denselben, wenn sie fernerhin so fortbestehen und als eine selbständige, städtische, nicht blos auf Geschenke von Fremden beschränkte Anstalt gelten solle — außer dem schon gewährten Honorar für den Bibliothekar, eine jährliche Unterstützung zur Anschaffung von Büchern zu genehmigen und hatte die große Freude, daß meinen Worten Gewährung ward. Die Bibliothek, aus welcher jährlich mehrere tausend Bände unentgeltlich entlehnt wurden, wird daher mit steter Bücher= und Sammlungsvermehrung auch ferner zur Ehre und Freude der Stadt fortbestehen. —

Die Fortführung der auf der Stadtbibliothek bewahrten, vom Bürgermeister Chladenius begonnenen Stadt=Chronik lag mir sehr am Herzen, da eine solche für jeden Ort als ein erfreulicher Besitz gilt und zwar nicht allein zur angenehm unter= haltenden Erinnerung an frühere Zeiten, sondern selbst manchen anderen Vortheil darbietet, wie ich in meiner Schrift über solche Stadt= und Dorfjahrbücher näher zu erweisen suchte. Gelang es mir auch bisher gütige Freunde zu deren unentgeltlicher Fortführung zu gewinnen, so ist es dennoch eine ungewisse Sache, ob sich später Jemand dafür interessirt, kann aber ein, wenn auch nicht bedeutendes Honorar geboten werden, so gelingt es eher jene Fortsetzung ausgeführt zu sehen. Auf mein Gesuch an den Stadtrath einige Entschädigung zu genehmigen, erfolgte ebenfalls eine zusagende Antwort.

Auch die Fortführung zweier Lesezirkel gewährte mir Be= schäftigung und zwar:

a) des seit 1827 geleiteten literarisch=belletristischen Journal= Lesezirkels — von 16 Journalen mit allwöchentlichem Wech= sel — im Auftrage der daran theilnehmenden Mitglieder, von welchen, auf meinen Antrag, mehrere Journale nach der Circulation der Bibliothek überlassen werden, und

b) des von mir 1834 zu Gunsten der Bibliothek gegründeten Bücherlesezirkels mit 14 tägigem Wechsel. Sämmtliche Bücher werden nach beendigtem Umlauf an die Bibliothek abgeliefert, wodurch dieselbe bereits 1400 Bände historischer, geographischer, biographischer, belletristischer und anderer belehrender und unterhaltender Schriften nach meiner Auswahl erhielt.

Ferner nahm mich auch die möglichste Theilnahme für die schon erwähnte Preusker=Stiftung in Anspruch; ich fand dabei öfters, zumal in Hinsicht schriftlicher Ausfertigungen Beschäftigung, so z. B. bei der Stipendienvertheilung an junge Gewerbtreibende. Wegen völlig vergriffenen Exemplaren der Urkunde dieser Stiftung wurde eine neue Auflage nöthig,

die von mir mit verfaßt und vervollständigt ward und wovon
Exemplare an alle sächs. Gewerbvereine abgesendet wurden.

Die Redaction des zu Pirna 1870 erscheinenden Gewerb=
vereins=Kalenders bestimmte einen Neugroschen von jedem abge=
setzten Exemplare für die Preuskerstiftung. Dieß dankbar aner=
kennend, konnte ich die gewünschte Einsendung eines Aufsatzes
über die gedachte Stiftung nicht ablehnen, die ich auch nach den
Hauptzügen entwarf. —

Auch für Anderes mitzuwirken fand sich Gelegenheit. Da
der neue Gottesacker schon vor 25 Jahren angelegt und der alte
seitdem nicht mehr benutzt ward, entschloß man sich diesen zu
ebnen und zugleich die darin befindliche alte, sehr baufällige,
mit Einsturz drohende Katharinenkirche abtragen zu lassen, damit
nicht noch Menschenleben gefährdet werden möchten. Da sich nun
in derselben ein interessanter Flügelaltar aus dem 15. Jahr=
hundert befand, der seinem Werthe nach wenig gekannt war, so
trug ich bei der Kircheninspection darauf an, dieses schätzbare
Alterthum der an solchen überhaupt nicht reichen Stadt zu er=
halten und für dessen Aufstellung Sorge zu tragen, welches
Gesuch auch gewährt ward. — Ganz zufällig gerieth ich diesen
Sommer in unbeschäftigten Stunden auf die Idee mich wiederum
einmal in humoristischen Aufsätzen zu versuchen, die — gleichsam
ein Nachklang der 1838 – 1840 in der Abendzeitung und einigen
anderen Blättern veröffentlichten — jedoch nicht für die Oeffent=
lichkeit, sondern nur zur Unterhaltung für Verwandte und
Freunde bestimmt wurden.

Die Lebensweise verblieb in den letztverflossenen Jahren
dieselbe wie früher. Der Vormittag ward gern mit wissen=
schaftlichen Beschäftigungen zugebracht, insofern dieß meine Augen
gestatteten. Das von meinen Töchtern mir gewährte Vorlesen
betraf nicht nur politische und literarische Zeitschriften, um mit
dem Weltlauf fortzugehen und nur die rege Theilnahme daran
zu erhalten, sondern auch interessante Biographien, z. B. die
höchst ansprechende des Leibarztes Dr. Carus, die treffliche
Biographie Goethe's von dem Engländer Lewes, die Schillers
von Scherr ꝛc. ebenso erhabene Geisteswerke früherer Zeit,
Reisebeschreibungen und neue belletristische, zumal humoristische
Schriften. Das Clavierspiel der älteren Tochter, sowie das
meinige, erheiterte mich besonders des Abends, und manche

beliebte Melodie, selbst aus früher Kinderzeit, war meinem Ge=
dächtniß treu geblieben. Der Besuch von alten Freunden, sowie
der Briefwechsel mit ihnen, hatte sich leider mehr und mehr ver=
mindert, denn jedes Jahr lichtete der Tod auch den Kreis meiner
Freunde und nur schwer ersetzen sich, zumal in höhern Jahren
solche Lücken. Um so größere Freude bereitete mir der Besuch
des mir schon früher befreundeten an Klemm's Stelle zum Ober=
bibliothekar ernannten Prof. Dr. Förstemann in Dresden, sowie
der, des Hauptmann Schuster in Freiberg, welcher mir durch seine
Untersuchung der interessanten alten Heidenschanzen, die ich in
meinen „Blicken in die Vorzeit" ebenfalls beschrieben hatte,
schon rühmlichst bekannt war. —

Nach dem erfolgten Rücktritte von der 40jährigen Leitung
der Sonntagsschule, ernannten mich die neugewählten Vorstands=
Mitglieder zum Ehren=Vorsteher dieser Anstalt und eine Deputation
des Stadtraths und der Stadtverordneten überreichte mir aus
derselben Ursache und zugleich hinsichtlich meiner Leitung der
Stadtbibliothek, ein sehr schön ausgeführtes Anerkennungsschreiben.

Zwei welthistorische Ereignisse ließ mich ein günstiges Ge=
schick noch erleben:

1) den Verlust der weltlichen Macht des Papstes und die Besitz=
nahme Roms durch den König von Italien, nachdem ersterem
durch ein Concil und besonders die Bestrebungen der Jesuiten
die Eigenschaft der Unfehlbarkeit zuerkannt worden war, wel=
ches Dogma aber selbst bei einem großen Theile Katholiken
Widerspruch erregte, so daß wohl ein Zwiespalt in der
katholischen Welt zu erwarten steht, und

2) den französisch=deutschen Krieg. Schon seit Jahren und
zumal seit 1866, dem Siege Preußens über Oesterreich, war
es Frankreichs Absicht einen Krieg gegen Preußen zu beginnen,
sich der deutschen Rheinlande und womöglich noch eines
Theiles von Preußen, diesseits des Rheines zu bemächtigen
und dem steigenden Einflusse dieses Staates zu wehren.
Sowie Napoleon und seiner Regierung, schien es auch ganz
Frankreich, das sich in seiner Eitelkeit und Großsprecherei
für das civilisirteste und mächtigste Land Europas hielt,
daß ein Kampf siegreich für Frankreich ausfallen müsse.
Auch die Kaiserin begünstigte die Kriegsidee und in höheren
Kreisen sprach man gern von einem Spaziergange nach

Berlin Lange fehlte es an einer Veranlassung zur Kriegs=
erklärung; da brach Napoleon eine solche gleichsam vom Zaune.
Ein Prinz von Hohenzollern wurde in Spanien als Nachfolger
der vertriebenen Königin Isabella aufgestellt, wogegen Napoleon
protestirte und den Rücktritt des gedachten Prinzen verlangte.
Um einen Krieg zu vermeiden geschah dieß, doch Napoleon, sich
als den Beherrscher Europa's wähnend, war damit nicht zufrieden
und verlangte in seiner Frechheit von dem Könige von Preußen,
der bei der Wahl des völlig selbständigen, nicht zum Königshause
gehörigen und nur mit diesem entfernt verwandten Prinzen
völlig unbetheiligt geblieben war, einen Entschuldigungsbrief
mit der Erklärung, daß sich auch in Zukunft nie ein preußischer
Prinz um die spanische Krone bewerben solle. Dieß war für
einen selbständigen Monarchen, wie der König von Preußen,
eine unverschämte Zumuthung und noch dazu eröffnete ihm diese
der französische Gesandte Benedetti auf offner Straße, bei
einem Spaziergange in Ems. Obgleich die Verweigerung dieser
entwürdigenden Forderung ganz natürlich war, so ergriff sie
doch Napoleon als Vorwand zu einer Kriegserklärung, die auch
am 19. Juli erfolgte. — Zugleich forderte dieser die selbständigen
Fürsten der süddeutschen Staaten, Baiern, Würtemberg, Baden
und Hessen zum Kampfe gegen Preußen auf und fügte die
Drohung hinzu, sich im Falle der Ablehnung an ihnen rächen
zu wollen. Diese Staaten aber, welche die übermüthige, fran=
zösische Oberherrschaft unter Napoleon I. durch den Rheinbund
gekostet hatten und überhaupt zu Deutschland hinneigend, bereits
in dessen Zollverband eingetreten waren, schlossen sich Preußen
an, dessen König sie als Oberbefehlshaber ihrer Heere anerkannten.
Die frivole Kriegserklärung drang gleich einem mahnenden
Geistesruf an das deutsche Volk, die von ihm längst ersehnte,
durch die deutschen Nationalfeste allwärts vorbereitete und dabei
besungene Einheit Deutschlands herbeizuführen; Einmüthigkeit
und Kampfbegierde erwachte gegen den stets eroberungssüchtigen
Nachbar und Muth und Tapferkeit belebte die deutschen Heer=
schaaren. In allen Orten Deutschlands sammelte man Liebes=
gaben, nicht nur zur reichen Ausstattung der Hospitäler, für
welche sich freiwillig Aerzte und Felddiaconen, sowie barmherzige
Schwestern zur Pflege der Verwundeten und Kranken meldeten,
sondern auch Lebensmittel und Bekleidungsgegenstände für solcher

bedürftige Krieger im Felde. Johanniter-Ritter eilten herzu um ihr Liebeswerk mit Opferfreudigkeit zu beginnen und leisteten, wie schon 1866, große Dienste. Die Frauen und Kinder der bei den Armeen befindlichen Männer, sowie die der Gefallenen erhielten so ausreichende Unterstützung, wie dieß früher nie, oder nur in ungenügender Weise geschah. Den 19. Juli erfolgte, wie erwähnt, die französische Kriegserklärung und wenige Tage darauf fiel Napoleon bei Saarbrücken in Deutschland ein, wo ihm in kurzer Zeit die deutschen Heere kampfbereit entgegen= traten und den Feind mit solcher Kraft zurückschlugen, daß er nach den Schlachten bei Weissenburg und Wörth die Flucht ergriff und Munition und Gepäck zurückließ. Leider kosteten diese Schlachten auch den Deutschen viele Opfer, doch wurde durch den für diese siegreichen Ausgang, deren Muth erhoben, während er die Franzosen entmuthigte. Von allen Schlachten war die bei Sedan die am theuersten erkaufte, doch aber auch die entscheidendste, indem sich Napoleon dem Könige von Preußen als Gefangener ergab und wiederum eine fast unglaubliche An= zahl Franzosen zu Gefangenen gemacht wurden. Ebenso eroberten die Deutschen, außer zahlreichen anderen, die bedeutenden Festungen Straßburg und Metz und verfolgten die Franzosen auf ihrem Rückzuge nach Paris und Orleans. Paris, von 300,000 Deutschen belagert, welche die Ausfälle der Franzosen zurückschlugen, ward, nachdem alle Lebensmittel aufgezehrt, alle entbehrlichen Pferde geschlachtet waren und man selbst Ratten als Nahrung nicht verschmäht hatte, durch Hunger zur Uebergabe gezwungen. Zugleich wurden die französischen Armeen im Norden, Westen und Süden geschlagen und zum weiteren Rückzuge genöthigt. Statt der entthronten Napoleon'schen Dynastie wurde allgemein die Einführung einer französischen Republik beschlossen und von der zusammenberufenen National=Versammlung mit dem Könige von Preußen zunächst ein Waffenstillstand und bald darauf der Friede vereinbart, dem zufolge Elsaß und Deutsch=Lothringen nebst Metz an Deutschland abgetreten und eine Kriegsentschädigung von 5 Milliarden bewilligt wurde, bis zu deren Abzahlung die Departements östlich der Seine im Besitze der Deutschen verbleiben.

Der sächsische Kronprinz Albert war Oberbefehlshaber der 4. oder Maasarmee und Prinz Georg der Commandant des zu jener gehörenden sächs. Armee=Corps.

Ein hochwichtiges Ereigniß war es, daß König Wilhelm von den gesammten deutschen Fürsten auf Anregung des Königs von Baiern zum Kaiser von Deutschland erhoben und somit ein einiges, deutsches Reich begründet und dem früheren Glanze und großer Machtvollkommenheit zugeführt ward.

In diesem Kriege wurden die Franzosen in 17 größeren Schlachten geschlagen und ihnen 400,000 Gefangene abgenommen, welche bis zum Frieden in deutschen Festungen und größeren Städten internirt wurden, ferner eroberten die Deutschen 26 feste Plätze über 6700 Geschütze, 120 Adler oder Fahnen und außer anderer Kriegsmunition, Wagen ꝛc. Hunderttausende von Gewehren.

Ueber das Lügensystem und die allem Kriegsgebrauch hohn=sprechende Kriegführung der Franzosen, ist nur eine Stimme der Entrüstung. Nicht nur französische Zeitungen, sondern selbst die Regierungs=Decrete überboten sich in den unverschämtesten Lügen um das verblendete, leichtgläubige Volk zu ermuthigen. Trotz aller Siege der Deutschen waren die Franzosen die Sieger und hatten stets unendlich viel Gefangene gemacht, nur daß sie nicht angaben, wohin sie dieselben transportirt hatten. Die deutsche Armee sollte stets auf dem Rückzuge begriffen sein und kein Fuß breit Land, kein Stein eines Schlosses an Deutschland abgetreten werden. Dieß war eine allwärts verbreitete und allgemein geglaubte Phrase, während die Wirklichkeit gerade das Gegentheil erwies. — Die ganze Geschichte Frankreichs zeigt, wie wenig Edles und Erfreuliches von dort ausging, war es doch stets der Heerd der Revolutionen, die unendliches Unheil über die Völker brachten. Unter Napoleon III. herrschte Ver=schwendung, Lügenhaftigkeit und Bestechung, wodurch die Nation immer tiefer sank und nur in größter Selbstüberhebung und Verblendung konnte Frankreich behaupten, an der Spitze der Civilisation voran zu gehen.

Der Genfer Convention entgegen, schossen die Franzosen auf Parlamentaire, Aerzte und anderes Personal der Hospitäler; französische Officiere desertirten ungeachtet des gegebenen Ehren=wortes aus der Gefangenschaft und wurden von der, den Eid nicht für bindend erklärenden Militärbehörde, gern aufgenommen.

Die sich ohne militärische Organisation bildenden Horden von Franctireurs (Freischützen) waren für die in kleineren Trupps marschierenden Deutschen eine große Plage, indem sie, sich in

Gebüschen verborgen haltend, die Deutschen überfielen, oder, in Häusern versteckt, auf einrückende Truppen, auf Krankenzüge 2c. schossen. Ohne jede Disciplin, flohen sie, sobald sie ernsten Wider= stand fanden und plünderten rücksichtslos ihre eigenen Landsleute. Mit den aus Algier zu Hülfe gerufenen Truppen, Turkos und Zuaven war, ungeachtet ihrer Wildheit, noch eher auszukommen, da sie unter militärischer Disciplin standen. — Der Gedanke, besiegt zu sein und nicht mehr als die erste Nation Europas gelten zu können, beleidigte die Eitelkeit der Franzosen und stei= gerte den Haß gegen die Deutschen bis zur Wuth. Alle, selbst Jahre lang ansässige Deutsche wurden aus Frankreich ausge= wiesen und kamen dabei oft um den größten Theil ihrer Habe. Dies war also das Vorgehen an der Spitze der Civilisation!

Dieser Krieg, welcher so unendlich viele Opfer gefordert, brachte auch für unsere Familie einen schweren Verlust, indem am 1. Sept. 1870 bei der für die Deutschen siegreichen Schlacht bei Sedan mein geliebter Enkel, der Buchhändler Carl Lud= wig Battmann, Vicefeldwebel im 2. Grenadierregiment Nr. 101 und schon zum Officier vorgeschlagen, an der Spitze seines Zuges von 6 Kugeln getroffen, fiel. Wir Alle betrauern seinen Tod tief, denn er hatte ein treues, biederes Herz und berechtigte uns zu den schönsten Hoffnungen. Sein Grab befindet sich auf dem Friedhofe des Dorfes Daigny unfern Sedan.

Er ruhe sanft!

Mit diesen Worten, die wir dem Entschlafenen nun selbst nachzurufen haben, schloß Preußler seine Biographie kurz vor seinem Tode. Wir fügen zum Schlusse noch zwei Aufzeichnungen aus den letzten Wochen seines Lebens hinzu, welche bestimmt waren, in die Lebensbeschreibung mit verwebt zu werden. Da dies aber nicht ohne eine wesentliche Veränderung des Textes an den betreffenden Stellen möglich ist, wir aber eine solche nicht ohne seine Genehmigung vorzunehmen uns berechtigt halten, so mögen sie hier als An= hang folgen.

Als Preußen 1866 den Krieg mit Oesterreich begann, war ein großer Theil Deutschlands damit unzufrieden und doch war dies das einzige Mittel, es vor größerem Verfall zu retten. Der König Wilhelm hatte nebst seinem treuen Bismark dies längst eingesehen und jetzt sieht ganz Deutschland das Wohlthätige dieses

Krieges ein, das es auf eine höhere Stufe erhob. Das in sich zerrüttete Oesterreich war nebst dem von ihm präsidirten kraft= losen und in sich uneinigen Bundestage unfähig, ferner Deutsch= land zu leiten, da ergriff Preußen das einzige Mittel, Oesterreich aus Deutschland zu entfernen, das, nun nicht mehr gehemmt, einen neuen Weg einschlagen konnte. Die österreichisch=deutschen Provinzen gingen zwar dadurch für Deutschland verloren, allein bei dem bevorstehenden Schicksale Oesterreichs, durch Zugeständ= nisse an seine slavischen Unterthanen mehr ein slavisch=ungarischer Föderativstaat zu werden — was konnte unter solchen Verhält= nissen für Deutschland Gutes zu erwarten sein? Preußen mußte an die Spitze Deutschlands treten, was ihm nun bei so günsti= gem Erfolge allseitig gedankt wird. Blieben die süddeutschen Staaten auch im Allgemeinen selbständig, indem sie sich nur an den Zollverein anschlossen und bei einem Kriege es mit Deutsch= land zu halten versprachen, so war dieses durch den gegründeten norddeutschen Bund, der das übrige Deutschland in sich schloß, zu einer längst ersehnten erfreulichen Einheit erhoben. Scheint es auch ungerecht, daß die Fürsten von Hannover, Hessen und Nassau ihrer Länder verlustig wurden, so lag darin doch eine Nothwendigkeit, indem diese Länder stets einen Heerd der Wider= spenstigkeit darboten und, mitten in Preußen liegend, dessen Ope= rationen erschwert haben würden.

Bei der Beschießung von Straßburg ward die an literari= schen Schätzen überaus reiche Universitäts=Bibliothek völlig ver= nichtet. Um zu einer neu zu errichtenden eine Grundlage dar= zubieten, forderten die Bibliothekare in den deutschen Landen zur Darbringung von geeigneten Schriften auf und auch ich erhielt von Hrn. Oberbibliothekar Prof. Dr. Förstemann in Dresden eine gleiche Aufforderung und spendete an 60 meist historisch= alterthümliche Schriften zu diesem edlen Zwecke. In Folge der bei dieser Gelegenheit im Februar und März 1871 erfolgten Revision meiner Bücher, vertheilte ich nicht nur eine Anzahl sol= cher, jetzt mir entbehrlicher, aber immer noch brauchbarer Schrif= ten an die Bibliotheken in Großenhain und Löbau, welche, wie andere, schon früher Sendungen von mir erhielten, sondern auch an die Alterthümer=Museen zu Freiberg, gegründet von dem da=

für eifrig wirkenden Buchhändler Gerlach und an das mit
gleicher Liebe vom Buchhändler Rösger gegründete zu Bautzen,
da zur Förderung der vaterländischen Alterthumskunde eine an
sich rathsame Ansammlung alterthümlicher Ueberreste nicht allein
genügt, sondern es zugleich belehrender Schriften darüber — einer
Alterthums-Bibliothek bedarf.

Weihnachten 1870 brachte mir eine große Freude. Wenn
ich früher meine Schriften voll Muth und Hoffnung ohne vorherige Durchsicht eines Anderen zum Druck abgab, so war ich
dagegen bei der Biographie bedenklicher, da die Hauptsache sub-
jective Verhältnisse betrifft, bei welchen man nicht immer unpar-
teiisch urtheilt. Es war mein Wunsch, daß ein Gelehrter das
Werk vorher durchsehen möchte und zu meiner großen Freude
erbot sich mein geehrter Freund, der Ober-Bibliothekar Prof.
Dr. Förstemann von selbst zu diesem Liebesdienste und vollendete
die Durchsicht zu meiner großen Freude, indem er zugleich seinen
Beifall über das Werk aussprach. Einige angerathene unwesent-
liche Veränderungen wurden sogleich vorgenommen und somit ist
das Werk zum Druck bereit, der jedoch erst nach meinem Ableben
als rathsam erscheint.

Am 15. April 1871 ist Preusker gestorben.

Ueber die letzten Tage des verehrten Mannes folge hier
im Auszuge ein Brief seiner jüngsten Tochter Rosa.

„Den vergangenen Winter verlebte unser guter Vater, abgesehen von seinem langjährigen Fußübel, in leiblichem Wohlbefinden, in Heiterkeit und rastloser Thätigkeit. So vervollstän-
digte er die für den Druck bestimmte Biographie, ordnete unter
unserer Beihülfe seine reichhaltige Bibliothek, welcher er zugleich
für die Straßburger, sowie für die hiesige (Großenhainer) und
Löbauer Bibliothek, für die Alterthums-Museen zu Bautzen und
Freiberg die geeignetsten Bücher entnahm, verfolgte mit höchstem
Interesse die großen weltgeschichtlichen Ereignisse und freute sich
innig, daß es ihm vergönnt war, das deutsche Reich einig und
stark zu sehen. Seit einigen Wochen klagte der gute Vater über
Brustbeklemmungen, doch da er seine gewohnte Lebensweise fortsetzte und geistig rüstig blieb, so erschien er uns weniger leidend,

als er war. Am Freitag früh (14. April 1871) nach einer von
Beklemmungen oft gestörten Nacht, lasen wir ihm wie gewöhn=
lich vor, dann schrieb er einen Brief an meine Schwester und
setzte ein für den Jubilar Cantor Klose in Löbau bestimmtes
Gratulationsschreiben auf, welches von seiner geistigen Kraft und
Klarheit noch den deutlichsten Beweis giebt. Der Nachmittag
verging in gewohnter Weise. Nach dem Abendbrod saß er mit
uns bis gegen 10 Uhr am Tische und spielte, ehe er sich zur
Ruhe begab, wie jeden Abend seit dem Tode unserer guten
Mutter die Lieder: „Wie sie so sanft ruhn", „Nun ruhen alle
Wälder" und zum Schluß „Nun danket Alle Gott". Ein Anfall
von Athemnoth ging bald vorüber, doch wiederholte sich dieser
nach Mitternacht in einem so hohen Grade, daß der herbeige=
rufene Arzt eine Lungenlähmung befürchtete und uns auf das
baldige Ende des theuern Lebens vorbereitete; selbst der gute
Vater glaubte, daß sein letztes Stündlein gekommen sei, doch
besserte sich gegen Morgen sein Zustand, daß er Ruhe fand. Früh
schrieb ich auf des Vaters Wunsch den Tags vorher von ihm
aufgesetzten Gratulationsbrief ab, und so ist denn der letzte Brief,
den der Theure abgesendet, in sein Vaterhaus gerichtet, welches
Herr Cantor Klose bewohnt. Der Geist war den ganzen Tag
über hell und klar und wie groß noch der Trieb zur Thätigkeit
in ihm war, zeigte sich recht deutlich, als er auf das Verlangen
des Arztes, sich recht ruhig zu verhalten, antwortete: Dann ist
ja aber dieser Tag verloren! — Auch diesen Tag verlangte er
nach gewohnter Lectüre, worauf er gegen 7 Uhr das Bett zu
verlassen wünschte. Als wir ihn später wieder zu Bett führen
wollten, klagte er, daß er seine Beine nicht weiter brächte. Wir
setzten ihn ins Bett, ich wollte die Füße heraufheben, als der
gute Vater in einem Augenblicke ganz schwer ward, die guten,
treuen, blauen Augen blickten starr und nur kurze Zeit und der
letzte Athemzug war gethan — der sanfteste Tod bildete den wür=
digsten Abschluß dieses theuern Lebens."

Am 19. April war Preusker's Begräbnißtag. Sämmtliche
Schulen von Großenhain waren geschlossen, von allen Seiten
waren Abgeordnete von Vereinen und Freunde des Verstorbenen
herbeigekommen und in langem Zuge ordneten sich Vormittags
10 Uhr die Leidtragenden, um Preusker die letzte Ehre zu er=
weisen. Vom Rathhausbalkon erklangen die Scheidegrüße des

Stadtmusikchors und auf dem Kirchhofe empfing die Liedertafel die Leiche. Nachdem Archidiaconus Weißbrenner in gehaltvoller Rede des Entschlafenen gedacht, widmete Dir. Clauß aus Dresden im Namen der Gewerbevereine und der Preuskerstiftung dem „Vater dieser Vereine" dankerfüllte Worte, dann sprachen noch Dr. Hartmann im Auftrage des Großenhainer Gewerbevereins und Schuldirector Kretzschmer aus Löbau, der, nebst dem Kaufmann Oliva, vom Rathe der Vaterstadt Preusker's eigens zu dieser Feier abgeordnet war. Bevor der Sarg eingesenkt wurde, legte Bürgermeister Kunze im Namen der Stadt Großenhain einen Lorbeerkranz auf denselben. In würdigster Weise verlief die ganze Feier, an deren Anordnung sich namentlich der Großenhainer Gewerbeverein und der Vorstand desselben, Strohhutfabrikant Steyer, verdient gemacht haben. Eine eingehende Beschreibung des Begräbnisses findet sich in der „Dresdner Gewerbevereins-Zeitung" vom 26. April 1871.

Bald wird sich über Preusker's Grabe ein würdiges Denkmal erheben, zu dem alle Gewerbevereine Sachsens beisteuern. Ein schöneres ist ihm bereits zu Lebzeiten durch die Preuskerstiftung errichtet worden.

Wer den Besten seiner Zeit genug gethan,
Der hat gelebt für alle Zeiten. —

Inhalts-Uebersicht der Abschnitte.

~~~~~~~~~~